BALTISCHE STUDIEN
POMMERSCHE JAHRBÜCHER FÜR LANDESGESCHICHTE

Neue Folge 102

Band 148 der Gesamtreihe

Baltische Studien

Pommersche Jahrbücher für Landesgeschichte

Herausgegeben von der

GESELLSCHAFT FÜR POMMERSCHE GESCHICHTE
ALTERTUMSKUNDE UND KUNST e. V.

zugleich Mitteilungsorgan der

HISTORISCHEN KOMMISSION FÜR POMMERN

und der

ARBEITSGEMEINSCHAFT FÜR
POMMERSCHE KIRCHENGESCHICHTE e. V.

Neue Folge • Band 102 • 2016
Band 148 der Gesamtreihe

Ludwig

Kiel 2017

Manuskripte werden für die Schriftleitung durch Dr. Dirk Schleinert, Heuweg 35, 18437 Stralsund, entgegengenommen (dirk.schleinert@gmx.de). Manuskripte sollten in Form von Dateien auf Datenträgern eingesandt werden. Karten müssen in Reinzeichnung vorliegen. Eine Verpflichtung zum Abdruck unverlangter oder nur unter Vorbehalt angenommener Manuskripte besteht nicht. Die ausführlichen Richtlinien für die Manuskriptgestaltung sind auf der Homepage der Gesellschaft für pommersche Geschichte, Altertumskunde und Kunst e. V. (www.pommerngeschichte/baltische-studien/schriftleitung/) einseh- und abrufbar.

Autorenkorrekturen gehen zu Lasten des Verfassers.

Sonderdrucke: Die Verfasser von Aufsätzen erhalten kostenlos je 25 Sonderdrucke, die Rezensenten 1 Belegexemplar.

Redaktionsschluß für den nächsten Band: 31. Mai 2017.

Geschäftsstelle der Gesellschaft für pommersche Geschichte, Altertumskunde und Kunst e. V.: Frau Karin Bratz, Trelleborger Weg 26, 17493 Greifswald
(Konto: Sparkasse Vorpommern IBAN: DE 15 1505 0500 0232 0059 58; BIC: NOLADE21GRW).
Beitrittserklärungen und die Mitteilung von Adressenänderungen werden an diese Adresse erbeten.

Bibliografische Information der Deutschen Nationalbibliothek

Die Deutsche Nationalbibliothek verzeichnet diese Publikation
in der Deutschen Nationalbibliografie; detaillierte bibliografische Daten
sind im Internet über http://dnb.dnb.de abrufbar.

Holtenauer Straße 141 • 24118 Kiel
Tel.: 0431-85464 • Fax: 0431-8058305 • www.verlag-ludwig.de

Gedruckt auf säurefreiem und alterungsbeständigem Papier
Printed in Germany

ISSN 0067-3099
ISBN 978-3-86935-319-7

INHALT

DIE ANFÄNGE DER STADT KÖSLIN (KOSZALIN)

Marian Rębkowski und Rafał Simiński

Einleitung

Der Name der Stadt Köslin geht auf eine slawische Ansiedlung zurück, die unweit westlich des Gollenbergs im Gebiet der heutigen Stadt lag und zu Beginn des 13. Jahrhunderts erstmals erwähnt wurde. Im Jahre 1214 übertrug der Pommernherzog Bogislaw II. den Prämonstratensern aus Belbuck (Białoboki) bei Treptow a. d. Rega (Trzebiatów) das Dorf *Cossalitz* unweit des Gollenbergs[1]. Dank dieser Überlieferung wissen wir, dass es zu jener Zeit eine slawische Siedlung gab, die der im Mai 1266 gegründeten Stadt um mehr als ein halbes Jahrhundert vorausging. Trotz zahlreicher Versuche, diese Siedlung zu lokalisieren (u. a. durch archäologische Ausgrabungen), blieben genaue Lage und Zeitstellung der Siedlung, der die Stadt Köslin ihren Namen verdankt, bis heute ungeklärt. Im Lichte unseres begrenzten Wissenstandes verlangen sowohl die Charakterisierung der Siedlungsumgestaltung, zu welcher es infolge der Gründung der Stadt zu Deutschem Recht kam, als auch die Ergründung des Stadtbildungsprozesses in den letzten Jahrzehnten des 13. Jahrhunderts eine Neuaufnahme der Forschungen, die im Rahmen dieses Beitrags vorgestellt werden sollen. Die diesbezüglichen Forschungen wurden durch das im vergangenen Jahr begangene 750jährige Gründungsjubiläum der Stadt Köslin befördert.

Köslin liegt nur wenige Kilometer von der Ostseeküste entfernt am westlichen Fuße eines lang gestreckten Moränenzuges des Gollenbergs. Aufgrund des geologischen Aufbaus und der Oberflächengestalt lässt sich die nähere Umgebung der Stadt in zwei Abschnitte unterteilen. Entlang der Küste erstreckt sich ein dünner Streifen aus Dünen und Seen; zu letzteren zählt v. a. der Jamunder See (Jamno), der das prägnanteste Landschaftselement der Kleinregion bildet. Südlich des Küstenstreifens schließt sich ein vergleichsweise flaches Grundmoränengebiet an, das an mehreren Stellen von den Urstromtälern kleinerer Flüsse durchschnitten wird. Dieses Gebiet wird im Osten von dem Höhenzug des Gollenbergs (Góra Chełmska) begrenzt, der bei einer Breite von bis zu 4 km auf etwa 13,5 km Länge von Nordwest nach Südost verläuft[2]. Der Höhen-

1 Pommersches Urkundenbuch (weiter PUB), Bd. I, hg. von Klaus *Conrad*, 2. Aufl., Köln-Wien 1970, Nr. 163; Hermann *Hoogeweg*, Die Stifter und Klöster der Provinz Pommern, Bd. I, Stettin 1924, S. 17.

2 Bolesław *Augustowski*, Pomorze [Pommern], Warszawa 1977, S. 41 und Abb. S. 32; Jerzy *Kondracki*, Geografia Polski. Mezoregiony fizyczno-geograficzne [Geographie Polens. Physisch-geographische Mesoregionen], Warszawa 1994, S. 21–22.

zug entstand infolge eiszeitlicher Ablagerungsprozesse und weist beachtliche Höhen auf, wobei der Kreuzberg (Krzyżanka) mit 137 m ü. NN den höchsten Punkt bildet. Köslin wurde also am Rande einer Grundmoränenplatte gegründet, in einer Ebene, die im Norden vom Jamunder See, im Süden vom Lüptow-See (Jezioro Lubiatowskie) und im Osten vom Gollenberg begrenzt wird.

Die Zeit vor der Stadtgründung

Die mittelalterlich-slawische Besiedlung des Kösliner Landes setzte wahrscheinlich erst in der zweiten Hälfte des 8. Jahrhunderts ein. Ihre Anfänge hängen mit der Aufsiedlung bis dahin unbewohnter Gebiete durch einen slawischen Stamm zusammen, dessen Zentrum im Flussgebiet der mittleren und oberen Persante (Parsęta) zu lokalisieren ist. Infolge der Vergrößerung des Siedlungsraums erstrecken sich die Stammesburgen im 9. Jahrhundert über ein Gebiet, das vom Kreiher-Bach (Dębosznica) im Westen bis zum Gollenberg im Osten reichte[3]. In diese frühe Zeit lässt sich wahrscheinlich auch der Burgwall von Krettmin (Kretomino) datieren, der wenige Kilometer südlich der späteren Stadt Köslin errichtet wurde. Unmittelbar neben der Burg befand sich auch eine offene Siedlung. Eine zweite Wehranlage bei Bonin (Bonin), am Westufer des Lüptow-Sees ließ sich bislang nicht verifizieren; unklar ist bislang auch der Charakter einer Siedlung, die am Ostufer des Lüptow-Sees lokalisiert wurde[4]. Der Burgwall von Krettmin wurde höchstwahrscheinlich im 10. Jahrhundert, in der Zeit der Eroberung Pommerns durch den Piastenstaat, zerstört und aufgelassen.

Eine Siedlungsverdichtung im Gebiet westlich des Gollenbergs lässt sich erst für die Zeit des 11. und 12. Jahrhunderts deutlich fassen[5]. Mit großer Wahrscheinlich-

3 Lech *Leciejewicz*, Wczesnośredniowieczny Kołobrzeg [Das frühmittelalterliche Kolberg], in: Slavia Antiqua 7 (1960), S. 372; Władysław *Łosiński*, Początki wczesnośredniowiecznego osadnictwa grodowego w dorzeczu dolnej Parsęty (VII-X/XI w.) [Die Anfänge der frühmittelalterlichen Burgsiedlung im Stromgebiet der niederen Persante], Wrocław-Warszawa-Kraków-Gdańsk 1972, S. 295; ders., Osadnictwo plemienne Pomorza [Die Stammsiedlung Pommerns], Wrocław–Warszawa–Kraków–Gdańsk 1982, S. 189, Abb. 7, 8, 64.

4 Auf dem Burgwall von Krettmin wurden bei Rettungsgrabungen nur kleine Sondagen angelegt; siehe *Łosiński*, Początki (wie Anm. 3), S. 88–89, 101–102, 334–335; Jerzy *Olczak*, Kazimierz *Siuchniński*, Źródła archeologiczne do studiów nad wczesnośredniowiecznym osadnictwem grodowym na terenie województwa koszalińskiego [Die archäologischen Quellen zu den Studien über die frühmittelalterliche Burgsiedlung auf dem Gebiet der Kösliner Woiewodschaft], Bd. II, Poznań 1968, S. 84–87; Ignacy *Skrzypek*, Wczesnośredniowieczne grodzisko w Kretominie pod Koszalinem. Komunikat o rezultatach badań archeologicznych w latach 1977–1979 [Die frühmittelalterliche Burg in Krettmin bei Köslin. Der Bericht über die Ergebnisse der archäologischen Forschungen in den Jahren 1977–1979], in: Świat Słowian wczesnego średniowiecza [Die Welt der Slawen des Frühmittelalters], hg. von Marek *Dworaczyk* u. a., Szczecin 2006, S. 55–74. Bislang verfügen wir über keinerlei Hinweise, dass in der Umgebung Krettmins gleichzeitig noch eine andere Wehrsiedlung bestand. Es ist anzunehmen, dass eine Burg auf der in den Lüptow-See ragenden Landzunge bei Bonin lag, doch wurde diese vermutlich vollständig abgetragen. Wahrscheinlich umfasste die Besiedlung im 9. Jahrhundert auch schon das östliche Ufer des Lüptow-Sees, in der Gegend des Dorfes Wisbuhr. Diese wurde bislang jedoch nur bei Oberflächenuntersuchungen erfasst, was die Datierung der Siedlungsvorgänge in diesem Bereich erschwert; siehe Czesław *Strzyżewski*, Badania weryfikacyjne stanowisk archeologicznych nad Jeziorem Lubiatowskim w latach 1970–1975 [Die Verifizierungsforschungen der archäologischen Stellen am Lüptow-See], in: Fontes Archaeologici Posnanienses 30 (1979/1981), S. 51.

5 Vgl. *Łosiński*, Osadnictwo (wie Anm. 3), S. 27, Abb. 2.

keit ist die Mehrheit der bisher archäologisch untersuchten mittelalterlich-slawischen Fundstellen in der Umgebung Köslins in die spätslawische Zeit zu datieren. Bei der Kartierung der Fundstellen lassen sich deutliche Gruppierungen erkennen. Eine Fundplatzverdichtung zeichnet sich deutlich im siedlungsgünstigen Gelände am östlichen Ufer des Tatower Sees (Jezioro Tatowskie) ab[6], ein weiterer Siedlungsschwerpunkt muss südlich und südwestlich des Lüptow-Sees gelegen haben. Beim heutigen Dorf Zewelin (Cewlino) bestand im 12. Jahrhundert ein Körpergräberfeld, auf dem man wahrscheinlich die Bewohner der nahe gelegenen Siedlungen bestattete[7]. In Bonin wurde kürzlich ein spektakulärer Fund gemacht – ein im 11. Jahrhundert niedergelegter Schatz mit über 4.000 Münzen, die u. a. in Böhmen, Ungarn und dem Römisch-Deutschen Reich geschlagen worden waren[8]. Auf der Ostseite des Lüptow-Sees sind ebenfalls zahlreiche jungslawische Siedlungsplätze zu verzeichnen, die zwei Konzentrationen bilden. Eine liegt in der Umgebung des Ortes Wisbuhr (Wyszebórz), wo einstmals auch ein Körpergrab aus jener Zeit gefunden worden sein soll. Ein zweiter Schwerpunkt mit mehreren nahe beieinander gelegenen Fundplätzen liegt bei dem Dorf Lüptow (Lubiatowo). In der Zwischenkriegszeit soll dort am Seeufer eine Art Sumpfsiedlung entdeckt worden sein. Weitere Fundplätze liegen am Nordufer des Sees in der Nähe des ehemaligen Dorfes Dörsenthin (Dzierżęcino, heute zu Köslin)[9].

Nach den Ergebnissen der in den letzten Jahrzehnten in der Kösliner Altstadt durchgeführten Ausgrabungen ist wahrscheinlich, dass das Gelände, auf dem im 13. Jahrhundert die Stadt gegründet wurde, in slawischer Zeit unbesiedelt war. Einige Oberflächenfunde deuten allerdings darauf hin, dass im Bereich zwischen dem späteren Stadtzentrum und dem Jamunder See sowie am Ansatz der dortigen Nehrung eine geringe Streubesiedlung bestand. Die Zeitstellung dieser Siedlungen ist allerdings nicht sicher[10].

6 *Olczak, Siuchniński,* Źródła (wie Anm. 4), S. 59–60, 113–114; Henryk *Janocha,* Wczesnośredniowieczna radlica żelazna z Tatowa, gm. Biesiekierz, woj. Koszalin, stan. 6 [Der frühmittelalterliche Häufelpflug aus Tatow, Gemeinde Bizicker, Woiewodschaft Köslin], in: Koszalińskie Zeszyty Muzealne 12 (1982), S. 30, Abb. 1.

7 Władysław *Łosiński,* Wczesnośredniowieczne cmentarzysko w Cewlinie, pow. Koszalin [Das frühmittelalterliche Gräberfeld in Zewlin, Kreis Köslin], in: Materiały Zachodniopomorskie 4 (1958), S. 251–284. Der Fundplatz wurde bereits vor dem Zweiten Weltkrieg entdeckt und untersucht.

8 Andrzej *Kuczkowski* und Michał *Kulesza,* Skarb z Bonina [Der Schatz aus Bonin], in: Archeologia Żywa 53 (2011), 1, S. 24–27.

9 *Strzyżewski,* Badania (wie Anm. 4), S. 50 ff.; Jacek *Borkowski* und Andrzej *Kuczkowski,* Cussalin – Cößlin – Koszalin. Źródła archeologiczne do dziejów Koszalina [Cussalin – Cößlin – Koszalin. Die archäologischen Quellen zur Geschichte Köslins], Koszalin 2011, S. 208 ff., 250 ff.

10 Eine slawische Besiedlung des Stadtgebiets wird seitens der Archäologie seit Langem ausgeschlossen; vgl. z. B. Marian *Sikora,* Sprawozdanie z badań archeologicznych na Starym Mieście w Koszalinie [Der Bericht über die archäologischen Forschungen auf der Altstadt Köslin], in: Sprawozdania z badań archeologicznych prowadzonych na terenie woj. koszalińskiego w latach 1967–1968 [Die Berichte über die archäologischen Forschungen auf dem Gebiet der Kösliner Woiewodschaft], hg. von Franciszek J. *Lachowicz,* Koszalin 1969, S. 214–222; Henryk *Janocha,* Materiały archeologiczne [Die archäologischen Materialien], in: Koszalin w średniowieczu [Köslin im Mittelalter], hg. von Adam *Wirski,* Koszalin 1998, S. 19–21; ders., Początki miasta Koszalina [Die Anfänge der Stadt Köslin], in: Koszalin. Z dziejów miasta do 1266 r. [Köslin. Aus der Stadtgeschichte bis zum Jahre 1266], Bd. I, Koszalin, o. A., S. 162–182; Ignacy *Skrzypek,* Archeologiczne badania ratownicze na terenie Starego Miasta w Koszalinie [Die archäologischen Rettungsgrabungen auf dem Gebiet der Altstadt Köslin], in: Archeologia et historia urbana, hg. von Roman Czaja u. a., Elbląg 2004, S. 190. Ein endgültiger Nachweis für diesen Umstand liegt nun wahrscheinlich mit den Ergebnissen der in den

Von grundlegender Bedeutung für die slawische Siedlungsgeschichte vor der Zeit der Stadtgründung sind die zu Beginn des 20. Jahrhunderts und in den Jahren 1958 bis 1962 unternommenen Ausgrabungen auf dem Gollenberg[11]. Neben spätmittelalterlichen Befunden und einem Gräberfeld aus jener Zeit fanden sich damals auch Siedlungsstrukturen älterer Epochen. Als früh- und hochmittelalterliche Hinterlassenschaften wurde neben einem Befund, der als zerstörtes Gebäude interpretiert wurde, und sieben Gruben, die sich in unmittelbarer Nähe des vermeintlichen Hauses fanden und als Feuerstellen angesprochen wurden, auch hölzerne Reste eines Bootsgrabes angesprochen, das sich von den über 500 Bestattungen des Gräberfelds deutlich unterschied[12]. Bis in jüngste Zeit wurde das Gebäude mit einem Kultplatz in Zusammenhang gebracht und dessen Errichtung in das 9. Jahrhundert datiert. Das Fundinventar deutet aber v.a. auf Wirtschafts- und gegebenenfalls auch Wohnfunktionen hin, und die Keramik lässt darauf schließen, dass das Gebäude in der Zeit vom Ende des 11. Jahrhunderts bis in das 13. Jahrhundert genutzt wurde[13]. Die spätere Zeitstellung wird auch durch drei in den Grubenverfüllungen gefundene Armbrustbolzen bestätigt, die frühestens an die Wende vom 12. zum 13. Jahrhundert datiert werden können[14]. Noch jünger dürfte ein in der Hausgrube gefundenes kleines Gewicht sein,

letzten Jahren durchgeführten großen Flächengrabungen im Kösliner Stadtgebiet vor; siehe Jacek *Borkowski* und Andrzej *Kuczkowski*, Proces lokacji średniowiecznego Koszalina w świetle źródeł archeologicznych i historycznych [Der Prozess der mittelalterlichen Stadtgründung Köslin im Lichte der archäologischen und historischen Quellen], in: Materiały Zachodniopomorskie 10 (2013) (Ausgabe 2015), Nowa Seria, 1: *Archeologia*, besonders S. 240. Unberücksichtigt muss dabei eine Siedlung bleiben, die in der Żwirowa-Straße im Südosten des Stadtkerns entdeckt wurde; die Vergesellschaftung slawischer Keramik und harter Grauware verweist die dortige Siedlung frühestens in die zweite Hälfte des 13. Jahrhunderts; vgl. Ignacy *Skrzypek*, Nowe odkrycia archeologiczne na Pomorzu Środkowym [Neue archäologischen Entdeckungen im Mittelpommern], in: Koszalińskie Zeszyty Muzealne 24 (2004), S. 234–235 sowie die Zusammenstellung bei *Borkowski* und *Kuczkowski*, Cussalin – Cößlin – Koszalin (wie Anm. 9), S. 203; zur Lage der Fundplätze am Jamunder See siehe ebd., S. 238 ff., 257 ff.

11 Zu den Ausgrabungsergebnissen siehe Henryk *Janocha*, Wyniki prac archeologiczno-antropologicznych na Górze Chełmskiej (Krzyżance) koło Koszalina w latach 1959–1962 [Die Ergebnisse der archäo-antropologischen Arbeiten auf dem Gollenberge (Kreuzberg)], in: Rocznik Koszaliński 1 (1965), S. 127–145; ders., Wyniki prac badawczych prowadzonych w latach 1961 i 1962 na Górze Chełmskiej (Krzyżance) koło Koszalina, część II [Die Forschungsergebnisse aus den Jahren 1961 und 1962 auf dem Gollenberge (Kreuzberg) bei Köslin, Teil II], in: Materiały Zachodniopomorskie 20 (1974), S. 31–167; zuletzt Andrzej *Kuczkowski*, Stan i potrzeby badań nad Górą Chełmską (Krzyżanką) koło Koszalina [Der Forschungsstand und die Forschungsergebnisse über den Gollenberg (Kreuzberg) bei Köslin], in: Koszalińskie Zeszyty Muzealne 24 (2004), S. 69–94; ders., Cholin – Gollenberg – Góra Chełmska. Źródła archeologiczne do dziejów Góry Chełmskiej koło Koszalina [Cholin – Gollenberg – Góra Chełmska. Die archäologischen Quellen zur Geschichte des Gollenberges bei Köslin], Koszalin 2013 (mit weiterer Lit. und Forschungsgeschichte).

12 *Janocha*, Wyniki prac badawczych (wie Anm. 11), S. 95–103; Henryk *Janocha*, Franciszek J. *Lachowicz*, Góra Chełmska. Miejsce dawnych kultów i sanktuarium maryjne [Gollenberg. Der alte Kultstätte und Marienwallfahrtsort], Koszalin 1991, S. 11–20; *Kuczkowski*, Cholin – Gollenberg – Góra Chełmska (wie Anm. 11) S. 83–85.

13 Andrzej *Kuczkowski*, Analiza wczesnośredniowiecznej ceramiki naczyniowej z Góry Chełmskiej (stan. 1) koło Koszalina [Die Analyse der frühmittelalterlichen Keramik vom Gollenberg (Stand 1) bei Köslin], in: Koszalińskie Zeszyty Muzealne 25 (2005), S. 21–45. Für diese Zeitstellung spricht auch die Zusammensetzung des Keramikinventars, in welchem spätslawische Keramik dominiert und mittelslawische Keramik nur in geringen Stückzahlen auftritt.

14 Piotr Świątkiewicz, Uzbrojenie wczesnośredniowieczne z Pomorza Zachodniego [Frühmittelalterliche Waffen aus Pommern], Łódź 2002, S. 73.

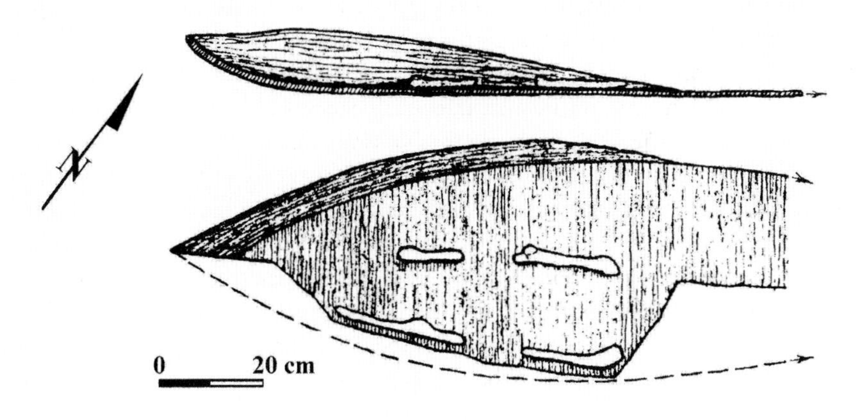

Abb. 1 Bootsgrab vom Gollenberg.

auf welchem einige Forscher ein skandinavisches Runenzeichen erblickten[15]. Vor kurzem wurde jedoch nachgewiesen, dass es sich um ein Warenzeichen der Stadt Köslin handelt, womit das Stück frühestens an das Ende des 13. Jahrhunderts datiert werden kann. Dafür spricht im Übrigen auch dessen Form[16].

Problematisch ist auch die Datierung des Bootsgrabes (Abb. 1), das zum ältesten Bestattungshorizont des Gräberfeldes gehörte und sich in Form von humosen Bänderungen und einigen Beinknochenfragmenten erhalten hatte; außerdem fand sich in dem Grab ein Bronzering. Das Grab lag in gleicher Ausrichtung wie die überwiegende Mehrheit der Gräber[17]. Es wurde häufig als Anzeichen für einen Einfluss oder die Anwesenheit von Skandinaviern an der südlichen Ostseeküste interpretiert[18], was aber voraussetzte, dass es bereits im 9./10. Jahrhundert angelegt wurde. Diese Datierung ist jedoch problematisch, da das Gollenberger Bootsgrab zahlreiche Analogien zu anderen spätslawischen Gräberfeldern besitzt. Bestes Beispiel hierfür ist das Gräberfeld von Usedom (Priesterstraße), das im 12. und 13. Jahrhundert neben einer Kirche bestand, die zur Zeit der Missionsreisen Ottos von Bamberg errichtet worden war. Ein weiterer Referenz-

15 Siehe v. a. Władysław *Duczko*, Obecność skandynawska na Pomorzu i słowiańska w Skandynawii we wczesnym średniowieczu [Die skandinawische Präsenz in Pommern und slawische in Skandinavien im Frühmittelalter], in: Salsa Cholbergiensis. Kołobrzeg w średniowieczu [Salsa Cholbergiensis. Kolberg im Mittelalter], hg. von Lech *Leciejewicz* und Marian *Rębkowski*, Kołobrzeg 2000, S. 33; der Ansicht W. Duczkos schlossen sich auch andere Forscher an.

16 Andrzej *Janowski*, Kilka uwag o odważniku z domniemanym znakiem runicznym znalezionym na Górze Chełmskiej w Koszalinie [Einige Bemerkungen über das auf dem Gollenberg gefundene Wagestück mit vermeintlichem Runenzeichen], in: Slavia Antiqua 54 (2013), S. 267–273. Ein vergleichbares Stück wurde in den Siedlungsschichten der Kösliner Gründungsstadt entdeckt.

17 *Janocha*, Wyniki prac badawczych (wie Anm. 11), S. 105.

18 So z. B. Helena *Zoll-Adamikowa*, Przyczyny i formy recepcji rytuału szkieletowego u Słowian nadbałtyckich we wczesnym średniowieczu [Die Ursachen und Rezeptionsformen der Skelettbegräbnissenrituale bei den Ostseeslawen im Frühmittelalter], in: Przegląd Archeologiczny 35 (1988), S. 200, Anm. 23, die jedoch Zweifel hinsichtlich des Fundkontextes und der Zeitstellung des Grabes anbringt. Gleichzeitig wurde das Grab von *Duczko*, Obecność (wie Anm. 15), S. 33, als skandinavisch angesprochen.

fundplatz ist das Gräberfeld von Zehden (Cedynia) (Fpl. 2), dessen Belegungszeitraum nicht früher als in das 12. Jahrhundert datiert werden kann[19]. Dies bedeutet, dass man die Toten in Pommern auch noch in christlicher Zeit hin und wieder in bootsförmigen Gräbern bestattete. Das Gollenberger Bootsgrab gehört dabei höchstwahrscheinlich in die älteste Belegungsphase des dortigen Gräberfeldes und somit spätestens an das Ende des 12. Jahrhunderts. Die ältesten Münzen, die auf dem Gräberfeld zutage traten, sind drei pommersche Denare, die von den pommerschen Fürsten am Ende des 12. Jahrhunderts emittiert wurden. Daneben traten auch Brakteaten auf, die im 13. Jahrhundert geschlagen wurden, außerdem verschiedene Denare des 14. und 15. Jahrhunderts[20]. Nach den Münzfunden ist der Beginn des Bestattungszeitraums auf dem Gollenberg an die Wende vom 12. zum 13. Jahrhundert zu datieren, spätestens aber in die erste Hälfte des 13. Jahrhunderts. In diese Zeit gehört auch der im Bootsgrab entdeckte Bronzering.

Auf Grundlage der bisherigen Ausführungen lässt sich folgendes Bild zeichnen: Um die Wende vom 11. zum 12. Jahrhundert entstand auf dem Gollenberg eine slawische Siedlung, deren Ausdehnung aufgrund der begrenzten archäologischen Untersuchungen bislang nicht ermittelt werden konnte. Bei dieser wird es sich aber um eine bevölkerungsreiche Niederlassung sowie einen zentralen Ort im Siedlungs- und vielleicht auch Wirtschaftssystem der Region gehandelt haben. Denn mit großer Wahrscheinlichkeit wurde auf dieser bereits in der ersten Hälfte des 13. Jahrhunderts eine Kirche errichtet, wofür einerseits die Zeitstellung des angelegten Körpergräberfeldes spricht und andererseits mittelbar eine Urkunde aus dem Jahre 1263, in welcher ein gewisser Nikolaus als Pfarrer *in Golme*[21] erwähnt wird.

Die Besiedlung des Gollenbergs fällt in die Zeit der Verdichtung des Siedlungsnetzes um den Gollenberg. Im Laufe des 12. Jahrhunderts wurde die Region ein Teil des pommerschen Herzogtums im Bereich der Kolberger Kastellanei[22]. Im Jahre 1214 erscheinen in den Schriftquellen die ersten Erwähnungen einer Siedlung *Cossalitz*[23], die mit Köslin identifiziert werden kann. Deren Name, niedergeschrieben in einem lateinischen Text in der Herzogskanzlei, wurde leicht umgeformt. Es besteht kein Zweifel, dass es sich

19 Felix *Biermann*, Bootsgrab - Brandgrab - Kammergrab. Die slawischen Gräberfelder von Usedom im Kontext der früh- und hochmittelalterlichen Bestattungssitten in Mecklenburg und Pommern, Rahden/Westf. 2009, S. 49–50, 121 ff.; Władysław *Filipowiak*, Wczesnośredniowieczna »linia żeglugowa" Hedeby (Haithabu) – Starigard (Oldenburg) – Wolin [Die frühmittelalterliche Schifffahrtsstrecke Hedeby (Haithabu) – Starigard (Oldenburg) – Wollin], in: *Świat Słowian* (wie Anm. 4), S. 337–338. Zur Chronologie des Gräberfeldes in Zehden (Fpl. 2) siehe Marian *Rębkowski*, Die Christianisierung Pommerns. Eine archäologische Studie (= Universitätsforschungen zur Prähistorischen Archäologie, Bd. 197). Bonn 2011.

20 *Janocha*, Wyniki prac badawczych (wie Anm. 11), S. 91; Stanisława *Kubiak* und Borys *Paszkiewicz*, Znaleziska monet z lat 1146–1500 z terenu Polski [Die Münzfunde aus den Jahren 1146–1550 aus dem Gebiet Polens], Poznań 1998, S. 26; *Kuczkowski*, Cholin – Gollenberg – Góra Chełmska (wie Anm. 11), S. 109, 208–210.

21 PUB VI, hg. von Otto Heinemann, Stettin 1906–1907, Nr. 3958; vgl. Zygmunt *Szultka*, Kaplica pw. Najświętszej Marii Panny na Górze Chełmskiej jako miejsce kultu w średniowieczu [Die Marienkapelle auf dem Gollenberg als Kultstätte im Mittelalter], in: Studia Gdańskie 9 (1993), S. 78–79.

22 Historia Pomorza [Geschichte Pommerns], Bd.. I, T. II, hg. von Gerard *Labuda*, Poznań 1969; Kazimierz *Ślaski*, Podziały terytorialne Pomorza w XII–XIII wieku [Die territorialen Teilungen Pommerns im 12.–13. Jahrhundert], Poznań 1960, S. 148–153, 173; Józef *Spors*, Organizacja kasztelańska na Pomorzu Zachodnim w XII–XIII w. [Die Kastellaneiorganisation im Pommern im 12.–13. Jahrhundert], Słupsk 1991, S. 88–89.

23 PUB I, Nr. 163: *villam unam, que Cossalitz vocatur, iuxta Cholin in Cholbergiensi territorio constitutam.*

bei dem Namen um ein typisch slawisches Patronym mit der Endung *-ice* handelt, das Dorf ursprünglich also »*Koszalice*« oder »*Koszelice*« hieß. Der Siedlungsname ließe sich somit von den Nachkommen eines Koszała oder Koszela herleiten; der Name stammt dabei von dem Wort *kosz* (Korb) ab[24]. Aus der Urkunde geht hervor, dass *Koszalice* ein Dorf war, das im Kolberger Kastellaneibezirk unweit von *Cholin* lag. Dieser Name, der sowohl für den Verfasser des Dokuments als auch dessen Empfänger als Ausgangspunkt für die Lokalisation des Dorfes diente und in späterer Zeit vorwiegend in der Form *Golm* geschrieben wurde, ist mit dem Gollenberg verbunden. Dabei ist zu bedenken, dass dies nicht unbedingt nur ein Name topographischen Charakters gewesen sein muss, der sich auf eine der Erhebungen des Höhenzuges bezog. In den Schriftquellen aus den 1260er und 1270er Jahren werden nämlich ein Pfarrer und eine Kirche in *Cholin* (*Golme*)[25] genannt, was bedeutet, dass die in dem Dokument von 1214 beschriebene Lage von *Koszalice* sich auf eine andere, eventuell größere Siedlung bezieht.

Quellenangaben, die auf die Existenz einer Burg hindeuten, erscheinen zwar erst in der Zeit nach der Gründung der Stadt, diese beziehen sich aber auf eine Anlage, die schon vor der Stadtgründung bestand. In insgesamt fünf Dokumenten, die in den Jahren 1281 bis 1313 von der Kanzlei der Camminer Bischöfe und vom Kösliner Stadtrat ausgestellt wurden, werden eine Burg und ein Burgfeld erwähnt[26]. Es ist anzunehmen, dass die Burg wahrscheinlich schon einige Zeit vor der ersten schriftlichen Fixierung 1281 nicht mehr in Benutzung war, da es sich bei dem Ritter Dawid, der die Transaktion vollzog, um einen ehemaligen Burgbewohner handelte. Eine andere Quelle weist darauf hin, dass unweit der Burg ein kleiner, die städtische Mühle mit Energie versorgender Bach verlaufen sein muss, da sich in der Nähe des Burgwalls ein Stauwehr befand. Unter Berücksichtigung des Verlaufs der in der Umgebung fließenden Flüsse muss sich die Burg im Osten oder Süden der Stadt befunden haben. Die Größe des »Burgfelds«, auf dem sich Wiesen und Wälder befanden, muss über 24 Hufen betragen haben. In einer Bischofsurkunde aus dem Jahre 1284 wird eine das »Burgfeld« vom Dorf Dörsenthin scheidende Grenze beschrieben, die irgendwo am westlichen Abhang des Gollenbergs und bis zu einem Bach verlief, der in den Lüptow-See mündete[27]. Die in dieser Beschreibung enthaltenen Angaben zur Topographie bestätigen die Vermutung, dass sich die Reste der ehemaligen Burg und das »Burgfeld« im Süden oder Südosten der späteren Lokationsstadt befunden haben müssen.

24 Stanisław *Rospond*, Słownik etymologiczny miast i gmin PRL [Das etymologische Wörterbuch der Städte und Gemeinden der Volksrepublik Polen], Wrocław–Warszawa–Kraków–Gdańsk–Łódź 1984, S. 160; Ewa *Rzetelska-Feleszko*, Jerzy *Duma*, Dawne słowiańskie nazwy miejscowe Pomorza Środkowego [Die alten slawischen Ortsnamen Mittelpommerns], Wrocław–Warszawa–Kraków–Gdańsk–Łódź 1985, S. 107–108; Aleksandra Belchnerowska, Toponimia byłych powiatów kołobrzeskiego i koszalińskiego [Die Toponyme der ehemaligen Kreise Kolberg und Köslin], Gdańsk 1995, S. 42.

25 PUB VI, Nr. 3958 (Jahr 1263): *plebanus in Golme*; PUB II, hg. von Rodgero *Prümers*, Stettin 1881–1885, Nr. 882 (Jahr 1269), Nr. 1097 (Jahr 1278): *capella in Cholme*.

26 PUB II, Nr. 1199, 1302, 1377; PUB III, hg. von Rodgero *Prümers*, Stettin 1888–1891, Nr. 1422; PUB V, hg. von Otto *Heinemann*, Stettin 1903–1905, Nr. 2993. Die Burg wird in diesen als *castrum Cussalyn* (1281) oder einfach als *castrum* (1286) erwähnt, das Burgfeld als *campus castellanorum* (1281), *campus qui borchvelt dicitur* (1284), *campus castrensem* (1287) und *borchlant* (1313).

27 PUB II, Nr. 1302; vgl. *Hoogeweg*, Stifter und Klöster (wie Anm. 1), S. 431.

Aufgrund der sich teils widersprechenden Quellenangaben sind Lage, Zeitstellung und Charakter der ältesten Ansiedlung in Köslin bis heute nicht sicher zu bestimmen[28]. Für die Frage nach dem Charakter der Siedlung ist zunächst zu klären, ob das älteste Köslin ein Dorf, eine Burg oder ein Siedlungskomplex war, zu welchem Burg und Vorburgsiedlungen gehörten. Falls die Annahmen zum Bestehen einer Burg stimmen, folgt daraus, dass in der ersten Hälfte des 13. Jahrhunderts zwei Siedlungen bestanden: ein Dorf und eine Burg. Der Name des Dorfes (»Koszalice«) tritt in den Schriftquellen nur einmal, im Jahre 1214, auf. In den jüngeren Dokumenten, die erst in der Zeit nach der Stadtgründung entstanden, wird der Ortsname bereits mit dem Suffix *-in* geschrieben (zumeist *Cussalin* oder *Cussalyn*), und zwar in Bezug auf Burg und Lokationsstadt[29]; nun handelt es sich bei dem Namen folglich um eine possessivische Bildung. Allgemein wird angenommen, dass es unter unbekannten Umständen zu einem Wechsel vom patronymischen »Koszalice« zum possessivischen »Koszalin« kam[30]. Ebenso gut ließe sich aber annehmen, dass zwei Siedlungen gleichzeitig bestanden, und zwar in der Form des Dorfes (»Koszalice«) und der Burg (»Koszalin«). Im ersten Falle wäre anzunehmen, dass in der ersten Hälfte des 13. Jahrhunderts ein Burg-Siedlungskomplex mit mindestens einer Vorburgsiedlung bestand; im zweiten Falle – mit zwei voneinander unabhängigen Ortsnamen – käme das Bestehen eines Burg-Siedlungskomplexes zwar ebenfalls in Frage, doch wäre es ebenso möglich, dass Burg und Siedlung voneinander getrennt lagen.

Auf Grundlage der bisherigen Feststellungen und der Ergebnisse archäologischer Forschungen sollen im Folgenden die einzelnen Varianten zur Lokalisierung von Dorf und Burg vorgestellt werden. Schüsselpunkte für die Klärung des Problems bilden

---

28 Zu diesem Thema gibt es bereits eine umfangreiche Literatur, in der verschiedene, teils skurril anmutende Thesen vertreten werden; vgl. z. B. Władysław *Kowalenko,* Koszalin średniowieczny [Köslin im Mittelalter], in: Z dziejów Koszalina [Aus der Geschichte Köslins], Poznań 1960, S. 33–41; Tadeusz Białecki, Powstanie Koszalina na tle zaplecza osadniczego miasta w XIII wieku [Die Entstehung Köslins vor dem Hintergrund des Siedlungshinterlandes der Stadt im 13. Jahrhundert], in: Przegląd Zachodniopomorski 2/3 (1966), S. 27–42; Kazimierz *Ślaski,* Geneza Koszalina na tle osadnictwa w okresie wczesnofeudalnym [Die Genese Köslins vor dem Hintergrund der Siedlung im frühfeudalen Zeitalter], in: Dzieje Koszalina [Geschichte Köslins], hg. von Bogusław *Drewniak* und Henryk *Lesiński,* Poznań 1967, S. 22–35; Józef *Spors,* Lokalizacja wczesnośredniowiecznego Koszalina [Die Lokalisierung des frühmittelalterlichen Köslin], in: Koszalińskie Zeszyty Muzealne 13 (1983), S. 23–40; ders., Początki Koszalina [Die Anfänge Köslins], in: Rocznik Koszaliński 19 (1983), S. 41–64; ders., Jeszcze raz w sprawie lokalizacji wczesnośredniowiecznego grodu w Koszalinie [Nochmals über die Lokalisierung der frühmittelalterlichen Burg in Köslin], in: Koszalińskie Zeszyty Muzealne 16 (1986), S. 51–56; ders., Czy wzmiankowane w drugiej połowie XIII w. castrum Cussalyn było grodem wczesnośredniowiecznym? [War das in der zweiten Hälfte der 13. Jahrhunderts erwähnte castrum Cussalyn eine frühmittelalterliche Burg gewesen?], in: Słupskie Prace Humanistyczne 11 (1992), S. 39–61; Barbara *Popielas-Szultka,* W sprawie początków Koszalina [Zur Frage der Anfänge Köslins], in: Rocznik Koszaliński 22 (1992), S. 91–113; Adam *Wirski,* Przedlokacyjny Koszalin [Köslin vor der Stadtgründung], in: Koszalin w średniowieczu [Köslin im Mittelalter], hg. von Adam *Wirski,* Koszalin 1998, S. 59–130; ders., Castrum w Koszalinie – kolejna hipoteza [Castrum in Köslin – die folgende Hypothese], in: Koszalin (wie Anm. 10), S. 97–127; Danuta *Szewczyk,* Początki Koszalina: gród czy osada? [Die Anfänge Köslins: Burg oder Niederlassung?], in: dies., Koszalin od średniowiecza do współczesności. Katalog wystawy [Köslin vom Mittelalter bis zur Gegenwart. Der Austellungskatalog], Koszalin 2010, S. 6–80. Keine der vorgeschlagenen Hypothesen fand bislang eine Bestätigung durch die Archäologie, was auch zu der Ansicht führte, dass überhaupt keine Burg bestanden habe.

29 Z. B. PUB II, Nr. 802, 853, 1097, 1199.

30 Vgl. Lit. in Anm. 20.

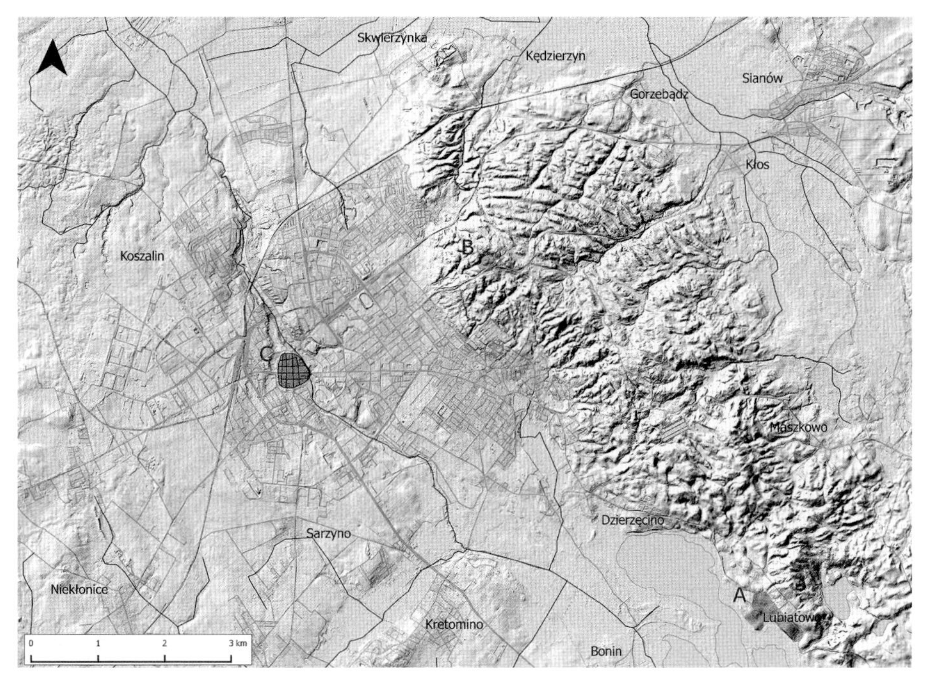

Abb. 2 Lage der mit den Anfängen Köslins verbundenen Siedlungsschwerpunkte im 12. und 13. Jahrhundert. A – Siedlungskonzentration am Lüptow-See; B – Siedlung auf dem Gollenberg; C – Gründungsstadt von 1266

dabei der Höhenzug des Gollenbergs sowie die Siedlungsanhäufung im Nordosten des Lüptow-Sees (Abb. 2). Eine erste These legt zugrunde, dass Burg und Dorf (als Vorburgsiedlung) am Lüptow-See lagen, wo ohnehin die günstigsten Siedlungsbedingungen der gesamten Kleinregion herrschten.[31] Am Nordostufer des Sees wurden bei Oberflächenbegehungen mehrere jungslawische Siedlungsstellen lokalisiert. Die Auswertung eines vor kurzem in diesem Gebiet durchgeführten Laserscanning verweist auf eine einstmals an diesem Ort bestehende Burg, die der Forschung bislang unbekannt war. Es handelt sich um eine rund-ovale Anlage von bis zu 100 m Durchmesser, deren Wallreste sich noch sehr gut abzeichnen. Der Burgwall lag auf einer Terrasse am See und war ursprünglich sicherlich von Wasser oder Sumpf umgeben (Abb. 3). Sichere Angaben zu Funktion und Zeitstellung dieser Anlage lassen sich erst im Lichte archäologischer Untersuchungen machen[32].

31 Darauf verweist schon die vorgeschichtliche Besiedlung der Region seit dem Mesolitikum, vgl. Jolanta Ilkiewicz, Osiedla proto- i wczesnoneolityczne na stanowisku 7 w Koszalinie-Dzierżęcinie [Die proto- und frühmesolithischen Niederlassungen auf der Stelle 7 in Köslin-Dörsenthin], in: Acta Archaeologica Pomoranica, Bd. I, hg. von Marek *Dworaczyk*, Przemysław *Krajewski* und Eugeniusz *Wilgocki*, Szczecin 1998, S. 41–51.

32 Die Bearbeitung der Messergebnisse des Laser-Scans erfolgte durch Dr. Grzegorz Kiarszys von der Archäologischen Abteilung am Institut für Geschichte und Internationale Beziehungen der Universität Stettin (Szczecin). Es ist anzunehmen, dass die Anlage bei früheren Begehungen nicht lokalisiert wurde, weil das Burggelände heute ungenutzt und mit Bäumen und hohem Gras zugewachsen ist, sich dort somit keine Keramik oder sonstige Funde aufsammeln ließen.

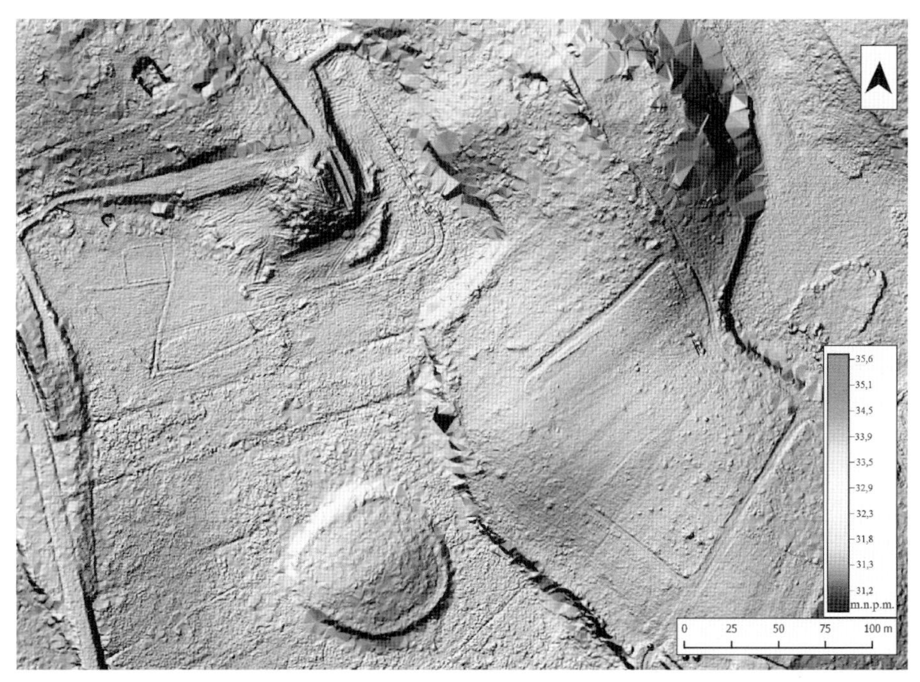

Abb. 3 Auf Grundlage eines Laser-Scans erstelltes digitales Geländemodell der Umgebung Köslins, in welchem sich eine bisher unbekannte Burganlage am Nordostufer des Lüptow-Sees abzeichnet.

Diese These wird allerdings durch verschiedene Ausgrabungsergebnisse und Quellenangaben abgeschwächt, die die große Bedeutung und den Bevölkerungsreichtum der *Cholin-Golme*-Siedlung belegen; ersteres wird im Übrigen auch durch die Errichtung einer Kirche an diesem Ort bezeugt. Auffällig sind dabei auch schriftliche Überlieferungen, die auf Verbindungen der Belbucker Prämonstratenser sowohl mit der Siedlung *Cholin-Golme* als auch mit dem Dorf »Koszalice« verweisen. »Koszalice« wurde dem Kloster im Jahre 1214 übertragen; in *Cholin-Golme* bestand hingegen eine Kirche, deren Patronat die Belbucker Mönche innehatten (bestätigt im Jahre 1269)[33]. Die zwangloseste Interpretation dieser Umstände wäre, dass es sich bei den als *Cossalitz* und *Cholin* bezeichneten Siedlungen um denselben Ort handelte. Gleichzeitig wäre anzunehmen, dass »Koszalice« im 13. Jahrhundert, vielleicht im Zuge einer Ausweitung der Siedlungsfläche, den Ortsnamen *Cholin* übernahm, der ursprünglich nur die Anhöhe bezeichnete, anfangs also einen Bezugspunkt hinsichtlich der Lage des Dorfes bildete, der sich im Laufe der Zeit auf das gesamte Dorf ausweitete[34]. Die zweite These geht hingegen davon aus, dass zwei Siedlungen bestanden – eine Burg »Koszalin« am Lüptow-See und ein Dorf »Koszalice« auf dem Gollenberg[35].

33 PUB II, Nr. 882.

34 Zu derselben Lokalisierung des Dorfes siehe auch *Szewczyk*, Początki (wie Anm. 28), S. 75 ff.

35 Theoretisch ist eine dritte Variante nicht auszuschließen, nach der beide Siedlungen (Burg und offene Siedlung) auf dem Berg lagen, wobei sich die Reste des Walls bis heute nicht erhalten haben. Im Oberflä-

Unabhängig davon, welche der vorgestellten Thesen zutrifft, kann man annehmen, dass die Anfänge der Besiedlung Köslins bis an die Wende vom 11. zum 12. Jahrhundert zurückreichen. Vermutlich wurde die Burg erst zu jener Zeit errichtet, und auch das Dorf muss mehr oder weniger in jenem Zeitraum gegründet worden sein. In den Jahren zwischen 1214 und 1263, wahrscheinlich aber noch in der ersten Hälfte des 13. Jahrhunderts, wurde im Dorf eine Kirche errichtet[36]. Dabei ist anzumerken, dass es in Pommern in jener Zeit nur eine geringe Zahl christlicher Kirchen gab. Diese wurden in den zentralen Bereichen wichtiger Siedlungen errichtet, im 12. Jahrhundert v.a. in Burgen oder Vorburgen. Erst zum Ausgang des 12. Jahrhunderts und in der ersten Hälfte des 13. Jahrhunderts lassen sich die Aktivitäten der Mönchsorden fassen, v.a. der Prämonstratenser, die Kirchen auf Dörfern errichteten, was die Anfänge eines Pfarreiennetzes kennzeichnet[37]. In diesen Zusammenhang ist auch die Kirche in »Koszalice-Cholin« zu setzen, deren Errichtung von der wachsenden Bedeutung Köslins in der Siedlungslandschaft Pommerns kündet. Die Errichtung der Kirche ist dabei vielleicht auch dem Umstand geschuldet, dass gerade dort ein wichtiger Landhandelsweg entlang der Küste verlief, der schon damals über den Gollenberg geführt haben soll[38].

Die deutschrechtliche Stadtgründung

Im 13. Jahrhundert vollzogen sich im Herzogtum Pommern infolge der sog. deutschen Ostsiedlung und der Stadtgründungen zu Deutschem Recht grundlegende wirtschaftlich-gesellschaftliche Veränderungen. Nach unterschiedlichen Schätzungen erfolgten hier ungefähr 40 Stadtgründungen, die man der Initiative des Stettiner Herzogs Barnim I. (1220/21–1278) und des Demminer Herzogs Wartislaw III. (1219/1220–1264) zuschreibt[39]. Vergleichbare Vorgänge sind im Herrschaftsgebiet der Camminer Bischöfe zu erkennen, denen seit 1248 eine Hälfte des Kolberger Landes gehörte. Im Jahre 1276 kaufte Bischof Hermann von Gleichen die zweite Hälfte; als Ganzes bildete das Kolberger Land fortan den Mittelpunkt jenes Gebiets, in welchem die Camminer Bischöfe die Hoheitsrechte ausübten. Dies bedeutete u. a. auch, dass die Bischöfe eine von den Pommernherzögen völlig unabhängige Wirtschaftspolitik durchführen konnten. In der Folgezeit strömten in das Herrschaftsgebiet der Camminer Bischöfe deut-

chenscan zeigt sich jedoch eine starke Geländeumgestaltung und Nivellierung, in deren Folge das heutige Plateau auf dem Kreuzberg entstand.

36 Dabei ist schwierig zu entscheiden, ob die zu Beginn des 20. Jahrhunderts entdeckten und bis heute oberirdisch bestehenden Fundamentreste der Kirche bis in jene Zeit zurückreichen. Weitere Aufschlüsse zu dem Fundament erbrächten allein weitere Untersuchungen und Vergleichsstudien.

37 *Rębkowski*, Die Christianisierung (wie Anm. 19). Auf diesen Aspekt in Bezug auf den Gollenberg wies zuletzt sehr treffend Szewczyk, Początki (wie Anm. 28), S. 76, hin.

38 Kazimierz *Ślaski*, Lądowe szlaki handlowe Pomorza w XI–XIII wieku [Die Landhandelswege Pommerns im 11.–13. Jahrhundert], in: Zapiski Historyczne 34 (1969), 2, S. 39.

39 Zum Thema der Stadtgründungen in Pommern im 13. Jahrhundert siehe Walter *Kuhn*, Die deutschen Stadtgründungen des 13. Jahrhunderts im westlichen Pommern, in: Zeitschrift für Ostforschung 23 (1974), 1, S. 1–58.

sche Siedler und eine deutsche Ritterschaft ein[40].

Köslin bildete das zweitwichtigste städtische Zentrum im Gebiet des bischöflichen Dominiums. Zum Zeitpunkt der Stadtgründung besaß Bischof Hermann von Gleichen bereits gewisse Erfahrungen im Bereich des Landesausbaus, da er schon im Jahre 1255 zusammen mit Wartislaw III. die Stadt Kolberg gegründet hatte[41]. Ähnlich wie im Falle Kolbergs oder der später gegründeten Stadt Massow (Maszewo) übernahm die am Fuße des Gollenbergs gegründete Stadt Köslin den Namen der alten Burg, obwohl man die Stadt in einiger Entfernung zu dieser anlegte – ein charakteristischer Vorgang bei den Stadtgründungen im Pommern des 13. Jahrhunderts[42].

Die Grundlagen für den Aufbau der städtischen Gemeinde in Köslin wurden in der Urkunde vom 23. Mai des Jahres 1266 festgelegt. Dabei handelte es sich um eine Vereinbarung des Landesherrn mit den Lokatoren (*possessoribus*) Marquard und Hartmann. Zu deren Aufgaben gehörten zunächst v. a. die Heranführung von Siedlern sowie die

---

40 PUB I, Nr. 377, 475; II, Nr. 1044; Erich *Bütow*, Staat und Kirche in Pommern im ausgehenden Mittelalter bis zur Einführung der Reformation, in: Baltische Studien NF 14 (1910), S. 85–148; Friedrich *Salis*, Forschungen zur älteren Geschichte des Bistums Kammin, in: Baltische Studien NF 26 (1924), S. 1–155; Hellmuth *Heyden*, Kirchengeschichte Pommerns, Bd. I, Stettin 1937; Jürgen *Petersohn*, Der südliche Ostseeraum im kirchlich-politischen Kräftespiel des Reichs, Polens und Dänemarks vom 10. bis zum 13. Jahrhundert. Mission – Kirchenorganisation – Kultpolitik (Ostmitteleuropa in Vergangenheit und Gegenwart 17), Köln-Wien 1979; Jerzy *Walachowicz*, Początki zwierzchnictwa terytorialnego biskupów kamieńskich [Die Anfänge der territorialen Oberhoheit der Bischöfe von Cammin], in: Ecclesia Posnaniensis. Opuscula Mariano Banaszak septuagenario dedicata, hg. von Feliks *Lenort* und Konrad *Lutyński*, Poznań 1998, S. 65–72; Edward *Rymar*, Władztwo biskupów kamieńskich między Unieścią i Grabową w XIII i XIV w. [Die Landesherrschaft der Bischöfe von Cammin zwischen Unest und Grabow], in: Rocznik Koszaliński 25 (1995), S. 35–54; Piotr *Piętkowski*, Biskupstwo pomorskie jako początek biskupstwa kamieńskiego [Das pommersche Bistum als Anfang des Bistums Cammin]. Wrocław 2015. Zu den Grenzen der Camminer Diözese siehe G. *Müller*, Das Fürstentum Kammin. Eine historisch-geographische Untersuchung, in: Baltische Studien NF 31 (1929), S. 109–205; Jürgen *Petersohn*, Die räumliche Entwicklung des Bistums Kammin, in: Baltische Studien NF 57 (1971), S. 7–25; Marek *Okoń*, Granice średniowiecznej diecezji kamieńskiej [Die Grenzen des mittelalterlichen Bistums Cammin], in: Roczniki Humanistyczne 35 (1987), 2, S. 41–59. Über die weltliche und geistliche Landesherrschaft in Mitteleuropa vgl. auch Sławomir *Gawlas*, O kształt zjednoczonego Królestwa. Niemieckie władztwo terytorialne a geneza społeczno-ustrojowej odrębności Polski [Um die Gestalt des vereinigten Königreichs. Die deutsche Landesherrschaft und die Genese der Gesellschafts- und Verfasssungseigenheit Polens] 2. korrigierte Auflage, Warszawa 2000, S. 22–25, 38–64; Thomas Wünsch, Landesherrschaft und geistliches Territorium der Breslauer Bischöfe im 13. Jahrhundert. Zur Präsenz eines westlichen Musters in der ostmitteleuropäischen Verfassungsgeschichte, in: Przełomy w historii. XVI Powszechny Zjazd Historyków Polskich [Die Wendepunkte in der Geschichte. 16. Tag der Polnischen Historiker], Bd. I, hg. von Krzysztof *Ruchniewicz*, Jan *Tyszkiewicz* und Wojciech *Wrzesiński*, Toruń 2000, S. 155–180; ders., Territorienbildung zwischen Polen, Böhmen und dem deutschen Reich: Das Breslauer Bistumsland vom 12. bis. 16. Jahrhundert, in: Geschichte des christlichen Lebens im schlesischen Raum, hg. von Joachim *Köhler* und Reiner *Bendel*, Münster 2002, S. 199–264; Ewa *Wółkiewicz*, Patrimonium sancti Iohannis. U początków władztwa biskupiego w ziemi otmuchowsko-nyskiej [Patrimonium sancti Iohannis. Zu den Anfängen der bischöflichen Landesherrschaft im Ottmachau-Neisser Land], in: Milicz. Clavis Regni Poloniae. Gród na pograniczu [Milicz. Clavis Regni Poloniae. Burg auf dem Grenzgebiet], hg. von Justyna *Kolenda*, Wrocław 2008, S. 225–234.

41 Eventuell ist eine gewisse Rolle Kolbergs bei der Stadtgründung Köslins auch dadurch angezeigt, dass sich zum Zeitpunkt der Ausstellung der Kösliner Gründungsurkunde der Kolberger Vogt Thidericus in Buckow aufhielt.

42 Marian *Rębkowski*, Pierwsze lokacje miast w księstwie zachodniopomorskim. Przemiany przestrzenne i kulturowe [Die ersten Stadtgründungen im pommerschen Fürstentum. Raum- und Kulturwandlungen]. Kołobrzeg 2001, S. 53 ff.; ders., Greifswald – Stettin – Kolberg. Drei Modelle räumlicher Anknüpfungen in der Stadtgründungszeit in Pommern, in: Zentrum und Peripherie in der Germania-Slavica. Beiträge zu Ehren von Winfried Schich, hg. von Doris *Bulach* und Matthias *Hardt* (Forschungen zur Geschichte und Kultur des östlichen Mitteleuropas, Bd. 34), Stuttgart 2008, S. 235–246.

Organisation der Stadt und des lokalen Markts. Daher wurden in der Anfangsphase dieses Prozesses diese Siedlungsunternehmer mit Wirtschaftsprivilegien ausgestattet[43].

Der Bischof übertrug der städtischen Gemeinde eine Landfläche von 100 Hufen, von welchen die Lokatoren zu ihrer eigenen Verwendung eine Fläche von 30 Hufen erhielten, frei von jeweden Leistungen und mit dem Recht, diese zu vererben und Mühlen darauf zu bauen. Der Stadt wurde die Nutzung von 10 Hufen *Bůcwald* sowie der nahe gelegenen Weiden zugesprochen. Die Bürger durften in den stehenden und fließenden Gewässern im Bereich des städtischen Patrimoniums Fische fangen; jenseits dieses Bereichs war ihnen der Fischfang jedoch nur mit kleinen Netzen gestattet. Außerdem räumte der bischöfliche Stadtherr der Kösliner Gemeinde das Schlagen von Bauholz (*ligna edificalia*) ein. Unerlässliche Bedingung für eine günstige Wirtschaftsentwicklung der neuen Stadtsiedlung war die Befreiung der Bürger von sämtlichen Leistungen an den Landesherrn für einen Zeitraum von sechs Jahren[44]. Die Wirtschaftsprivilegien, die den Stadtbürgern Köslins und Lokatoren verliehen worden waren, wichen grundsätzlich nicht von jenen ab, die Hermann von Gleichen den beiden Stadtgemeinden Kolberg (1255) und Massow (1274) verliehen hatte[45].

43 Benedykt *Zientara*, Przemiany społeczno-gospodarcze i przestrzenne miast w dobie lokacji [Die gesellschaftlich-wirtschaftlichen und räumlichen Umwandlungen der Städte im Zeitalter von Lokationen], in: Miasta doby feudalnej w Europie środkowo-wschodniej [Die Städte im Ostmitteleuropa im feudalen Zeitalter], hg. von Aleksander *Gieysztor* und Tadeusz *Rosłanowski*, Warszawa–Poznań–Toruń 1976, S. 67–99; ders., Działalność lokacyjna jako droga awansu społecznego w Europie Środkowej XII–XIV wieku [Die Lokationstätigkeit als Weg des gesellschaftlichen Aufstiegs in Ostmitteleuropa im 12.–13. Jahrhundert], in: Śląski Kwartalnik Historyczny Sobótka 36 (1981), 1, S. 43–57; Marta *Młynarska-Kaletynowa*, O procesach lokacyjnych miast w Europie Środkowo-Wschodniej [Über die Stadtgründungsprozesse im Ostmitteleuropa], in: Procesy lokacyjne miast w Europie Środkowo-Wschodniej [Die Stadtgründungsprozesse im Ostmitteleuropa], hg. von Cezary *Buśko*, Wrocław 2006, S. 9–17. Zur Stadtgründung Köslins besteht eine umfangreiche Literatur; zu den wichtigsten Arbeiten gehören: Christian Wilhelm *Haken*, Versuch einer diplomatischen Geschichte der Königlich Preussischen Hinterpommerschen Immediat- und vormaligen Fürst-Bichöflichen Residenzstadt Cösslin, Lemgo 1765, S. 3–20; Johann Ernst *Benno*, Geschichte der Stadt Coeslin von ihrer Gründung bis auf gegenwärtige Zeit, Köslin 1840; Friedrich *Treichel*, Die Geschichte der Stadt Cöslin, Köslin 1939, S. 4–6;. *Kowalenko*, Koszalin (wie Anm. 28), S. 33–41; *Białecki*, Powstanie (wie Anm. 28), S. 27–42; *Ślaski*, Geneza (wie Anm. 28), S. 22–35; *Spors*, Początki (wie Anm. 28), S. 41–64; *Borkowski* und *Kuczkowski*, Proces (wie Anm. 10), S. 237–253.

44 Die Bürger Kolbergs erhielten auf der Grundlage der Stadtgründungsurkunde von 1255 100 Hufen Land. Im Jahre 1278 übertrug der Camminer Bischof Hermann von Gleichen den Stadtbürgern von Massow 130 Hufen Land, davon 100 zur Feldbewirtschaftung und 30 zur Weidewirtschaft. Aus den Forschungen zu den Städten des Herzogtums Pommern-Stettin im 13. und 14. Jahrhundert wissen wir, dass Landflächen in der Größenordnung zwischen 55 (Werben [Wierzbno]) und 135 Hufen (Gartz an der Oder) vergeben wurden; siehe Jan Maria *Piskorski*, Miasta księstwa szczecińskiego do połowy XIV wieku [Die Städte des Stettiner Herzogtums bis zur Mitte des 14. Jahrhunderts], 2. Aufl., Poznań–Szczecin 2005, S. 101–102.

45 Von grundlegender Bedeutung für das Verständnis der Stadtgründung Kolbergs zu lübischem Recht sind folgende Publikationen: Hermann *Riemann*, Geschichte der Stadt Kolberg, Kolberg 1873, S. 31–33; Dietmar *Lucht*, Die Städtepolitik Herzog Barnims I. 1220–1278, Köln–Graz 1965, S. 69–71; Józef *Spors*, Początki miasta lokacyjnego w Kołobrzegu [Die Anfänge der Gründungstadt in Kolberg], in: Czas, przestrzeń, praca w dawnych miastach. Studia ofiarowane Henrykowi Samsonowiczowi w sześćdziesiątą rocznicę urodzin [Zeit, Raum, Arbeit in den alten Städten. Festschrift für Henryk Samsonowicz zum 60. Geburtstag], Warszawa 1991, S. 115–128; *Rębkowski*, Pierwsze lokacje (wie Anm. 43), S. 68–69, 76–79; Winfried *Schich*, Slawische Frühstadt und kommunale Stadt Kolberg (Kołobrzeg). Neuere Erkenntnisse zur Entwicklung der Stadt im Mittelalter, in: Jahrbuch für die Geschichte Mittel- und Ostdeutschlands 49 (2004), S. 1–24; Krzysztof *Guzikowski*, W sprawie dokumentu lokacyjnego Kołobrzegu [Zur Lokationsurkunde der Stadt Kolberg], in: Civitas Cholbergiensis. Transformacja kulturowa w strefie nadbałtyckiej w XIII w. [Civitas Cholbergiensis. Die kulturelle Transformation im Ostseeraum im 13. Jahrhundert], hg. von Lech *Leciejewicz* und Marian

Die Urkunde vom Mai 1266 regelte überdies die rechtlichen Grundlagen der Stadt, u. a. die Organisationsstruktur der städtischen Gerichtsbarkeit. Köslin erhielt das Lübische Recht. Auf der Schöffenbank saß neben zwei Stadtbürgern der Vogt als Vertreter des Bischofs; der Camminer Ordinarius nahm für sich das Recht in Anspruch, diese Position zu besetzen. Die im Zuge der städtischen Rechtssprechung erzielten Einkünfte sollten zu zwei Dritteln an den Bischof gehen, zu einem Drittel in den Stadtsäckel fließen[46].

Die Wirtschaftsprivilegien für Stadtbürger und Lokatoren Köslins wichen grundsätzlich nicht von jenen ab, die Hermann von Gleichen den beiden Stadtgemeinden Kolberg (1255) und Massow (1274) verliehen hatte. Doch verfügten diese beiden Siedlungen bereits zum Zeitpunkt der Verleihung ihrer Stadtprivilegien über eine ausgebildete städtische Selbstverwaltung. Die Kolberger Lokationsurkunde vom 23. Mai 1255 nennt vier Ratsherren (*consules de Colberg*), und die in der Urkunde festgehaltenen Verfügungen betrafen die dortigen Einwohner (*burgensibus nostris*). Auch im Falle der Stadt Massow waren die Empfänger des bischöflichen Privilegs des Jahres 1274 die Ratsherren und die Einwohnerschaft der Stadt (*consules ac universitas civium opidi nostri de Massowe*). Hingegen waren in Köslin die beiden Lokatoren die einzigen Empfänger der Lokationsurkunde. Außerdem wurden die Grenzen des Kösliner Stadtgebiets nicht eindeutig festgelegt, und es wurde bestimmt, dass die Bürger im Bedarfsfall das Recht hatten, Holz in der Umgebung der Stadt einzuschlagen, und zwar dort, wo immer sie es für angemessen hielten. Dies könnte darauf verweisen, dass in der Umgebung der zukünftigen Kösliner Stadtgemeinde zu jener Zeit keinerlei Rechtsträger bestanden (Dörfer oder adeliges Eigentum), deren Wirtschaftsinteressen durch den Bischof Berücksichtigung hätten finden müssen. Mit der Neugründung verletzte man also keine bestehenden Rechtslagen umliegender Siedlungen.

Spätestens im Jahre 1266 wurde das Gelände für die Stadtgründung bestimmt – ein kleines, höher gelegenes und zuvor unbesiedeltes Terrain, das sich, wie erwähnt, in größerer Entfernung zum Gollenberg und zu dem älteren Siedlungskomplex im Nordosten des Lüptow-Sees befand. Es ist schwer zu sagen, ob zu damaliger Zeit bereits ein Siedlungskern der späteren Stadtgemeinde oder zumindest eine kleine Siedlergruppe bestand. Die Aufgabe ihrer Organisation wurde aber erst den Lokato-

---

Rębkowski, Kołobrzeg 2005, S. 41–45; Rudolf *Benl*, Ursprünge und Anfänge der Stadt Kolberg, in: Baltische Studien NF 100 (2014), S. 7–30. Zu den grundlegenden Entwicklungsetappen der städtischen Gemeinde von Massow siehe: Gustav *Kratz*, Die Städte der Provinz Pommern. Abriss ihrer Geschichte, zumeist nach Urkunden, Berlin 1865, S. 261–266; Krzysztof *Guzikowski*, Rodzina rycerska Luchte i okoliczni rycerze na tle dziejów Maszewa i ziemi maszewskiej do połowy XIV wieku [Die Ritterfamilie Luchte und die hiesigen Ritter im Hintergrund der Geschichte von Stadt und Land Massow bis zur Hälfte des 14. Jahrhunderts], in: Maszewo i okolice na przestrzeni wieków [Die Stadt Massow und die Umgebung durch die Jahrhunderte], hg. von Agnieszka *Chlebowska*, Szczecin 2008, S. 19–30; Edward *Rymar*, Maszewo pomorskie w czasach Massowów ze szczególnym uwzględnieniem osadnictwa na podzamczu w XIII–XIV wieku [Die pommersche Stadt Massow mit besonderer Berücksichtigung der Siedlung auf der Vorburg im 13–14. Jahrhundert], in: ebd., S. 31–43.

46 PUB II, Nr. 802; Fritz *Schillmann*, Beiträge zum Urkundenwesen der älteren Bischöfe von Cammin (1158–1343), Marburg 1907; Kazimierz *Bobowski*, Kancelarie oraz dokumenty biskupów i kapituły w Kamieniu (do końca XIII w.) [Die Kanzleien und die Urkunden der Bischöfe und des Kapitels von Cammin (bis zum Ende des 13. Jahrhunderts)], Wrocław 1991.

ren übertragen, und der Bischof verpflichtete sich zur Unterstützung all jener, die den Lokatoren zum Aufbau der Stadt folgen sollten. Dass zuvor keine Siedlergemeinde bestand, bestätigt auch der Umstand, dass für jene Zeit kein Vertreter der städtischen Gemeinde bekannt ist[47]. Darauf deuten auch die Ergebnisse archäologischer Untersuchungen. Die bislang gewonnenen Jahrringdaten verweisen darauf, dass die ältesten Hölzer, die für den Kösliner Straßen- und Hausbau verwendet wurden, von Bäumen stammen, die in den Jahren 1272 bis 1275 geschlagen wurden[48]. Demzufolge ist anzunehmen, dass die eigentliche Herausbildung des städtischen Raums, der mit der Ankunft der ersten Siedler verbunden war, erst in den Jahren von 1266 bis 1272 einsetzte. Eine der ersten vorbereitenden Baumaßnahmen für den Aufbau der Stadt, die man nach dem Abmessen und Abstecken des Stadtareals mittels Pflöcken ergriff, war – wie die archäologischen Ausgrabungen deutlich zeigen – das Einbringen von Faschinen und Dränagerohren in den teils sumpfig-feuchten Untergrund.

Der städtische Raum

Unmittelbar nach dem Abstecken des Stadtareals wurde dieses wahrscheinlich mit einer Palisade (*plancae*) befestigt, die fortan den städtischen Raum für die Neugründung festsetzte. Es ist denkbar, dass – wie auch in vielen anderen Städten beobachtet wurde – die Palisade auf einem angeschütteten Erdwall errichtet wurde[49]. Die Palisade wird in den Urkunden aus der Anfangszeit bis 1286 erwähnt[50]. Zwei Jahre später bestimmten die Ratsherren in einer Übereinkunft mit den Nonnen, dass der Raum zwischen den Klosterbauten und der Palisade passierbar bleiben muss (*inter structuras claustri et firmamina plancorum*)[51]. Diese Art der Befestigung wurde erst viel später durch eine Steinmauer ersetzt, deren Bau wahrscheinlich noch am Ende des 13. Jahrhunderts begann. Im Jahre 1291 gewährte der Camminer Bischof Jaromar den Bürgern die Nutzung der vor der Stadt gelegenen Wälder als Rohstoffbasis zur Errichtung der städtischen Befestigung (*ad blankas, pontes construendos et ad alia edificia necessaria civitatis pro municione civitatis*)[52]. 1298 wird eine städtische Mühle erwähnt, die zwischen der Palisade und der Stadtmauer

47 Zeugen der Urkundenausstellung am 23. Mai 1266 waren Heinrich von Kirchberg, Kanoniker der Kolberger Stiftskirche und der Kolberger Vogt Thidericus; siehe Edward *Rymar*, Henryk hrabia Kirchberg, szwagier Mściwoja II pomorskiego [Henryk, Graf Kirchberg, Schwager des pommerschen Fürsten Mestwin II.], in: Zapiski Historyczne" 48 (1983), 1, 2, S. 183–193; Krzysztof *Guzikowski*, Obce rycerstwo na Pomorzu Zachodnim do początku XIV wieku [Das fremde Rittertum in Pommern bis zum Anfang des 14. Jahrhunderts]. Szczecin 2013, S. 224.

48 *Borkowski* und *Kuczkowski*, Proces lokacji (wie Anm. 10), S. 241, 244. Vereinzelte ältere Dendrodaten (z. B. nach 1238, nach 1250) stammen von kernholzdatierten Hölzern, sind somit nur als *terminus post quem* anzusehen.

49 Marian *Rębkowski*, Boundary of a Town and Boundaries in a Town. Spatial Divisions of Chartered Towns in Thirteenth-Century Pomerania in the Light of Archeological Sources, in: Quaestiones Medii Aevi Novae 16 (2011), S. 149–170, hier S. 154–155.

50 Eine der städtischen Mühlen soll sich damals *in civitate intra plankas* befunden haben; PUB II, Nr. 1377.

51 PUB III, Nr. 1451.

52 PUB III, Nr. 1572.

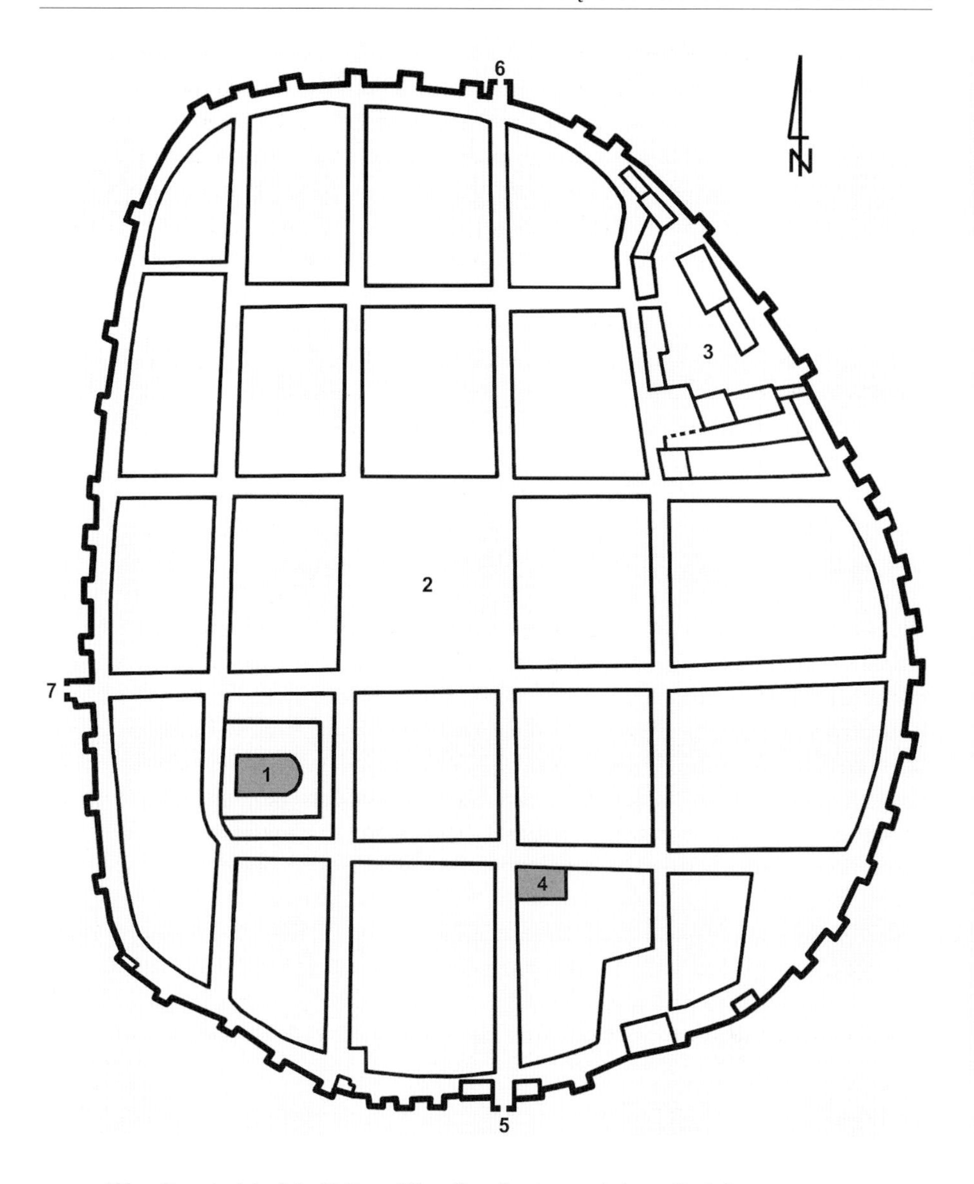

Abb. 4 Das mittelalterliche Köslin auf Grundlage des ältesten erhaltenen Stadtplans von um 1740.

1 – St. Marienkirche;
2 – Markt;
3 – Zisterziensernonnenkloster;
4 – Heiliggeisthospital;
5 – Hohes Tor;
6 – Mühlentor;
7 – Neues Tor.

lag (*intra plankas nostre civitatis et extra muros situatum*). Dies verweist darauf, dass die 1266 anfangs vermessene Stadt größer war als der Raum, den später die Stadtmauer umschloss[53]. In einer Übereinkunft des Jahres 1310 zwischen den Kösliner Ratsherren und dem im Jahre 1278 gegründeten Zisterziensernonnenkloster wurde bestimmt, dass Bau und Instandhaltung des im Bereich des Klosters verlaufenden Befestigungsabschnitts auf Kosten des Konvents durchzuführen waren. Darüber hinaus verpflichteten sich die Zisterzienserinnen, die Kosten für die Aufstellung einer Wache auf der Stadtmauer zu übernehmen[54].

Köslin gehört zu der Gruppe mittelalterlicher Gründungsstädte, die durch eine besonders regelmäßige Stadtanlage gekennzeichnet sind (Abb. 4). Die Stadtbefestigung umschloss eine Fläche von einigen Hektar, die durch ein Netz von parallel und rechtwinklig zueinander verlaufenden Straßen in rechteckige Bebauungsblöcke unterteilt wurde, wobei im Zentrum der Marktplatz angelegt wurde. Allein das 1278 im nordöstlichen Teil der Stadt errichtete Zisterzienserinnenkloster störte den regelmäßigen Stadtgrundriss. Aus einer 32 Jahre nach der Klostergründung geschlossenen Vereinbarung zwischen den Ratsherren und den Nonnen geht hervor, dass der Konvent von Anbeginn innerhalb der Stadtmauern lag[55]. Dies bedeutet, dass zum Zeitpunkt des Klosterbaus noch nicht alle Stadtflächen bebaut waren bzw. das Gelände des Klosters vormals unbesiedelt war, was vermutlich auf besondere natürliche Gegebenheiten dieses Areals zurückzuführen ist.

Bereits zu Beginn der 1270er Jahre wurden einige Straßen der Stadt mit auf Grundbalken aufliegenden Hölzern befestigt[56]. Die Bebauungsflächen wurden in rechteckige Grundstücke (*curia, area*) aufgeteilt. Die bislang publizierten Ausgrabungsergebnisse des Stadtkerns lassen es nicht zu, exakte Angaben zu deren ursprünglicher Größe zu machen; man darf aber annehmen, dass die Tiefe einiger Grundstücke bis zu acht Ru-

53 PUB III, Nr. 1854.

54 PUB IV, Nr. 2612; *Hoogeweg*, Stifter und Klöster (wie Anm. 1), S. 391-435; Krzysztof *Guzikowski*, Udział konwentu cysterek w rozwoju Koszalina [Der Anteil des Zisterziensernonnenklosters in der Entwicklung Köslins], in: Klasztor w mieście średniowiecznym i nowożytnym [Kloster in der mittelalterlichen und neuzeitlichen Stadt], hg. von Marek *Derwich* und Anna *Pobóg-Lenartowicz*, Wrocław-Opole 2000, S. 591-596. Zu Pommern im Allgemeinen vgl. Rudolf *Holsten*, Die ältesten Befestigung der pommerschen Städte nach den ältesten Urkunden, in: Monatsblätter der Gesellschaft für pommersche Geschichte und Altertumskunde 45 (1931), S. 82–88; *Rębkowski*, Pierwsze lokacje (wie Anm. 43) , s. 91–96; ders., Boundary of a Town (wie Anm. 50), S. 154–155.

55 Nach einer Urkunde Bischofs Hermann von Gleichen vom 14. März 1277, ausgestellt für die Nonnen aus Itzehoe/Holstein, sollten diese in Köslin ein Kloster auf der St.-Maria-Insel (*in insula beate virginis Marie*) gründen (PUB II, Nr. 1050); die Angabe bezeichnet »einen Ort, der von Wasser umgeben ist", wobei sowohl eine Insel als auch eine Halbinsel in Frage kommt. In der niederdeutschen Sprache wird eine solche Lage für gewöhnlich mit dem Begriff »Werder" ausgedrückt (Mittelniederdeutsches Handwörterbuch, hg. von August *Lübben* nach dem Tode des Verfassers vollendet von Christoph *Walther*, (Neudruck) Darmstadt 1980, S. 573). In der Umgebung des Klosters gab es mehrere Seen und auch einen Bach oder eine kleinen Fluss. Im Jahre 1310 verpflichteten sich die Nonnen zur Finanzierung des Baus einer Brücke, die zum Kloster führte, sowie eventuell anfallender Reparaturmaßnahmen. Es gab in Köslin also tatsächlich eine Insel, die von mehreren Seiten, jedoch nicht vollständig von Wasser umgeben war (*Popielas-Szultka*, W sprawie początków (wie Anm. 28), S. 97–98). Am Rande sei erwähnt, dass in der erwähnten Vereinbarung von 1310 bestimmt wurde, dass die Kösliner Bürger dem Kloster keine andere Stadtparzelle übertragen dürfen. Diese Maßnahme zeugt von dem Bestreben des Stadtrats, die volle Kontrolle über den Raum innerhalb der Stadtmauer auszuüben.

56 *Borkowski* und *Kuczkowski*, Proces lokacji (wie Anm. 10). S. 244–245.

ten betrug (1 Rute = 3,766 Meter)[57]. Dabei ist daran zu erinnern, dass die Grundstükke anderer Gründungsstädte im Herzogtum Pommern unterschiedliche Größen, im Ganzen aber Flächen von 130 bis 320 m2 aufwiesen[58].

Von der ältesten Grundstücksbebauung wurden Gruben- und Gebäudereste entdeckt. Die Gebäude waren in Pfosten- und Ständerbauweise errichtet, die in Pommern erst im Laufe des 13. Jahrhunderts, im Zusammenhang mit der deutschen Kolonisation und dem Zuzug deutscher Siedler, in Erscheinung treten, und von denen letztere spätestens zu Beginn des 14. Jahrhunderts zur Standardbauweise in Köslin wurde[59]. Wichtig ist dabei, dass die erwähnten Konstruktionsweisen in Pommern erst im Laufe des 13. Jahrhunderts in Erscheinung treten, in Zusammenhang mit der deutschen Kolonisation und dem Zuzug deutscher Siedler[60]. Das erste Steingebäude wird für Köslin erst für das Jahr 1377 erwähnt und gehörte den Zisterzienserinnen, war aber auf dem Gelände der Stadt errichtet worden. Die Stadträte einigten sich mit der Klosteräbtissin dahingehend, dass das Gebäude bei Auszahlung von 50 Mark an das Kloster von der Stadt abgerissen werden kann[61].

Den wichtigsten Platz der Stadt bildete der zentral gelegene Markt, von welchem regelmäßig verlaufende Straßen abgingen. Ein hölzernes Rathaus auf dem Markt wurde erstmals 1286 erwähnt (*theatrum*) Auf dem angrenzenden Grundstück entstand eine Pfarrkirche, die von einem Friedhof umgeben war[62].

Die Stadtstruktur

Die Organisation der Kösliner Stadtgemeinde verlief zunächst äußerst langsam. Stadtrat und Bürger werden in den Quellen erstmalig im Jahre 1274 erwähnt[63]. Das Schicksal der beiden Lokatoren Hartmann und Marquard ist unbekannt. Bei Letzterem handelt es sich eventuell um den Ritter Marquard (*Marquard miles*), der noch in einer

57 Zur Größe der pommerschen Rute siehe E. *Wiedemann*, Pommersche Münzen, Maße und Gewichte in alter Zeit, in: Blätter für Kirchengeschichte Pommerns 9 (1932), S. 33.

58 Thomas *Hall*, Mittelalterliche Stadtgrundrisse. Versuch einer Übersicht der Entwicklung in Deutschland und Frankreich, Stockholm 1978, S. 134; *Rębkowski*, Pierwsze lokacje (wie Anm. 43), S. 96–104; *Borkowski* und *Kuczkowski*, Proces lokacji (wie Anm. 10), S. 237–249. Es ist nicht sicher, inwieweit der erste überlieferte Stadtplan Köslins von um 1740 jenem der mittelalterlichen Stadt entspricht. Nach den neuzeitlichen Quellen lassen sich gegebenenfalls einige Veränderungen ausmachen, deren Umfang allerdings nicht sicher bestimmt werden kann.

59 *Borkowski* und *Kuczkowski*, Proces lokacji (wie Anm. 10), S. 237–249.

60 *Rębkowski*, Pierwsze lokacje (wie Anm. 43), S. 96ff; ders., Technologietransfer als ein Faktor der Kulturwandlungen im pommerschen Raum im 13. Jahrhundert, in: Zeitschrift für Archäologie des Mittelalters 34 (2006), S. 63-69.

61 Landesarchiv Greifswald, Rep. 1 Nonnenkloster Köslin, Nr. 41. Ein steinernes Haus ließ sich in Kolberg knapp 50 Jahre früher nachweisen; die Steinarchitektur ist für Kolberg schon vor 1320 sicher nachgewiesen (*Rębkowski*, Pierwsze lokacje (wie Anm. 43), S. 144).

62 PUB II, Nr 1377; *Rębkowski*, Pierwsze lokacje (wie Anm. 43), S. 104, 111.

63 PUB II, Nr. 984. Die Urkunde des Bischofs wurde an die Stadträte und alle Bürger der Stadt Köslin gerichtet (*consulibus ac civibus universis opidi nostri Cusselin*). Nach Hermann Hoogeweg spricht die Errichtung des Nonnenkonvents eher für eine rasche Entwicklung der Stadt Köslin (*Hoogeweg*, Stifter und Klöster (wie Anm. 1), S. 392).

Vereinbarung zwischen dem Stadtrat und dem Kloster im Jahre 1310 erwähnt wird.[64]. Im Jahre 1288 gehörte zur Stadtverwaltung neben zwölf Ratsherren auch der Vogt Zegenandus, ein Vertreter des Camminer Bischofs. Auf seine wichtige Rolle in der Verwaltungsstruktur Köslins verweist der Umstand, dass er in der Urkunde noch vor den Ratsherren genannt wird[65].

In Übereinstimmung mit der Urkunde vom 23. Mai 1266 war der Landesherr, der Bischof von Cammin, in der Stadt durch einen Vogt vertreten. In den mittelalterlichen Schriftquellen liegen nur wenige Hinweise auf die Rolle des Vogts in der Stadtverwaltung vor. Das Amt des Vogts erfüllten ritterliche Lehnsmänner der Bischöfe, doch kam es auch vor, dass die Bischöfe eine Vertrauensperson aus dem Kreise des Kösliner Bürgertums mit diesem Amt betrauten. Der Hintergrund des 1289 und 1294 erwähnten Arnolds ist dabei unbekannt[66].

Die Verwaltungsstruktur der Stadt Köslin stabilisierte sich zum Ende des 13. Jahrhunderts. Ein Kösliner Bürgermeister (*proconsul*), Johannes de Nemiz, wird neben dem Vogt (*advocatus*) Arnold sowie den Ratsherren und Bürgern erstmalig 1294 erwähnt[67]. Die Person des besagten Bürgermeisters tritt zusammen mit den Ratsherren und den Kösliner Bürgern erneut im Jahre 1298 in einer Urkunde auf, in welcher der Vogt nicht mehr erwähnt wird[68]. 1286 sind zehn Kösliner Ratsherren mit ihren Vornamen bekannt[69], in den Folgejahren stieg ihre Anzahl geringfügig auf elf (1289) oder zwölf (1288) Ratsmitglieder[70]. Eine wichtige Rolle in der städtischen Verwaltung spielte der Kämmerer (*cammerarius*), der die Finanzen der Stadt beaufsichtigte und in Köslin zum ersten Mal im Jahre 1311 auftritt[71].

Bereits in der Anfangszeit der Stadt urkundeten die Ratsmitglieder unter eigenem Siegel aus[72]. Am 9. Februar 1280 bezeugten sie, dass Frau Gertrud von Jarmen das Dorf Borkow zu Gunsten des Zisterzienserklosters Doberan resigniert hatte[73]. Aus dem Zeitraum bis ca. 1300 waren noch sieben weiteren Kösliner Urkunden mit den Stadtsiegeln erhalten[74].

---

64 PUB IV, Nr. 2612. Diese Urkunde erlaubte es, den Wirkungszeitraum Marquards in der Stadt Köslin mit großer Wahrscheinlichkeit auf das Jahr 1286 zu bestimmen. Die Zugehörigkeit der beiden Lokatoren Marquard und Hartmann zur Ritterschaft steht für *Hoogeweg*, Stifter und Klöster (wie Anm. 1), S. 392, außer Zweifel.

65 PUB III, Nr. 1451.

66 PUB III, Nr. 1493, 1683.

67 PUB III, Nr. 1683. Auf Grundlage der Urkunde lässt sich nicht sicher zwischen Ratsherren und Bürgern (*consules et burgenses*) unterscheiden.

68 PUB III, Nr. 1854.

69 PUB II, Nr. 1377; *consulum vniversitas ciuitatis Cussalin*. Die Urkunde wurde offiziell von den Ratsherren ausgestellt; aus der Liste der Zeugen (*et alli quam plures consules et burgenses*) lässt sich schließen, dass es zum damaligen Zeitpunkt noch weitere Ratsherren gab.

70 PUB III, Nr. 1451, 1493.

71 PUB V, Nr. 2675.

72 Siehe Marian *Gumowski*, Najstarsze pieczęcie miast polskich XIII i XV wieku [Die ältesten Siegel der polnischen Städte im 13.–15. Jahrhundert], Toruń-Łódź 1960, S. 116–117, Abb. 203; siehe auch allgemeine Bemerkungen von Kazimierz *Bobowski*, Dawne pieczęcie na Pomorzu Zachodnim. Zabytki prawa i kultury z epoki Gryfitów [Die alten Siegel in Pommern. Denkmäler des Rechts und der Kultur aus der Greifenepoche], Szczecin 1989.

73 PUB II, Nr. 1152.

74 PUB II, Nr. 1153, 1377; III, Nr. 1451, 1493, 1512, 1683, 1854; Kazimierz *Bobowski*, Dokumenty i kancelarie książęce na Pomorzu Zachodnim do końca XIII w. [Die Urkunden und die Kanzleien der Herzöge in Pom-

Die Kirchenorganisation in der Stadt

Zur Kirchenstruktur in der Zeit vor der Stadtgründung Köslins ist nur wenig bekannt. Die von der Geschichtswissenschaft vorgebrachten Ergebnisse können nur auf einer schwachen Quellenlage aufbauen. Die anfängliche Rolle einer Pfarrei für die Umgebung des Gollenbergs übernahm die Kirche, die in der Siedlung auf dessen Gipfel errichtet worden war. Noch für das Jahr 1263 wird der dortige Pfarrer Nikolaus erwähnt (*plebanus in Golme*). Erst der Zustrom einer größeren Zahl von Siedler infolge der Stadtgründung 1266 erforderte deren seelsorgerische Betreuung in der neuen Stadt selbst. Davon zeugt der am 14. Dezember des Jahres 1267 erwähnte Kösliner Pfarrer Nikolaus[75], bei dem es sich mit großer Wahrscheinlichkeit um den bereits erwähnten Pfarrer auf dem Gollenberg handelt. Bis dahin hatte die Bevölkerung der Kösliner Stadtgemeinde zum sonntäglichen Gottesdienst wohl noch die Pfarrkirche auf dem Gollenberg besucht[76].

Nähere Informationen zur Pfarrorganisation in der Lokationsstadt und deren Umgebung enthält die Gründungsurkunde des Kösliner Zisterzienserinnenklosters, die am 5. Juni 1278 von Bischof Hermann von Gleichen ausgestellt wurde. In dieser ist von einer städtischen Pfarrkirche die Rede, deren Pfarrbezirk auch die mehrere Kilometer entfernt gelegenen Dörfer Thunow (Dunowo) und Streckenthin (Strzekęcino) umfasste. Pfarrkirchen befanden sich darüber hinaus in Kratzig (Kraśnik Koszaliński) und Jamund (Jamno, heute zu Köslin). 1278 verlor die Kirche auf dem Gollenberg den Rang einer Pfarrkirche und wurde fortan als Kapelle genutzt[77].

Wirtschaftliche Grundlagen der Stadt

In der Urkunde Hermanns von Gleichen vom 23. Mai 1266 für die beiden Lokatoren wird die Größe des Stadtfeldes auf 100 Hufen festgesetzt[78]. Der Besitz wurde in

---

mern bis zum Ende des 13. Jahrhunderts], Wrocław 1988, S. 39, 61; ders. Początki kancelarii miejskich na Pomorzu Zachodnim (do końca XIII w.) [Die Anfänge der städtischen Kanzleien in Pommern (bis zum Ende des 13. Jahrhunderts)], in: Acta Universitatis Wratislaviensis, Historia 69 (1989), S. 80–81, 99–100.

75 PUB II, Nr. 853: *dominus Andreas Diminensis et dominus Nicolaus Cusselinensis plebani.*

76 Diese wurde schon früher vertreten von *Spors*, Początki Koszalina (wie Anm. 28), S. 54–56, und ist für das Mittelalter mehrfach zu beobachten. Als Beispiel kann hier das Königreich Polen angeführt werden, in welchem die Entfernungen zwischen den Orten, die einem Pfarrbezirk angehörten, und der Pfarrkirche zwischen zwei und sieben bis neun km betrug, in einigen Fällen sogar 20 km. Diese Abstände ermöglichten es den Gläubigen, an einem Tag zur Sonntagsmesse und wieder nach Hause zu gehen (Izabela *Skierska*, Obowiązek mszalny w średniowiecznej Polsce [Die Messepflicht im mittelalterlichen Polen], Warszawa 2003, S. 78–80.

77 PUB II, Nr. 1097. Diese Urkunde enthält eine weitere Information zur Vergabe von vier Hufen Land an die Kösliner Pfarrei. Diese Größe entspricht den Landflächen (1 bis 8 Hufen) der in Hinterpommern gelegenen Pfarrkirchen (Jan Maria *Piskorski*, Kolonizacja wiejska Pomorza Zachodniego w XIII i w początkach XIV wieku na tle procesów osadniczych w średniowiecznej Europie [Die ländliche Kolonisation Pommerns im 13. und zu Beginn des 14. Jahrhunderts vor dem Hintergrund der Siedlungsvorgänge im mittelalterlichen Europa]. 2. Aufl., Poznań–Szczecin 2005, S. 179).

78 Im Jahre 1255 erhielten die Bürger Kolbergs 100 Hufen. Zum Vergleich: Im Gründungsprivileg des Camminer Bischofs Hermann von Gleichen für die Stadt Massow von 1278 erhielt diese 130 Hufen, darunter 100 zur Feldbewirtschaftung und 30 zur Weidewirtschaft.

den Folgejahren schrittweise vermehrt, v. a. durch weitere Verleihungen der Camminer Ordinarien. 1287 überließ der Bischof den Kösliner Bürgern Land, das vormals zur Kösliner Burg gehört hatte, stellte dabei jedoch 8 Hufen für seine Eigennutzung und 10 Hufen für die Zisterzienserinnen ab[79]. Die rasche Entwicklung der Stadt und die Vergrößerung des Wohlstands ihrer Bewohner erlaubten es seit dem Beginn des 14. Jahrhunderts sowohl der Stadt als auch ihre Bürgern, Grundbesitz in der Umgebung zu erwerben[80].

Nach einer Ratsurkunde von 1289 erhielt der Bürger Johannes das Recht zur Nutzung eines zwischen Lüptower und Jamunder See gelegenen Flussabschnitts. Die an dem Stauwehr gefangenen Fische sollten dabei zwischen dem Camminer Bischof, den Kösliner Bürgern und ihm selbst aufgeteilt werden[81]. Eine nicht ganz unbedeutende Rolle für die Stadteinwohner spielte die Waldnutzung. Auf ihre Bedeutung in der Stadtwirtschaft verweist eine Urkunde von 1291, in welcher der Camminer Bischof den Kösliner Bürgern das Recht zum Fällen von Bäumen verlieh, die für die Errichtung städtischer Gebäude verwendet werden sollte[82].

Aus der Urkunde von 1266 geht auch hervor, dass die Lokatoren das Recht zum Bau einer Mühle hatten. Sie ging allerdings sehr schnell in den Besitz der Stadt über: Im Jahre 1286 übertrug der Kösliner Stadtrat zwei Bürgern, dem Schmied Radolf und dem Bäcker Wolbert, die innerhalb der städtischen Befestigung gelegene Mühle zu ewigem Besitz. Diese beiden Handwerker wurden dazu verpflichtet, jährlich eine Last Getreide an die Stadt abzuführen, zur Hälfte Roggen und zur Hälfte Hafer und Gerste[83].

Wahrscheinlich kaufte Johannes dem Radulf die Rechte an der städtischen Mühle ab. 1289 verlieh der Stadtrat einem Johannes und dessen Kindern einen Abschnitt des Flusses zwischen Lüptower und Jamunder See[84]. 1294 verkaufte Johannes den Zisterziensern aus Buckow zwei Mühlen[85]. Eine davon befand sich innerhalb der Stadtbefestigung, die zweite außerhalb der Stadt. Im Jahre 1298 erteilte der Kösliner Stadtrat Mahlprivilegien für den Buckower Konvent, doch sollte das für die städtischen Mühlen verwendete Getreidemaß erhalten bleiben. Eine Änderung der bestehenden Regeln sollte nur im beiderseitigen Einverständnis erfolgen[86]. Eine weitere Mühle geriet

79 PUB III, Nr. 1422.

80 Die Wirtschaftsgrundlagen der Städte im Stettiner Herzogtum des 13. und 14. Jahrhunderts wurde umfassend beschrieben von: *Piskorski*, Miasta księstwa (wie Anm. 45), S. 100–149; zu jenen der Dörfer in Polen und Preußen siehe: Walter *Kuhn*, Die Stadtdörfer der mittelalterlichen Ostsiedlung, in: Zeitschrift für Ostforschung 20 (1971), S. 1–69.

81 PUB III, Nr. 1493.

82 PUB III, Nr. 1572.

83 PUB II, Nr. 1377.

84 PUB III, Nr. 1493.

85 PUB III, Nr. 1683. Dieser Johannes wird in der Urkunde als *molendinarius noster concivis* bezeichnet.

86 PUB III, Nr. 1854; siehe auch Barbara *Popielas-Szultka*, Rozwój gospodarczy dominium bukowskiego od połowy XIII do połowy XV wieku [Die wirtschaftliche Entwicklung des Buckower Grundherrschaft von der Mitte des 13. Jahrhunderts bis zur Mitte des 15. Jahrhunderts], Słupsk 1980. Die Echtheit der Urkunde wurde von einigen Forschern infrage gestellt. Trotz einiger Vorbehalte hinsichtlich der Schrift und der Art und Weise des Anbringens des Siegels kann man diese mit A. Gut für authentisch erachten; siehe Agnieszka *Gut*,

in den Besitz des Kösliner Zisterzienserinnenklosters, und zwar infolge einer Schenkung des Ritters Bertold Düring. Als der Stadtrat 1284 entschied, diese zu zerstören, um die Befestigung der Stadt zu errichten, wurde dem Kloster garantiert, dass der Ausfall der bislang durch die Mühle eingenommenen Erträge durch jene einer anderen städtischen Mühle auszugleichen sei. Von dieser erhielten die Zisterzienserinnen jährlich eine Leistung in Form eines Scheffels Getreide und eines Scheffels Malz[87].

Die Stadtgründung wirkte sich beschleunigend auf Besiedlung und Wirtschaft der Umgebung aus. Bald nach der Stadtgründung erscheinen in den Quellen die ersten Hinweise auf Hagendörfer. Schon im Jahre 1277 kaufte der Probst der Kolberger Benediktinerinnen dem Ritter Hermann *dictus Plocize* das Hagendorf Bast (Łekno) ab[88]. 1288 gelangte dann das Zisterzienserkloster Dargun in den Besitz des Dorfes. In diesem entstand eine Klosterwirtschaft, die durch einen vom Kloster eingesetzten Kornschreiber verwaltet wurde[89].

Auf einen planmäßigen Landesausbau im Kösliner Gebiet verweisen die aus den 1280er Jahren überlieferten Grenzziehungen. Im Jahre 1284 bestimmte Hermann von Gleichen die Grenzen des Dorfes Rogzow (Rokosowo), das den Kösliner Zisterzienserinnen verliehen worden war[90]. 1288 wurden für mehrere Dörfer, die in der unmittelbaren Nachbarschaft des städtischen Patrimoniums lagen, die Grenzen festgelegt, so für Bast, Funkenhagen (Gąski), Groß Möllen (Mielno) und Varchmin (Wierzchomino)[91].

Herkunft und Berufsstruktur der Stadtbewohner

Die Herkunftsorte der ersten Bürger Köslins sind unbekannt. Auf Grundlage der spärlich erhaltenen Quellen lässt sich jedoch annehmen, dass die ersten Kösliner zu einem gewissen Teil aus den umliegenden Dörfern stammten. Einen großen Teil der Stadtbewohner bildeten wahrscheinlich zugezogene reiche Bauern der Umgebung. In den ersten Jahrzehnten seit der Stadtgründung erschienen Neuankömmlinge aus mehreren nahe gelegenen Dörfern, etwa aus Kratzig (*Johannes dictus/de Crasnik/Crasnic/Crazenic* 1288, 1289, 1294)[92], aus Rogzow (*Thideman Rogghesowe* 1298)[93] oder aus Par-

Dokumenty dla klasztoru cysterskiego w Bukowie Morskim do 1316 roku [Die Urkunden für das Zisterzienserkloster in Buckow bis zum Jahre 1316], in: Zapiski Historyczne 73 (2008), 1, S. 135–136.

87 PUB II, Nr. 1305.

88 PUB III, Nr. 1069a, S. 446; J. M. *Piskorski*, Kolonizacja wiejska (wie Anm. 78), S. 147.

89 Edward *Rymar*, W krainie cystersów i rodu Kamyków, czyli teren gminy Będzino w wiekach średnich (do XVI wieku) [Im Land der Zisterzienser und des Geschlechts der Familie Kameke, d. h. das Gebiet der Gemeinde Banzin im Mittelalter (bis zum 16. Jahrhundert], in: Gmina Będzino. Z dziejów dawnych i nowych [Gemeinde Banzin. Aus der älteren und neueren Geschichte], hg. von Andrzej *Chludziński*, Pruszcz Gdański 2009, S. 73–99.

90 PUB II, Nr. 1302.

91 PUB III, Nr. 1468: *terminos villarum oppido Cusselin adiacencium.*

92 PUB III, Nr. 1451, 1493, 1683. Auf die Methode zur Herkunftsbestimmung der Bürger auf Grundlage der Familiennamen wies bereits O. Blümcke hin (Otto *Blümcke*, Der Rat und die Ratslinie von Stettin, in: Baltische Studien NF 17 (1913), S. 61–148, hier S. 66).

93 PUB III, Nr. 1854.

now (*Conradus Pyrnow* 1286)[94]. Aus weiter entfernten Gegenden stammten Ansiedler aus Nemitz (Niemica) im Land Schlawe (*Johannes de Nemiz* 1294, 1298)[95], aus Wendisch Pribbernow (Przybiernowo) im Land Cammin (*Johannes Pribbernow* 1286)[96] und aus Ducherow im Land Anklam (*Johannes Ducherowe* 1298)[97]. Zu welchem Anteil die Bürger Köslins aus pommerschen Städten zugezogen waren, ist unbekannt, doch wird in Köslin bereits 1288 ein *Fredericus de Sundis* aus Stralsund erwähnt[98]. Weitere Familiennamen verweisen auf die Herkunft von Kösliner Stadtbürgern aus Malchin (*Gerardus Malechin* 1294)[99], Teterow (*Volpertus de Teterow* 1289, 1298)[100] und Plasten (*Heinricus de Plasten* 1288, 1289) in Mecklenburg[101]. Neueste Forschungen zur Zuwanderung aus fremden Ritterschaften in die Gebiete Hinterpommerns bestätigen, dass ein Teil der Neuankömmlinge dieser Gesellschaftsschicht ebenfalls rasch in die pommerschen Städte einwanderte. Bestes Beispiel für Köslin ist Johannes Düring, der für 1294 als Ratsmitglied verzeichnet ist und in der Stadt auch noch in den Jahren 1301 und 1309 in Erscheinung tritt[102].

Die erhaltenen Quellen gewähren nur einen beschränkten Einblick in die Berufsstruktur der Köslíner Bürger am Ende des 13. Jahrhunderts. Die ersten Erwähnungen zum städtischen Handwerk erscheinen in den ersten Jahrzehnten des Stadtbestehens und betreffen[103] einen Müller (*Johannes moldendinarius* 1289, 1294, 1298)[104], einen Bäcker (*Wolbertus pistor* 1286)[105], einen Schmied (*Radolfus faber* 1286, 1289, 1294)[106] und einen Schuhmacher (*Timmo sutor* 1286)[107].

Schlussbetrachtung

Im Lichte der bislang vorliegenden archäologischen Forschungsergebnisse und der Schriftquellen lässt sich wahrscheinlich machen, dass die Anfänge Köslins an das Ende

94 PUB II, Nr. 1377.

95 PUB III, Nr. 1854. Nach Rymar könnte es sich auch um das Dorf Nemitz (Niemica) bei Gülzow (Golczewo) handeln (Edward *Rymar*, Biskupi – mnisi – reformatorzy. Studia z dziejów diecezji kamieńskiej [Bischöfe – Mönche – Reformatoren. Studien zur Geschichte des Camminer Bistums], Szczecin 2002, S. 123, Anm. 114).

96 PUB II, Nr. 1377. Rymar verweist im letzten Fall auf zwei weitere Möglichkeiten: Pribbernow (Przybiernów) bei Cammin und Deutsch Pribbernow (Przybiernówko) bei Greifenberg in Pommern (Gryfice) (*Rymar*, Biskupi (wie Anm. 96), S. 137, Anm. 176).

97 PUB III, Nr. 1855.

98 PUB III, Nr. 1451.

99 PUB III, Nr. 1493.

100 PUB III, Nr. 1855.

101 PUB III, Nr. 1451, 1493.

102 *Guzikowski*, Obce rycerstwo (wie Anm. 48), S. 100–102, 195–197. Ein ähnliches Phänomen ist auch für andere pommersche Städte zu verzeichnen, so z. B. für das bischöfliche Kolberg.

103 Nur für den Fall, dass es sich bei den in den Quellen auftretenden Namen tatsächlich um Berufsbezeichnungen und nicht um Spitznamen handelt (Henryk *Samsonowicz*, Studia z dziejów miast w średniowieczu [Studien zur Geschichte der Städte im Mittelalter]. Poznań 2014, S. 217–233).

104 PUB III, Nr. 1493, 1683, 1854.

105 PUB II, Nr. 1377.

106 PUB II, Nr. 1377; III, Nr. 1493, 1683.

107 PUB III, Nr. 1683.

des 11. Jahrhunderts oder die Wende vom 11. zum 12. Jahrhundert zu setzen sind. Die Anfangszeit war einerseits verbunden mit der Gründung einer Siedlung auf dem Gollenberg, die wohl genau im selben Zeitraum entstand, andererseits mit einem Siedlungskomplex am Nordrand des Lüptow-Sees. Ohne archäologische Untersuchungen lässt sich nicht feststellen, ob die Burg, von deren Bestehen wir ausgehen, ebenfalls bis in diese Zeit zurückreicht. Es lässt sich jedoch annehmen, dass die Entwicklung der slawischen Besiedlung in der Region um den Gollenberg mit der Befestigung und Besiedlung der Grenzgebiete des pommerschen Herzogtums im 12. Jahrhundert verbunden war.

Auf die Notwendigkeit eines weiteren Landesausbaus und einer Aufsiedlung der Region verweist auch eine Urkunde aus dem Jahre 1214, in welcher der Herzog das Dorf *Cossalitz* (»Koszalice«) den Belbucker Prämonstratensern übergab und somit zur Ansiedlung neuer Siedler anregte, die frei von Abgaben und anderen Pflichten bleiben sollten. Diese Prozesse wurden durch die Übernahme des östlichen Teils der Kolberger Kastellanei, also auch des Landes Köslin, durch den Camminer Bischof im Jahre 1248 keineswegs gehemmt, ganz im Gegenteil. In der zweiten Hälfte des 13. Jahrhunderts wird der östliche Teil Pommerns von der deutschen Ostsiedlung erfasst, die mit der Gründung zahlreicher Städte zu Deutschem Recht einherging. Diese Vorgänge vollzogen sich v. a. in der Amtszeit des Bischofs Hermann von Gleichen, der sich verstärkt um den Ausbau der wirtschaftlichen Grundlagen für seine bischöfliche Landesherrschaft bemühte. Nach der Gründung Kolbergs zu Lübischem Recht im Jahre 1255 war die Gründung der Stadt Köslin im Jahre 1266 ein weiterer Schritt zur Realisierung dieser Anstrengungen.

Die Stadt selbst entstand aus »wilder Wurzel«, in einem gewissen Abstand zu den älteren slawischen Siedlungen, von welchen sie aber den Namen übernahm. Auf Grundlage der erhaltenen Schriftquellen ist anzunehmen, dass sich die Entwicklung der frühen Stadtgemeinde zunächst langsam vollzog. Die ersten Siedler, die die Basis für den Aufbau einer Stadtgemeinde bildeten, erschienen vermutlich erst im Jahre 1267. In der Folgezeit, bis 1274, lässt sich die Herausbildung einer städtischen Selbstverwaltung erkennen; in den 1270er und 1280er erfolgte die Stabilisierung der gesellschaftlichen und wirtschaftlichen Grundlagen der Stadt. Diese Entwicklung wäre ohne den Landesherren, die Camminer Bischöfe, nicht möglich gewesen. Die mühevoll erarbeiteten Grundlagen für das Funktionieren der Stadt erlaubten eine raschere Entwicklung des städtischen Zentrums ab dem Beginn des 14. Jahrhunderts Zeugnis dieser Entwicklung ist v. a. der wachsende Wohlstand der städtischen Gemeinde, der sich im Erwerb und in der Bewirtschaftung des städtischen Umlands sowie in der Stabilisierung der politischen und wirtschaftlichen Stadtelite widerspiegelt.

Übersetzt von Andreas Kieseler

EINE INTERESSANTE »SCHATZKISTE« AUS DEM JAHR 1318 IN STRALSUND – EIN BEITRAG ZUR SPÄTMITTELALTERLICHEN SACHKULTUR DES NORDDEUTSCHEN ADELS

von Gunnar Möller

Unter der Bezeichnung »Codex Rugianus« wird im Landesarchiv Greifswald eine aus 65 Pergamentblättern bestehende Sammelhandschrift verwahrt, die in der Regierungszeit des letzten Rügenfürsten Wizlaw III. (geb. um 1265 bis 1268, reg. 1302 bis 1325) entstand. Dieser Codex trägt die Signatur Rep. 40 Tit. I Nr. 33. Die einzelnen Pergamentblätter heftete man im frühen 16. Jahrhundert in der Kanzlei der Herzöge von Pommern, die nach dem Aussterben der Rügenfürsten 1325 deren Archiv übernahmen, zu einem Band zusammen. In 159 Eintragungen wurden diverse Abschriften von Urkunden Wizlaws III. und seiner Vorfahren durch die Schreiber der fürstlichen Kanzlei vorgenommen. Diese Eintragungen umfassen sowohl Lehns-, Pacht- und Kaufverträge als auch Vereinbarungen mit anderen Landesherren und Städten und verzeichnen fürstliche Leistungen ebenso wie Schulden und anderes mehr[1].

Auf dem Pergamentblatt 60^{r} ist unter der im 19. Jahrhundert vergebenen Eintragungsnummer 151 eine Abschrift einer Urkunde vermerkt, deren Inhalt hier einer näheren Betrachtung unterzogen werden soll (Abb. 1). Sie wurde im 5. Band des Pommerschen Urkundenbuches (PUB) unter der Nr. 3230 veröffentlicht:

»Anno domini MCCCXVIII in cista, quam dominus Starkowe habuit Sundis, fuit inventum: Primo pomum manuale. Item crux cristallina. Item aurea filia. Item frustum ad cepitum[2]. Item lapis camhu vocatus[3]. Item rubea coralla. Item quoddam long-

1 Martin *Schoebel*, Der Codex Rugianus und die Kanzlei der Fürsten von Rügen, in: Roderich Schmidt (Hrsg.), Tausend Jahre pommersche Geschichte, Köln-Weimar-Wien 1999, S. 165–193. Bereits 1869 hat der Stralsunder Bürgermeister Carl Gustav Fabricius in seiner vierbändigen Ausgabe der Urkunden des Fürstentums Rügen diese uns hier interessierende Eintragung aus dem Codex Rugianus veröffentlicht (*ders.*, Urkunden zur Geschichte des Fürstentums Rügen unter den eingeborenen Fürsten, 4 Bände, Berlin 1841–1869, hier Bd. 4, S. 57, Nr. DXXXII).

2 In der Kopiarhandschrift steht »cept ^{m}«. Im Glossar des PUB, Bd. 5 ist cepitum mit ceptrum (Stab) aufgelöst worden. Abweichend dazu bieten die polnischen Herausgeber des Lexicon mediae et infimae latinitatis Polonorum etwas zurückhaltend die Deutung »An gemma cepitis dicta?« an. Das Wort cepitis für einen gemaserten Edelstein würde allerdings anders als cepitum dekliniert werden. Das in der Urkundenabschrift im Codex Rugianus verwendete Kürzel ceptm. lässt sich eher mit ceptrum als mit dem grammatikalisch keinen Sinn ergebenen cepitum auflösen. Im Stralsunder Vokabular aus dem 3. Viertel des 15. Jahrhunderts wird ceptrum mit »Septer« bzw. »Konighes staf« übersetzt (Robert *Damme*, Das Stralsunder Vokabular. Edition

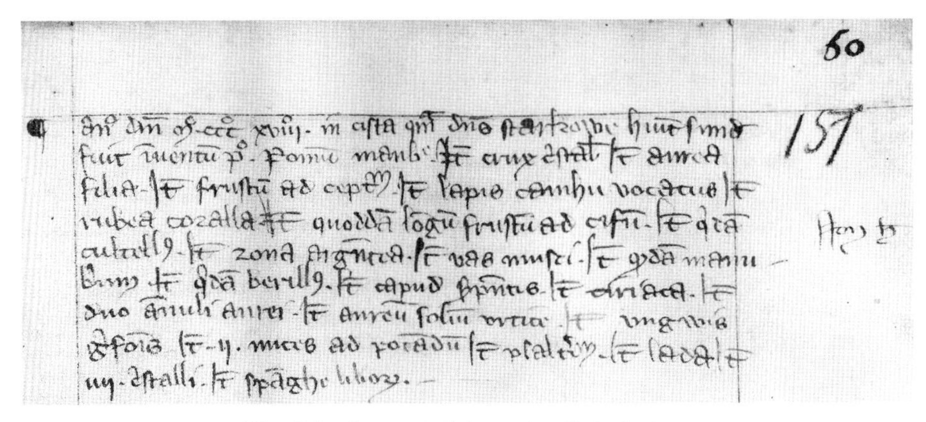

Abb. 1 Urkunde von 1318 als Eintrag im »Codex Rugianus«.

um frustum ad cifum[4]. Item quiddam cultellus. Item zona argentea. Item vas musci. Item quoddam manubium. Item quiddam berillus. Item capud serpentis. Item ciriaca[5]. Item duo annuli aurei. Item aureum folium urtice. Item unguis grifonis. Item II nuces ad potandum. Item psalterium. Item lada. Item IIII cristalli. Item spanghe liliorum.«

Die Urkunde, die nur noch als o.g. Abschrift[6] im Codex Rugianus überkommen ist, lässt sich wie folgt übersetzen:

»Im Jahr des Herrn 1318 wurde in der Kiste, die der Herr Starkow zu Stralsund hatte, ausfindig gemacht:

Erstens ein Handapfel. Ferner ein kristallenes Kreuz. Ferner goldene Fäden. Ferner ein Stück vom Zepter. Ferner ein Stein, Camhu genannt. Ferner eine rote Koralle. Ferner ein längliches Stück vom Trinkbecher. Ferner ein gewisses Messer. Ferner ein silberner Gürtel. Ferner ein Gefäß mit Moschus. Ferner ein gewisser Handgriff. Ferner ein gewisser Beryll. Ferner einen Schlangenkopf. Ferner ein Theriak. Ferner zwei goldene Ringe. Ferner ein goldenes Nesselblatt. Ferner eine Greifenklaue. Ferner 2 Nüsse zum Trinken. Ferner ein Psalter. Ferner eine kleine Kiste (Lade). Ferner 4 Kristalle. Ferner eine Lilienspange.«

---

und Untersuchung einer mittelniederdeutsch-lateinischen Vokabularhandschrift des 15. Jahrhunderts, Köln-Wien 1988, S. 371).

3 Im Glossar des PUB, Bd. 5 wird camhu als Sardonyx-Edelstein gedeutet. Das Wort leitet sich vom mittellateinischen camahatus, camaeus für Kamee ab (Friedrich *Weigand*, Deutsches Wörterbuch, Bd. 1, Gießen 1909, S. 970).

4 Ciphus(cifus) kann im mittelalterlichen Europa sowohl ein Becher als auch eine Trinkschale bzw. Napf bedeuten (Max *Hasse*, Neues Hausgerät, neue Häuser, neue Kleidung – Eine Betrachtung der städtischen Kultur im 13. und 14. Jahrhundert sowie ein Katalog der metallenen Hausgeräte, in: Zeitschrift für Archäologie des Mittelalters Jahrgang 7, 1979, S. 7–84, hier S. 73ff.).

5 Ciriaca wird im Glossar des PUB mit tiriaca=Theriak wiedergegeben, dem sich auch Franz-J. Konstanciak von der Bayrischen Akademie der Wissenschaften, Mittellateinisches Wörterbuch anschließt (Brief vom 2.4.2015; der Autor bedankt sich bei Herrn Konstanciak für die freundliche Auskunft).

6 Da hier sicher wesentliche Teile der Originalurkunde (wie Ort, genaues Datum, Zeugen) nicht wiedergegeben sind, handelt es sich eher um eine regestenartige Zusammenfassung des rechtsrelevanten Inhalts, denn dieser war für den Auftraggeber der Abschrift maßgeblich.

Die Kiste beinhaltete also Dinge, die schon auf den ersten Blick ungewöhnlich und überwiegend auch heute noch wertvoll wären sowie vielfach elitäre und repräsentative Luxusgüter darstellten. Unter den bis heute edierten Urkunden Pommerns ist es die einzige aus dem 13.-14. Jahrhundert, die in einer derartigen Fülle Kostbarkeiten aufzählt. Sowohl von der landes- und kunstgeschichtlichen als auch der realienkundlichen Forschung ist diese Kiste aus dem Jahr 1318 bisher unbeachtet geblieben. Da derartige Depositionen, zumal wenn sie als Schatz in den Boden gelangen, für die Archäologen von Interesse sind, will der Autor als in Stralsund tätiger Vertreter der »Spatenforschung« hier den Versuch einer Deutung nicht nur der einzelnen Exponate, sondern auch des Eigentümers und des möglichen Anlasses der Kistendeponierung unternehmen. Wenden wir uns zunächst den unterschiedlichen Pretiosen zu.

Handapfel

Die Aufzählung des Kisteninhalts beginnt mit einem pomum manuale, was sich als Handapfel übersetzen lässt. Dahinter können sich zwei verschiedene, äußerlich ähnliche Artefakte verbergen. Bei ersterem handelt es sich um sogenannte Duftkugeln (Pomander) oder Bisamäpfel (mittellateinisch pomum ambrae, italienisch auch Capsula per muschio oder Meta muschiata). Diese in westeuropäischen Schatzverzeichnissen des 14. Jahrhunderts genannten und ursprünglich aus dem Orient stammenden, mehr oder weniger apfelförmigen Gefäße aus Edelmetall, Kupfer- oder Zinnlegierungen hatten diverse Duftstoffe zum Inhalt, die häufig teurer als die eigentlichen Gefäße waren[7]. Die Inhaltsstoffe bestanden aus diversen Harzen (des Storaxbaumes oder der Zistrosen) und Dufthölzern, Ambra oder Moschus, Gewürzen und Kräutern. Die Düfte nahm man im Mittelalter nicht nur zum allgemeinen Wohlbefinden auf, sondern auch bei diversen Beschwerden wie Kopfschmerzen, Verdauungs- und Potenzproblemen sowie als Mittel zur Herzstärkung, Schutz vor Infektionen und zur Dämonenabwehr. Trotz ihrer Beliebtheit blieben nur wenige Stücke erhalten, davon wohl keines, das älter als das 15. Jahrhundert ist. Darunter befand sich bis 1945 ein frühneuzeitlicher Bisamapfel in der Sammlung des Stralsunder Provinzialmuseums für Neuvorpommern[8]. Bei der anderen Deutung des pomum manuale handelt es sich um eine sogenannte Wärmekugel. Auch diese meist aus Messing, Kupfer oder Bronze, mitunter auch Silber gefertigten und manchmal vergoldeten Geräte haben eine runde, handliche und häufig perforierte Form. Sie tauchen zunächst in Ostasien und dem Vorderen Orient auf, ehe sie auch seit dem 8. Jahrhundert in Europa nachweisbar sind. Sie dienten zunächst im Rahmen der kirchlichen Liturgie den Priestern zum Fingerwärmen. Dies geschah mit Hilfe eines im Innern der verschließbaren Kugel in einem extra Behältnis deponierten, glühenden Metall- oder Kohlestücks. Seit dem

7 Hans *Wentzel*, Bisamapfel, in: Reallexikon zur Deutschen Kunstgeschichte, Bd. 2, Stuttgart 1941, S.770–774; Rudolf *Schmitz*, The pomander, in: Pharmacy in History 31 (1989), Heft 2, S. 86–90; Renate *Smollich*, Der Bisamapfel in Kunst und Wissenschaft, Stuttgart 1983. Der Begriff Bisamapfel taucht erst um 1500 in den Quellen auf.

8 Dieser ist leider nicht überliefert. Ich danke Frau Dr. Regina Nehmzow vom STRALSUND MUSEUM.

frühen 14. Jahrhundert sind Wärmekugeln als Luxusgüter auch im Besitz hochadliger Kreise verbreitet gewesen[9].

Bereits im 13. Jahrhundert waren sie auch in Nordeuropa bekannt[10]. Ob sich nun eine Duft- oder eine Wärmekugel hinter unserem pomum manuale verbirgt, kann nicht mit Sicherheit gesagt werden. Es handelt sich auf jeden Fall um ein exklusives Objekt von einigem Wert[11].

Kristallkreuz

Genauer ist das »kristallene Kreuz« (crux cristallina) anzusprechen. Diese häufig für den Altar gearbeiteten Kreuze kommen seit dem 12. Jahrhundert in verschiedenen Ausführungen vor, finden sich vielfach in aristokratischen sowie päpstlichen Schatzverzeichnissen[12] und sind Zeugnis einer wachsenden Prunkentfaltung der weltlichen und kirchlichen Fürsten. Solche zumeist aus geschliffenem Bergkristall in mehreren Teilen zusammengefügten Kreuze haben insbesondere in Kirchen- und Domschätzen zahlreich bis heute überdauert. Allein aus dem Zeitraum des 12. bis frühen 14. Jahrhunderts sind 57 Stück bekannt[13]. Insgesamt zählten Objekte aus Hartsteinschliffen zu den begehrtesten Prestigegegenständen, die nicht nur ihres reinen künstlerischen

9 Eugen *von Philippovich*, Wärmekugeln, in: Handbuch für Sammler und Liebhaber- Kuriositäten/Antitäten, Braunschweig 1966, S. 226–232. Im Nachlass des Papstes Clemens V. von 1316 fanden sich zwei »Silberäpfel«, von denen zumindest einer als Handwärmer diente: »Item 1 pomum argenti deauratum pro soliculo, pondris 3 l. et 6 u. argenti« und »Item 1 pomum de argento ad calefaciendum manus« (Hermann *Hoberg*, Die Inventare des päpstlichen Schatzes von Avignon 1314–1376, Citta del Vatticano 1944, S. 20 und 22).

10 Testament der Ingerta (aus der mächtigen dänischen Familie der Hvide), Witwe des Grafen Konrad II. von Regenstein aus dem Jahr 1257: » Item ad ecclesiam sancti Lucii do pomum argenteum« (Kristian *Erslev*, Testamenter fra Danmarks middelalder indtil 1450, Kopenhagen 1901, S. 6 ff.). Im Domschatz zu Halberstadt hat sich ein 10 cm im Durchmesser messender, bronzener und vergoldeter Wärmeapfel mit zugehörigem Lederetui aus der Zeit um 1300 bis heute erhalten (Petra *Janke*/Horst H. *Grimm*, Der Domschatz zu Halberstadt, München 2003, S.54–55). Aus einer Grabung in Konstanz ist eine Riechkugel aus einer Blei-Zinn-Legierung bekannt, die ins 14. Jahrhundert datiert wird. Einige Jahrzehnte älter ist eine Kalksteingussform solch eines Artefakts in Magdeburg, ebenfalls während einer Grabung zu Tage gekommen (Matthias *Puhle* (Hrsg.), Katalog Aufbruch in die Gotik. Der Magdeburger Dom und die späte Stauferzeit, Band II, Katalog, Mainz 2009, S. 510–511). Jüngst kam in Greifswald die Hälfte einer in Gittergußtechnik aus einer Blei-Zinn-Legierung hergestellten Riechkugel aus der zweiten Hälfte des 13. Jahrhunderts im Rahmen einer Rettungsgrabung zuTage (Peter *Kaute,* Renate *Samariter*, Kurze Fundberichte, Greifswald Fundplatz 193, in: Bodendenkmalpflege in Mecklenburg-Vorpommern, Bd. 61 (2013), S. 331 und S. 332 Abb. 129,4.

11 Im Lexicon mediae et infimae latinitatis Polonorum, Bd. VII, Krakow 1992/2001, S. 728 wird für unseren pomum manuale die Deutung als Wärmekugel vorgeschlagen. Hingegen hält Franz-J. Konstanciak von der Bayerischen Akademie der Wissenschaften, Mittellateinisches Wörterbuch eher eine Deutung als Pomander für sinnvoll.

12 Hans R. *Hahnloser*, Susanne *Brugger-Koch*, Corpus der Hartsteinschliffe des 12.-15. Jahrhunderts, Berlin 1985, S. 32ff. Das hier genannte Kristallkreuz ist nicht im dortigen Corpus erfasst worden. Papst Bonifaz VIII. besaß am Ende des 13. Jahrhunderts neben zahlreichen weiteren Edelsteinen auch zwei Bergkristallkreuze (E. *Molinier*, Inventaire du Trésor du Saint Siège sous Bonuface VIII (1295), in: Bibliothéque de lÈcole des Chartes, XLIII, Paris 1882, S. 288–468: XLV, Paris 1884, S. 31–57). Nach der Konsekration und Krönung von Papst Klemens VI. (1342) fand sich in der päpstlichen Schatzkammer u.a. auch »1 crux de cristallo« (*Hoberg,* Inventare wie Anm.9) , S. 90. Unter der Vielzahl an geschliffenen Hartsteinobjekten im Mobilieninventar des französischen Königs Charles V. war 1379 ebenfalls ein Kreuz (Jules *Labarte*, Inventaire du Mobilier de Charles V., Roi de France, Paris 1879). Weiterhin wird 1326 ein Kristallkreuz im Testament der Witwe Karl II. von Anjou genannt (*Hahnloser, Brugger-Koch*, Corpus Hartsteinschliffe (wie oben), S. 43 Anm. 41).

13 *Hahnloser, Brugger-Koch*, Corpus Hartsteinschliffe (wie Anm. 12), Katalog-Nr. 53–110.

Werts wegen beliebt waren, sondern auch wegen der ihnen zugeschriebenen Wirkung, Gift in Speisen und Getränken durch angebliches Zerspringen oder Schwitzen anzuzeigen[14]. Der Bergkristall hatte in der mittelalterlichen Steinkunde nicht nur einen dekorativen und materiellen Wert, sondern man schrieb ihm auch magische und medizinische Kräfte zu. Er galt als Verkörperung der Reinheit und der Glaubensstärke und symbolisierte damit auch die heilige Taufe und Christus selbst. Medizinisch glaubte man an eine heilende Wirkung bei Augen-, Hals-, Herz- und Magenschmerzen, zerstoßen und mit Honig vermischt sollte Bergkristall laut Marbod von Rennes Müttern das Stillen erleichtern[15]. Bedeutende Zentren des Hartsteinschliffs im 13. und frühen 14. Jahrhundert waren das Rhein-Maas-Gebiet, Paris, Venedig und Katalonien[16]. Das heißt, dass das Kreuz in der »Schatzkiste« von 1318 mit ziemlicher Sicherheit in einer der eben genannten west- oder südeuropäischen Regionen angefertigt wurde.

Goldenes Garn

Bei den nachfolgend als Kisteninhalt genannten goldenen Fäden wird es sich um Garn handeln, dass entweder aus einem sehr fein gezogenem Goldmetalldraht bzw. geschnittenen Blattgoldstreifen oder einem textilen Faden (häufig Seide) bestanden hat, der mit hauchdünnen Blattgoldstreifen bzw. vergoldeten Silberstreifen spiralförmig fest umwickelt war (der sogenannte Goldlahn). Daneben gab es auch seit dem 11. Jahrhundert das deutlich billigere und einfacher zu verarbeitende Häutchengold, das aus einem Leinen- oder Seidenfaden als Seele und vergoldeter Darmhaut von Schaf oder Rind als Umwicklung des Fadens gebildet wurde[17]. Speziell der seit dem Altertum bekannte Goldlahn wurde zum Besticken, Einweben in Bändern oder als Kettfaden direkt in kostbare Stoffen (Seide, Brokat) verwandt. Neben Italien spielte dabei die Stadt Köln eine große Rolle, deren »Kölner Gold« genannte Metallfäden seit dem 12. Jahrhundert berühmt waren und zu Borten verarbeitet in großen Teilen Europas Absatz fanden[18]. Seidene oder edelmetallene Stickfäden fanden auch in Klöstern und an Adelshöfen für textile Stickarbeiten Verwendung.

14 Johannes *Tripps*, Pilgerfahrten als kreative Impulse für die Goldschmiedekunst der Spätgotik. Stiftungen von Pilger- und Reiseandenken durch Adel und Stadtpatriziat in Kirchenschätzen, in: Rainer *Babel*, Werner *Paravicini* (Hrsg.): Grand Tour. Adlige Reisen und europäische Kultur vom 14. bis zum 18. Jahrhundert, Ostfildern 2004, S. 175–192, hier S. 178.

15 *Hahnloser*, *Brugger-Koch*, Corpus Hartsteinschliffe (wie Anm. 12), S. 10.

16 *Ebenda*, S. 25ff.

17 Margarete *Braun-Ronsdorf*, Gold embroidery and fabrics from medieval to modern times, in: Ciba Review 3 (1961), S. 2–16; Marta *Járó*, Gold embroidery and fabrics in Europe XI-XIV centuries, in: Gold Bulletin 23 (1990), S. 40–57; Brigitte *Dreyspring*, Textile Funde bei Bestattungen, unter besonderer Berücksichtigung der Metallfäden, im Kreuzgangbereich des Stiftes St. Arnual, in: Hans-Walter *Herrmann*, Jan *Selmer* (Hrsg.): Leben und Sterben in einem mittelalterlichen Kollegiatstift, Saarbrücken 2007, S. 419–428.

18 Ernst *Scheyer*, Die Kölner Bortenweberei des Mittelalters, Augsburg 1922; Marita *Bombek*, Kölner Borten, Kölner Garn, Kölner Gold in der mittelalterlichen Textilwirtschaft der Stadt Köln, in: Kölner Bortenweberei im Mittelalter, Regensburg 2011, S. 17–36.

Zepter

Wie bereits dargestellt, lässt sich das Kürzel »cept m« eher als ceptrum (Zepter, Herrscherstab) auflösen. Zepter bestanden im Hoch- und Spätmittelalter auch gänzlich aus Silber, konnten Vergoldungen aufweisen und symbolisierten die weltliche und geistliche Herrschergewalt[19]. Bereits den Westslawen waren zepterartige Herrscherstäbe bekannt[20].

»Frustum ad cept m«, also ein Stück des Zepters meint in der Aufzählung von Kostbarkeiten offenkundig ein Teil eines Zepters. Dies erklärt sich aus der Materialität des Objektes – nicht das intakte Symbol ist hier entscheidend, sondern sein Materialwert, der vermutlich aus Silber (mit Vergoldung) bestand. Wir finden Fragmente von edelmetallenen Schmuckstücken bzw. Tafelgerätschaften (Becher, Pokale) in Schatzfunden, auch des 13. und 14. Jahrhunderts, in die sie ob ihres reinen Materialwertes wegen Eingang fanden, so beispielsweise in dem jüngst vorgestellten Schatzfund von der Wiener Neustadt, der aus 149 erhaltenen bzw. rekonstruierbaren Fundstücken besteht, die ins 13. bis ausgehende 14. Jahrhundert datieren[21].

Kameo

Antike Gemmen und Kameen erfreuten sich im Mittelalter einer großen Wertschätzung, nahm man doch an, dass Gott den Juden die Fähigkeit verliehen habe, in Edelsteinen Bildnisse einzuarbeiten, oder dass sie durch eine besondere Konstellation von Planeten oder Sternen entstanden seien und von ihnen göttliche Kraft ausgehe[22]. Dies erklärt auch die große Zahl von Intaglien an Reliquiaren und kirchlichen Geräten, an denen figürliche Gemmen- bzw. Kameenbilder auch eine christliche (Fehl-)Deutung

19 Lexikon des Mittelalters, Bd. 9, S. 544f.; Wolfgang *Beck*, Matthias *Hardt*, Zepter, in: Reallexikon der Germanischen Altertumskunde Nr. 34, Berlin/New York 2007, S. 511–514; Edward F. *Twining*, European Regalia, London 1967, S. 171–197, Taf. 58–66.

20 Witold *Maisel*, Rechtsarchäologie Europas, Wien-Köln-Weimar 1992, S. 217. An den Langhauspfeilern der Stralsunder Nikolaikirche befinden sich aus der Zeit um 1370 die überlebensgroßen Darstellungen von männlichen Personen, darunter auch an einem der nördlichen Pfeiler die eines Herrschers mit Rüstung, Mantel mit Tassel, Dupsing bzw. Plattengürtel und einem goldenen Zepter mit lilienförmigem Kopfende. Diese Figur stellt möglicherweise den pommerschen Herzog Wartislaw V. (1326–1390) dar, der sich als »Hertog tom Sunde« häufig in Stralsund aufgehalten hatte (Gunnar *Möller*, Landesherrliche und niederadlige Stadthöfe im spätmittelalterlichen Stralsund, in: Stralsunder Hefte für Geschichte, Kultur und Alltag 2014, S. 78–85, hier S. 81ff.).

21 Nikolaus *Hofer* (Hrsg.), Der Schatzfund von Wiener Neustadt. Horn 2014. Der frühestens 1341 verborgene Schatz aus dem Stadtweinhaus in Münster (Westfalen) wird ebenfalls neuerdings als »Recycling«-gut eines Goldschmieds oder (Edelmetall)Händlers interpretiert (Anke *Scholz*, Versteck eines jüdischen Pfandleihers? Depot mit Silbermünzen und Schmuck, in: Archäologie in Deutschland (2014), Heft 3, S. 28–31). Zum Thema »Altmetall« in Schatzfunden siehe Stefan *Krabath*, Aussagemöglichkeiten spätmittelalterlicher Schatzfunde mit Edelmetallschmuck, in: Elisabeth *Vavra*, Kornelia *Holzner-Tobisch*, Thomas *Kühltreiber* (Hrsg.): Vom Umgang mit Schätzen, Wien 2007, S. 115–137. Im umfangreichen Schatzverzeichnis des englischen Königs Richard II., das 1398 oder 1399 erstellt wurde, sind neben einer Vielzahl an Objekten auch zahlreiche zerbrochene Silbergegenstände aufgezählt (siehe The National Archives website TNA:PRO, E 101/411/9 , http://www.history.ac.uk/richardII/roll.html, Abruf am 01.03.2016).

22 Erika *Zwierlein-Diehl*, Antike Gemmen und ihr Nachleben, Berlin-New York 2007, 249ff. Zentren mittelalterlicher Glyptik waren im 13. Jahrhundert Süditalien und Frankreich (*ebenda*, S. 271ff.). Kameen wurden häufig aus Sardonyx, aber auch aus Heliotrop, Amethyst bzw. Saphir gearbeitet.

erfuhren[23]. Neben der sakralen Verwendung wurden sie auch als profaner Schmuck sowie als Siegelringe umgearbeitet oder als Sammelobjekte zusammengetragen[24]. Man bewunderte nicht nur ihre Kostbarkeit und Kunstfertigkeit, sondern auch die angenommene göttliche Kraft, die den antiken Steinschneidearbeiten ebenso wie den mittelalterlichen Neuschöpfungen zugeschrieben wurde. Daher fanden sie als Amulette und Wunderwerke breiteste Wertschätzung. Aus Norddeutschland und Hinterpommern sind ein Kameo des Kaisers Claudius an einem Lilienkreuz aus dem frühen 14. Jahrhundert im Domschatz von Kammin (Kamień Pomorski, woj. Westpommern) und ein kameenbesetzter Meßkelch in Travemünde bekannt[25].

Rote Koralle

Rote Koralle sah man seit der Antike als Schmuckstein an, dem man im Mittelalter mirakulöse und apotropäische Wirkung zuschrieb. So sollte sie bitteres in süßes Wasser verwandeln, gegen Gift immun machen, vor Unwetter und Hagel, bösen Geistern und den bösen Blick schützen und bei Kinderkrankheiten sowie Potenz- und Verdauungsbeschwerden helfen[26]. Rote Koralle wurden in gefasster Form oder als Perle(n) verarbeitet und als Amulett getragen oder zum Schmuck von Reliquiaren oder Schmuckspangen verwendet[27]. Der Bedarf nach ihr war bei den wohlhabenden Personen des Spätmittelalters groß: So bezog der Herzog von Tirol 1299 außer Edelsteinen und anderen Kostbarkeiten auch eine größere Menge an (wohl mediterranen) Korallen von florentinischen Kaufleuten[28].

Trinkbecher

Bei dem erwähnten Stück eines Trinkbechers (oder einer Trinkschale/eines Napfes) bleibt ungewiss, um welches Material es sich hier handelt – es sind hoch- und spätmittelalterliche Becher bzw. Näpfe aus Holz, Kokosnuss, Straußeneischalen, Keramik,

23 Hans *Wentzel*, Mittelalterliche Gemmen. Versuch einer Grundlegung, in: Zeitschrift des deutschen Vereins für Kunstwissenschaften Band 8, Jahrgang 1941, S. 45–98, hier S. 46.

24 Karl V. von Frankreich (König von 1364–1380) besaß solch eine umfangreiche Sammlung und König Konrad IV. verpfändete 1253 mindestens 680 Gemmen und Kameen neben weiteren Juwelen aus dem Besitz seines Vaters, Kaisers Friedrich II., für die große Summe von 2522 genuesische Pfund an einen Kaufmann aus Genua(*Zwierlein-Diehl* , Gemmen (wie Anm. 22), S. 264ff.). Unter den 238 vollständigen und fragmentarischen Stücken des Goldschatzes von Wiener Neustadt war auch eine antike Gemme aus Achat (Marianne *Singer*, Der Schatzfund von Wiener Neustadt. Eine kulturhistorische Analyse, in: *Hofer*, Schatzfund (wie Anm. 21), S. 130–237, hier S. 170).

25 *Wentzel*, Gemmen (wie Anm. 23), S. 46 und 49; Walter *Borchers*, Der Camminer Domschatz, Stettin 1939, S. 43ff.

26 Lexikon des Mittelalters, Bd. 5, München 2006, S. 1441; Liselotte *Hansmann*,Lenz *Kriss-Rettenbeck*, Amulett, Magie, Talisman, Hamburg 1977, S. 34f.;

27 Als Beispiel sei hier ein 12,5 cm großer Korallenast an einem Reliquiar aus Bergkristall und vergoldetem Silber aus der 2. Hälfte des 13. Jahrhunderts im Essener Domschatz genannt (Birgitta *Falk* (Hrsg.), Gold vor Schwarz. Der Essener Domschatz auf Zollverein, Essen 2008, S. 100).

28 Michael *Mayr-Adlwang* (Hrsg.), Regesten zur tirolischen Kunstgeschichte von der ältesten Zeit bis zum Jahre 1364, in: Zeitschrift des Ferdinandeums für Tirol und Vorarlberg F. 3, H. 43, 1899, S. 117–203, hier S. 145 Nr. 170. Der Herzog Jean de Berry (1340–1416) besaß neben zahlreichen anderen »Wunderdingen« eine Anzahl von roten Korallenstücken, die auch ob ihrer magischen Wirkung wertvoll waren (Lorraine *Daston*, Katherine *Park*, Wunder und die Ordnung der Natur 1150–1750, Berlin 1998, S. 100).

Zinn, Silber und Gold, Bergkristall und Edelsteinen bekannt[29]. Allein der Mainzer Erzbischof Peter von Aspelt besaß 1319 45 Becher aus den eben beschriebenen Materialien[30]. Auch in bürgerlichen Kreisen waren Silbergeschirre wie Becher, Kannen, Schalen u. a. im Spätmittelalter relativ weit verbreitet, allein aus den Lübecker Nachlässen der zweiten Häfte des 14. Jahrhunderts werden über 500 dieser silbernen Tafelgeschirre aufgeführt[31]. Fürst Wizlaw II. von Rügen vermachte seinen drei Töchtern, Eufemia, Königin von Norwegen, Margarete, Herzogin von Pommern sowie Helena, Gräfin von Anhalt-Bernburg sowie dem rügenschen Adligen Tetze von Putbus in seinem am 27. Dezember 1302 im norwegischen Oslo ausgestellten Testament 12 unterschiedlich große Silberbecher[32]. Erhalten blieben nur wenige Exponate aus jener Zeit, zumeist in kirchlichen Sammlungen. Profane kostbare Becher und Pokale aus dem Mittelalter sind sehr selten[33]. Bei unserem Becherfragment dürfte es sich um ein wertvolles, weiter zu verarbeitendes Material wie Edelmetall oder Kristall bzw. Edelstein (Achat, Jaspis) gehandelt haben.

Messer

Ob man auch für das nachfolgend genannte Messer wertvolle Materialien annehmen kann, bleibt offen. Tafelmesser und Dolche konnten in jener Zeit mit Griffen von Silber, geschliffenem Jaspis oder Bergkristall versehen sein. So besaß der einstige König Heinrich von Böhmen laut seinem Nachlassinventar 1335 u.a. vier Messer mit Bergkristall- und Jaspisheften[34]. In Stralsund wurde vor einigen Jahren im Rahmen einer Ausgrabung auf dem Stadthof des Zisterzienserklosters Hiddensee in der Mühlenstraße 14 unter Erhöhungsschichten des 14. Jahrhunderts ein Messerfragment geborgen, dessen Griff aus Bernstein und Gagat bestand[35]. Beiden Schmucksteinen kommt im

29 *Hasse*, Hausgerät (wie Anm. 4), S. 74ff.

30 Ernst *Vogt* (Hrsg.), Regesten der Erzbischöfe von Mainz von 1289–1396, 1. Abteilung, 1. Band, Leipzig 1913, S. 409ff. Aus den Inventaren des 1310 verstorbenen Grafen von Tirol und Herzogs von Kärnten und Krain sind 39 Becher/Näpfe (cyphi) aus Silber, teilweise vergoldet, Bergkristall und Fladernholz (Holz des Feldahorn) mit Silber und Goldbeschichtungen bzw. Armierungen bekannt (Josef *Riedmann*, Adelige Sachkultur Tirols in der Zeit von 1290 bis 1330, in: Adelige Sachkultur des Spätmittelalters, Wien 1982, S. 105–131).

31 *Hasse*, Hausgerät (wie Anm. 4), S. 20ff.

32 PUB, Bd. 4, Nr. 2057.

33 Aus der zweiten Hälfte des 13. sowie dem 14. Jahrhundert sind nur 45 Silbergefäße aus Mitteleuropa bekannt (Johann Michael *Fritz*, Goldschmiedekunst der Gotik in Mitteleuropa, München 1982, S. 32). Darunter 18 silberne Becher aus dem frühen 14. Jahrhundert (Maria *Stürzebecher*, Der Schatzfund aus der Michaelisstraße in Erfurt, in: Sven *Ostritz* (Hrsg.), Die mittelalterliche jüdische Kultur in Erfurt, Bd. 1: Der Schatzfund Archäologie-Kunstgeschichte-Siedlungsgeschichte , Weimar 2010, 65–323, hier S. 67).

34 *Mayr-Adlwang*,Regesten (wie Anm. 28), S. 188 ff. Nr. 477. Der englische König Eduard I. erhielt 1297 u.a. ein Messerpaar mit emaillierten Griffen, ein weiteres Messer mit einem silberverzierten Ebenholz- und Elfenbeingriff sowie eine Kristallgabel als Geschenk von der Gräfin von Saint-Pol (Fréderique *Lachand*, Freigiebigkeit, Verschwendung und Belohnung bei Hofe, ca. 1150–1300, in: Werner *Paravicini* (Hrsg.): Materielle Hofkultur Westeuropas vom 12. bis zum 18. Jahrhundert, München 2010, S. 85–104, hier S. 97). In den bürgerlichen, norddeutschen Testamenten kommen Messer mit Griffen aus kostbaren Materialien wie vergoldetes Silber, Bergkristall oder Elfenbein sehr selten und dann seit dem späten 14. Jahrhundert vor (*Hasse*, Hausgerät (wie Anm. 4), S. 77).

35 Giannina *Schindler*, Kurze Fundberichte Fundplatz 112, in: Bodendenkmalpflege in Mecklenburg-Vorpommern, Bd. 49 (2001), S. 507. Siehe auch Hauke *Jöns*,Friedrich *Lüth*,Heiko *Schäfer* (Hrsg.), Archäologie unter

Mittelalter eine apotropäische Bedeutung zur Abwehr von Hexen, Dämonen und Zauberei zu[36].

Silberner Gürtel

Gürtel hatten im Mittelalter neben dem reinen funktionalen auch einen symbolischen Sinn (z. B. bei der Schwertleite oder als geistliches Statussymbol)[37]. Als weltliches Statusattribut konnten sie aus kostbareren Materialien (Edelmetall, Seide) bestehen oder mit diesen verziert sein[38]. Silberne Gürtel wie der aus der Stralsunder »Schatzkiste« sind zahlreich auch in spätmittelalterlichen Inventaren des norddeutschen und skandinavischen Adels und des gehobenen Bürgertums genannt worden[39]. In Schloss Frederiksborg in Dänemark wird der sogenannte Gürtel des Königs Erik von Pommern verwahrt, der mindestens teilweise eine Vorstellung vom Aussehen eines silbernen Gürtels des 13./14. Jahrhunderts vermittelt. Er besteht aus Silberbrokat mit vergoldeten Silberfäden, dessen Borte mit Silberlahn versehen ist und wird der ersten Hälfte des 13. Jahrhunderts zugeschrieben. Seine Schnalle, Beschläge und Bortenstecker aus Silber und Halbedelsteinen stammen hingegen aus dem 1. Drittel des 15. Jahrhunderts. Anders als sein Name vermuten lässt, handelt es sich eher um ein Accessoire für Frauen als für einen Mann[40].

Moschusgefäß

Moschus, ein luxuriöser Duftstoff, der aus dem Sekret einer Duftdrüse des vom Himalaya bis nach Südsibirien beheimateten Moschustieres gewonnen wird, ist eines der stärksten natürlichen Pheromone. Seit der Antike bekannt und hoch begehrt als

dem Straßenpflaster, 15 Jahre Stadtkernarchäologie in Mecklenburg-Vorpommern, Schwerin 2005, S. 340 Abb. 3.

36 *Hansmann, Kriss-Rettenbeck* , Amulett (wie Anm. 26), S. 32f.

37 Claudia Schopphoff: Der Gürtel. Funktion und Symbolik eines Kleidungsstücks in Antike und Mittelalter. Köln-Weimar-Wien 2009; Lexikon des Mittelalters, Bd. 4, München 2006, S. 1797ff.

38 Siehe Ilse *Fingerlin,* Gürtel des hohen und späten Mittelalters, Berlin 1971, S. 88, 262, 264, 269ff. mit Belegen aus dem Frankreich des 14. Jahrhunderts. Aus dem 13. Jahrhundert stammen u. a. zwei silberne Gürtel mit Besatzteilen, nielloverzierter Gürtelschließe usw., die 1978 in Salzburg zu Tage kamen (Claudia *Theune,* Der Schmuck in dem mittelalterlichen Schatz aus der Judengasse in Salzburg (mit einem Exkurs von B. Bühle/M. Mehöfer), in: Ars Sacra- Kunstschätze des Mittelalters aus dem Salzburger Museum, Salzburg 2010, S. 291–300).

39 U. a. vermachte 1302 der Rügenfürst Wizlaw II. seinen vergoldeten Silbergürtel Heinrich II., Herzog von Mecklenburg (PUB, Bd. ,4 Nr. 2057). Im Testament des Stralsunder Bürgers Dietrich von Dorpen (1311–14) werden zwei Silbergürtel genannt: »cingulis meis duobus argenteis« (Pommersches Urkundenbuch Band 6 Nr. 4105). Allein in den Stralsunder Bürgertestamenten sind silberne Gürtel vom Beginn des 14. Jahrhunderts bis 1378 35 mal aufgeführt (Johannes *Schildhauer,* Hansestädtischer Alltag. Untersuchungen auf der Grundlage der Stralsunder Bürgertestamente vom Anfang des 14. bis zum Ausgang des 16. Jahrhunderts, Weimar 1992, S. 76).

40 *Fingerlin,* Gürtel (wie Anm. 38), S. 53 , 183 und 362 Kat. Nr. 126. Rainer *Atzbach et al.* (Hrsg.), Burg und Herrschaft, Dresden 2010, S. 165ff. Nr. 8.6. Ein massiver, 80 cm langer silberner und vergoldeter Gürtel mit Emailleeinlagen aus dem zweiten Drittel des 14. Jahrhunderts stammt aus dem Schatzfund von Colmar im Elsass (Fréderic *Goering* (Hrsg.), Le Trésor de Colmar, Paris 1999, Kat. Nr. 17). Ein weiterer vergoldeter und mit Edelsteinen geschmückter Silberscharniergürtel ist Bestandteil des Schatzfundes aus dem Stadtweinhaus zu Münster aus dem 14. Jahrhundert (*Ausstellungskatalog* Goldene Pracht – Mittelalterliche Schatzkunst in Westfalen, Münster 2012, S. 279–280).

Aphrodisiakum, wird es noch heute teurer als Gold gehandelt. Insbesondere den Arabern und Byzantinern diente dieser Grundstoff zur Parfümherstellung. Von dort fand Moschus auch Eingang in die abendländischen Luxusgüter. Seit dem 15. Jahrhundert ist seine medizinische Verwendung bei diversen Erkrankungen wie Migräne, Depressionen, Verdauungs- und Herzbeschwerden in Deutschland bekannt. Darüber hinaus ist seine neutralisierende Wirkung bei bestimmten Giften wie Eisenkraut oder Mutterkorn erwiesen[41]. Die Erwähnung eines »vasculum aureum cum musco« im Testament des Lunder Erzbischofs Absalon aus dem Jahr 1201 belegt die frühe Kenntnis und Verwendung dieses Duftstoffes in Nordeuropa[42]. Aus welchem Material das Gefäß für das Moschus war und wie es aussah, entzieht sich leider unserer Kenntnis. Wir dürfen aber bei dem kostbaren Duftstoff durchaus kein allzu profanes Gefäß annehmen[43].

Handgriff

Ebenfalls nicht gänzlich sicher anzusprechen ist der in der Güterliste nachfolgend genannte Handgriff (eines Bestecks, Gefäßes oder einer Waffe?). Ob es sich hier gleichfalls um ein kostbares Material wie Edelmetall, Bergkristall oder andere Hartsteine handelte, das ob seines Rohstoffwerts aufbewahrt wurde, kann nicht sicher gesagt werden, bleibt aber zu vermuten[44]. In zahlreichen Schatzfunden haben wir stark abgenutzte oder gar defekte Edelmetallgegenstände wegen ihres reinen Materialwerts im Fundgut, so z. B. im Pritzwalker Silberfund[45].

Beryll und Bergkristall

Neben dem Bergkristall befand sich mit einem Beryll, unter dem man im Mittelalter einen blassblauen, dem Meerwasser ähnlichen Edelstein verstand, ein weiterer Schmuckstein in der »Schatzkiste«. Wie den Bergkristall, der nur eine reine, farblose Variante des Quarzes ist, rechnete man den Beryll seit dem Altertum zu den Edelsteinen[46]. Dem Beryll schrieb man in Altertum und Mittelalter diverse medizinisch-apotropäische Eigenschaften zu: So soll er bei Augenleiden, Angina, Herz- und Leber-

41 Lexikon des Mittelalters, Bd. 4, München 2003, S. 859.

42 *Erslev*, Testamenter (wie Anm.10), S. 3ff.

43 Mit dem lateinischen Wort »vas« wurde im Mittelalter generell ein Behältnis oder Gefäß bezeichnet (*Hasse*, Hausgerät (wie Anm. 4), S. 65).

44 Im Eigentum des Lübecker Bischofs Heinrich Bocholt befanden sich laut seinem Testament von 1341 neben zahlreichen Silbergefäßen auch (Fleisch- oder Konfekt-)Gabeln mit Korallengriffen (Urkundenbuch des Bistums Lübeck, Nr. 149).

45 Stefan *Krabath*, Lothar *Lambacher* (Hrsg.), Der Pritzwalker Silberfund. Schmuck des späten Mittelalters, Pritzwalk 2006. Siehe auch Anm. 19. Der jüdische Schatzfund aus der Erfurter Michaelisstraße, dessen Pretiosen ins 13. bis in die erste Hälfte des 14. Jahrhunderts datieren, enthielt einen silbernen Griff/Knauf mit leichten Rissen. Sein Verwendungszweck ist unbekannt (*Stürzebecher*, Schatzfund (wie Anm. 33), S. 132 und 264, Kat. Nr. 75).

46 In der Bibel werden zu diesen gezählt: Achat, Amethyst, Beryll, Chalzedon, Chrysolith, Chrysopas, Hyazinth, Karfunkel (Rubin), Jaspis, Onyx, Saphir, Sarder, Sardonyx und Topas. Außerdem rechnete man auch die Perle dazu (Offenbarung an Johannes 21,11–21 und 22, 1; Exodus 28,21; sowie Ezechiel 1,22). Siehe Gerda *Friess*, Edelsteine im Mittelalter, Hildesheim 1980.

beschwerden, schwerem Gemüt sowie als Gegengift helfen, den Träger angenehm machen, die Liebe zwischen Eheleuten wieder neu entfachen und gegen Faulheit behilflich sein sowie bei der Abwehr von Teufel und Feinden nützen[47]. Man kannte und nutzte seine lichtbrechende Eigenschaft als Brennlupe oder Lesehilfe, woher sich auch bis heute das deutsche Wort Brille ableitet. Wir finden Berylle u. a. im Inventar des Schatzes von Graf Otto III.von Tirol, Herzog von Kärnten (gestorben 1310)[48]. Bis gegen Ende des Spätmittelalters konnte man Edelsteine (abgesehen von Diamant und Saphir sowie Smaragd, die entweder gar nicht geschliffen werden konnten oder von denen man nur ihre spitzen Endstücke verwendete) nur in Cabochonform schleifen[49]. In dieser Form ist im Schatzfund aus der Wiener Neustadt ein fast herzförmiger Granat enthalten[50]. Auch die im weiteren Inventartext unserer »Schatzkiste« genannten vier Kristalle werden wegen der ihnen zugeschriebenen und bereits geschilderten medizinisch-magischen Wirkungen zusammengetragen worden sein[51].

Schlangenkopf

Die größte Schwierigkeit einer realienkundlichen Deutung des Kisteninhalts bereitet der sogenannte »capud serpentis« – der Schlangenkopf. Die Schlange ist im Christentum mit einem ambivalenten Deutungsmuster versehen: Sie symbolisiert in Verbindung mit dem Sündenfall von Gott verflucht die Sünde, ja den Teufel bzw. das Böse selbst sowie ränkeschmiedende Menschen und auch den Tod. Andererseits gilt sie auch als klug[52] sowie seit vorchristlicher Zeit als Gleichnis für Fruchtbarkeit, Heilung, Erneuerung und Unsterblichkeit[53]. Lassen wir die Deutung eines (getrockneten bzw. knöchernen) echten Schlangenkopfs[54] bzw. einer Versteinerung in Form eines Schlangenkopfes außer Betracht, dann stößt man auf einen Begriff aus der Volkskunde, der in der Ostseeregion und im slawischen Sprachraum seit dem Mittelalter da-

47 U. a. bei Hugo *Schulz* (Hrsg.), Das Buch der Natur Conradus de Megeberg, Greifswald 1897, S. 375; Hugo *Strunz*, Die Mineralogie bei Albertus Magnus, in: Acta Albertina Ratisbonensis Bd. 20 (1951/52), S. 19–39, hier S. 25ff.; *Friess*, Edelsteine (wie Anm. 46), S. 96–101; Lexikon des Mittelalters, Bd. 2, S. 689ff.

48 *Mayr-Adlwang*, Regesten (wie Anm. 28), S. 166 Nr. 339.

49 Anna Beatriz *Chadour*, Rüdiger *Joppien*, Schmuck, Band 2: Fingerringe, Köln 1985, S. 18.

50 *Singer*, Schatzfund (wie Anm. 24), S. 130–237, hier S. 168 und Kat. Nr. 130.

51 In Wismar fand sich in einem Fäkalienschacht aus der Mitte des 15. Jahrhunderts ein 51 mm langer Bergkristall in ovaler Cabochonform. Die Ausgräber deuteten ihn weniger als Lesestein (obwohl er als solcher zu gebrauchen wäre), sondern vielmehr als demontierten Schmuckstein (Peter *Kaute et al.*, Zur Ausgrabung in der Papenstraße 2a und Dankwartstraße 39 bis 47 in der Hansestadt Wismar unter besonderer Berücksichtigung eines Ziegelschachtes aus dem 15. Jahrhundert, in: Archäologische Berichte aus Mecklenburg-Vorpommern, Beiheft 9 (2005), S. 54–89, hier S. 80).

52 Matthäus 10, 16.

53 Engelbert *Kirschbaum et al.* (Hrsg.), Lexikon der christlichen Ikonographie, 4. Bd., Rom-Freiburg-Basel-Wien 1974, S. 75–82.

54 In der Sammlung des Herzogs Jean de Berry befanden sich auch zwei Unterkiefern von Riesenschlangen, die ihre Existenz in der herzoglichen Schatzkammer eventuell einer ihnen zugeschriebenen wundertätigen-geheimnisvollen Wirkung verdankten (Jules *Guiffrey*, Inventaires de Jean Duc de Berry (1401–1416), 2 Teile, Paris 1894–96, hier Teil 1, S. 84, Nr. 266 und S. 153, Nr. 562). Im Aberglauben schrieb man dem Kopf einer Schlange diverse magische Kräfte zu: So sollte dieser Glück im Spiel bringen, gegen Zauberei helfen und als Heilmittel bei Erkrankungen wie Fieber, Aussatz, Gicht, Schwindsucht u.a. wirken (Hanns *Bächtold-Stäubli*/ Eduard *Hoffmann-Krayer*, Handwörterbuch des deutschen Aberglaubens, Bd. VII, Berlin und Leipzig 1935/36, S. 1153 und 1168).

mit eine Kaurimuschel (Cypraea) meint[55]. Der Kaurimuschel, insbesondere den beiden Arten Tiger- und Pantherkauri, kommt seit der Antike konkret als Frauenamulett eine magisch-apotropäische Bedeutung zu. Sie finden sich u. a. in merowingerzeitlichen Gräbern Süddeutschlands, aber auch massenhaft in Gräbern des 8.-13. Jahrhunderts im Gebiet des heutigen Lettlands[56]. Als Amulette in Form von Anhängern sind sie bis in die Neuzeit in Europa fassbar. Aus dem 15. Jahrhundert ist der archäologische Fund eines geschnitzten Anhängers aus einer Tigerkauri in einem Pfarrgarten in Neuss (Nordrhein-Westfalen) bekannt geworden. Die Kaurifunde werden zum einen als Fruchtbarkeitssymbole, zum anderen als Amulette zur Abwehr des »bösen Blicks« oder allgemeinen Schadens angesehen[57].

Verwiesen werden kann in diesem Zusammenhang auch auf die sogenannten »Schlangenzungen« (lateinisch »lingua serpentina«) bzw. »Nattern- oder Drachenzungen« und »Schlangensteine«, die zu den Edelsteinen gerechnet wurden und seit dem 13. Jahrhundert begehrte Amulette und Giftanzeiger darstellten. Dabei handelt es sich um echte, zumeist fossile Haifischzähne, die entweder einzeln (in Fassungen aus Edelmetall), als Bestandteil von Salzkredenzen oder zusammen mit Korallenzweigen in Form der sogenannte Korallenbäumchen (französisch »languiers« bzw. »espreuves«) als hochwirksam angesehene Giftanzeiger fungierten[58].

Theriak

Falls die eben geschilderten, Gift anzeigenden bzw. gegen Gifte immun machenden Wundermittel nicht geholfen haben sollten, dann vertraute man im Fall einer vermeintlichen oder tatsächlichen Vergiftung einem Wundermittel: Dem Theriak[59]. Dieses auch Electuarium Theriacale bezeichnete Heilmittel wurde seit dem 2. Jahrhundert

55 www.wikipedia.org/wiki/Kaurigeld (Abruf am 09.10.2015). Im 12.-14. Jahrhundert war Kaurigeld auch in der Kiewer Rus unter dem Namen smeinnaja golowka (Schlangenkopf) im Umlauf; László *Kovácz*, Vulvae, Eyes, Snake Heads. Archeologiccal Finds of Cowrie Amulets, Oxford 2008, S. 36ff. Die hier in Frage kommenden Kauriarten sind im Indopazifik (einschließlich dem Roten Meer) beheimatet.

56 Evalds *Mugurevics*, Ostlettland und seine Nachbarländer im 10. bis 13. Jahrhundert, Riga 1965 (deutsche Zusammenfassung S. 94ff.). E. Mugurevics gibt an, dass die im 12.-13. Jahrhundert aus dem Gebiet des Indischen Ozeans nach Lettland gekommenen Kaurimuscheln in fast jedem Frauengrab vorkommen.

57 Sabine *Sauer*, Untersuchungen im Pfarrgarten von St. Quirin, in: Archäologie im Rheinland 2000, Stuttgart 2001, S. 107–108; Hans-Peter *Krull*, Der böse Blick im Pfarrgarten von St. Quirin –archäologisches Rätsel gelöst, in: Jahrbuch für den Rhein-Kreis-Neuss 2005, S. 18–25. Eine Ringkaurimuschel aus spätmittelalterlichen Erhöhungsschichten ist auf einer Grabung in der Stralsunder Ossenreyerstraße 16 im Rahmen einer Notbergung zu Tage getreten (unveröffentlicht – d. Autor). Im Volksglauben nahm man an, wer ein sog. »Otterköpfchen« (eine Kaurimuschel) bei sich trug, nicht nur das Übel abwehren konnte, sondern auch Reichtum, Glück und Stärke erlangen kann (*Bächtold-Stäubli, Hoffmann-Krayer*, Handwörterbuch (wie Anm. 54), S. 1153).

58 *Daston, Park* , Wunder (wie Anm. 28), S. 88; *Tripps* , Pilgerfahrten (wie Anm. 14), S. 179ff. Diese »Schlangenzähne« sind zahlreich in entsprechenden Inventaren des europäischen Hochadels und des hohen Klerus vorhanden gewesen, außer beim bereits genannten Herzog von Berry z. B. unter den Kleinodien des Mainzer Erzbischofs Peter aus dem Jahr 1319 (*Vogt*, Regesten (wie Anm. 30), S. 410) oder im Testament des 1364 verstorbenen französischen Königs Jean II le Bon (Germain *Babst*, Testament du Roi Jean le Bon et Inventaire de ses jouaux a London, Paris 1884, S. 38).

59 Lexikon des Mittelalters, Bd. 8, München 2003, S. 689ff.; Peter *Dilg*, Theriaca – die Königin der Arzneien, in: Deutsche Apotheker-Zeitung 126 (1986), S. 2677–2682; Gilbert *Watson*, Theriac and Mithridatium: a study in therapeutics, London 1966. Erst in der Neuzeit ist diese Wundermedizin wegen nicht erwiesener

vor Christus bei einer Vielzahl von Erkrankungen und speziell bei Vergiftungen eingesetzt. Es setzte sich aus dutzenden pflanzlichen und tierischen Bestandteilen (darunter Opium, Myrrhe, Angelika- und Baldrianwurzel, indische Zitwerwurzel, die giftige Meerzwiebel, Vipernfleisch, Wein) zusammen. Im Zuge der Kreuzzüge kam das Wissen über dieses Antidot wieder ins Abendland und wurde teuer gehandelt und mitunter in kostbaren Gefäßen verwahrt[60].

Ringe und Lilienspange

(Finger)Ringe gehörten im hohen und späten Mittelalter zu den meistgetragenen Schmuckstücken in allen sozialen Schichten. Aus Gold, wie in unserem Fall, waren sie allerdings vorwiegend Adligen, hohe Klerikern und vermögenden Bürgern vorbehalten, denen sie als Zeichen von Reichtum, Stand und Würde dienten[61]. In den Schatzfunden des 13. bis 14. Jahrhunderts finden sich zahlreiche Fingerringe unter den Pretiosen, so allein 50 Stück in den unterschiedlichsten Formen und mit den verschiedensten Motiven sowohl mit als auch ohne Schmucksteine im vor kurzem vorgestellten Schatz von Wiener Neustadt[62]. Außerdem waren Ringe auch »Zeichen der Frömmigkeit, Liebe, Freundschaft oder Trauer« und konnten als Amulett dienen[63].

Das mittelhochdeutsche Wort Spange bezeichnete ein broschenartiges Schmuckstück zum Zusammenhalten oder nur Schmücken des Gewandes. Es gab sie in einfacher, billiger Variante aus einer Blei-Zinn-Legierung[64], ebenso wie in Bronze oder Silber und Gold, mit und ohne Schmucksteine. In den Schatzfunden haben wir sie zahlreich vorliegen[65]. Unsere Lilienspange dürfte eher aus wertvollerem Material gewesen sein.

Wirksamkeit aus dem offiziellen pharmakologischen Bestand verschwunden, erfreut sich aber in geänderter Zusammensetzung bei der Volksmedizin weiterhin großer Beliebtheit.

60 So bestand das Theriakgefäß des 1364 in englischer Gefangenschaft verstorbenen französischen Königs Jean II. aus einem mit Gold und einem Kameo verzierten Kästchen: »Item une boittelette de camahieu garnie d'or plaine de triacle« (*Babst*, Testament (wie Anm. 58), S. 36 und Anm. 2).

61 In den bereits genannten Stralsunder Bürgertestamenten bis 1524 werden 73 goldene Ringe, die einen Wert von acht Mark oder drei Gulden haben konnten, sowohl mit als auch ohne Edelsteine bzw. Verzierungen aufgeführt (*Schildhauer*, Alltag (wie Anm. 39), S. 76ff.). Beim Hochadel konnte ihre Zahl laut den Inventaren schon mal in die Hunderte gehen: Herzog Otto hinterließ 1310 in seinem Schloß Tirol neben zahlreichen anderen Schmuckstücken auch 50 silberne und goldene Ringe (*Mayr-Adlwang*, Regesten (wie Anm. 28), Nr. 339) und Herzog Friedrich IV. von Österreich (gestorben 1439) sogar 665 Goldringe (Karl-Heinz *Spieß*, Materielle Hofkultur und ihre Erinnerungsfunktion im Mittelalter, in: Carola *Frey*, Steffen *Krieb*, Werner *Rösener* (Hrsg.): Mittelalterliche Fürstenhöfe und ihre Erinnerungskulturen, Göttingen 2007, S. 167–184, hier S. 177).

62 Darunter waren 22 Ringe mit gravierten Ringplatten, aber auch etliche mit Edelsteinen und einer mit einer aus Achat geschnittenen antik römischen Gemme (Nikolaus *Hofer*/Marianne *Singer*, Händler als Mautpreller? Ein Schatz gibt Rätsel auf, in: Archäologie in Deutschland (2014), Heft 3, S. 24–27, hier S. 26).

63 *Singer*, Schatzfund (wie Anm. 24), S. 132.

64 So beispielsweise aus Erhöhungsschichten in der Stralsunder Straße Bielkenhagen, die in die Jahrzehnte um 1300 datieren und zahlreiche Bekleidungsaccessoires sowie Schmuckstücke aus Weichmetall und Messing enthielten (Stefanie *Brüggemann*: Kurze Fundberichte, Stralsund Fundplatz 216, in: Bodendenkmalpflege in Mecklenburg-Vorpommern, Bd. 60 (2012), S. 540–544).

65 Unter den Schatzfunden des 14. Jahrhunderts insbesondere Amunde und Dune (Gotland), Erfurt, Münster (Westfalen), Środa Śląska (Neumarkt in Niederschlesien), oder Slagelse (Seeland). Eine überaus prachtvolle goldene, edelsteinbesetzte Fibel stammt aus dem Fluss Motala in Östergötland (*Krabath*/ *Lambacher*, Silberfund (wie Anm. 45), S. 27ff.). Im Wiener Neustädter Schatz sind auch 26 silberne, vergoldete pass-

Lilienbroschen sind insbesondere im hoch- und spätmittelalterlichen Frankreich beliebt gewesen, wo die Lilie das Königssymbol war[66].

Goldenes Nesselblatt

Das in unserem Kisteninventar genannte goldene Nesselblatt mag sich als florale Applikation bzw. Anhänger auflösen lassen, wie sie auch in Schatzfunden des 13. und 14. Jahrhunderts in unterschiedlicher Form und Größe vorkommen[67]. In der Heraldik gilt die Brennnessel als Symbol der Wehrhaftigkeit. Als solches führten die Grafen von Holstein und Schauenburg seit dem 13. Jahrhundert das Nesselblatt in ihren Siegeln und Wappen[68]. In West- und Mitteleuropa sind schildförmige Anhänger aus Silber oder Bronze mit emaillierten oder edelmetallenen Heraldikmotiven, die an Zaumzeug, Kleidung und Rüstung befestigt waren, seit dem 12. Jahrhundert beim Adel bekannt und beliebt gewesen. Damit signalisierte man seine Zugehörigkeit und Verbundenheit zu bestimmten Familien oder Bundesgenossen[69]. Die Grafen von Holstein und die Rügenfürsten als Vasallen des dänischen Königs waren im frühen 14. Jahrhundert über Bündnisse koaliert[70].

Greifenklaue

Der Begriff Greifenklaue verweist dieses aus einem großen Wisent- oder Auerochsenhorn gefertigte Trinkhorn in ein mythisch-magisches und symbolisches Bedeutungsmuster. Der sagenhafte Vogel Greif galt im Mittelalter als Sinnbild für Kampfestüchtigkeit, Demut und Wachsamkeit, aber auch der Habsucht und des Geizes. Trinkhörner spielten bereits in der Mythologie der Kelten und Germanen eine große

---

und sternförmige Spangen mit lilienförmigen Fortsätzen enthalten. Derartige Spangen und Borten sind im 13./14. Jahrhundert zahlreich aus ganz Europa belegt (*Singer*, Schatzfund (wie Anm. 24), S. 195).

66 Lexikon des Mittelalters, Band 7, München 2003, S. 427–430.

67 U. a. im Pritzwalker Silberschatz aus der Zeit um 1400 (*Krabath, Lambacher* , Silberfund (wie Anm. 45), Tölö Kyrka, Halland in Schweden aus der ersten Hälfte des 14. Jahrhunderts (*ebenda* S. 121 Abb. 52) oder dem Augustinerinnenkloster Marienborn, 14. Jahrhundert (*ebenda* S. 142ff.).

68 Walter *Stephan*, Das holsteinische Nesselblatt, seine Herkunft und Bedeutung, in: Zeitschrift der Gesellschaft für Schleswig-holsteinische Geschichte, Band 61, 1933, S. 1–15. Die im Verlauf des Spätmittelalters ausgestorbene rügensche Kleinadelsfamilie der Mukes führte ebenfalls ein Nesselblatt im Wappen, dürfte aber in diesem Zusammenhang eher nicht die Rolle spielen (G. A. von *Mülverstedt*, Ausgestorbener Preussischer Adel; Provinz Pommern, Nürnberg 1894, S. 62 und Taf. 39).

69 Somit kann das goldene Nesselblatt auch als Geschenk der Grafen von Holstein bzw. Schauenburg an den Eigentümer des Kisteninhalts gekommen sein, erfolgte doch das gegenseitige Beschenken mit Luxusgütern beim Adel durchaus »mit dem Zweck, beeindruckende Wirkung zu entfalten« (Ulf Christian *Ewert*, Jan *Hirschbiegel*, Nur Verschwendung? Zur sozialen Funktion der demonstrativen Zuschaustellung höfischen Güterverbrauchs, in: Werner *Paravicini* (Hrsg.): Materielle Hofkultur Westeuropas vom 12. bis zum 18. Jahrhundert, München 2010, S. 105–121, hier S. 112). Wappenförmige silberne und vergoldete Hakenverschlüsse, die teilweise pommersche Adelswappen tragen, sind auch im Pritzwalker Schatz enthalten (*Krabath, Lambacher*, Silberfund (wie Anm. 45), Kat. Nr. 275–280).

70 1314 schlossen Wizlaw III. und der Herzog von Sachsen, die Grafen von Schwerin und Holstein sowie die Herzöge von Mecklenburg und Wenden in Grevesmühlen ein Bündnis (Mecklenburgisches Urkundenbuch Nr. 3670). Im Jahr darauf vermittelte Wizlaw III. in einem Streit zwischen den Brüdern Johann und Gerhard, Grafen von Holstein. Der als Minnesänger bekannte Wizlaw III. widmete eines seiner Lieder dem Grafen (Gerhard?) von Holstein, den er u.a. lobpreiste: »Niemals sah ich einen Mann, Den so hoch ich rühmen kann…« (Theodor *Pyl*, Lieder und Sprüche des Fürsten Wizlaw von Rügen, Greifswald 1872, S. 45).

Rolle und waren in der Artussage Teil des höfischen Zeremoniells[71]. Sie kommen heute noch in spätmittelalterlichen profanen und kirchlichen Sammlungen vor[72]. Eine besondere Form sind die sogenannte »Greifenklauen«, die aus einem großen Trinkhorn und meist einem, häufig silbernen bzw. vergoldeten bronzenen Standfuß bzw. Stützen bestanden. Das Horn sollte die Klaue eines Greifen sein[73]. Man schrieb diesen Trinkhörnern, die sich ursprünglich wohl überwiegend nur im Eigentum des Hochadels und der höheren Geistlichkeit befanden, auch eine magische und giftanzeigende Wirkung zu. In urkundlichen Quellen des 14. Jahrhunderts finden wir Trinkhörner zahlreich in Skandinavien[74] und Deutschland[75].

Kokosnussbecher

Mit den »2 Nüssen zum Trinken«, die als Trinkgefäße aus Kokosnussschalen aufzulösen sind, haben wir weitere exotische und für den Norden höchst kostbare »Wunderdinge« unter den Kisteninhalten. Als Distributionsorte für Kokosnüsse und andere orientalische Handelsgüter galten im Spätmittelalter Byzanz, Venedig und Genua

71 Thérese *Saint Paul*, The Magical Mantle, the Drinking Horn and the chastity Test: A study of a »tale« in Arthurian celtic literature. Ph. Diss. Edinburgh 1987 (pdf-Datei in Edinburgh Research Archive https:/www.era.lib.ed.ac.uk/bitstream/1842/7363/1/384205.pdf, Abruf vom 14.01.2016); Norris *Lacy et al.* (Hrsg.), The New Arturian Encyclopedia: New Edition, New York 2013, S. 81ff. Zu den Trinkhörnern und Greifenklauen siehe *Hasse,* Hausgerät (wie Anm.4), S. 82ff.

72 So in Colleges der Oxforder und Cambridger Universität, der Bibliothèque Nationale in Paris, im Grünen Gewölbe in Dresden oder im Badischen Landesmuseum (Reinhard *Sänger*, Die Greifenklaue der Domherren zu Speyer aus der Kunstkammer der Markgrafen von Baden, Karlsruhe 2001). Zum Kamminer Domschatz in Hinterpommern hatte auch ein Auerochsenhorn mit Silbermontierung sowie darüber hinaus ehedem ein Wisenthorn mit vergoldeter Silbermontierung als Stiftung des pommerschen Herzogs Wartislaw V. gehört (Hans *Reich*, Das Trinkhorn Wartislaws V. , in: Monatsblätter der Gesellschaft für Pommersche Geschichte und Altertumskunde, Band 54, 1940, S. 44–49). Im kirchlichen Besitz konnten die prunkvoll gestalteten Hörner auch zur Aufbewahrung von Reliquien dienen (*Hansmann* / *Kriss-Rettenbeck* , Amulett (wie Anm. 26), S. 146 f., Nr. 165).

73 Der französische Reisende Jean de Mandeville fabulierte 1356, dass der Greif, den er als ein großes und sehr starkes reales Tier beschrieb, »...an seinen Vorderpranken Krallen (hat), die so groß sind wie das Horn eines Ochsen. Aus seinen Klauen kann man gute Trinkgefäße herstellen« (Gerhard *Grümmer* (Hrsg.), Johann von Mandeville: Von seltsamen Ländern und wunderlichen Völkern. Ein Reisebericht von 1356, Leipzig 1986, S. 186f.).

74 Beispielsweise im 1338 verfassten Testament des Lunder Kanonikus Tucho: »...unum Klo [Klaue- d. Autor] cum argenta. Item domino archidiacono ibidem unum cornu« (*Erslev* , Testamenter (wie Anm.10), S. 78ff.).

75 1299 im Eigentum der Grafen von Tirol: »cornu de bufalo« bzw. 1335 Teil des Schatzes des Königs Heinrich von Böhmen: »Item cornu unum decoratum cum argento« und »cornu magnum« (*Mayr-Adlwang*, Regesten (wie Anm. 28), S. 145 und 188ff.). Der Erzbischof vom Mainz nannte 1319 sechs derartige Hörner sein eigen (*Vogt* , Regesten (wie Anm.30), S. 409). Der Lübecker Bischof Heinrich Bocholt hatte unter seinen testamentarisch genannten Pretiosen auch eine »gripesklowe« (Urkundenbuch des Bistums Lübeck Nr. 149). Gleichfalls waren im Bürgertum Trinkhörner als Teil der persönlichen Wertgegenstände bekannt: 1387 bietet der Stralsunder Johannes Koster dem Bertold Vranckenbergh und dessen Frau eine Lade mit diversen Silbergerätschaften und Goldschmuck sowie einem Trinkhorn mit Silberbeschlag – »uno cornu bibali cum argento circumdato dicto belecht« als Pfand (Horst-Diether *Schroeder*, Der Stralsunder Liber memorialis Teil 1, Schwerin 1964, S. 139ff. Nr. 796). Jüngst konnte in Greifswald im Rahmen einer archäologischen Maßnahme ein am Rand verziertes Trinkhorn aus einer spätmittelalterlichen Latrine geborgen werden (Renate *Samariter*/Torsten *Rütz*/Maria *Albrecht*, Kurze Fundberichte, Greifswald Fpl. 214, in: Bodendenkmalpflege in Mecklenburg-Vorpommern, Bd. 62 (2014), Schwerin 2016, S. 377 Abb. 265,5).

sowie ab dem 15. Jahrhundert auch Lissabon[76]. Speziell in England, Frankreich, Dänemark, aber auch in Deutschland werden Gefäße aus Kokosnuss in Inventaren und Testamenten des 13. bis frühen 16. Jahrhunderts genannt und sind als »Besitz sehr wohlhabender Sammler, der geistlichen und weltlichen Fürsten, des hohen Adels, der großen Kirchen und reichen Bürger« in Sammlungen erhalten geblieben[77]. Allein in den Schatzverzeichnissen des Papstes zwischen 1295 und 1371 sind mehr als 30 Kokosnussgefäße mit kostbaren Fassungen enthalten[78]. Wie wir uns nun die Trinkgefäße aus Kokosnussschalen in jener Zeit vorzustellen haben, vermitteln die erhaltenen zwei Doppelbecher und ein Pokal aus dem ersten Drittel des 14. Jahrhunderts aus dem Besitz der Erzbischöfe vonSalzburg[79] oder der Deckelpokal der Universität Cambridge aus der ersten Hälfte des 14. Jahrhunderts[80].

Psalter

Psalterien als Gebetbuch der Christen (und Juden) waren im 12. bis ins 14. Jahrhundert meist kostbare, illustrierte Handschriften, die sich zunächst nur wohlhabende geistliche und weltliche Persönlichkeiten zulegen konnten[81]. Insbesondere für Damen aus der adligen Oberschicht in Westeuropa und dann in Deutschland war deren Besitz seit dem 12. Jahrhundert »en vogue«[82]. Im Verlauf des 14. Jahrhunderts nahm die

76 Rolf *Fritz*, Die Gefäße aus Kokosnuss in Mitteleuropa 1250–1800, Mainz 1983, S. 11ff. Wie das Kristallkreuz sind auch die zwei Kokosnusstrinkbecher aus der 1318 in Stralsund verwahrt gewesenen Kiste nicht unter den hier besprochenen Gefäßen.

77 *Ebenda*, S. 13 ff. Aus dem Ostseeraum haben wir sechs Kokosnussschalen von einstigen silbergefassten Pokalen/Bechern aus Lübecker Kirchenschätzen, ein Ziborium(?) aus dem zweiten Viertel des 14. Jahrhunderts im bereits mehrfach genannten Domschatz von Kammin in Hinterpommern (*ebenda*, S. 89ff.) sowie im Testament des 1350 in Stralsund verstorbenen Røskilder Bischofs Jakob Poulsen (*Erslev,*Testamenter (wie Anm.10), S. 100ff: » nux cum pede et cooperterio« und »unam nucum cum ped et cooperterio«) als Beleg vorliegen.

78 *Fritz* , Gefäße (wie Anm.75), S. 25. Im deutschsprachigen Raum des 13. bis Mitte des 14. Jahrhunderts sind sie weiterhin in den Schätzen der Grafen von Tirol und des Mainzer Erzbischofs erwähnt (*Mayr-Adlwang*, Regesten (wie Anm. 28), S. 145 und 166; *Vogt* , Regesten (wie Anm. 30), S. 410). M. W. sind Kokosnüsse im archäologischen Kontext bisher nur selten und dann aus der frühen Neuzeit zu Tage getreten: aus London drei Kokosnüsse in einer Fundstelle des 17. Jahrhunderts (John *Giorgi*, Diet in Late Medieval and Early Modern London: the archaeobotanical evidence, in: David *Gaimster*, Paul *Stamper*, The Age of Transition, The Archaeology of English Culture 1400–1600, Oxford 1997, S. 197–213, hier S. 203) sowie aus den Niederlanden des 16.-19. Jahrhunderts liegen in einer vor einigen Jahren zusammengestellten Übersicht 10 diesbezügliche archäologische Funde vor (Marloes *Rijkelijkhuizen*, Louise *van Wijngaarden-Bakker*, Nuts in the Netherlands: Attalea an other nuts from archaeological contexts, dating from the 16th to 19th century AD, in: Environmental Archaeology 2006 vol. 11 (2), S. 247–251). Vielleicht hängt diese geringe materielle Überlieferung – abgesehen davon, dass die Schalen in Bruchstückform leicht übersehen werden können bzw. vergangen sind – damit zusammen, dass die heiß und fast rauchlos brennende Holzkohle aus Kokosnussschalen bei Goldschmieden und anderen metallverarbeitenden Handwerkern seit dem Mittelalter begehrt war. Somit gelangten diesbezügliche Werkabfälle und zerbrochene Gefäße eher nicht in den Müll.

79 *Fritz*, Gefäße (wie Anm.75), S. 90 Kat. Nr. 4, 5 und 6.

80 *Ebenda*, S. 92 Kat. Nr. 22. Aus dem Essener Domschatz stammt ein Kokosnussbecher des 14. Jahrhunderts mit vergoldeter Silbermontierung (*Falk*, Gold (wie Anm. 27), S. 106).

81 Lexikon des Mittelalters, Bd. 7, München 2003, S. 295–302.

82 Matthias *Puhle* (Hrsg.): Aufbruch in die Gotik. Der Magdeburger Dom und die späte Stauferzeit, Bd. II, Katalog, Mainz 2009, S. 190 ff. Nicht nur die kostbar mit vergoldetem Silber und Schmucksteinen ausgestatten Einbände diverser gotischer Handschriften machten den Wert aus, sondern auch die teilweise mit Gold und dem genauso teuren blauen Farbstoff Azurit fein gemalten Miniaturen und Initialen machten diese Bücher außerordentlich wertvoll. Dies gilt auch für den um 1260 wohl in Konstanz für eine hochgestellte Privatperson angefertigten Rheinauer Psalter (Christoph *Eggenberger* et al., Der Rheinauer Psalter. Meister-

Zahl der zumeist in klösterlichen, aber auch in städtischen Skriptorien in Auftrag gegebenen liturgischen Handschriften stark zu. Je nach Vermögenslage gab es sowohl schlichtere als auch sehr prachtvolle Privatpsalterien. Wie der Psalter beschaffen war, der 1318 in Stralsund in der Kiste verwahrt wurde, können wir wiederum nicht sagen. Da er aber zusammen in einer Reihe von kostbaren Pretiosen genannt wurde, dürfte es sich wahrscheinlich auch eher um eine reich ausgestaltete Handschrift gehandelt haben.

Lade

Unter einer Lade verstand man im 13.-15. Jahrhundert eine kleine Kiste, Truhe oder einen Kasten und Schrein[83]. Wir müssen uns unter der Lade, die sich in der Kiste mit den anderen kostbaren Dingen befand, eher eine kleines, wohl verschließbares kastenförmiges Holzbehältnis vorstellen, das mit Bein- und Metallbeschlägen, Emaille, Leder oder farbiger Bemalung verziert gewesen sein kann. In Mittel- und Westeuropa haben einige wenige dieser vorrangig zur Verwahrung von Schmuck, persönlichen Toilettenartikeln (Kamm, Spiegel) oder Schriftstücken dienenden, kunstvoll gearbeiteten Laden in fürstlichen oder kirchlichen (hier als Sakraments- oder Reliquienbehälter) Sammlungen überdauert[84].

Bei den Depositionen in der Kiste haben wir es mit einem Sammelsurium an unterschiedlichsten, mehrheitlich wohl wertvollen, weil aus teuren oder exotischen Materialien gefertigten Gegenständen zu tun. Im fraglichen Zeitraum begegnen sie uns insbesondere in den Inventaren westeuropäischer und süddeutscher Vertreter des Hochadels bzw. der hohen Geistlichkeit und des Papsttums. Meist liegen sie hier allerdings in wesentlich größeren Mengen vor und sind noch um weit kostbarere Schmuck- und Geschirrteile vermehrt gewesen. Man hat den Eindruck, als wären für das hier besprochene Inventar von 1318 aus einem umfangreicheren Schatzbestand gezielt Pretiosen entnommen und in einer (verschließbaren und gegebenenfalls versiegelten) Kiste deponiert worden. Auch wenn damit ein einstiger, uns nicht bekannter Gesamtbestand von bisher in der Forschung nicht beachteten, zusammengetragenen Kostbarkeiten nur ausschnitthaft vorliegt, ist die Bedeutung für die Realienkunde nicht unerheblich. Dies gilt umso mehr, da es sich in diesem Umfang um ein singulär aus dem Norden Mitteleuropas überliefertes und vergleichsweise früh erhaltenes Zeugnis zur Sachkultur des Adels handelt, das Vergleiche zu Schatzinventaren aus dem Süden in jener Zeit erlaubt. Als Schatz vergraben würde die Mehrheit der Stücke relativ unbeschadet bis heute überdauert haben und hätte einen hohen materiellen und kunsthistorischen

werke der Buchmalerei um 1260, Luzern 2012) und den sog. Goldener Müncher Psalter, der um 1200/1210 in England für eine ranghohe weltliche Dame entstand (Faksimile Druck Luzern 2011).

83 Im Stralsunder Vokabular wird Lade mit »scrin, cistula, scrinum« und »cisterga« übrsetzt (*Damme*, Vokabular (wie Anm. 2), S. 277). Im 19. Jahrhundert verwendete man auch den Sammelbegriff »Minnekästchen« für solche kleinen Kisten (Ekkehard *Schmidberger*, Thomas *Richter* (Hrsg.), SchatzKunst 800 bis 1800, Ausstellungskatalog, Kassel 2001, S. 56).

84 Siehe *Ausstellungskatalog*, Die Zeit der Staufer, Bd. 1, Stuttgart 1977, S. 382–384. Der Nachlass des 1364 verstorbenen französischen Königs Jean II le Bon wurde in zwei Truhen verwahrt, die u.a. ein kleines abschließbares Kästchen mit Silberbeschlag enthielten, das wohl zumindest teilweise die nachfolgend aufgezählten zahlreichen Edelsteine und sonstiges Geschmeide beinhaltete (*Babst,* Testament (wie Anm. 58), S. 26 ff.).

Wert[85]. Lediglich die organischen Materialien wären vergangen, wie der Moschus, der Theriak, der Psalter, die Greifenklaue oder die Kokosnussschalen, die aber ehedem eine viel höhere Wertschätzung genossen als ihre Aufbewahrungsgefäße bzw. Armierungen. Gerade Becher und Pokale aus Kokosnussschalen befanden sich nach spätmittelalterlichen Quellen bemerkenswert oft im Eigentum der hohen Geistlichkeit, der Könige von England und Frankreich sowie anderer Mitglieder des Hochadels[86]. Indem derart exklusive und eben auch exotische Objekte sichtbar und wirkungsvoll an Fürstenhöfen zur Schau gestellt wurden, entfalteten sie nicht nur gegenüber den Untertanen, sondern auch gerade gegenüber Vertretern des eigenen sozialen Standes ihren Anspruch auf Reichtum und Macht.

Zu diesen Prestige ausstrahlenden Objekten zählten »Kokosnüsse, Elfenbeinarbeiten und Korallenzweige ebenso wie fatimidische, also in Nordafrika hergestellte Gefässe aus Bergkristall, auch Straussenеier und Rhinozeroshörner, Schildkrötenpanzer und Haifischzähne, die man als Natternzungen bezeichnete; ferner Büffelhörner, die als ›Greifenklauen‹ vielfach zu Trinkgefässen verarbeitet wurden«[87]. Wir haben mehrere Gegenstände und Materialien der eben genannten Aufzählung unter unserem Kisteninhalt, denen nicht nur Bedeutung als ökonomisches, sondern auch magisch-spirituelles Kapital in Form eines Talismans bzw. als begehrtes mirakulöses Antidot zukam.

Wer konnte sich nun im frühen 14. Jahrhundert in Norddeutschland eine derartige kostbare Sammlung leisten?

Wie die Eintragung im Kopialbuch Wizlaw III. verlautet, hatte ein *dominus Starkowe* die Kiste in Stralsund gehabt. Bei besagtem Herrn Starkowe wird es sich um ein Mitglied der rügenschen Adelsfamilie Starkow gehandelt haben. Die Starkows sind mit ihrem Stammvater *magister Ywanus* seit 1242 urkundlich im Raum Velgast, Starkow, Altenhagen und Karnin westlich von Stralsund fassbar[88]. Viel-

85 Nach Matthias Hardt zählen zu einem Schatz neben goldenen und silbernen Gegenständen wie Münzen, Schmuck, Tafelgeschirr usw. auch kostbare Stoffe und Kleider, Waffen, Bücher und Reliquien (Matthais *Hardt*, Gold und Herrschaft, Berlin 2004). In der Bibel (Offenbarung an Johannes 18, 12–13) werden u. a. Silber, Gold, kostbare Steine und Perlen, feinste Leinen-, Seiden- und besonders gefärbte Tuche, Edelhölzer, Elfenbein, Räucherwerk, Myrrhe und Weihrauch zu den wertvollen Gütern gezählt.

86 Karl-Heinz *Spieß*, Asian Objects and Western European Court Culture in the Middle Ages, in: Michael *North* (Hrsg.): Artistic and Cultural Exchanges between Europe and Asia, 1400–1900, Farnham 2010, S. 9–28, hier S.22 ff. K.-H. Spieß zählt auch Gefäße aus exotischen Muscheln, explizit Pokale aus Nautilusmuscheln zu den sehr seltenen Kostbarkeiten an europäischen Fürstenhöfen des 14. bis frühen 16. Jahrhunderts (*ebenda*, S. 23 ff.). Für solche statussymbolischen Pretiosen wurde in der Realienkunde auch der Terminus »Barometerobjekte« geprägt. Diese bezeichnen Realien »für deren Entwicklung und Verbreitung im Hoch- und Spätmittelalter die entscheidende Bedeutung des Adels nachgewiesen ist« (Helmut *Hundsbichler et al.*, Tradition? Stagnation? Innovation? Die Bedeutung des Adels für die spätmittelalterliche Sachkultur, in: Harry Kühnel (Hrsg.): Adelige Sachkultur des Spätmittelalters, Wien 1982, S. 35–72, insbesondere S. 53 ff.). –

87 Thomas *Richter*/Yvonne *Hurni*, Wunderkammer. Kunst, Natur und Wissenschaft in Renaissance und Barock. Bern 2005, S. 7ff.

88 Robert *Klempin*/Gustav *Kratz*, Matrikel und Verzeichnisse der Pommerschen Ritterschaft vom XIV bis in das XIX Jahrhundert. Berlin 1863, S. 27; PUB, Bd. 1, Nr. 408. In den ihnen gehörenden Dörfern Starkow und Altenhagen sind adlige Befestigungsanlagen (Motten mit festen Höfen) belegt. Für eine gewisse herausragende Stellung der Starkows innerhalb des rügenschen Niederadels spricht die eindrucksvolle Dorfkirche (dreischiffige Backsteinbasilika) von Starkow aus der zweiten Hälfte des 13. Jahrhunderts, die ein sichtbares Zeugnis der damaligen wirtschaftlichen Potenz der als Patron fungierenden Familie von Starkow darstellt.

fach begegnen uns Familienmitglieder der Starkows als Urkundenzeugen im Umfeld der Rügenfürsten. Im frühen 14. Jahrhundert ist *Nykolaus de Starcowe* sogar als Notar und Kaplan von Wizlaw III. in direktem Bezug zur fürstlichen Kurie nachweisbar[89]. Danach nimmt die Bedeutung der Familie offenbar rapide ab: Schon 1320 werden »illi de Starkowe« unter den Vasallen der Vogtei Barth genannt, die ihren Lehnsverpflichtungen gegenüber dem Rügenfürsten nicht nachgekommen sind[90], und bereits ein Jahr später wird Henneke zusammen mit anderen Adligen laut dem Stralsunder Verfestungsbuch wegen Mordes geächtet[91]. Trotz der zeitweisen Nähe zum Fürsten wird man die ritterschaftliche Familie von Starkow kaum für sowohl im materiellen als auch übertragenen Sinne vermögend halten können, dass sie sich einen derartigen ostentativen Luxus, wie er uns mit dem Kisteninhalt begegnet, leisten konnte. Dies ist, wie an den erörterten Pretiosen (zumindest an einem Teil von ihnen) in den überkommenen Testamenten und Schatzverzeichnissen aus Westeuropa und Süddeutschland sichtbar geworden, vielmehr den Fürsten und Herren vorbehalten gewesen[92]. Für den Norden gilt dies umso mehr: Zwar gab es auch hier durchaus Zeugnisse ritterschaftlich-höfischer Kultur, allerdings sind diese zwischen Nordsee und Ordensland deutlich schwächer ausgeprägt als im Süden oder Westen und zeigen wohl auch eine zeitliche und regionale Verschiebung[93]. In diesem Zusammenhang war der als Minnesänger bekannte Wizlaw III. eine der herausragenden Persönlichkeiten. Über seine Mutter Agnes mit den Herzögen von Braunschweig-Lüneburg verwandt, hatte er einen engen Bezug zu einem der Zentren der höfischen Adelskultur im Norden des Reiches[94].

89 PUB, Bd. 4, Nr. 2169; PUB, Bd. 5, Nr. 2880, 3065 und 3244. Zum bis 1319 nachweisbaren Notar Nikolaus de Starkow siehe Otto *Behm*, Beiträge zum Urkundenwesen der einheimischen Fürsten von Rügen, in: Pommersche Jahrbücher, Bd. 14 (1913), S. 1–104, hier S. 77ff.
Nikolaus, der auch Pfarrer in Prohn und mindestens seit 1308 in Barth war, wird der Sohn des 1253 erstmals urkundlich genannten Knappen Johannes (Sohn des Ywanus) und Bruder des bis 1301 nachweisbaren Ritters Johannes von Starkow gewesen sein. Söhne von letztgenanntem Johannes waren Sievert (1311), Johann/Henneke (1318–1322), Martin (1319) und Hermann (1324). Ein Stralsunder Bürger Gerwin Starkow, der wohl nicht zur Adelsfamilie der Starkows gehörte, erscheint urkundlich erst 1325 (PUB, Bd. 6, Nr. 3839) und 1328 als Ratsherr in Stralsund (PUB, Bd. 8, Nr. 4424). Er kommt somit sehr wahrscheinlich nicht in Frage, mit dem o.g. *dominus Starkowe* in Deckung gebracht zu werden. 1311 hatte Siewert Starkow für 130 Mark wendisch und 30 Last Korn für ein Jahr sämtliche Güter des Røskilder Bischofs sowie den Bischofszehnt auf der Insel Rügen gepachtet (PUB, Bd. 5, Nr. 2676). Eine Catharina Starkow tritt in der zweiten Hälfte des 14. Jahrhunderts mit unklarem Verwandtschaftsverhältnis als Ehefrau eines Vertreters der Familie Putbus in den urkundlichen Quellen auf (Dietrich *Kausche*, Geschichte des Hauses Putbus und seines Besitzes im Mittelalter, Greifswald 1937, 35ff. sowie Anm. 161).

90 PUB, Bd. 5, Nr. 3442.

91 Otto *Francke*, Das Verfestungsbuch der Stadt Stralsund, Halle 1875, S. 8 Nr. 64.

92 Das zum Kisteninventar zählende Fragment eines Zepters hat sich auch eher im Eigentum eines Fürsten als ritterschaftlichen Vasallen befunden.

93 Werner *Paravicini*, Rittertum im Norden des Reiches, in: *ders.* (Hrsg.): Nord und Süd in der deutschen Geschichte des Mittelalters, Sigmaringen 1990, S. 147–191. Ein Beispiel für höfische Machtdemonstration im Norden war das sog. Rostocker Hoffest von 1311 unter König Erich VII. Menved von Dänemark mit allen Erscheinungen einer ritterlich-höfischen Kultur und Prunkentfaltung sowie Fama, die bis in den äußersten Süden des Reiches drang (*ebenda*, S. 163ff.).

94 Ursula *Scheil*, Genealogie der Fürsten von Rügen (1164–1325), Köln-Graz 1962, S. 79–94; Roswitha *Wisniewski*, Wizlaw III. Rügenfürst und Minnesänger, in: Irmfried *Garbe*, Nils *Jörn* (Hrsg.): Insel im pommrischen Meer. Beiträge zur Geschichte Rügens, Greifswald 2011, S. 15–22. Eine der Schwestern Wizlaws III.

Was war der Grund für die zeitweise Deponierung der »Schatzkiste« in der Stadt Stralsund?

Auffällig ist, dass sich im Kopialbuch des Rügenfürsten die Aufzählung über einen umfangreichen heterogenen Schatz erhalten hat, den ein »dominus« namens Starkow in Stralsund hinterlegt hatte. Würde kein Bezug des Fürsten zu diesem Schatz bestehen, wäre auch kaum seine detaillierte Nennung in besagtem Kopialbuch durch einen der fürstlichen Notare erfolgt.

1318, als die Kiste in Stralsund deponiert gewesen ist, war für den Rügenfürsten Wizlaw III. kein sorgenfreies Jahr. Im Sommer 1316 war der Versuch der Einnahme Stralsunds durch ein großes Fürstenheer kläglich gescheitert. Dieses Heer war unter der Leitung des dänischen Königs Erik Menved und aktiver Mitwirkung des Rügenfürsten aufgestellt worden und hatte die Stadt am Sund ebenso belagert wie schon zuvor Lübeck, Wismar und Rostock, um es unter die vollständige Herrschaft der Landesherren und damit des dänischen Königs zu zwingen. Die Stralsunder hatten das Fürstenheer im Verbund mit von ihrem Landesherrn abgefallenen rügischen Vasallen und dem Markgrafen von Brandenburg in der Schlacht im Hainholz geschlagen[95]. Da der weitere Krieg für die Fürstenkoalition mehrheitlich ungünstig verlief, kam es ab dem Jahresende 1316 zu Friedensverhandlungen. Im Vertrag von (Bad) Sülze versprach Markgraf Waldemar am 23. Mai 1317 König Erik Menved und dessen Verbündeten alle besetzten Güter zurückzugeben, darunter auch Stralsund und Rügen an Fürst Wizlaw III.[96]. Wizlaw hatte sich für den Krieg im festen Glauben an einen Sieg hoch verschuldet und sah sich nun nach dem Scheitern einer großen Schuldforderung gegenüber (u. a. seitens des Markgrafen von Brandenburg). 1317 und 1318 war der Rügenfürst wegen dieser Verpflichtungen gezwungen, gegen große Geldbeträge Gerechtigkeiten wie den Stralsunder Zoll oder Ländereien zu verpfänden bzw. zu verkaufen[97].

war Eufemia. Die als Gemahlin des norwegischen Königs Haakon Magnusson namhafte Eufemia ist in Skandinavien als Vermittlerin westeuropäischer höfischer Literatur, die unter dem Titel »Lieder der Eufemia« geführt wird, bekannt (zuletzt Fritz *Petrick*, Oslos Mittelalterkönigin Eufemia, Tochter eines Rügenfürsten, in: Stralsunder Hefte für Geschichte, Kultur und Alltag 2015, S. 99–101). Jüngst konnte ein Fragment des mit dem Tode seines Inhabers rituell zerbrochenen großen Siegelstempels Wizlaws III. auf der Stralsunder Gemarkung gefunden werden (Jörg *Ansorge*, Der Siegelstempel Wizlaw III. – letzter einheimischer Fürst von Rügen, in: KulturERBE in Mecklenburg-Vorpommern 8 (2012), Schwerin 2014, S. 147–154).

95 Zur Schlacht im Hainholz, ihrer Auswirkung für die weitere Stadtgeschichte sowie ihr Niederschlag in anderen norddeutschen Chroniken siehe Jakob *Liefer*, Bellum Sundense – Der Sundische Krieg, hrsg. von Matthias Kruske, Köln-Weimar-Wien 2004.

96 PUB, Bd. 5, Nr. 3061. Nur zehn Tage später schloss Wizlaw im Stralsunder Rathaus Frieden mit den Stralsundern und garantierte der Stadt alle Privilegien und Freiheiten (PUB, Bd. 5, Nr. 3065).

97 1317 leiht der Stralsunder Rat insgesamt 6100 Mark von lübischen und einheimischen Bürgern zur eigenen (Kriegs)Schuldendeckung und um ein Teil dieser Summe gegen entsprechende Gegenleistungen an den Rügenfürsten weiter zu verleihen (Konrad *Fritze*, Die Hansestadt Stralsund, Die beiden ersten Jahrhunderte ihrer Geschichte, Schwerin 1961, S. 104ff.). Im November 1318 verkaufte Wizlaw III. Zoll und Münze an Stralsund für 4000 Mark wendisch (PUB, Bd. 5, Nr. 3222). Zusätzliche Privilegien vergab der weiterhin hoch verschuldete Rügenfürst in den nachfolgenden Jahren an die Stadt Stralsund (u.a. PUB, Bd. 6, Nr. 3497–3499). Auch gegenüber seinen Vasallen machte Wizlaw III. hohe Schulden: allein bei zwei Brüdern der Familie Budde hatte er Verbindlichkeiten von fast 8300 Mark (PUB, Bd. 6, Nr. 3455). Zu den Verpfändungen und Verkäufen fürstlicher Rechte siehe Oliver *Auge*: Handlungsspielräume fürstlicher Politik im

Neben solchen Verkäufen und Verpfändungen gab es auch die Möglichkeit der Geldanleihe auf Kredit. Dies konnte auch in Form der Pfandleihe geschehen. Solche Pfandleihen, d. h. das Hinterlegen eines nach vertraglich festgelegtem Zeitraum wieder auszulösenden Gutes als Sicherheit für den Geldgeber gegen eine Geldsumme, waren in allen Schichten der mittelalterlichen Gesellschaft bis hin zum Hochadel und Königen verbreitet. So verpfändete in der ersten Hälfte des 14. Jahrhunderts der badische Markgraf Rudolf IV. seine Krone bei jüdischen Geldverleihern in Straßburg. Ebenso hinterlegte Pfalzgraf Rudolf II. 1339 seine Pretiosen in einer abgeschlossenen Kiste bei einem jüdischen Geldverleiher in Straßburg als Pfand, und sogar der englische König Edward II. nahm über den Erzbischof von Trier beim selben jüdischen Geldverleiher Anleihen auf, wofür er seine Krone hinterlegte[98]. Um 1370 hatte der norwegische König Haakon über zwei seiner Ritter ein Teil seiner Kleinodien (die edelsteinbesetzte goldene Krone, einen goldenen, ebenfalls mit kostbaren Steinen versehenen Gürtel sowie einen goldenen Fürspan bzw. Mantelbrosche mit Edelsteinen) an zwei Stralsunder Bürger verpfändet und 1372 wieder auslösen lassen[99].

Sehr wahrscheinlich wird es sich bei der Stralsunder Schatzkiste von 1318 ebenfalls um ein über einen Dritten (hier ein Vertreter der Starkows) hinterlegtes Pfand für einen Kredit in unbekannter Höhe und bei einem unbekannten Stralsunder Gläubiger (Rat, christlicher oder jüdischer Geldverleiher?) des Rügenfürsten gehandelt haben[100]. Der genannte »dominus Starkowe« könnte jener Pfarrer und Notar Nikolaus gewesen sein, der u. a. beim Friedensschluss Wizlaw III. mit Stralsund im Jahr 1316 als Urkundenzeuge auftrat und dem Fürsten als geeignete vertrauenswürdige Person für dieses Geldgeschäft erschien. Die Urkundenabschrift im Codex Rugianus ist dann als bestätigter Kisteninhalt nach Auslösung des Pfandes zu verstehen.

Mittelalter. Der südliche Ostseeraum von der Mitte des 12. Jahrhunderts bis in die frühe Reformationszeit, Ostfildern 2009, S. 174ff.

98 Horst *Fuhrmann*, Überall ist Mittelalter, München 1996, S. 140; Gert *Mentzen*, Herausragende jüdische Financiers im mittelalterlichen Straßburg, Trier 1996, S. 78ff. 1277 übernahmen die Markgrafen von Brandenburg im Zusammenhang mit dem Verkauf der Länder Schlawe und Rügenwalde durch Fürst Wizlaw II. von Rügen auch dessen Schulden bei Magdeburger Juden in Höhe von 319 Mark (PUB, Bd. 2, Nr. 1054). Zu weiteren Belegen der Hinterlegung von Schmuckstücken bei jüdischen Pfandleihern durch Vertreter des Hochadels siehe Joseph *Shatzmiller*, Cultural Exchange: Jews, Christians and Art in the Medieval Marketplace, Princeton 2013, S. 52ff.

99 *Hanserecesse* I, 3 Nr. 51 S. 47. Bei den 1988 in Środa Śląska (Neumarkt) in Niederschlesien geborgenen außergewöhnlichen, goldenen Schmuckstücken (u.a. eine Krone, edelsteinbesetzte Brosche, Ohrgehänge), die wohl in einem mittelalterlichen Haus verborgen waren, wird die Möglichkeit eines Pfandes bei einem jüdischen Pfandleiher durch das böhmische Herrscherhaus in der ersten Hälfte bis Mitte des 14. Jahrhunderts in Betracht gezogen (Jerzy *Pietrusiński,* Le trésor de Środa Śląska: Insignes royaux et joaux européens des XIIIe et XIVe siècles, in: Questiones Medii Aevi novae 2, 1997, S. 151–168).

100 Zur Pfandhinterlegung bei einem Geldgeschäft eines Stralsunder Bürgers wurde 1387 ebenfalls eine Kiste verwandt, die Goldschmuck, Silbergegenstände und ein Trinkhorn enthielt. (*Schroeder*, Liber (wie Anm. 75)). Im 13. und 14. Jahrhundert treten in Stralsund sowohl christliche als auch jüdische Pfandleiher bei Geldgeschäften auf (u.a. PUB, Bd. 3, Nr. 1966 und PUB, Bd. ,4 Nr. 2613). 1316 bekunden 24 Ritter und 11 Knappen, die von den Stralsundern im Zusammenhang mit der Schlacht im Hainholz gefangen worden waren, 8000 Mark Lösegeld zu zahlen. Das Geld sollte in fünf Raten oder durch Pfandstellung bei jüdischen Pfandleihern beglichen werden (PUB, Bd. 5 Nr. 3021). Die Auslösung des vermuteten Pfandes in der »Schatzkiste« könnte mit jenen Geldern erfolgt sein, die der Rügenfürst 1318 durch den Verkauf der Rechte an Münze und Zoll in Stralsund erhalten hatte (siehe Anm. 97).

Unter Beachtung einer gewissen Restskepsis ist die fragliche Abschrift in diesem Kopialbuch als Aufstellung der Pfandgüter für eine Geldanleihe des finanziell in großen Schwierigkeiten befindlichen Rügenfürsten Wizlaw III. zu deuten.

Die einzelnen Gegenstände des Kisteninhalts werfen nicht nur ein interessantes Schlaglicht auf die Sachkultur eines Vertreters des norddeutschen Hochadels im frühen 14. Jahrhundert. Sie beschreiben auch eine weitere Facette der ritterlich-höfischen Kultur am Hofe des letzten großen und auch einzigen norddeutschen Minnesängers Wizlaw III., Fürst von Rügen.

DAS FÜRSTENTUM RÜGEN – EIN LANDKREIS IN POMMERN. ZUR VORGESCHICHTE 1321–1806

von Fritz Petrick

Vor 200 Jahren, als Neuvorpommern – der nördlich der Peene gelegene Teil Vorpommerns – zusammen mit der Insel Rügen von Preußen erworben wurde, vervollständigte Friedrich Wilhelm III., wie es in seinem »Besitzergreifungs-Patent« vom 19. September 1815 heißt, »den schon bisher Unsern Königlichen Titeln gehörig gewesenen Titel eines Herzogs von Pommern durch die Hinzufügung des Titels eines Fürsten von Rügen«[1]. Ungeachtet dieser Rügen von Pommern unterscheidenden Titulatur, die bekanntlich noch bis 1918 existierte, war Rügen als territoriale Verwaltungseinheit zur Zeit der preußischen »Besitzergreifung« ein schwedischer Landkreis (schwedisch »Härad«) wie Neuvorpommerns Landkreise – Franzburg, Greifswald und Grimmen – auch. Im Folgenden soll skizziert werden, wie es dazu gekommen ist.

Die Erbverbrüderung der Greifenherzöge mit dem letzten R(uj)anenfürsten und die Rügischen Erbfolgekriege

Am Beginn dieser Vorgeschichte steht eine »Erbverbrüderung« *(pactum confraternitatis)*, also ein Vertrag zwischen regierenden Fürsten, der das Erbe an ihren Besitzungen im Fall des Aussterbens ihres Hauses dem jeweils anderen zusichert, wobei die Besitzungen ihren Status behalten. Gegebenenfalls entsteht eine Personalunion, wie es sie in Europa vom Mittelalter bis weit in die Neuzeit hinein immer wieder einmal gegeben hat. – Hier gemeint ist die Greifswalder Erbverbrüderung vom 5. Mai 1321 der Pommernherzöge Otto I., seines Sohnes Barnim (III.), beide zu Stettin, und seines Neffen Wartislaw IV. zu Wolgast sowie des mit ihnen verbündeten Bischofs Konrad IV. von Cammin einerseits mit dem R(uj)anenfürsten *(princeps rugianorum)* Wizlaw III., ihrem Schwager bzw. Onkel, andererseits. An ihn und seine Erben sollten ihre – soweit es um Städte ging – namentlich aufgeführten Besitzungen »binnen der Pene unde der

1 Friedrich Hermann *Sonnenschmidt* (Hg.). Sammlung der für Neuvorpommern und Rügen in den Jahren 1802 bis Schluß 1817 ergangenen Gesetze, königl. Schreiben, Regierungspatente, Rescripte und sonstigen Bekanntmachungen und Verordnungen, Bd. 2, Stralsund 1846, Nr. 26, S. 354. – Titel und Wappen eines Grafen zu Gützkow, den schon die Schwedenkönige als Herzöge von Pommern nicht übernommen hatten, übernahm auch Friedrich Wilhelm III. nicht. Das Wappen des Fürstentums Rügen erhielt im Preußischen Großen Wappen Platz 30.

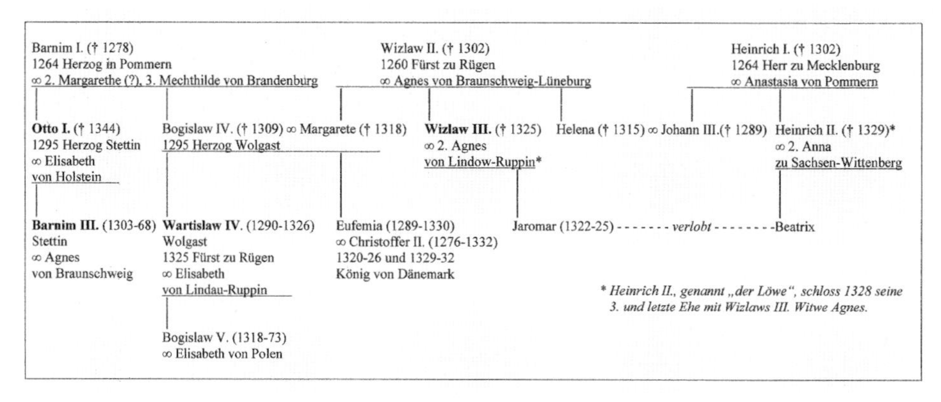

Abb. 1 Dynastische Beziehungen zwischen Pommerns Herzögen, Rügens Fürsten und Mecklenburgs Herren zur Zeit der Greifswalder Erbverbrüderung

Zwine« fallen, wenn sie, »des god nicht en ville«, wie es in ihrer Urkunde heißt, »storven ane erfnamen«.[2]

Unmittelbar zu befürchten hatten sie das wohl nicht. War Otto doch etwa zehn Jahre jünger als Wizlaw; zudem hatte er mit Barnim einen Sohn, Mitregenten und Nachfolger, der freilich noch unverehelicht und kinderlos war. Schon 1309 verstorben war Ottos etwa zwei Jahrzehnte älterer Halbbruder und in zweiter Ehe mit Wizlaws Schwester Margarete vermählt gewesener Wolgaster Herzog Bogislaw IV.. Aber auch der 1290 aus dieser dynastischen Verbindung hervorgegangene Neffe Ottos und Wizlaws, der mit Elisabeth von Schlesien verehelichte Wartislaw IV., hatte immerhin einen schon knapp dreijährigen Sohn namens Bogislaw (V.).[3]

In einer sehr viel ungünstigeren Lage befand sich der Ranenfürst, dessen die Erbverbrüderung komplettierender Urkundenpart allerdings nicht überliefert ist. Wizlaw zählte damals bereits über 50 Jahre. Seine Geschwister hatte er alle überlebt. Verheiratet war er zu dieser Zeit in zweiter Ehe mit Agnes von Lindow-Ruppin. Und seine beiden Töchter mit den damaligen Modenamen Eufemia und Agnes dürften um die zehn Jahre alt gewesen sein, wobei nicht auszuschließen ist, dass die ältere Eufemia zu dieser Zeit schon nicht mehr unter den Lebenden weilte. Einen Sohn hatte Wizlaw sicher noch nicht.[4]

Im Unterschied zu ihm und seinen fürstlichen Vorfahren, die seit ihrer Unterwerfung und Christianisierung durch König Waldemar I. von Dänemark und Bischof Absalon von Roskilde 1168/69 dänische Kronvasallen waren, standen die Greifenherzöge unter der 1231 vom römisch-deutschen Kaiser Friedrich II. bestätigten Lehens-

2 Pommersches Urkundenbuch (künftig PUB), Bd. VI, bearb. von Otto *Heinemann*, Stettin 1905, Nr. 3494 (nach dem Original im Staatsarchiv Stettin, Ducalia Nr. 32).

3 Dirk *Schleinert*, Pommerns Herzöge. Die Greifen im Porträt, Rostock 2012.

4 Ursula *Scheil*, Zur Genealogie der einheimischen Rügenfürsten von Rügen, (Veröffentlichungen der Historischen Kommission für Pommern, Reihe V: Forschungen zur pommerschen Geschichte, H. 1), Köln-Graz 1962.

hoheit der askanischen Markgrafen von Brandenburg, deren letzter gerade erst 1320 verstorben war. Als Nachfolger setzte König Ludwig IV. erst 1324 seinen gleichnamigen achtjährigen Sohn ein. Zur Zeit der Greifswalder Erbverbrüderung war die Mark Brandenburg herrenlos.

Eine wichtige, wenngleich nicht unproblematische, Beziehung zum unterdessen zerstrittenen dänischen Königshaus hatte sich für Wartislaw aus der 1309 erfolgten Vermählung seiner Schwester Eufemia mit Herzog Christoffer, dem Bruder von König Erik VI. Menved, ergeben. Nachdem Christoffer, der den Sturz des Königs betrieb, 1315 aus Dänemark fliehen musste, hatte er seinem Schwager Wartislaw versprochen, ihn für den Fall, dass er die Thronfolge antreten und Wizlaw keinen Erben hinterlassen sollte, mit allen Ländern des Ranenfürsten zu belehnen. Und die Thronfolge hatte Christoffer, nachdem Erik VI. Menved verstorben war, 1320 angetreten.[5]

König Christoffer II. könnte um die Greifswalder Erbverbrüderung gewusst haben, als er und sein Sohn Erik auf dem Hoftag zu Vordingborg am 27. Mai 1322 Wizlaw mit seinen Ländern belehnten. Wie der Ranenfürst urkundete, waren das die sechs Fahnenlehen Rügen, Grimmen, Sund, Barth, Tribsees und Loitz – wobei das siebente, Saal, aus welchen Gründen auch immer ungenannt blieb.[6] Offenbar hatte er auch zu dieser Zeit noch keinen Erben. Sein einziger Sohn Jaromar ist wohl erst 1323 oder 1324 geboren und – wie damals bei dynastischen Verbindungen durchaus üblich – bereits am 15. März 1325 mit der wohl etwa gleichaltrigen Beatrix, der jüngsten Tochter des Mecklenburger Fürsten Heinrich II. (des Löwen), verlobt worden. Der Ehe- und Bündnisvertrag sah vor, dass der Mecklenburger die Vormundschaft für seinen künftigen Schwiegersohn Jaromar übernahm, falls dieser beim Ableben seines doch schon betagten Vaters Wizlaw noch minderjährig sein sollte.[7] Dieser mit der Greifswalder Erbverbrüderung unvereinbare Fall trat jedoch nicht ein, weil sowohl Jaromar als auch Wizlaw noch im selben Jahr starben: Jaromar am 24. Mai und Wizlaw III. am 8. November 1325.

Es blieb also bei der Erbverbrüderung und die Greifenherzöge traten ihr Erbe auch unverzüglich an. Schon am 25. November 1325 urkundete Wartislaw IV. als Herzog von Pommern und Fürst von Rügen *(Slavorum, Cassuborum et Pomeranorum dux ac princeps Rugianorum)* erstmals in Stralsund.[8] Hier huldigten ihm am 3. Dezember die Stände des gesamten Fürstentums, deren Privilegien er bestätigte, erweiterte und – auch für die beiden Stettiner Herzöge Otto I. und Barnim III. sowie das Camminer Domkapitel – besiegelte. Als Amtmänner bzw. Vögte sollten in den Ländern und den namentlich aufgeführten Städten – Stralsund, Barth, Tribsees, Loitz und Grimmen – des Fürstentums ausschließlich Landeseinwohner eingesetzt werden, und das nicht ohne Zustimmung der jeweiligen Stände. Ihnen erkannte der neue Landesherr über-

5 Carl *Hamann*, Die Beziehungen Rügens zu Dänemark von 1168 bis zum Aussterben der einheimischen rügischen Dynastie 1325 (Greifswalder Abhandlungen zur Geschichte des Mittelalters 4), Greifswald 1933.
6 PUB, VI, Nr. 3597.
7 Ebenda, Nr. 3832.
8 Ebenda, Nr. 3890.

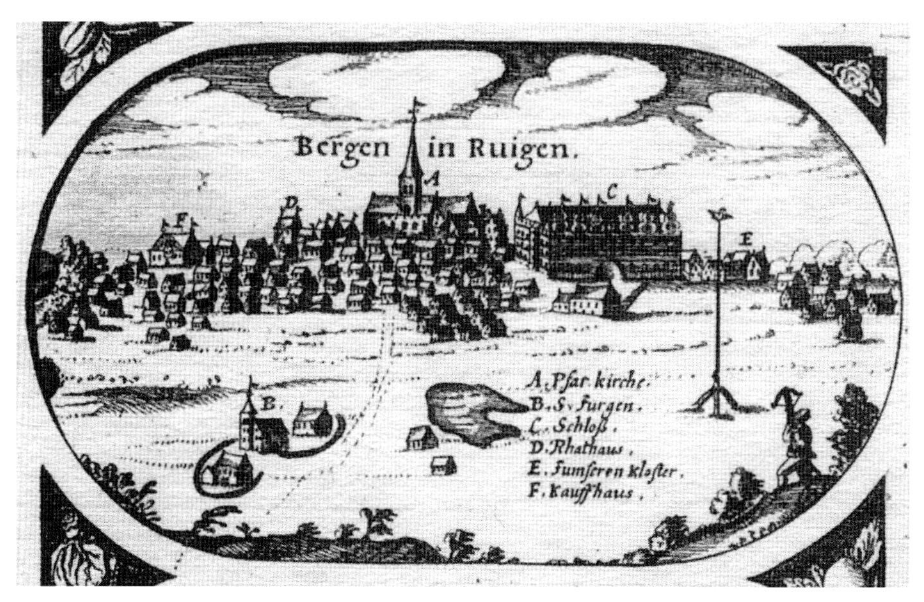

Abb. 2 Das Fürstliche Schloss zu Bergen auf der unteren Randleiste der Pommernkarte des Eilhard Lubin 1618

dies das Privileg zu, sich einen anderen Herrn zu wählen, falls er ihnen Unrecht oder Gewalt antun und das nicht vor Ablauf eines halben Jahres zurücknehmen sollte.[9]

Nicht ganz so schnell konnte Herzog Wartislaw die Belehnung mit dem Fürstentum Rügen durch König Christoffer – seinen Schwager – erlangen. Der war unterdessen schon wieder aus Dänemark vertrieben worden und suchte außer Landes Unterstützung. Dabei ließ er sich am 3. Mai 1326 mit Heinrich II. von Mecklenburg und den ebenfalls mecklenburgischen Herren von Werle sogar auf ein Bündnis zum Erwerb des Fürstentums Rügen ein.[10] Nichtsdestoweniger belehnte er aber drei Wochen später, am 24. Mai in Barth, Wartislaw und seine Erben mit allen – einschließlich des Landes Saal – sieben Fahnenlehen der Ranenfürsten.[11] Damit schien die Personalunion des Fürstentums Rügen mit dem Herzogtum Pommern bereits vollendet zu sein.

Doch dann starb Wartislaw, der erste Rügenfürst aus dem Greifenhause, völlig unerwartet schon am 1. August 1326. Er hinterließ außer dem erwähnten und immer noch minderjährigen Sohn Bogislaw (V.) einen zweitgeborenen namens Barnim (IV.) und eine schwangere Witwe, die im November einen dritten Sohn namens Wartislaw (V.) zur Welt brachte. Angesichts dieser Situation verlehnte – der unterdessen in Dänemark entthronte – Christoffer II. das gesamte Fürstentum Rügen mit allen seinen Distrikten am 6. August an Heinrich II. von Mecklenburg und die Herren von Werle[12] –

9 Ebenda, Nr. 3892.
10 PUB, VII, bearb. von Hans *Frederichs*, Stettin 1934, Nr. 4182.
11 Ebenda, Nr. 4183.
12 Ebenda, Nr. 4213.

Abb. 3 Kartuschentext der Rügenkarte des Eilhard Lubin 1613

und löste damit den ersten Rügischen Erbfolgekrieg aus, auf dessen Verlauf hier nicht näher einzugehen ist[13].

Er begann mit einem erfolgreichen Einfall der Mecklenburger in die Länder Barth, Grimmen und Tribsees, endete dann aber doch mit ihrer Niederlage. Im Frieden zu Brudersdorf mussten sie bereits 1328 auf die Erbfolge im Fürstentum Rügen verzichten. Dafür wurde ihnen allerdings eine Abfindung in Höhe von 31.000 Mark zugestanden, die von den Pommern im Laufe von zwölf Jahren abzuzahlen war. Die Länder Barth, Grimmen und Tribsees sollten ihnen solange als Pfand und, falls die Zahlung nicht erfolgte, auf Dauer überlassen bleiben.

Für das »vom Salzwasser umflossene« Land Rügen war die eingeborene Ritterschaft namens aller Einwohner mit der Bürgerschaft und allen Bewohnern der Stadt Stralsund noch vor Kriegsbeginn ein Bündnis zugunsten der minderjährigen Erben Wartislaws eingegangen.[14] Die drei Wolgaster Prinzen standen unter der Vormundschaft ihrer Stettiner Verwandten Otto I. und Barnim III., die – übrigens auch für das Königreich Dänemark – zu Brudersdorf mit den Mecklenburgern Frieden schlossen. Ihre Vormundschaft für die Wolgaster Prinzen endete, als Bogislav V. volljährig wurde und sein Erbe antrat. Er bestätigte am 21. Dezember 1338 die von den Ranenfürsten und seinem Vater erteilten Privilegien nur noch für die Ritterschaft der Insel und die Bürgerschaft Stralsunds. Als Rügens Landvogt kam also nur ein Angehöriger der eingebo-

13 Horst-Diether *Schröder*, Der Erste Rügische Erbfolgekrieg – Ursachen, Verlauf und Ergebnisse, in: Beiträge zur Geschichte Vorpommerns. Die Demminer Kolloquien 1985–1994, hg. v. Haik Thomas Porada, Schwerin 1997, S. 129–139. Siehe auch Peter *Meißner*, Der rügische Erbfolgestreit, in: RUGIA Journal, Jahrgang 1998 (Putbus 1997), S. 28–31.

14 PUB, VII, Nr.n 4214 und 4215.

renen Ritterschaft in Frage. Überdies sollte fortan ohne ihre Einwilligung keine Burg auf Rügen errichtet werden.[15]

Wegen der verpfändeten Länder Barth, Grimmen und Tribsees kam es nach 1340 erneut zu Auseinandersetzungen zwischen den Mecklenburgern und den Pommern, die nunmehr davon Besitz ergreifen wollten, ohne die vereinbarten Zahlungen zu leisten. Dass der römisch-deutsche König Karl IV. im Juni 1348 einerseits den Stettiner Herzog Barnim III. und seine drei Wolgaster Neffen mit dem »Fürstentum Rügen, Sund und seinen Zugehörigkeiten« *(principatus Rogyanorum, Sundis et suas pertinentias)* belehnte[16] und drei Wochen später andererseits die Söhne des 1329 verstorbenen Heinrich II. von Mecklenburg, Albrecht II. und Johann I., in den Herzogs- und Reichsfürstenstand erhob und ihrem Herzogtum die Städte Barth und Damgarten »und was darczu gehort« *(Barth et Damgor cum omnibus suis pertinentiis)* zuerkannte,[17] rief allerdings den dänischen König Waldemar IV. Atterdag auf den Plan.

Dieser jüngste Sohn Christoffers II. hatte in Dänemark seit 1340 sukzessive an Macht gewonnen und zeigte sich nicht bereit, die Verletzung der dänischen Lehenshoheit über das Fürstentum Rügen durch den römisch-deutschen König hinzunehmen. In der von ihm – auch militärisch geführten – Auseinandersetzung mit Karl IV. wurde er von den Greifenherzögen Barnim III. (Stettin) und Bogislaw V. (Wolgast) unterstützt. Und es spricht viel für die Annahme, dass sie beide noch vor der Anfang 1350 erfolgten Aussöhnung zwischen dem dänischen und dem römisch-deutschen König, vom dänischen erneut mit Rügen belehnt worden sind.[18] Jedenfalls nannten sie ihn in Urkunden, die sie im Zusammenhang mit dem Streit um das rügische Erbe am 15. Oktober 1350 in Vordingborg und am 27. Juni 1351 in Stralsund ausstellten, wiederholt »unsen heren«.[19] Und nachdem die dänische Lehenshoheit wiederhergestellt war, eröffnete Barnim III. den zweiten Rügischen Erbfolgekrieg, auf dessen Verlauf hier ebenfalls nicht einzugehen ist. Er begann 1352. Die Mecklenburger unterlagen wiederum und mussten den Pommern im Frieden zu Stralsund 1354 Barth, Grimmen und Tribsees endgültig überlassen.

Die Greifenherzöge Bogislaw X. und Philipp Julius als Rügenfürsten

Diese drei vormals zum Fürstentum Rügen gehörenden – als Land, Vogtei, Amt oder auch Distrikt bezeichneten – festländischen Territorien sind im Ergebnis der beiden Erbfolgekriege relativ schnell und offenbar problemlos ins Herzogtum Pommern integriert und zur Herrschaft (Herzogtum 1365–1478) Barth addiert worden. Die Herr-

15 PUB, X., bearb. von Klaus *Conrad*, Köln 1984, Nr. 5696.

16 Otto *Heinemann*, Die kaiserlichen Lehnsurkunden für die Herzoge von Pommern, in: Baltische Studien NF. 3 (1899), Urkunde IV, S. 170.

17 Mecklenburgisches Urkundenbuch (künftig MUB), Bd. X, Schwerin 1877, Nr. 6860.

18 Vgl. Joachim *Krüger*, Die dänischen Könige als Lehnsherren der Herzöge von Pommern-Wolgast 1325–1438 anhand der urkundlichen Überlieferung in: Baltische Studien NF. 95 (2009), S. 19.

19 MUB, X, Nr. 7128, und XIII, Schwerin 1884, Nr. 7486.

schaft Gristow fiel als Teil der Vogtei Loitz an die Grafschaft Gützkow, die bereits unter Lehenshoheit der Greifenherzöge stand und die diese nach dem Mannfall ihrer Vasallen zusammen mit deren Grafentitel bekanntlich selber übernahmen. Vasallen der Krone Dänemark blieben sie allerdings, soweit es um das auf die Insel bzw. das Land Rügen und die Stadt Stralsund reduzierte Fürstentum Rügen ging. Die dänische Lehenshoheit und die Privilegien, welche die Herzöge als Erben des letzten Ranenfürsten sowohl der Stadt als auch der Rugianischen Ritterschaft bestätigt und erteilt hatten, standen einer Integration in den pommerschen Staat im Wege – zumal die vom Reich zur »gesamten Hand« belehnten Herzöge des Greifenhauses ihr Herrschaftsgebiet immer wieder neu unter sich aufteilten. Das heißt freilich nicht, dass es darauf gerichtete Bestrebungen nicht gegeben hätte.

Nachweisbar sind sie für die Zeit Bogislaws X., der das gesamte Herzogtum Pommern und das Fürstentum Rügen seit 1478 unter seiner Herrschaft vereinte und nahezu ein halbes Jahrhundert lang regierte. Er bestellte mit dem ihm wohl auch persönlich eng verbundenen Erblandmarschall für das Land Barth, Degener Buggenhagen, erstmals einen nicht zur Rugianischen Ritterschaft gehörenden Landvogt für das Fürstentum. Seinerzeit galt hier, wie Matthäus von Normann im »Wendisch-Rugianischen Landgebrauch« festgehalten hat, noch »dreyerley Recht, alß Wendisch, Denisch und Schwerinisch«, obwohl »dat Fürstendom nicht Denscher edder Schwerinscher Overigkeit, denn alleine der löffliken Herrschop Stettin Pamern etc.« untertan war. Der neue Landvogt bestimmte deshalb, wie es bei Normann weiter heißt, »mit Vorweten F G vnd des gantzen Landes« – also des Landesherrn sowie der Ritter- und auch der Bauernschaft –, dass fortan »alleine Wendisch Recht in Ruigen geholden vndt gebruket werden« sollte.[20]

Unmittelbare Wirkung erzielte er damit nicht. Die von Bogislaws X. Nachfolgern nach Degeners Tod (1524) bestätigten – und wieder ausnahmslos zur Rugianischen Ritterschaft gehörenden – Landvögte urteilten, wie Matthäus von Normann beklagte, noch in vielen Fällen nach dänischem bzw. schwerinschem Recht. Das von ihm in den Jahren 1522 bis 1531 akribisch aufgezeichnete, danach noch berichtigte, verbesserte und ergänzte »wendische edder des Forstendomes Rugen van older her geubede Lantrecht und Gebrauch« gewann für die Rechtsprechung erst im 17. und 18. Jahrhundert unter den schwedischen Landesherren an Bedeutung, obwohl es nie förmlich in Kraft gesetzt wurde und lange Zeit nur in Abschriften verfügbar war. Erst 1777 gab Thomas Heinrich Gadebusch mit Hilfe der Stände Schwedisch-Pommerns die aus den ihm seinerzeit zur Verfügung stehenden Abschriften rekonstruierte – und hier zitierte – Edition heraus, die dem Landrecht des Matthäus von Normann bis weit ins 19. Jahrhundert hinein zur Anwendbarkeit verhalf. Bis zur Inkraftsetzung des Bürgerlichen Gesetzbuches galt es, wie das 1837 kodifizierte »Provinzial-Recht des Herzogthums Neu-Vorpommern und des Fürstenthums Rügen« ausdrücklich bestätigte, insofern

20 Thomas Heinrich *Gadebusch* (Bearb.), Matthaeus v. Normanns, vormals Fürstl. Landvogts auf Rügen Wendisch-Rugianischer Landgebrauch, Stralsund und Leipzig 1777, S. 88 (Tit. CII).

»als Gewohnheitsrecht für die Insel Rügen«, wie »die Observanz desselben in einzelnen Punkten notorisch ist, oder speziell nachgewiesen wird«.[21]

Für Bogislaw X. bleibt zum Thema, wenn auch nur sehr knapp, zweierlei nachzutragen:

1. Unter seiner Herrschaft fanden erste Versammlungen der pommerschen Stände statt[22], die später als Landtage regulär einberufen wurden. Dass daran Vertreter der Rugianischen Ritterschaft und der Stadt Stralsund teilnahmen, dürfte das Fürstentum Rügen und das Herzogtum Pommern mehr und mehr zur Realunion verbunden haben. Dazu trugen insbesondere auch die erstmals von Bogislaw X. ernannten Landräte bei, zu denen in der Folgzeit immer wieder auch prominente Angehörige der Rugianischen Ritterschaft zählten.

2. Um als Landesherr auf Rügen selbst mehr Präsenz zu zeigen, ließ der Herzog 1494 dem drei Jahrhunderte zuvor vom Ranenfürsten Jaromar I. gestifteten Kloster zu Bergen den Burgplatz auf dem Rugard abkaufen. Dort sollte für ihn ein »festes Haus« errichtet werden.[23] Der Bau ist allerdings aus bisher unbekannten Gründen über Anfänge nicht hinausgekommen und alsbald verfallen.

Ein auch als Schloss bezeichnetes »Fürstliches Haus« ist erst in den Jahren 1605–11 auf dem Gelände des unterdessen säkularisierten Klosters mitten in Bergen für Philipp Julius, den letzten Wolgaster Herzog, erbaut worden. Darin hat er bis 1624 wiederholt auch für längere Zeit logiert, jedoch ohne vor Ort als Landesherr zu agieren. Selbst seine für Rügen bedeutsame Bewidmung Bergens »mit städtischer Freyheit und Gerechtigkeit« wurde 1613 nicht in Bergen selbst sondern in Wolgast beurkundet.[24] – Übrigens war der hochverschuldete Philipp Julius zuletzt sogar bereit, die Insel für 150.000 Taler an Dänemark zu verpfänden. Der Einspruch seines Vetters, des Stettiner Herzogs Bogislav XIV. ließ das allerdings nicht zu.[25]

Philipp Julius hat sich bekanntlich in ganz besonderer Weise um Rügen verdient gemacht, indem er den Rostocker Gelehrten Eilhard Lubin mit der Anfertigung einer Rügenkarte beauftragte, die 1608 vorlag und 1613 in Amsterdam gedruckt wurde. Auf diese berühmte Karte ist hier nicht näher einzugehen. Zum Thema gehört lediglich, dass der Autor sein Werk, das er dem korrekt mit seinen herrschaftlichen Titeln und also auch als »Fürst Rügens« (princeps Rugiae) ausgewiesenen Auftraggeber gewidmet hat, als »Darstellung der Insel und des *Herzogtums* Rügen« (insulae ac *ducatus* Rugiae descriptio) bezeichnete. – Dagegen nannte er seine nicht minder berühmte – und den

21 Das Provinzial-Recht des Herzogthums Neu-Vorpommern und des Fürstenthums Rügen, Erster Theil. Erste Abtheilung, § 3, Greifswald 1837, S. 1.

22 Herbert *Koch*, Beiträge zur innerpolitischen Entwicklung des Herzogtums Pommern im Zeitalter der Reformation (= Pommern einst und jetzt, hg. v. Adolf Hofmeister u. Johannes Paul), Greifswald 1939, S. 83 ff.

23 Alfred *Haas*, Beiträge zur Geschichte der Stadt Bergen auf Rügen, Bergen (1893), S. 8. – Von Peter Herfert entdeckte Überreste des Bauwerks sind bisher nicht untersucht worden.

24 Johann Carl *Dähnert*, Sammlung gemeiner und besonderer Pommerscher und Rügischer Landes-Urkunden, Gesetze, Privilegien, Verträge, Constitutionen und Ordnungen, Zweiter Band (II), Stralsund 1767, No. 123, S. 454–458.

25 Martin *Wehrmann*, Geschichte der Insel Rügen in 2 Theilen, 1 (Pommersche Heimatkunde, 1), Greifswald 1922, S. 114f.

seinerzeit fünf Greifenherzögen zugeeignete – Pommernkarte von 1618 im Titel »Darstellung des *Fürstentums* Pommern« (*principatus* Pomeraniae descriptio).[26] Offenbar wurde das damals nicht als paradox aufgefasst – oder für wichtig gehalten.

Reformation und Integration Rügens ins Kirchenregiment von Pommern (-Wolgast)

Als Herzogtum ist Rügen übrigens wohl irrtümlich schon 200 Jahre zuvor einmal bezeichnet worden, und zwar 1417 im Lehensbrief des römisch-deutschen Königs Sigismund für Wartislaw IX., »zu Stetin, der Pomern, der Cassuben und der Wenden herczog und furst zu Ruyen«.[27] Ihm und seinen minderjährigen männlichen Verwandten (seinem Bruder Barnim VII. und ihren Vettern Barnim VIII. und Svantibor IV.) bestätigte Sigismund »die herschefte zu Wolgast und zu Bart und das herczogtum zu Ruyen und andere lehen, die sy von uns und dem rich haben«. Im Hinblick auf Rügen, verletzte Sigismund damit – wie 1348 schon sein Vater Karl IV. – die Lehenshoheit der Krone Dänemark, die allerdings nicht mehr reagierte. Auch hier spricht viel für die Annahme, dass der aus dem Greifenhause stammende Träger der Kronen Dänemarks, Norwegens und Schwedens, der Unionskönig Erik, den anverwandten Pommernherzögen 1438 die Landesherrschaft – und damit dem Heiligen Römischen Reich deutscher Nation die Lehenshoheit – über das Fürstentum Rügen bedingungslos überlassen hat.[28]

Die seit 1169 datierende Zugehörigkeit der Insel Rügen – des Archidiakonats Ralswiek – zum Bistum Roskilde endete damit freilich noch nicht, sondern erst im Ergebnis der Reformation, die in Pommern von den Nachfolgern Bogislaws X. Ende 1534 mit einem nach Treptow an der Rega einberufenen Landtag eingeleitet wurde.[29] Zwei Jahre zuvor hatten Bogislaws Sohn Barnim XI. und dessen Neffe Philipp I., ihr Herrschaftsgebiet wiederum geteilt, wobei Stettin mit dem östlich von Oder und Swine gelegene Hinterpommern an Barnim, Wolgast mit Vorpommern und dem Fürstentum Rügen an Philipp gefallen waren. Der von ihnen als Reformator bestellte Johannes Bugenhagen kam wunschgemäß nach Treptow, um am Landtag teilzunehmen und, ohne dass die Landstände das förmlich beschlossen hätten, in den Wochen danach die neue »Kercken-Ordeninge des gantzen [!] Pamerlandes« zu verfassen, die also über die Grenzen des zu refomierenden pommerschen Bistums Cammin hinaus auch für die Archidiakonate Tribsees und Ralswiek der – zu dieser Zeit noch nicht reformierten – Bistümer Schwerin bzw. Roskilde gelten sollte.

---

26 Alfred *Haas*, Die Große Lubinsche Karte von Pommern, in: Die Große Lubinsche Karte von Pommern aus dem Jahre 1618, neu herausgegeben von Eckhard Jäger und Roderich Schmidt, mit beschreibendem Text von Alfred Haas (1926) und einer Einführung von Manfred Vollach, Lüneburg 1980.

27 Otto *Heinemann* (wie Anm. 16), Urkunde VII, S. 178.

28 Vgl. Joachim *Krüger* (wie Anm. 18), S. 30.

29 Das Folgende nach Bengt *Büttner*, Die Pfarreien der Insel Rügen von der Christianisierung bis zur Reformation, (Veröffentlichungen der Historischen Kommission für Pommern, Reihe V: Forschungen zur pommerschen Geschichte, Bd. 42), Köln-Weimar-Wien 2007, S. 404–414.

Dass der vom Papst bestätigte Bischof von Cammin sich der Reformation verweigerte, kann nicht verwundern. Am Tag nach der Eröffnung des Landtags hatte er Treptow verlassen. Ebenso waren die Ritterschaft, die gegen die beabsichtigte Einziehung der Klostergüter durch die Landesherren opponierte, und Vertreter etlicher Städte verfahren, in denen sich die reformatorische Bewegung bereits durchgesetzt hatte.

Die schon 1525 reformierte – zum Bistum Schwerin und Archidiakonat Tribsees gehörende – Hansestadt Stralsund befand sich seit langem im Konflikt mit den eigenen Landesherren. Sie unterstützte überdies im als »Grafenfehde« bezeichneten dänischen Bürgerkrieg die Gegner des neuen dänischen Königs Christian III., der von Martin Luthers Sache überzeugt und mit den Greifenherzögen verbündet war. Und diese sahen sich herausgefordert, als Graf Christoph von Oldenburg, der die Gegner des Königs anführende »Gubernator der rike Dennemarcken«, die Stadt Stralsund am 28. Januar 1535 ermächtigte, die Kosten ihrer Hilfeleistung aus Gütern und Hebungen zu decken, die auf Rügen seit jeher dem Bischof von Roskilde gehörten. Joachim Rønnow, der damalige Bischof, war zwar noch katholisch, aber von des Grafen Seite auf die des Königs gewechselt.

Es handelte sich dabei um die bischöflichen Tafelgüter auf Wittow und Jasmund mit dem Haupthof und ehemaligen Sitz des Landpropstes in Ralswiek sowie um die auf ganz Rügen erhobenen – als Bischofsroggen bezeichneten – Naturalabgaben. Dazu gekommen war Anfang des 15. Jahrhunderts die vom Bistum käuflich erworbene, südlich des Kleinen Jasmunder Boddens gelegene, Grafschaft Streu mit dem Kirchdorf Zirkow. Ende des 15. Jahrhunderts hatten die Roskilde-Bischöfe den Bischofsroggen und die Herrschaft Ralswiek wie auch die Grafschaft Streu als Lehen an weltliche Vögte und Vasallen aus den Reihen der Rugianischen Ritterschaft vergeben. Als die Stadt Stralsund im Februar 1535 ihre Forderungen aufmachte, waren das der bereits 1500 mit Ralswiek und dem Bischofsroggen belehnte Martin Barnekow sowie dessen 1528 mit Streu belehnter Schwiegersohn Hans Normann.

Herzog Philipp I. von Pommern-Wolgast intervenierte, indem er die Güter und Hebungen des Bistums Roskilde auf Rügen am 24. März 1535 beschlagnahmte. Fortan sollten die beiden bischöflichen Vasallen alle Abgaben an ihn als ihren Landesherrn entrichten. In der damit beginnenden Auseinandersetzung um Bischofsgüter und Bischofsroggen ging es dem Herzog aber, wie Bengt Büttner dargelegt hat, »letztlich um die kirchliche Hoheit über die ganze Insel und um das Recht zur Bestellung eines eigenen Superintendenten«[30], also um die Eingliederung Rügens in das Kirchenregiment des Herzogtums Pommern (-Wolgast).

Von dänischer Seite wurde auf das Vorgehen des Herzogs nicht umgehend reagiert. Erst am 10. Juli 1536 erneuerte Bischof Rønnow die Belehnung Martin Barnekows mit Ralswiek und dem Bischofsroggen, und das nunmehr auch für dessen Erben, sowie mit der Grafschaft Streu, die sich nach wie vor im Besitz des Hans Normann befand. Und an der erblichen Belehnung der Barnekows änderte sich auch nichts, als König

30 Ebenda, S. 411.

Christian III., um in seinem Reich die Reformation einzuführen, alle katholischen Bischöfe des Landes am 12. August 1536 verhaften und alle kirchlichen Güter zugunsten der Krone einziehen ließ. Damit erhob nunmehr auch der dänische König Anspruch nicht nur auf die Lehenshoheit über die Güter und Hebungen des – unterdessen reformierten – Bistums Roskilde, sondern auch auf das Recht zur Einsetzung eines Superintendenten für Rügen.

Der mit der Reformation aufgekommene Streit belastete die Beziehungen zwischen den Greifenherzögen und der Krone Dänemark vorübergehend zwar nicht unerheblich, aber beide Seiten suchten nach einer Lösung auf dem Verhandlungswege. Im wesentlichen beigelegt wurden die Auseinandersetzungen erst mit dem Kieler Vertrag vom 4. September 1543.[31] Die Herzöge nahmen die zu Vasallen der dänischen Krone gewordenen Barnekows wieder in Gnade auf und verzichteten weitgehend auf eine Beteiligung am Ertrag der Hebungen, während König Christian III. seinen »freuntlichen lieben Ohmen und Schwegern« das Recht zur Berufung eines Superintendenten für Rügen zuerkannte, der allerdings aus den Ralswieker Einkünften besoldet – und durch den fortan in Kopenhagen residierenden evangelischen Bischof für Seeland bestätigt – werden sollte. Ungeachtet etlicher Querelen, die in diesem Zusammenhang auch danach noch auftraten, konnte Rügen nunmehr dem Geltungsbereich der pommerschen Kirchenordnung eingegliedert und dem Greifswalder Generalsuperintendenten (für Pommern-Wolgast) unterstellt werden.

Schließlich musste die dänische Krone in den Friedensverträgen von Roskilde 1658 und Kopenhagen 1660 alle Rechte an Ralswiek und Streu an die schwedische abtreten, die zu dieser Zeit die Landesherrschaft über das Herzogtum Pommern königlich-schwedischen Anteils und das Fürstentum Rügen innehatte, beide Lehen einzog und Ralswiek erst 1679 an die Barnekows zurückgab. Streu kam in den Besitz des Hauses Putbus. 1891 verkauften die Barnekows das ihnen 1811 allodifizierte Rittergut Ralswiek, nachdem die damit verbundene Einziehung des Bischofsroggens bereits 1850 per Gesetz abgelöst worden war, an Hugo Sholto Graf Douglas.[32]

Das Ende der Landvogtei

Die Greifenherzöge hatten ihre mit der Reformation gewonnene Macht gegenüber den Ständen des Fürstentums Rügen mit der am 7. Dezember 1539 erklärten Weigerung bekundet, ihnen das alte »Rugianisch Privilegium« zu »confirmieren«, ihnen also das Recht abgesprochen, »zu einem andern Herrn ihres Gefallens sich zu schlagen«.[33] Diese Erklärung richtete sich wohl eher gegen die Bürgerschaft Stralsunds als gegen

31 Laurs Rasmus *Laursen* (Hg.), Danmark-Norges Traktater 1523–1750 med dertil hørende aktstykker, Bd: I, København 1907, Nr. 62, S. 430–36.

32 Fritz *Petrick*, Rügens Preussenzeit 1815–1945 (= Rügens Geschichte von den Anfängen bis zur Gegenwart, T. 4), Putbus 2010, S. 40.

33 Friedrich Ludwig Karl von *Medem*, Geschichte der Einführung der evangelischen Lehre im Herzogthum Pommern: nebst einer Sammlung erläuternder Beilagen, Greifswald 1837, S. 297.

Gustaf Adolph ꝛc. Unsere ꝛc.

Um eine bessere und ordentlichere Eintheilung Unserer Deutschen Staaten zu gewinnen, haben Wir in Gnaden verordnen wollen, daß diese künftig in Vier (4) Härade (oder auf Deutsch Aemter genannt) vertheilt sein sollen, nemlich:
1) Das Franzburger Härad (Franzburger Amt),
2) Das Grimmensche Härad (Grimmensche Amt),
3) Das Greifswalder Härad (Greifswalder Amt),
4) Das Bergensche Härad (Bergensche Amt). ...

Wir wollen Euch hiemittelst in Gnaden anbefohlen haben, dies Unser Gnädiges Schreiben in die Deutsche Sprache übersetzen, zum Druck befördern, und selbiges, so geschwind, als thunlich, allen Behörden zum Unterricht und Nachleben, von den Kanzeln verlesen zu lassen; und Wir empfehlen Euch Gott ꝛc.
Hauptquartier Greifswald, den 9. Julius 1806.

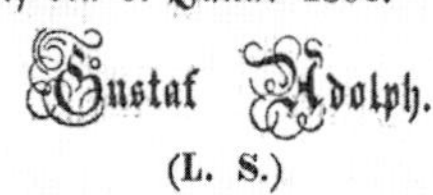

(L. S.)

Gust. von Wetterstedt.

Abb. 4 Aus der Verordnung Gustavs IV. Adolf vom 9. Juli 1806.

die Ritterschaft der Insel, die Philipp I. in der andauernden Auseinandersetzung mit der immer noch mächtigen Hansestadt auf seiner Seite wissen wollte.

Das wichtigste Privileg der Rugianischen Ritterschaft tasteten er und alle ihm nachfolgenden Herzöge aus dem Greifenhaus auch nicht an: allein Angehörige der Rugianischen Ritterschaft kamen als Fürstliche Landvögte in Frage – Degener Buggenhagen blieb die einzige Ausnahme. Und nach Martin Wehrmanns seit über 90 Jahren unwidersprochen gebliebener Aussage war deren »Stellung ... sehr selbständig und unabhängig, so dass sie kaum noch als herzogliche Beamte anzusehen sind«[34].

Das sollte eigentlich auch unter der Herrschaft der schwedischen Krone so bleiben, war doch deren Belehnung durch Kaiser und Reich 1648 unter der Auflage erfolgt, dass den »Ständen und Untertanen« im Fürstentum Rügen und im Herzogtum Pommern Königlich-Schwedischen Anteils »die ihnen zukommende Freiheit, ihre Güter, Rechte und Privilegien« bestätigt würden[35]. Dieser Auflage entsprachen die Vertreter – Kommissare – der Krone zwar erst nach langwierigen Verhandlungen mit den Landständen. Aber dann wurde im Rezess der Wolgaster Hauptkommission vom 5. September 1663 wörtlich festgehalten: »Bey der Landvoigtey in Rügen bleibet es nach alter Gewohnheit, dieselbe soll ehestens mit einer tüchtigen wohl qualificirten und eingebohrnen Person besetzet, demselben alsdenn gewisse Instruction von der Königl. Regierung gegeben, dabey, was die Stände erinnert, mit beobachtet werden.«[36]

Allerdings war nach der Reformation neben den Fürstlichen Landvogt ein – nicht zur Ritterschaft, ja nicht einmal zum Adel gehörender – Fürstlicher Rentmeister ge-

34 Martin *Wehrmann* (wie Anm. 22), S. 69.

35 IPO, Art. 10, § 16, nach: Instrumenta Pacis Westphalicae. Die Westfälischen Friedensverträge. Vollständiger lateinischer Text mit Übersetzung der wichtigeren Teile und Regesten, bearb. v. Konrad *Müller*, Bern-Frankfurt/M. ³1975, S. 140–142.

36 Johann Carl *Dähnert* (wie Anm. 24), I, Stralsund 1765, No. 4, S. 386.

treten, der den zu Domänen gewordenen umfangreichen Grundbesitz der säkularisierten Klöster verwaltete und allein vom Landesherrn bestimmt und bestellt wurde. Nach dem Tod Bogislaws XIV., des letzten Greifenherzogs, hatte die im Herzogtum Pommern und Fürstentum Rügen als Besatzungsmacht herrschende Krone Schweden die Domänen beschlagnahmt und nach Gutdünken vergeben. Und daran wurde auch nach ihrer Belehnung nichts wesentlich geändert. Erst mit dem Aufkommen des karolinischen Absolutismus und der Reduktion der Domänen wurde für deren Verwaltung 1692 auch auf Rügen ein Königlich-Schwedischer Amtmann eingesetzt: Erster Amtmann wurde der Stralsunder Jurist Jacob Wewezer, der als Schwiegersohn des damaligen Bürgermeisters der Stadt Bergen im Jahr zuvor die hiesige Bürgerschaft erworben und sich damit überhaupt erst auf Rügen etabliert hatte.[37]

Als Landvogt amtierte seinerzeit Johann Carl von der Lancken. Und als der 1698 in die Königlich-Schwedische Regierung zu Stettin eintrat, erklärte die Krone eine »Wiederbesetzung der Landvogtey auf der Insel Rügen« für »unnötig und überflüssig«. Mit dem Argument, dass »die derselben beygelegt gewesene Jurisdiction, auch Beobachtung der publiquen Decreten und Verordnungen, eben wohl von dem Amtmann, wann er dazu instruiret, exerciret werden« könnte, ordnete sie die »Combination der Landvogtstelle mit der Amtmannstelle in Bergen« an.[38] Wohl um der Form genüge zu tun, wurde Jacob Wewezer in den schwedischen Adelsstand erhoben. Bei der »Combination« der beiden Stellen ist es nach Wewezers Tod (1706) bis zur dänischen Inbesitznahme Rügens im Großen Nordischen Krieg (1715) geblieben, wenngleich Wewezers Nachfolger als Amtmänner und Landvögte wieder der »eingebohrnen« Ritterschaft entstammten. – Die absolutistisch herrschende dänische Krone bestellte für das besetzte Fürstentum eigene Amtmänner.

Als die Krone Dänemark nach dem Ende des Krieges Rügen (und Stralsund sowie den nördlich der Peene gelegenen Teil Vorpommerns) zurückgab, hatte sich der Absolutismus in Schweden für gut fünf Jahrzehnte erledigt und die Stände erfreuten sich größter Freiheiten. Das galt auch für die Rügianische Ritterschaft, die in Stockholm um die »Wiederherstellung der Landvoigtey in Rügen« nachsuchte und darum bat, »selbiges Amt keinem andern, als einem distinguirten Eingebohrnen Rügianischen von Adel, so der dortigen Gebräuche wol kundig, und sonsten von allen Vorkommenheiten gegründete Nachricht hätte, zu conferiren«.[39] Und in der Tat fand man sich am Stockholmer Hof sogleich bereit, »die Landvogteyschaft in unserm Fürstenthum Rügen wieder auf den vorigen Fuß zu setzen«[40].

Die Amtmannstelle blieb indes erhalten. Und die Kompetenz ihres nunmehr als Königlich-Schwedischer Amtshauptmann bezeichneten Inhabers wurde bereits 1752 nicht unerheblich erweitert, indem König Adolf Friedrich die unter landesherrlichem

---

37 Norbert *Wewezer*, Wendorf: www.fuerstentum-ruegen.de/Die%20Wewezers.html. (Abruf am 18. August 2016)

38 Königl. Resolution vom 29. April 1699, in: Johann Carl *Dähnert*, III, Stralsund 1769, No. 103, S. 153.

39 Johann Carl *Dähnert*, I, No. 17, S. 1104 f.

40 Ebenda, III, No. 104, S. 153.

Patronat stehenden Kirchen der Aufsicht des Landvogts entzog und anordnete, dass »die Inspection in ecclesiastices et iuribus patronatus von dem Ambthauptmann in Rügen, gleich wie in Pommern geschiehet, executiret werden« sollte.[41] Weitere Anordnungen zur Angleichung der Verwaltung des Rugianischen Distrikts an die der Krone Schweden verbliebenen Distrikte (Vor-)Pommerns erfolgten bis 1806 allerdings nicht. Dann aber traf König Gustav IV. Adolf, Adolf Friedrichs Enkelsohn, am 9. Juli 1806 eine radikale Maßnahme. Weil die Landstände ihm die Bewilligung neuer Steuern und Abgaben zur Finanzierung des Krieges gegen Napoleon verweigerten, hob er kurzerhand die landständische Verfassung sowie – mit Ausnahme der städtischen – auch die bisherige Verwaltung und Gerichtsbarkeit auf. An die Stelle der bisherigen Distrikte setzte er die eingangs genannten vier Härade mit jeweils einem Königlichen Amtshauptmann und einem Königlichen Amtsgericht. Den Amtshauptmännern wurden alle »Oeconomie-, Polizei- und Cameralsachen«, also die gesamte Verwaltung, und den Amtsrichtern die gesamte »Rechtspflege in Erster Instanz« auf dem platten Lande übertragen.[42] Rügens Landvogtei war damit aufgehoben, so dass sich das Bergensche Amt hinsichtlich seiner Verwaltung und Gerichtsbarkeit in nichts mehr von den anderen drei Ämtern – dem Franzburger, dem Greifswalder und dem Grimmenschen – unterschied.

Seinen Titel sollte Rügens letzter Landvogt jedoch noch ein Vierteljahrhundert lang behalten. Nachdem Gustav IV. Adolf den »bisherigen Landvoigt auf Rügen«, am 8. Juli 1806 »mit Beibehaltung seines ... Charakters, Gehalts und übrigen Vortheile« zum Amtsrichter ernannt hatte[43], ist der zum rügischen Uradel gehörende Dr. Carl Ludwig Adolph von Bohlen noch bis 1831 als solcher in Bergen geblieben, um dann an das Königliche Oberappellationsgericht in Greifswald berufen zu werden. Dort hat er bis zu seiner 1849 erfolgten Pensionierung als Oberappellationsrat amtiert. In Greifswald ist der zum Königlich Preußischen Justizrat beförderte und mit dem Roten Adlerorden 4. und 3. Klasse ausgezeichnete Beamte übrigens seit 1839 auch Präsident des 1849 aufgehobenen Geistlichen Konsistoriums gewesen und bis zu seinem Tode am 26. Juni 1850 auch als Herr Präsident tituliert worden.[44]

---

41 Königliche Resolution, 7. Mai 1752, Landesarchiv Greifswald, Rep. 4870, Bl. 40.

42 Friedrich Hermann *Sonnenschmidt* (wie Anm. 1), Bd. 1, Nr. 63, S. 289 f.

43 Ebenda, Nr. 59, S. 286.

44 Heinrich *Müller*, 200 Jahre Amtsgericht Bergen auf Rügen. Sammlung von Texten und Urkunden zur Geschichte des Amtsgerichts Bergen auf Rügen und zur Rechtsgeschichte von Rügen überhaupt, Hausverlag des Amtsgerichts Bergen auf Rügen 2006, S. 56; Hans *Reddemann*, Der denkmalgeschützte Alte Friedhof in der Universitäts- und Hansestadt Greifswald: eine kulturhistorische Stätte mit zahlreichen Grabmalen bedeutender Persönlichkeiten der Hansestadt und der Ernst-Moritz-Arndt-Universität Greifswald, Teil 3: Ausführliche Biographien von ausgewählten Persönlichkeiten und Greifswalder Familien, die auf dem Alten Friedhof beigesetzt wurden, Greifswald 2012, S. 33; Sascha *Ott*, Die Rechtsprechung des Greifswalder Oberappellationsgerichts in Strafsachen (1815–1849): zur Entwicklung des Strafrechts und des Strafverfahrensrechts in Neu-Vorpommern (= Schriftenreihe der David-Mevius-Gesellschaft, 4), Hamburg 2009, S. 75, Anm. 277.

VORREFORMATORISCHE FRÖMMIGKEIT IN POMMERN IM SPIEGEL SPÄTMITTELALTERLICHER BIBLIOTHEKS-BESTÄNDE[1]

von Jürgen Geiß, Berlin

1. Zugriff und Methode

Welche Erkenntnisse eröffnen spätmittelalterliche Bibliotheksbestände zur vorreformatorischen Frömmigkeit[2] in Pommern? Zahllose, möchte man im ersten Moment meinen. Kann man nicht mit gutem Recht davon ausgehen, dass gerade zeitgenössische Büchersammlungen und die dort enthaltenen und gesammelten Texte religiöse Praxen in besonders differenzierter und daher »reiner« Form überliefern?

Blickt man freilich auf die hauptsächlichen Protagonisten von Schrift und Schriftlichkeit im Mittelalter, wird man schnell vorsichtiger. Denn in dem Maße, wie der Welt- und Mönchsklerus im Mittelalter (und darüber hinaus) Schriftlichkeit, Buchwesen und Büchersammlungen in der eigenen Hand behielt, zwingt er uns in der historischen Rückschau seine »Klerikerbrille« auf, durch die wir auf die in Büchern und Büchersammlungen überlieferten Zeugnisse spätmittelalterlicher Frömmigkeit blicken. Dazu kommt, dass der Klerus im Mittelalter die Seelsorge und geistige Führung als sein ureigenes Amt betrachtete und es als seine wichtigste Aufgabe ansah, die Frömmigkeit von Laien (oder auch von Klerikern) mitzugestalten, auf diese einzuwirken und gemäß den Vorgaben der Theologen innerhalb eines normativen kirchlichen Rahmens zu steuern.[3] Damit bleibt unsere Sicht auf »die« Frömmigkeit eingeschränkt. Dabei soll gar nicht in Abrede gestellt werden, dass den zeitgenössischen

---

1 Dieser Beitrag fußt auf einem Vortrag, der am 12. März 2016 mit leicht verändertem Titel auf dem dritten Studientag der Arbeitsgemeinschaft für Pommersche Kirchengeschichte e. V. gehalten wurde. Er stand unter dem Motto »Gesellschaft, Kirche und Frömmigkeit in Pommern am Vorabend der Reformation«.

2 Zu allen Aspekten mittelalterlicher Religiosität zwischen »Volksfrömmigkeit« und »Frömmigkeitstheologie« vgl. Enno *Bünz*, Alltägliche Frömmigkeit am Vorabend der Reformation. Einführende Bemerkungen, in: Alltag und Frömmigkeit am Vorabend der Reformation in Mitteldeutschland. Wissenschaftlicher Begleitband zur Ausstellung »Umsonst ist der Tod«, hg. von Enno *Bünz* und Hartmut *Kühne* (Schriften zur Sächsischen Geschichte und Volkskunde, 50), Leipzig 2015, S. 15–40, v. a. S. 18–32.

3 Zur engen Verzahnung zwischen Volksfrömmigkeit und Frömmigkeitstheologie vgl. Arnold *Angenendt*, Geschichte der Religiosität im Mittelalter, Darmstadt 1997, S. 71–75. Zur mittelalterlichen Frömmigkeit in Pommern vgl. Hellmuth *Heyden*, Kirchengeschichte Pommerns, Bd. 1: Von den Anfängen des Christentums bis zur Reformationszeit, 2. Aufl. (Osteuropa und der deutsche Osten, 3), Köln-Braunsfeld 1957, S. 143–180, der eine etwas pauschale Perspektive einnimmt, wenn er das »Bücherwesen« *per se* als Frömmigkeitszeugnis bezeichnet (ebd., S. 153f.).

Büchersammlungen zweifellos eine wichtige Rolle als Quellengattung zufällt. Diese ist aber – wie oben bereits angedeutet – durch eine pastoraltheologisch orientierte Klerikerperspektive bestimmt, vielleicht sogar verzerrt. Um hier nicht auf einem Auge blind zu bleiben, sind daher die Ergebnisse frömmigkeitshistorischer Untersuchungen auf der Grundlage von Büchern und Bibliotheken immer auch mit Befunden aus anderen Quellengruppen – aus (Sakral-)Architektur, Bildern, Epitaphien, Inschriften, Urkunden, Musikzeugnissen usw. – zu vergleichen und zu ergänzen.[4]

Zu dieser quellenkritischen Einschränkung kommen noch die Probleme einer häufig bruchstückhaften Überlieferung der Büchersammlungen selber. Bei der Frage, welche spätmittelalterlichen Bibliotheken in der Region überhaupt Aussagen über vorreformatorische Frömmigkeit gestatten, stoßen wir in Pommern häufig auf regelrechte *black boxes*. Gerade in einer Reihe der bedeutendsten Städte – etwa in Stralsund, Stettin und Kolberg – sind die historischen Büchersammlungen häufig seit Beginn der Reformation (und teilweise durch Bilderstürme) verloren, fragmentiert oder weitläufig zerstreut.

Es gibt nur wenige Ausnahmen. Diese allerdings sind sehr instruktiv: In der Handels- und Hansestadt Greifwald, seit 1456 zusätzlich auch Sitz der pommerschen Landesuniversität, sind die Studienbibliotheken der Dominikaner und der Franziskaner zu nennen. Diese lassen sich am Vorabend der Reformation mit etwa 250 bis 300 spätmittelalterlichen Drucken und Handschriften beziffern. Fast alle zeitgenössischen Bände dieser beiden als Ketten- und Pultbibliotheken organisierten Klostersammlungen sind noch erhalten. Dazu kommt in Greifswald mit der Kirchenbibliothek an St. Marien noch eine dritte zeitgenössische Bücherkollektion mit etwa 40–50 Bänden.[5]

Die zeitgenössischen Sammlungen der beiden Greifswalder Bettelordensklöster sind wahrscheinlich die einzigen annähernd erhaltenen im ganzen Ostseeraum. Sie verdanken ihre Erhaltung dem relativ sanften Hinüberwachsen zur Reformation und den lange unklaren Zuständigkeiten für den aufgelösten Klosterbesitz, die zwischen dem Herzogshaus in Stettin sowie dem Greifswalder Rat und Klerus hin- und hergeschoben wurden. In Greifswald führte das um 1600 zu einer erstaunlich toleranten En-bloc-Übernahme der alten Kloster- und Kirchenbestände. Für die Rekonstruktion der ursprünglichen Bettelordensbibliotheken können sowohl historische Bücherinventare als auch die im Geistlichen Ministerium (Dombibliothek St. Nikolai) erhaltenen Codices selbst herangezogen werden.

In etwa mit der Greifswalder Marienkirche vergleichbar sind die Verhältnisse in der Barther Kirchenbibliothek St. Marien (Ersterwähnung 1398). Hier hat sich die im Kern spätmittelalterliche Büchersammlung von ehemals drei bis vier Dutzend Bänden mit Handschriften und Inkunabeln erhalten. Im Gegensatz zu ihrem Greifswalder

4 Eine instruktive und reich bebilderte Sammlung von Frömmigkeitszeugnissen aus dem spätmittelalterlichen Pommern bei Norbert *Buske*/Thomas *Helms*: Spuren der Ewigkeit, hg. von Gunter *Kirmis*. Schwerin 2003, S. 23–83.

5 Jürgen *Geiß*, Mittelalterliche Handschriften in Greifswalder Bibliotheken. Verzeichnis der Bestände der Bibliothek des Geistlichen Ministeriums (Dombibliothek St. Nikolai), der Universitätsbibliothek und des Universitätsarchivs, Wiesbaden 2009, S. XXIX–XLIII.

Pendant wurde die Barther Kirchenbibliothek 1544/45 durch die Inkorporation der 125 Bände umfassenden Gelehrtenbibliothek des lokalen Reformators und Prädikanten Johannes Block überformt.[6] Bei allen Unterschieden bietet die St.-Marien-Bibliothek in Barth zusammen mit den drei Greifswalder Büchersammlungen durch ihre relativ geschlossene Bestandsstruktur eine günstige materielle Basis für unsere Spurensuche nach frömmigkeitshistorischen Zeugnissen in Pommern aus dem späten Mittelalter.

2. Reflexe mystischer Frömmigkeitspraxis im 14. Jahrhundert

Die Mystik, vor allem diejenige des 14. Jahrhunderts, gehört zu den prägendsten Frömmigkeitsbewegungen des ganzen Mittelalters. Sie zielte auf eine emotionale Annäherung des Gläubigen an Gott durch Visionen (vgl. den Begriff Mystik von griech. *mystein*, »schauen«), aber auch durch Auditionen (verbale Eingebungen) oder meditative körperliche »Verzückung«. Vor allem im 14. Jahrhundert fand die Mystik zahlreiche Anhängerinnen und Anhänger, namentlich im deutschen Südwesten und in den Niederlanden.

Die als *Devotio moderna* (»neue Frömmigkeit«) bezeichnete religiöse Bewegung des 15. Jahrhunderts, die aus den Niederlanden auf das ganze Reich übergriff, wurzelte tief in der spätmittelalterlichen Mystik. Weil sich von Anfang an bevorzugt illiterate, d.h. nicht Lateinisch sprechende und schreibende Menschen, darunter sehr viele Frauen, von der Mystik angezogen fühlten, geriet diese Frömmigkeitspraxis schnell unter den Verdacht der Häresie. Das Problem der *cura animarum* (Seelsorge) mystischer Visionäre und religiös Verzückter brachte bisweilen sogar die frömmigkeitstheologisch geschulten Seelsorger in Bedrängnis. Besonders eindrücklich zeigt sich dies in dem Häresieprozess gegen Meister Eckhart, das Haupt der dominikanischen Mystik in Deutschland. Er geriet wegen einzelner Passagen aus seinem Werk in massive Konflikte mit der orthodoxen Theologie.[7]

Aus Pommern sind zwar hier und dort schwache Spuren der Mystik erkennbar, diese beschränken sich jedoch vor allem auf schlichte (und dazu noch sporadische) Nachweise von Beginenhäusern in den großen Städten der Region. Konkrete Spuren mystischer Frömmigkeit unter den in einer Art frommer Lebensgemeinschaft zusammenlebenden Frauen fehlen in Pommern indes völlig.[8] Insofern kommt einem Handschriftenband aus dem Greifswalder Franziskanerkloster[9] ein besonderes Gewicht zu. Der pastoraltheologisch angelegte Band besteht heute aus mehreren Einzelteilen (Faszikeln) aus dem späten 14. und frühen 15. Jahrhundert mit je eigenen Entstehungsgeschichten. Der weitaus größte Teil des Codex enthält lateinische Texte und ist wohl in

6 Jürgen *Geiß*, Die Kirchenbibliothek zu St. Marien, in: Stadt Barth – Beiträge zur Stadtgeschichte, Schwerin 2005, S. 413–416.

7 *Angenendt*, Geschichte der Religiosität (wie Anm. 3), S. 65f.

8 *Heyden*, Kirchengeschichte Pommerns (wie Anm. 3), S. 164f.

9 Greifswald, Bibliothek des Geistlichen Ministeriums am Dom St. Nikolai [GM], XXVII.E.104., vgl. *Geiß*, Mittelalterliche Handschriften Greifswalder Bibliotheken (wie Anm. 5), S. 114–117.

den Jahrzehnten um 1400 im Grauen Kloster der Greifswalder Franziskaner entstanden. Am Ende befindet sich ein Sammelsurium von Schriften in der niederdeutschen Volkssprache, die nach ihrem ostelbisch-lübischen Dialekt in der engeren oder weiteren Region um Greifswald entstanden sein dürften. Dieser Abschlussteil des Sammelbandes bildet heute nur scheinbar einen zusammenhängenden Faszikel. Bei näherem Hinsehen besteht er aus mehreren unabhängigen Bruchstücken aus mindestens fünf verschiedenen Handschriften. Alle sind dem Schriftduktus nach im späten 14. Jahrhundert entstanden.

Die gesamte Überlieferungssituation spricht dafür, dass man diese Fragmente in der ersten Hälfte des 15. Jahrhunderts im Greifswalder Franziskanerkonvent gesammelt und dort zusammen gebunden hat. Da es sich allesamt um volkssprachliche Texte handelt, haben wir hier wohl die Reste der aufgelösten Bibliothek eines pommerschen Frauenkonvents vor uns. Darauf weist auch der Inhalt, denn das Konvolut liefert Meditationen, Visionsberichte und Gebete zu zentralen pastoralen Themen, wie Buße, Beichte und Passion, bisweilen direkt adressiert an Christus, Maria und andere »geistliche Schwestern«. Zudem findet man mit einem Fragment aus der ›Rede der underscheidunge‹ Meister Eckharts auch einen der damaligen Schlüsseltexte der mystischen Bewegung im 14. Jahrhundert.[10]

Metaphorik und Sprechhaltung der genannten Texte sind unverkennbar frauenmystisch. Als besonders instruktives Beispiel sei hier ein bislang nicht identifiziertes ›Liebesgedicht Jesu an die minnende Seele‹ genannt, das auf einem versprengten Einzelblatt einer heute verlorenen Handschrift steht. Der am Anfang und Ende wohl unvollständige Text setzt mit folgenden Worten ein, die Jesus als Sprecher-Ich an eine weibliche »Geliebte« richtet:

Hir umme starre ik dic an mit minen gotliken gheblicken ane underlat, min tharte dirne, min gheminnede suster, min uterwelde vrundekin, min vorwenende brut, unde bin altomale mit certliker lust, mit innerliker ghunste, mit hicceliker inbrundsticheit uppe dic ernstliken unde untellichliken vor verloren […] Unde ne mach diner nummer vorgheten unde ne kan diner nummer vorcyen unde ne mach nicht aflaten, bet dat ic dic cyre unde bereyde mit dogheden unde mit miner gnade vulmake na mines herten ghenoeggede. […]

(Deshalb starre ich Dich an mit meinem göttlichen Anblick ohne Unterlass, mein zartes Mädchen, meine geliebte Schwester, meine auserwählte Freundin, meine verwöhnende Braut, und ich habe mich allzumal mit zärtlicher Lust, mit innerlicher Gunst, mit hitziger Inbrunst ernsthaft und unsagbar an Dich verloren […] Und [ich] kann Deiner niemals vergessen und kann mich Dir niemals entziehen, noch kann ich von Dir lassen, bis dass ich Dich ziere und mit Tugenden versehe und meine Gnade an Dir vollende nach dem Genügen meines Herzens […]).

10 Identifizierung durch Hans-Joachim *Ziegeler*, Das ›Beginchen von Paris‹, in: Neuere Aspekte germanistischer Spätmittelalterforschung, hg. von Freimut *Löser* u.a., Wiesbaden 2012, S. 161–246, hier: S. 190; 246 (Abb. 5).

Ohne Zweifel ist dieser Text stark von der geistigen Perspektive und vom Sprechduktus des biblischen Hohelieds beeinflusst. Ebenso klar ist er aber auch von einer mystischen Frömmigkeitshaltung durchdrungen, die Jesus für religiös aufgeschlossene Frauen als Liebhaber und Bräutigam erkenn- und erfahrbar macht. Wenn dieser Text – wie auch die anderen des Greifswalder Fragmentkonvoluts – tatsächlich in einer religiösen Frauenkommunität Pommerns entstanden ist und auch rezipiert wurde, muss er seine Attraktivität vor allem aus der im Text deutlich erkennbaren religiösen Erotik bezogen haben.

Das Greifswalder Konvolut mystischer Texte in der Volkssprache ist deshalb so wertvoll, weil sich – wie oben angedeutet – in Pommern anderorts praktisch keine originären Zeugnisse mystischer Frömmigkeit erhalten haben. Es bleibt freilich die Frage, in welchem Konvent eine derartige Frömmigkeitspraxis, die sich hier so schlaglichtartig zeigt, überhaupt gelebt werden konnte. Die gesamte Überlieferungssituation spricht für einen klaren Konnex zur Frauenseelsorge im Greifswalder Franziskanerkloster um 1400. Doch welche Frauen sind hier von der *cura animarum* der Grauen Mönche erfasst worden? Hier lohnt sich ein Blick in einen anderen Band.[11] Dort befindet sich auf dem Spiegel des Vorderdeckels ein Fragment einer Urkunde aus der zweiten Hälfte des 14. Jahrhunderts, mit der eine gewisse *Margareta de Verchen* eine Stiftung an die Greifswalder Franziskaner errichtet. Lässt sich hieraus eine seelsorgerliche Betreuung der Benediktinerinnen in Verchen am Kummerower See durch die Greifswalder Franziskaner und damit ein »Sitz im Leben« für das mystische Konvolut festmachen? Da von einer Betreuung der dortigen Klosterfrauen durch die Greifswalder Mendikanten keine weitere Quelle bekannt ist und man auch sonst wenig über das geistige Leben im Frauenkonvent zu Verchen weiß,[12] wird man diese These wohl verwerfen müssen. Wesentlich plausibler erscheint eine Rezeption in einem der Beginenhäuser der Region. Hier kommen eigentlich nur die Beginenkonvente im unmittelbaren örtlichen Umfeld in Frage, d. h. die beiden sehr dürftig – nur um 1300 und Anfang des 16. Jahrhunderts – bezeugten Beginenhöfe in Greifswald oder eines der fünf (!) Religiosenhäuser, die Mitte des 14. Jahrhunderts in Stralsund genannt werden.[13]

Wo immer das Greifswalder Konvolut mystischer Texte nun zu verorten ist – als mutmaßliches Zeugnis einer heute vollständig aus dem Gedächtnis geratenen weiblichen Laienfrömmigkeit in der Region ist es unbedingt wert, genauer analysiert zu werden. Für die Analyse seiner Bedeutung im Gefüge hansestädtischer Frauenfrömmigkeit im 14. Jahrhundert sollte man dabei vor allem auf die Verschränkung laikalbürgerlicher und klerikaler Frömmigkeitspraxen im so genannten »Semi-Religiosen-

11 Greifwald, GM, XXXVI.E.108., vgl. *Geiß*, Mittelalterliche Handschriften Greifswalder Bibliotheken (wie Anm. 5), S. 134f.

12 Hermann *Hoogeweg*, Die Stifter und Klöster der Provinz Pommern, Bd. 2, Stettin 1925, S. 770–823, v.a. S. 783.

13 *Heyden*, Kirchengeschichte Pommerns (wie Anm. 3), S. 164; *Hoogeweg*, Stifter und Klöster Pommern (wie Anm. 11), S. 726 (nennt nur zwei Beginenhäuser im Umfeld des Stralsunder Dominikaner- und Franziskanerklosters); Karsten *Igel*, Zwischen Bürgerhaus und Frauenhaus. Stadtgestalt, Grundbesitz und Sozialstruktur im spätmittelalterlichen Greifswald, Köln, Weimar, Wien 2010, S. 147.

tum« achten. Ob in Greifswald eine mystisch-weibliche Frömmigkeitspraxis Anfang des 15. Jahrhunderts dann einfach untergegangen ist oder aber bewusst verschüttet oder gar von den seelsorgerlich aktiven Franziskanern zerschlagen wurde, wäre dann die zweite, freilich schwer zu beantwortende Frage.

3. Sorge um die Seelsorge im 15. Jahrhundert

War das 14. Jahrhundert eine Zeit der Krise für die Amtskirche nach deren mehr oder weniger offenen Politisierung im großen abendländischen Schisma, bemühte man sich im 15. Jahrhundert, dem großen Vertrauensverlust in die Institution Kirche mit Reformen zu begegnen. Bemerkenswert hierbei ist, dass diese Lösungsansätze zumeist von den inneren Machtzirkeln, d. h. vom Klerus selbst, angestoßen wurden. Auf den Reformkonzilien von Konstanz und Basel versuchte man, das Vertrauen in die kirchliche Hierarchie mit dem Papst an der Spitze wieder zu gewinnen, während Weltkirche und Mönchsorden in der *Devotio moderna* und in pädagogischen Neuorientierungen, z. B. im Humanismus, nach Lösungen gegenüber dem Vertrauensschwund der Kirche suchten.[14] Die moralische Frage, ob ein Welt- oder Mönchskleriker ein frommes Leben führte, wurde im 15. Jahrhundert zu einem Kriterium, an dem Kleriker wie Laien erfolgreiche Seelsorge messen konnten. Der explosionsartige Anstieg an Predigten und frömmigkeitspraktischer Literatur in dieser Zeit ist ein klares Zeichen für einen breiten frömmigkeitshistorischen Umschwung, der fast einer Überhitzung gleich kam. In den Städten nahmen die Laien, d. h. vor allem vermögende Bürger, einen immer größeren Einfluss darauf, wie Seelsorge im öffentlichen Raum zu gestalten sei. Diese stärker eigenverantwortliche Laienfrömmigkeit schlug sich v. a. in der Stiftung von Kapellen und Kirchen, Wallfahrten, Jahrzeiten, Predigerstellen, Büchern und Bibliotheken nieder. Für den französisch-niederländischen Raum hat Johan Huizinga in seinem klassischen Werk ›Herbst des Mittelalters‹ diesen Vorgang als exponentiell ansteigende Fieberkurve beschrieben.[15] Laien und Klerus hatten nun zumeist gemeinsam und in politisch-wirtschaftlicher Verquickung (Stiftungen, Stellenbesetzungen) einen weit greifenden »Markt der Frömmigkeit« aufgebaut und förderten diesen nach Kräften. Dadurch wurde die Seelsorge zu einem gemeinschaftlichen Unternehmen der ganzen mittelalterlichen Gesellschaft.

Diese gesamtgesellschaftliche pastorale Aufgabe spiegelt sich heute sehr deutlich auch in spätmittelalterlichen Büchersammlungen. Befördert durch den Buchdruck erlebten die Bibliotheken, v. a. diejenigen an den Pfarrkirchen, einen enormen Aufschwung.[16] Doch auch in den Klosterbibliotheken sind strukturelle Veränderungen

---

14 *Angenendt*, Geschichte der Religiosität (wie Anm. 3), S. 75–87.

15 Johan *Huizinga*, Herbst des Mittelalters. Studien über Lebens- und Geistesformen des 14. und 15. Jahrhunderts in Frankreich und in den Niederlanden, hg. von Kurt *Köster* (Kröners Taschenausgabe, 204), Stuttgart 1975, S. 246–284.

16 Ladislaus *Buzás*, Deutsche Bibliotheksgeschichte des Mittelalters (Elemente des Buch- und Bibliothekswesens, 1), Wiesbaden 1975, S. 107–110.

im Bestandsaufbau wahrzunehmen. Bei den beiden Mendikantenklöstern Greifswalds z. B. haben die bereits kurz nach Stadtgründung (um 1250) eingerichteten Konvente ihre Bibliotheken um 1400 sichtlich einer Revision unterzogen. Dabei sonderten die Klosterbibliothekare ältere Literatur bewusst aus (die Reste finden sich heute als Einbandmakulatur in den erhaltenen Codices) und ersetzten sie im 15. Jahrhundert Schritt für Schritt durch praktische Frömmigkeitsliteratur, vor allem aber durch die aktuellsten Predigtsammlungen, die auf dem Markt zu haben waren.[17] Um 1530, als man die beiden Mendikantenkonvente in Greifswald auflöste, nahm Predigtliteratur in den Pultbibliotheken, wo die Bücher noch angekettet standen, immerhin 50 bis 60 Prozent des Gesamtbestandes ein. Hierin spiegelt sich eine Intensivierung der Predigttätigkeit, der einem seelsorglichen Umschwung gleichkommt. Der Anschluss der beiden Bettelordenskonvente in Greifswald an die Reformflügel ihrer Orden in der zweiten Hälfte des 15. Jahrhunderts wirkte in diesem Zusammenhang – vor allem in einer stärkeren Konzentration auf die Seelsorge – unterstützend und beflügelnd.

Der Aufschwung an Pastoralliteratur im 15. Jahrhundert lässt sich in der Region – wenn auch in viel kleinerem Maßstab – auch in der Barther Kirchenbibliothek nachweisen. Ein instruktives Beispiel hierfür ist die Sammlung des Klerikers Johannes Divitze, der am Ende seines Lebens (um 1510) der Marienkirche nicht weniger als sieben Sammelbände mit mehreren Handschriftenfaszikeln und 16 Inkunabeln vermachte.[18] Der Schenker stammte wohl aus Divitz bei Barth, hatte 1458 bis 1460 in Greifswald studiert, dort mit dem niedrigsten akademischen Grad abgeschlossen und stand ab 1474 für etwa 35 Jahre im Barther Kirchendienst. Ein Blick in seine Bücher, die während dieser langen Zeit sein seelsorgerliches Rüstzeug darstellten, verrät eine gründliche theologisch-scholastische Schulung durch die Werke von Thomas von Aquin und Petrus Lombardus sowie im Kirchenrecht. Er vermittelt aber auch Divitzes Interesse für Predigten und Frömmigkeitsliteratur, v. a. in Schriften des mystisch orientierten Franziskanertheologen Bonaventura.

Einen signifikanten Ausdruck für die pastorale Neubelebung im 15. Jahrhundert aber bilden die Handbücher zu Buße, Beichte und Häresie, die sich Divitze in auffällig hoher Anzahl für seine Sammlung anschaffte. Nicht nur der berüchtigte ›Hexenhammer‹ (›*Malleus maleficiarum*‹) befand sich in seinem Besitz, sondern auch die Schrift ›Über die verdammungswürdigen Hexen‹ (›*De sagis maleficis*‹) des Tübinger Theologen Martin Plantsch.[19] Eingebettet sind diese gegen abergläubische Praktiken im Volk gerichteten Schriften in katechetisch orientierte Schriften sowie Buß- und Beichtlehren, die ihren pastoralen »Sitz im Leben« im Umfeld der Barther Kirchengemeinde durch die teilweise verwendete niederdeutsche Volkssprache verraten.

Wie sehr seelsorgerliche Grundlagenliteratur dieser Art auch auf die Vertiefung der Religiosität im Klerus selbst wirken sollte, zeigt sich in einem (bislang nicht identifi-

17 *Geiß*, Mittelalterliche Handschriften Greifswald (wie Anm. 5), S. XXXII–XLI.
18 *Geiß*, Kirchenbibliothek Barth (wie Anm. 6), S. 413.
19 Barth, Kirchenbibliothek St. Marien [K], 2° E 2 (3); 4° D 41 (3), vgl. Jürgen *Geiß*, in: www.manuscripta-mediaevalia.de, s. v. (Abruf am 09.09.2016).

zierbaren) Holzschnitt, den Divitze als Andachtsbild in eine seiner gedruckten Beichtlehren[20] eingeklebt hat. Die Druckillustration zeigt Christus nach dem Wortlaut der biblischen ›Apokalypse‹ als Weltenrichter am Ende der Zeiten. Die geretteten und verlorenen Seelen werden vom Erzengel Michael mit der Seelenwaage der ewigen Seligkeit des Himmels oder dem Teufelsrachen der Hölle zugeteilt. Der unter die Abbildung gedruckte Satz *Memorare novissima tua et in eternum non peccabis* (Denke an die letzten Dinge und Du wirst auf ewig nicht mehr sündigen) wird man als eine Art moralische Richtschnur für Divitze ansehen dürfen, die er sich als Kleriker selbst auferlegt hatte. Die Aufforderung drückt aus, dass alle – Laien wie Kleriker – nur durch Sündenangst zur Sündenreinheit kommen und dass auch der Geistliche erst durch diesen Läuterungsprozess zu einem würdigen Vorbild vertieft gelebter Frömmigkeit innerhalb seiner Gemeinde werden kann.

An anderer Stelle kann diese frömmigkeitsfördernde Moraldidaxe auch in offene Kritik an der religiösen Praxis der Zeit umschlagen. Ein schönes Beispiel hierfür ist ein Predigthandbuch, das sich der Greifswalder Kleriker Theodericus Gammerath in den 1480er Jahren als Prediger an der Marienkirche zusammengeschrieben und im Besitzvermerk mit dem Titel *Armatura predicatoris* (Rüstzeug des Predigers) versehen hat.[21] Hier finden sich auf den Schlussblättern zahlreiche moralisch-aszetische Handreichungen für Kleriker in lateinischer Sprache, aber auch fünf Moralgedichte in niederdeutsch-lübischer Sprache. Von besonderem Interesse hierbei ist ein satirisches Gedicht, das der zeitgenössischen Frömmigkeit einen hoch verbindlichen moralischen Wert innerhalb der mittelalterlichen Gesellschaft zuspricht:[22]

Prelaten de god nicht anzeen	(Prälaten, die Gott nicht anblicken
Papen, de de karken vlen,	Pfarrer, die die Kirchen fliehen,
Vorsten und heren ungnedich,	ungnädige Fürsten und Herren,
Eyn juncwif schon und unstedich,	eine Jungfrau, schön, aber unstetig,
Ridder, de ere erve vorkopen,	Ritter, die ihr Erbe verkaufen,
Vrowen, de vele umme aflat lopen,	Frauen, die dem Ablass nachlaufen,
Richter, de dat recht vorkeren,	Richter, die das Recht beugen,
Und wise lude, de loghene sere,	und weise Leute, die sehr lügen,
Eyn oltman, de rodet, dorheit ridet,	ein Greis, der rät [und] Torheit spricht,
Eyn monnick, de sin closter mÿdet,	ein Mönch, der sein Kloster meidet,
Eyn junckgezelle, de sick na bozem lencket,	ein Junggeselle, der Bösem zuneigt,
Und eyn arman, de dar gherne win drencket,	und ein Armer, der da gerne Wein trinkt,
Nunnen, de dar bolen und karnüthen,	Nonnen, die da buhlen und Unzucht treiben,
Echtelude, de dar bülen buthen;	Eheleute, die da Buhlen nachstellen;
Vorware, my duncket an deme zynne myn,	Fürwahr, meinem Eindruck nach scheint mir,
Dat underdessen zelden vrame lude zin.	dass es inzwischen kaum mehr fromme Leute gibt.)

20 Barth, K, 4° E 36 (3), vgl. Jürgen *Geiß*, in: www.manuscripta-mediaevalia.de, s. v. (Abruf am 09.09.2016).
21 Greifswald, GM, 25.E.71., vgl. *Geiß*, Mittelalterliche Handschriften Greifswald (wie Anm. 5), S. 56–59.
22 Greifswald, GM, 25.E.71., 293rv.

Der Überlieferungskontext dieses sprachlich etwas ungelenken Gedichts spricht dafür, dass die geäußerte Ständekritik an einer scheinbar zerrütteten Gesellschaft auf den Greifswalder Seelsorger Gammerath selbst zurückgeht. Bei aller literarischen (Stereo-)Typisierung beeindruckt der Text durch seine strikte Haltung und das pastorale Engagement, in der sein Verfasser die Frömmigkeit implizit zur Richtschnur für moralisch richtiges Verhalten macht. Im Sprachgestus eines Bußpredigers ruft er mit bewusst eingesetzter satirischer Überhöhung, die nach dem Muster des spätmittelalterlichen Totentanzes kein Mitglied der Ständegesellschaft verschont, sein Publikum *ex negativo* dort zur Nachbesserung auf, wo – seiner Meinung nach – die Frömmigkeit allenthalben auf dem Rückzug ist.

4. Bücher als Stiftungsobjekte der Zeitenwende um 1500

Im Gefolge des skizzierten Aufschwungs der Religiosität auf dem Markt der Frömmigkeit nahm auch das kaufmännisch organisierte Stiftungswesen im 15. Jahrhundert vor allem in den Städten in einem bisher nicht gekannten Maße zu. Aus Sorge um ihr Seelenheil und das ihrer Angehörigen stifteten Kleriker wie begüterte Laien nicht nur Gedächtnismessen, Kirchenämter und Klerikerstellen, kirchliche Bilder, Skulpturen oder ganze Gebäude, sondern auch Bücher, manchmal sogar ganze Bibliotheken. Im Falle der Buchstiftungen, für die es auch in Pommern eindrucksvolle Beispiele gibt, sind unter unserer Leitfrage nach der spätmittelalterlichen Frömmigkeit in der Region zwei Aspekte zu berücksichtigen: Zunächst waren Bücher die wichtigste Grundlage für Kleriker bei der Erledigung ihrer liturgischen und seelsorgerlichen Aufgaben. Dafür stehen die im obigen Kapitel genannten Seelsorger Johannes Divitze in Barth und Theodericus Gammerath in Greifswald. Zum anderen spielten Buchschenkungen eine ganz wichtige Rolle in der Memorialkultur für Laien und Kleriker. Das bedeutete, man beauftragte den Klerus bzw. die Institution Kirche, durch Gebet und Messfeier die Gnadenmittel für die Stifter vor dem Angesicht des nahen oder fernen Todes zu erbitten, zu verwalten und für deren Vollzug zu sorgen.

Die umfangreichsten zeitgenössischen Bücherstiftungen an die beiden Bettelordensklöster in Greifswald erfolgten Anfang des 16. Jahrhunderts durch den Lübecker Vikar Martin Barow und den Rechtsprofessor Johannes Meilof. Dabei stiftete Barow, von dem man ansonsten nur weiß, dass er als Kleriker der pommerschen Diözese Kammin offenbar aus der Region stammte, testamentarisch eine stattliche Anzahl von 17 Bänden an die Franziskaner.[23] Es handelt sich vornehmlich um scholastische Literatur, vereinzelt aber auch um Predigten, die der Schenker – wie die Einbände ausweisen – vor allem auf dem Lübecker Buchmarkt erworben hat. Weil Barow biografisch kaum zu fassen ist und die Besitzvermerke in seinen Büchern lediglich die Schenkung an die Franziskaner festhalten, ist ein explizit pastoraler bzw. frömmigkeitshistorischer

23 Jürgen *Geiß*, Buchhandel, Bettelorden, Büchersammlungen. Erkundungen zur Bibliothekslandschaft im spätmittelalterlichen Greifswald, in: Quaerendo 41 (2011), S. 214–224, hier: S. 221f.

Zusammenhang dieses Legats schwer zu beschreiben. Im Falle der Schenkung Johann Meilofs an die Dominikaner sieht die Sache deutlich anders aus; denn hier gingen nicht nur 19 oder 20 juristische Sammelbände – vornehmlich Handschriften – in das Greifswalder Predigerkloster ein, sondern gleichzeitig der Stifter *in persona*.[24] Man schrieb das Jahr 1484, als Meilof eine glänzende und hoch dekorierte Karriere, die ihn 1470–1476 in die diplomatisch-juristischen Machtzirkel des Rigaer Erzbischofs Silvester Stodewescher und danach auf einen der Lehrstühle an der juristischen Fakultät und den Rektorenstuhl der Universität Greifswald gebracht hatte, brüsk abschnitt. In einer spektakulären und öffentlich inszenierten *conversio* entsagte er der Welt, um ein klerikales Gelehrtenleben im geschützten Raum des Konvents zu führen. Dieses neue Leben bestand im Wesentlichen aus dem Durcharbeiten und Ordnen seiner Bücher, aus der Erstellung juristischer Fachgutachten (u. a. für das pommersche Herzogshaus) und – offenbar beeinflusst durch das Vorbild der Predigermönche – aus einem praktischen pastoralen Engagement. Ab 1485 taucht Meilof in Greifswald verschiedentlich als Prediger auf, wobei er offenbar an seine humanistisch inspirierten Interessen als *rhetor* (öffentlicher Redner) im Dienste Stodeweschers in seiner Livländer Zeit anknüpfte. Die Tatsache, dass Meilof mit seinem Eintritt nicht vollends vom Konventsleben im Schwarzen Kloster absorbiert wurde, sondern selbstbestimmt als Seelsorger in der Öffentlichkeit Greifswalds präsent blieb, ist frömmigkeitshistorisch von hoher Bedeutung. Es scheint sich hier um ein humanistisches, aber christlich gewendetes Ideal des *otium cum litteris* zu handeln, das in der Antike klassisch Marcus Tullius Cicero ausformuliert hatte. Meilofs Bücher freilich – eine reine juristische Gelehrtenbibliothek, die die Aufstellungssystematik der Dominikanerbibliothek zu sprengen drohte und dort als Fremdkörper wirkte – spielten im Kontext seiner religiösen Wende und pastoralen Berufung keine Rolle. Das gilt eher für seinen Anschluss an die monastische Memorialkultur durch seinen Klostereintritt. In voller Konsequenz seiner frommen Stiftung fand Meilof um 1505 seine letzte Ruhestätte im Schwarzen Kloster der Dominikaner.

Neben den skizzierten Formen klerikal-intellektueller (Buch-)Frömmigkeit, mit denen Barow und Meilof in je unterschiedlicher Weise an die Frömmigkeitskultur der Greifswalder Bettelordensklöster anknüpften, gibt es in Greifswald zwei weitere Beispiele, in denen Bücherstiftungen selbst als Gnadenmittel begriffen wurden. In jeder Hinsicht herausragend ist ein Stiftungsvermerk, mit dem Katherina Rubenow, die Witwe des 1462 in der Neujahrsnacht ermordeten Bürgermeisters und Universitätsgründers Greifswalds, Heinrich Rubenow, dem Dominikanerkloster eine dreibändige Bibelpostille in einem Nürnberger Druck von 1481[25] mit folgenden Worten vermachte:

24 Jürgen *Geiß*, Netzwerke spätmittelalterlicher Rechtsgelehrter im Ostseeraum. Beobachtungen zur Büchersammlung des Greifswalder Juristen Johannes Meilof, in: Baltische Studien NF 91 (2005), S. 61–78.

25 Greifswald, GM, 461–463, vgl. Thomas *Wilhelmi*, Inkunabeln in Greifswalder Bibliotheken. Verzeichnis der Bestände der Universitätsbibliothek Greifswald, der Bibliothek des Geistlichen Ministeriums und des Landesarchivs Greifswalds, Wiesbaden 1997, Nr. 542.

Dit bock heft gegheven, doe men screef m.° cccc.° lxxxiiii, tho ener ewighen dachtnisse de ewerdighe Katherina, na ghelaten hussfrouwe domini doctoris Hinrici Rubenowen, borgermeyster tho demme Grippeswolde, doctor in beiden rechten, de iamerliken wart dot gheslaghen op nijen jaers avende, do men scref m.° cccc.° lxii. Alle de ut dissemen boke studeren efte lesen, de bidden got vor em unde vor er een Pater noster. Ave. Requiescant in pace.

(Dieses Buch hat, als man [das Jahr] 1484 schrieb, die ehrwürdige Katherina [dem Kloster] gegeben, [als] hinterlassene Ehefrau des Herrn Doktor Heinrich Rubenow, Bürgermeister in Greifswald, Doktor beider Rechte, der auf bejammernswerte Weise am Neujahrsabend tot geschlagen worden war, als man [das Jahr] 1462 schrieb. Alle, die aus diesem Buch studieren oder lesen, die sollen Gott für ihn und für sie ein Vaterunser beten. Ave Maria. Sie mögen ruhen in Frieden).

Dass die Greifswalder Dominikaner die Nutznießer dieser Schenkung waren, erweist sich aus der zeitgenössischen Bibliothekssignatur, die für deren Bibliothek typisch ist. Für unsere Fragestellung wichtiger ist die Tatsache, dass Rubenows Witwe mit dieser monumentalen Stiftung explizit die Benutzer der Bibelpostille in der dominikanischen Studienbibliothek als seelsorgerliche Sachwalter ansprach. Die Sorge der Witwe galt vor allem dem Seelenheil ihres verstorbenen Mannes, der in ihren Augen durch seinen gewaltsamen Tod – unvorbereitet und »unversehen« mit den Gnadenmitteln der Kirche – in Gefahr stand, seine Sünden für einen langen Zeitraum im Fegefeuer büßen zu müssen. Katherina wollte hier offenbar nichts unversucht lassen, eine derartig massive Sündenstrafe für ihren verstorbenen Gatten abzuwenden. Die Tatsache, dass Heinrich Rubenow ohne eigenes Verschulden vom Tod getroffen worden war, war ihr augenscheinlich nicht sicher genug, denn *sub specie mortis* musste der mittelalterliche Mensch immer und zu jeder Zeit darauf bedacht sein, sein Leben von Sünden zu reinigen, um notfalls auch gegen den schnellen Tod gewappnet zu sein. Stiftungen wurden hier als probates Mittel angesehen. Und auch Heinrich Rubenow war Zeit seines Lebens auf diesem Feld nicht untätig gewesen: Andere Legate, die er der Universität Greifswald anlässlich deren Gründung zukommen ließ – die enorm hohe Geldsumme von 1000 Mark etwa (1456), aber auch die Stiftung seiner gesamten Rechtsbibliothek an die Juristische Fakultät (1456/62), schließlich auch die so genannte ›Rubenowtafel‹ für die Greifswalder Kollegiatskirche St. Nikolai mit der Darstellung der Gründungsprofessoren (1460/62)[26] – stehen in diesem Zusammenhang. In keinem Fall ist aber die Verbindung mit der monastischen Memorialkultur und damit die frömmigkeitshistorische Signifikanz so deutlich wie im Falle der Bücherstiftung lange über seinen Tod hinaus. Vieles spricht dafür, dass dieses Legat erst getätigt wurde, als auch Katherina Rubenow im Sterben lag oder bereits verschieden war.

In den beiden Mendikantenkonventen Greifswalds setzt die Reihe der explizit als Memorialstiftung ausgezeichneten Buchlegate eigentlich erst mit der Rubenowschen

26 Werner *Buchholz*, Rubenow, Heinrich, in: Neue Deutsche Biographie (NDB) 22 (2005), S. 153f.

Stiftung ein.[27] Angesichts der heraufziehenden Reformation im zweiten Jahrzehnt des 16. Jahrhunderts, in Pommern spätestens mit dem von Unruhen begleiteten Übergang Stralsunds und Stettins zur Reformation (1525), scheint Greifswald eine Art Refugium für die altgläubige Bevölkerung der Region geworden zu sein. Dies spiegelt sich sehr deutlich in einem Schenkungsvermerk des Stralsunder Patriziers Joachim Wardenberg, der im Jahr 1528 – als Stralsund weitgehend reformatorisch geworden war – den Greifswalder Franziskanern eine dreiteilige Druckausgabe der ›Opera‹ des Kirchenvaters Ambrosius in einer Basler Ausgabe von 1516[28] mit den folgenden Worten vermachte:

Item int jar xxviii gaf ik Jogim Wardenberch de 3 boyke int closter tom Gripeswoldis unde byde de heren, se willen in erm sermon byden got for de her na steen.

(Item: Im Jahr [15]28 gab ich, Joachim Wardenberg, die drei Bücher in das Kloster zu Greifswald, [und] bitte die Herren [Mönche], dass sie in ihrem Gebet Gott für diejenigen bitten, die hiernach stehen).

In der Folge sind, angefangen von Joachims Eltern, dem Bürgermeisterehepaar Henning und Margarethe Wardenberg,[29] mehrere Mitglieder der vornehmen Stralsunder Tuchschneiderfamilie genannt, die mit einem Kreuz als bereits verstorben gekennzeichnet sind. Der bedeutendste Name dieser Memorial- und Totenliste ist sicherlich derjenige des Stralsunder Juristen und Prälaten Zutfeld Wardenberg.[30] Joachim, sein jüngerer Bruder, hatte dem Tribseer Archidiakon, einem der bedeutendsten Kleriker Stralsunds, bereits im Jahre 1522 zur Steuerflucht aus der Stadt nach Rom verholfen. Dafür hatte er im »Blauen Turm« der Stadt eine mehrmonatige Gefängnishaft verbüßt. Ein Jahr vor der Buchstiftung (1527) war Zutfeld bei der Plünderung Roms durch Söldnerheere, im so genannten *Sacco di Roma*, als »Kuriendiener« erschlagen worden. Es ist mehr als wahrscheinlich, dass dieser für die Familie Wardenberg schokkierende Vorgang in einem direkten Zusammenhang mit Joachims Buchlegat an die Greifswalder Franziskaner steht. In den Augen der Familie stand einiges auf dem Spiel: Wie seinerzeit Rubenow hatte Zutfeld Wardenberg sich nicht durch Sündenreinigung und den Einsatz von Gnadenmitteln auf seinen Tod vorbereiten können. Schlimmer noch – ihm war die Ordnung seiner letzten Dinge von lutherischen »Häretikern« aus den Händen gerissen worden. 1527/28, als die Nachricht von Zutfelds Tod wohl nach Stralsund gelangte, stand der örtliche Klerus in der Stadt für die Tilgung einer derartigen »Schuld« nicht mehr zur Verfügung: Die beiden örtlichen Bettelordensklöster waren durch die gewaltsame Auflösung ihrer Konvente im »Stralsunder Kirchenbrechen« von 1525 nicht mehr zur Spendung von Gnadenmitteln fähig. Obwohl die Familie Wardenberg in der Stadt ansässig blieb und in traditionellem Sinne noch als Förderer der überkommenen Kirchen- und Klosterkultur auftrat – so z. B. Joachim

27 *Geiß*, Buchhandel, Bettelorden, Büchersammlungen (wie Anm. 19), S. 221f.

28 Greifswald, GM, 1489–1490 (drei Teile in zwei Bänden).

29 Zum traditionellen Stiftungsverständnis Henning Wardenbergs in Form einer Kapellenstiftung vgl. Ralf *Luisiardi*, Stiftung und städtische Gesellschaft. Religiöse und soziale Aspekte des Stiftungsverhaltens im spätmittelalterlichen Stralsund (Stiftungsgeschichten, 2), Berlin 2000, S. 203.

30 Theodor *Pyl*, Wardenberg, Zutfeld, in: Allgemeine Deutsche Biographie 41 (1896), S. 166f.

Wardenberg als wirtschaftlicher Sachwalter der Stralsunder Beginen 1527[31] –, waren sie gezwungen, auf kirchliche Heilsmittel außerhalb der Stadt auszuweichen. Der noch leidlich funktionierende Greifswalder Franziskanerkonvent bot sich hier in idealer Weise an. Joachim Wardenberg konnte also seinen Schenkungsvermerk in begründeter Hoffnung um den folgenden Passus ergänzen: *Item wen mi got fan hir esken heft, so byttenth got for my* (Dann, wenn mich Gott von hier abberufen hat, sollen [die Mönche] für mich beten). Nach diesem frommen Wunsch nennt er sich selbst, seine Ehefrau und die Kinder als die Nutznießer *in spe*, und weitere, damals (1528) noch lebende Familienmitglieder. Es scheint so, dass die altgläubig gebliebene Patrizierfamilie in Stralsund die ganze Fülle traditioneller Gnadenmittel auch in einem weitgehend evangelisch gewordenen Umfeld noch in vollem Maße ausnützen wollte. Wenn dies aus gegebenen Umständen nicht mehr mit Hilfe des Stralsunder Klerus funktionieren konnte, war man offenbar noch in der Lage umzuschwenken und sich in Greifswald nach Alternativen für die Praktizierung der gewohnten Frömmigkeit umzuschauen.

5. Zwischen altem und neuem Glauben

Mit der Frömmigkeitspraxis der Stralsunder Familie Wardenberg sind wir bereits in der Reformation angelangt und dabei bei der Frage, wie sich der Übergang vom alten zum neuen Glauben und die Veränderungen in der Frömmigkeit in den Büchersammlungen Pommerns niedergeschlagen hat. Fündig wird man hier bei dem Barther Prädikanten Johannes Block (†1544/45),[32] in dessen Gelehrtenbibliothek sich dieser frömmigkeitsgeschichtliche Übergang recht differenziert ablesen lässt. Block, zwischen 1470 und 1480 in Stolp in Hinterpommern geboren, wurde schon bald Kleriker der Diözese Kammin, fand an einer unbekannten Lateinschule den Anschluss an den niederländischen Frühhumanismus und ist – nach einem kurzen Zwischenspiel in Danzig (1512/13) – als Prediger und Reformator in Dorpat (1513–1528), Wiburg/Karelien (1528–1532/34) und schließlich im vorpommerschen Barth (1532/24–1544/45) bezeugt. In Pommern, Danzig, Livland und Finnland hat er auch eine sehr ansehnliche Prädikantenbibliothek zusammengetragen. Ihre 125 Bände mit acht Handschriften, 50 Inkunabeln und 270 Frühdrucken schließen an einen »religiösen Humanismus« niederländischer Prägung nach dem Muster des Erasmus von Rotterdam an und zeigen ein bemerkenswert deutliches Interesse für eine aktive Glaubensvermittlung und Seelsorge durch die Predigt. Um 1520 kommt – vermittelt durch Erasmus – eine erste Welle der Luther-Rezeption hinzu, die jedoch schnell von einem breiten Interesse an reformatorischer Kommentarliteratur überlagert wird. Diese ist keineswegs nur lutherisch-wittenbergisch geprägt, sondern findet überall breiten Anschluss in alle Richtungen – bei den norddeutschen Reformatoren ebenso wie bei der oberdeutsch-schweizerischen Reformation bis hin zu Calvin.

31 *Hoogeweeg*, Stifter und Kirchen Pommern (wie Anm. 11), S. 731.
32 https://de.wikipedia.org/wiki/Johannes_Block (Abruf am 31.05.2016); vgl. ferner oben (Anm. 6).

In den späten 1520er und frühen 1530er Jahren wird bei Block ein breites, in Liv- und Finnland begründetes Interesse an der Reformation erkennbar. Trotz der Einbindung in die landesfürstliche Reformation in Pommern unter Bugenhagen lässt sich dieses Interesse jedoch nicht auf eine lutherisch-wittenbergische »Orthodoxie« reduzieren. Es macht ganz den Eindruck, dass Blocks Freiheit im theologischen Denken auf der festen Basis einer seelsorgerlich engagierten, aber ganz traditionell formulierten Klerikerfrömmigkeit fußt. Dafür steht Blocks privates Gebetbuch, ein Brevier der Diözese Kammin in einer Leipziger Ausgabe von 1505.[33] Vor seinem Übertritt zur Reformation benutzte Block dieses »Reisegebetbuch« nicht nur für das Stundengebet, zu dem er als Kamminer Kleriker täglich verpflichtet war, sondern auch für das Festhalten von Notizen. Diese geben schlaglichtartig einen Eindruck seiner Frömmigkeitshaltung, z. B. in einem Eintrag auf dem Nachsatz seines Breviers: *Anno domini mdxii proxima dominica post orationes Sancti Faustini recessi ex lectione oculo laborante. – Pro Divo Simeone exposui i marcam Prutensem, item pro Divo Frederico 5 solidos Hornenses, item xiiii solidos, item noch* (?) *xxvi solidos* (Im Jahr des Herrn 1512 am nachfolgenden Sonntag nach den Gebeten zum Hl. Faustinus habe ich die Lektüre unterbrochen, weil mir die Augen schmerzten. – Dem Heiligen Simeon habe ich eine preußische Mark gestiftet, dem Heiligen Fridericus fünf hornische Schilling, dazu noch 13 und noch einmal 26). Diese Verbindung von klerikalem Stundengebet und zwei Geldstiftungen für Heilige vermittelt eine noch ganz »unreformatorisch« wirkende Frömmigkeitshaltung, die durch eigene Gebetstätigkeit und persönliche Geldstiftungen einen guten Eindruck von Blocks traditionell und merkantil organsiertem Frömmigkeitsverständnis hinterlässt. Dass sich Block als Kleriker nicht nur dem eigenen Seelenheil, sondern als Prediger auch der Seelsorge für seine Mitmenschen verpflichtet sah, das zeigen die zahlreichen vorreformatorischen, aber gleichzeitig brandaktuellen Predigtsammlungen franziskanischer und dominikanischer Autoren in seiner Bibliothek.

Blocks traditionelles Verständnis von Religiosität hinderte ihn jedoch nicht daran, darauf sein neues Berufsethos als evangelischer Prediger aufzubauen. Dazu hat er im zweiten oder dritten Jahrzehnt in Danzig oder Dorpat in sein oben genanntes Brevier auf dem Vorsatzblatt nach den oben genannten Stiftungsvermerken die folgenden Worte eingetragen: *Omnipotens Deus, qui promisisti evangelizantibus verbum tuum virtute multa, meque ad hoc officium licet indignum [esse]* (Allmächtiger Gott, der Du den Verkündigern des Evangeliums Dein Wort mit höchster Tugend versprochen hast – wie unwürdig erweise ich mich in diesem Amt!). Wer ein frommes Vorbild gibt und dieses Vorbild als Seelsorger an seine Gemeinde weitergibt – so möchte man ergänzen –, dem soll es an Geld- und Gnadenmitteln der Kirche nicht mangeln, egal ob auf Seiten des alten oder neuen Glaubens. Moralische Integrität und merkantil organisiertes Glaubensverständnis scheinen demnach in der ersten Generation der Reformatoren Pommerns offenbar noch keine unversöhnlichen Gegensätze gewesen zu sein.

33 Barth, K, 8° E 77.

6. Fazit

Die hier vorgestellten Belege vorreformatorischer Frömmigkeit in pommerschen Büchersammlungen bieten ein Panorama spätmittelalterlicher Religiosität, das von mystisch inspirierten Glaubensäußerungen des 14. Jahrhunderts über die spirituelle Erneuerungsbewegung der *Devotio moderna* bis hin zu einer kaufmännisch organisierten Seelsorge reicht. War der Blick durch die Konzentration auf Bücher und Büchersammlungen durch die Klerikerperspektive eingeschränkt, ist die Breite des Spektrums an Frömmigkeitszeugnissen bei Klerikern wie Laien erstaunlich. Bei der Analyse von Belegen aus Greifswald, Barth und Stralsund wurde deutlich, dass für die Zeit vor Einführung der Reformation im Herzogtum Pommern durchaus unterschiedliche Frömmigkeitspraktiken nebeneinander existieren konnten. Frömmigkeitsgeschichtlich gesehen zeichnet sich hier ein »Hinüberwachsen« zur Reformation ab. Gleichermaßen deutlich wird aber auch, wie sehr die neue Theologie Martin Luthers auf den Frömmigkeitserwartungen des späten Mittelalters aufbaute, indem der Reformator auf diese einerseits reagierte, andererseits aber auch spirituell inspirierte Alternativen auf der Basis von Mystik und *Devotio moderna* entwickelte.

DOKUMENTE ZUM GRIMNITZER VERTRAG VON 1529 IM STADTARCHIV STRALSUND. KOMMENTIERTE EDITION IN ERGÄNZUNG ZU TEILBAND 1 DER EDITION »POMMERSCHE LANDTAGSAKTEN«

von Dirk Schleinert

Das Verhältnis der pommerschen Herzöge zum Nachbarn im Süden,[1] den Markgrafen von Brandenburg, die seit der Goldenen Bulle Karls IV. von 1356 eines der vier weltlichen Kurfürstentümer des Reiches innehatten, war eigentlich immer problematisch und konfliktbehaftet. Mit dem Herrschaftsantritt der Dynastie der Hohenzollern zu Beginn des 15. Jahrhunderts erreichte das Verhältnis jedoch eine neue Qualität. Die langwierigen kriegerischen Auseinandersetzungen um die Uckermark und andere im Grenzgebiet der beiden Fürstentümer gelegene Ländereien begannen fast unmittelbar nach der Belehnung des Burggrafen Friedrich VI. von Nürnberg mit der Mark Brandenburg im Jahre 1415.[2] Doch zu dem aus rückschauender Perspektive verwirrenden und wechselhaften Agieren beider Fürstenhäuser zählte auch,[3] dass man sich bereits in der ersten Hälfte des 15. Jahrhunderts in verwandtschaftliche Beziehungen einließ, sprich: Es wurden auch Heiratsverbindungen geknüpft. Hinzu kam, dass die spätmittelalterlichen Fürstentümer mitnichten fest organisierte Staaten mit einem die äußeren Beziehungen allein bestimmenden Souverän bildeten. Nicht nur der genealogische Zufall und dadurch maßgeblich mitbestimmte innerdynastische Konstellationen konnten den Zusammenhalt der Herrschaften bedrohen und ein kontinuierliches Handeln nahezu unmöglich machen, auch auf die Interessen der Stände, Geistlichkeit, Adel und Städte, musste Rücksicht genommen werden. Ohne sie waren keine Kriege zu führen bzw. zu finanzieren.

Eine bedeutende Verdichtung und Verstetigung, zugleich auch eine immer stärkere Verlagerung vom Schlachtfeld an die Verhandlungstische der Juristen und Diplomaten erlebte der pommersch-brandenburgische Konflikt mit dem Tod des jungen Stet-

1 Fritz *Zickermann*, Die Begründung des brandenburgisch-pommerschen Lehnsverhältnisses, Halle (Saale) 1890; Martin *Wehrmann*, Der Streit der Pommernherzoge mit den Wittelsbachern um die Lehnsabhängigkeit ihres Landes 1319 – 1338, in: Baltische Studien NF 4 (1900), S. 17 – 64.

2 Paul *Gäthgens*, Die Beziehungen zwischen Brandenburg und Pommern unter Kurfürst Friedrich II. (1437) 1440 – 1470, Gießen 1890.

3 Vgl. dazu grundsätzlich Oliver *Auge*, Handlungsspielräume fürstlicher Politik im Mittelalter. Der südliche Ostseeraum von der Mitte des 12. Jahrhunderts bis in die frühe Reformationszeit (Mittelalter-Forschungen Bd. 28), Ostfildern 2009.

tiner Herzogs Otto III. 1464, mit dem diese 1295 begründete Linie des Greifenhauses ausstarb, so dass eine Auseinandersetzung um deren Erbe, die Teilherrschaft Pommern-Stettin, ausbrach. Dieser Konflikt ist als Stettiner Erbfolgekrieg oder besser und umfassender als Stettiner Erbfolgestreit in die Geschichtsbücher eingegangen.[4] Ging es zunächst tatsächlich nur um die Erbfolge in der 1464 verwaisten Stettiner Herrschaft, so erwuchs daraus rasch ein langwieriger Streit zwischen den Herzögen von Pommern-Wolgast und den Markgrafen und Kurfürsten von Brandenburg um das gegenseitige staatsrechtliche Verhältnis zueinander und die Reichsunmittelbarkeit der Herzöge von Pommern. Die Einzelheiten brauchen hier nicht dargelegt zu werden, da sie bereits mehrfach zum Gegenstand sowohl allgemeiner Darstellungen zur pommerschen Geschichte als auch von Spezialabhandlungen geworden sind.[5] Den letztlich mit dem Grimnitzer Vertrag von 1529 erreichten Kompromiss formulierte bereits der am 26. März 1493 geschlossene Vertrag von Pyritz.[6] Im Wesentlichen bestätigte er die Herrschaft Bogislaws X. und seiner Nachfolger in allen vormaligen Teilherrschaften der Greifen, legte den Verzicht Brandenburgs auf die 1470 von Kaiser Friedrich III. verliehene Lehnshoheit[7] über Pommern fest und ließ den Brandenburgern nur die Eventualsukzession, d. h. der Erbfolge in Pommern bei Aussterben des Greifenhauses im Mannesstamm.

Diese Regelung hatte knapp 30 Jahre Bestand, bis auf dem Wormser Reichstag des Jahres 1521 der Streit erneut ausbrach. Gegenstand war die 1493 nicht abschließend geklärte Frage der Reichsstandschaft Pommerns, die nun vom brandenburgischen Kurfürsten Joachim I. bestritten, von Herzog Bogislaw X., und nach seinem Tod von seinen Söhnen, Georg I. und Barnim IX., aber behauptet wurde. Der Streit wurde schließlich durch Vermittlung der Herzöge Erich I. und Heinrich II. von Braunschweig-Lüneburg beigelegt und es wurde von August bis Dezember 1529 eine Reihe von Verträgen zwischen Pommern und Brandenburg geschlossen. Der wichtigste von ihnen war der am 26. August 1529 von Kurfürst Joachim I. von Brandenburg und den Herzögen Georg I. und Barnim IX. von Pommern im Jagdschloss Grimnitz in der Schorfheide unterzeichnete Vertrag, der die pommerschen Herzöge zur Zahlung von 50.000 Gulden an den brandenburgischen Kurfürsten verpflichtete, und der nach dem Ort des Vertragsschlusses als Grimnitzer Vertrag in die Geschichtsbücher einging.[8]

4 Fritz *Rachfahl*, Der Stettiner Erbfolgestreit (1464 – 1472), Breslau 1890; ders., Zur Geschichte des Stettiner Erbfolgestreits, in: Baltische Studien, 41. Jg. (1891), S. 261 – 278.

5 Vgl. die in den vorigen Anm. angeführten einschlägigen Titel sowie als Überblick immer noch unverzichtbar: Martin *Wehrmann*, Geschichte von Pommern, Bd. 1, Gotha 1904 (ND 1981), S. 190 – 226.

6 Abdruck bei Adolph Friedrich *Riedel*, Codex diplomaticus Brandenburgensis, B V (Bd. 30), Berlin 1848, Nr. 2178, S. 479 ff.

7 Regesten Kaiser Friedrichs III. (1440–1493) nach Archiven und Bibliotheken geordnet, hg. v. Heinrich *Koller*, Paul-Joachim *Heinig* und Alois *Niederstätter*, Heft 20: Die Urkunden und Briefe aus den Archiven und Bibliotheken der Bundesländer Berlin, Brandenburg und Mecklenburg-Vorpommern sowie des Archiwum Państwowe w Szczecinie/ Staatsarchivs Stettin für die historische Provinz Pommern, bearb. v. Elfie-Marita *Eibl*, Wien-Weimar-Köln 2004, Regest Nr. 170, S. 135 f.

8 *Wehrmann* (wie Anm. 5), Bd. 2, Gotha 1905 (ND 1981), S. 25 – 27.

Ein Vertrag dieser Bedeutung und Dimension konnte nicht ohne Zustimmung der pommerschen Landstände geschlossen werden.Daher wurde hierfür extra ein Landtag einberufen, der im Oktober 1529 in Stettin tagte. Dort entstanden zahlreiche Dokumente im Zusammenhang mit den pommersch-brandenburgischen Verträgen, die im ersten Band der Edition der pommerschen Landtagsakten der frühen Neuzeit enthalten sind.[9] Für dieses ehrgeizig begonnene Projekt, das bislang allerdings nicht mehr als den bis zum Stichjahr 1535 reichenden ersten Teilband veröffentlicht hat, ist zwar in allen wichtigen in Frage kommenden Archiven nach relevanten Unterlagen recherchiert worden,[10] darunter auch im Stadtarchiv der Hansestadt Stralsund. Hier ist aber offenbar nur der für das Thema einschlägige Aktenbestand Rep. 13 Stralsund in den Landständen durchgesehen worden.[11] Anders ist es wohl nicht zu erklären, dass mehrere Dokumente, die in die Edition gehören, übersehen worden sind. Sie befinden sich alle im Bestand »Städtische Urkunden« (StU) und sind jetzt bei der Einarbeitung der zwischen 1927 und 1930 im Wesentlichen durch den pensionierten Stettiner Archivdirektor Herman Hoogeweg angelegten Regestenkartei[12] in die Archivdatenbank in den Blick geraten.

Stralsund war neben Stettin und Stargard eine der drei sogenannten Vorderstädte. Ihnen hatten die Herzöge zugestanden, dass ihnen von der herzoglichen Kanzlei neben den Prälaten, den Herren und dem Adel der früheren Teilherrschaften Stettin, Pommern (d. h. Hinterpommern bzw. Pommern-Stolp) und Wolgast-Rügen-Barth (d. h. Pommern-Wolgast bis 1459) unentgeltlich ein eigenes Exemplar ihrer auf dem Landtag zu Stettin am 25. Oktober 1529 gegebenen Versicherung für die Landstände ausgestellt wurde.[13] Diese Funktion als Vorderstadt in der früheren vorpommerschen Teilherrschaft Pommern-Wolgast, die sie auch nach der erneuten Teilung von 1532 beibehielt, führte dann auch dazu, dass sich innerhalb der rathäuslichen Schriftgutverwaltung bereits im 16. Jahrhundert eine eigene Registratur für die landschaftlichen, d. h. landständischen Angelegenheiten herausbildete.[14] Sie bildet den Grundstock für den heutigen Aktenbestand Rep. 13. Daneben wurden aber wichtige Einzeldokumente und im späten 15. und frühen 16. Jahrhundert auch solche Schreiben zu den Urkunden gelegt, die man eher in den Akten vermuten würde, weshalb sie heute zum Urkundenbestand zählen.

9 Pommersche Landtagsakten, Bd. 1: Von den Anfängen bis zum Erbteilungsvertrag 1541, 1. Teilbd.: 1521–1535, hg. v. Werner *Buchholz* (Veröffentlichungen der Historischen Kommission für Pommern, Reihe IV: Quellen zur pommerschen Geschichte, Bd. 13/1), Köln-Weimar-Wien 2000.

10 Ebenda, S. 2–6.

11 Ebenda, S. 5.

12 Vgl. Herman *Hoogeweg*, Zur Geschichte des Stralsunder Stadtarchivs, in: Baltische Studien NF 30/1 (1928), S. 85 – 103, hier S. 103, sowie Stadtarchiv Stralsund (StAS), Altregistratur (künftig Rep. 42), B XIII, Nr. 9 und 37.

13 Pommersche Landtagsakten (wie Anm. 9), Nr. 15, S. 61 f. sowie Dokument Nr. 3 des editorischen Anhangs.

14 StAS, Altregistratur, B XIII, Nr. 42, vgl. auch Arnold *Brandenburg*, Das Rathhäusliche Archiv der Stadt Stralsund. In: Zeitschrift für Archivkunde, Diplomatik und Geschichte, hg. v. L. F. *Hoefer*, H. A. *Erhard* u. Fr. L. B. *von Medem*, 1. Bd., Hamburg 1834, S. 76–100, hier S. 91.

Die im Folgenden veröffentlichten Dokumente gehören bis auf eins alle in das Umfeld des Stettiner Landtags vom Oktober 1529. Das früheste ist die Einladung der Herzöge Georg I. und Barnim IX. an die Stadt Stralsund zum Landtag vom 4. September 1529. Der Text ist dem der Einladung an Greifswald sehr ähnlich, aber nicht identisch (Dokument 1). Diesem Dokument folgen die Versicherungen der Herzöge Georg I. und Barnim IX. gegenüber den pommerschen Landständen insgesamt (Dokument 5), gegenüber den Städten wegen der Steuererhebungsmodi zur Aufbringung der 50.000 Gulden (Dokument 4) und eine gesonderte Versicherung bzw. Schadlosverschreibung für Stralsund über die geleistete Bürgschaft wegen eben dieser 50.000 Gulden (Dokument 3). Umfangreichstes Dokument ist der Revers des Kurfürsten Joachim I. gegenüber den pommerschen Landständen in Zusammenhang mit dem Grimnitzer Vertrag (Dokuemnt 2). Nicht direkt zum Umfeld des Grimnitzer Vertrages, aber wegen des Reichstages zu Speyer 1529 und der damit zusammenhängenden Grundproblematik der Reichsstandschaft Pommerns indirekt doch wieder gehörig, zählt das zeitlich letzte Dokument, die Aufforderung der Herzöge Georg I. und Barnim IX. an Stralsund, seinen Anteil an den Reisekosten des Stargarder Bürgermeisters zum Reichstag zu Speyer zu zahlen (Dokument 6). Alle diese Dokumente belegen die oben gemachten Aussagen über die Rolle Stralsunds als Vorderstadt der vorpommerschen Landstände. Beim Revers der pommerschen Herzöge gegenüber den pommerschen Städten handelt es sich offenbar um dasjenige Exemplar, welches in der Abschrift der Universitätsbibliothek Greifswald mit dem Vermerk »dieser copeii original haben die Stralsundische« bezeichnet wurde.[15]

Die Wiedergabe der Texte erfolgte buchstaben- und zeilengetreu, lediglich »u/v« und »i/j« wurden normalisiert. Die Interpunktion wurde vorsichtig normalisiert. Die Reihenfolge der Dokumente folgt, da sie bis auf Dokument 1 und 6 alle dasselbe Datum haben, der Reihenfolge der Stralsunder Archivsignaturen. Ältere Drucke, deren Vorlagen dort aber nicht angegeben wurden, sind in zwei Fällen nachgewiesen.

Abkürzungen:
StAS = Stadtarchiv der Hansestadt Stralsund
StU -= Städtische Urkunden

Verzeichnis der edierten Dokumente:
Dokument 1
Die Herzöge Georg I. und Barim IX. von Pommern laden Vertreter der Stadt Stralsund zum Landtag nach Stettin. Stettin 1529 September 4

15 Pommersche Landtagsakten (wie Anm. 9), Nr. 14, S. 60.

Dokument 2
Revers Joachims I., Kurfürsten und Markgrafen von Brandenburg, gegenüber den pommerschen Landständen, dass er sich nach Abschluss des Erbvertrages mit den pommerschen Herzögen keinerlei Herrschaft und Gerichtsbarkeit über das Herzogtum vor Aussterben des Herzogshauses im Mannesstamm anmaße und dass er den Landständen im sich ereignenden Fall vor deren Huldigung ihre Privilegien bestätigen werde. Stettin 1529 Oktober 25

Dokument 3
Schadlosverschreibung der Herzöge Georg I. und Barnim IX. für die Stadt Stralsund wegen der 50.000 Gulden Anleihe zur Bezahlung der Ansprüche des Kurfürsten von Brandenburg. Stettin 1529 Oktober 25

Dokument 4
Revers der Herzöge Georg I. und Barnim IX. von Pommern für die pommerschen Städte wegen der 50.000 Gulden für Kurfürst Joachim I. von Brandenburg. Stettin, 1529 Oktober 1529

Dokument 5
Revers der Herzöge Georg I. und Barnim IX. von Pommern für die pommerschen Landstände, dass der mit dem Kurfürsten Joachim I. von Brandenburg auf Vermittlung der Herzöge Erich d. Ä. und Heinrich d. J. von Braunschweig-Lüneburg getroffene Vergleich und die deswegen von den Landständen gegebene Versicherung ihnen gänzlich unnachteilig sein solle. Stettin 1529 Oktober 25

Dokument 6
Die Herzöge Georg I. und Barnim IX. fordern die Stadt Stralsund auf, ihren Anteil an den Kosten der Reise des Stargarder Bürgermeisters Casper Borcke zum Reichstag nach Speyer 1529 zu bezahlen. Stettin 1530 Februar 24

Dokument 1

Die Herzöge Georg I. und Barim IX. von Pommern laden Vertreter der Stadt Stralsund zum Landtag nach Stettin.
Stettin 1529 September 4 (sonnavendes nha Egidij)

Papier, 2 Blatt (1 Bogen), 1. Blatt beidseitig beschrieben, 2. Blatt nur auf der Rückseite
Verschlusssiegel auf S. 4
Sprache: spätes Mittelniederdeutsch
StAS, StU 1575

(pag. 1)
Jurge unnd Barnym, gebrudere, vhan Gades gnadenn / to Stettin, Pameren etc. hertogen, ffursten tho Rugen etc.

Unnsen grut tovorne, ersamen, leven, getruwen, nachdem / unsem hir to Stettin up Letare negest geholdenem lantdage / ut der stende unser gemeiner lantschop eindrechtigen rade / vor gut angesehen is, dat wÿ uns mit dem hochgebarnen / ffursten, herrn Joachim, marggraven tho Brandenburch, / van wegen der gerechticheit, so sine leve sick ahn unsen / landen unnd luden ahnmatet, unnd arrunngen, so dar uth / entstanden, up etlike tho der tidt beratslagede middell edder / andere uns unnd unser latschop lidlike wege, richtenn / unnd vordragen laten scholden, unnd der sulven unsze / stende ock dar to geborliken stuhr unnd hulpe thodonde uns / togesecht unnd vorspraken hebben, unnd nw etlike uns / middels tho henlegginge sulker thwidrecht uns vorgestellt / werden, die wy na rade unser lantschop nicht afftoslande / willens szint, wen wy ock gestadenn scholdenn, dat unse / gemeine lantschop genanten curfursten vefftich dusent / gulden, wo denn in den sulven vorschlegen under anderen / meldet wert, enthrichtenn scholde, dar mit wy unnd de / sulve unse lantschop mit ferner unrow, unkost, vhare / unnd unradt der saken halven tokumpstichlich muchten vor- / schonet werden, hebben darumb einen gemeinenn / lantdach up negest kumpstigen sondach na Galli / torsteden unnd volgendes dages up unsem have to Olden / Stettin deser saken halven mit unsen prelaten, mannen, / steden unnd underdanen wider handelinge unnd rat- / slach tohebbende utgescreven.

Bogeren darumb ernstlik / by dem gehorsam, eden unnd plichten, da mit gy uns / vorwant sint, dat gÿ mit weten, bewillinge, werke / unnd der anderen gemein mit jw up berurden lant- / dach de oldestenn unnd statlikesten jwes rades vor- / wantenn mit gnuchsamer gewalt unnd fullen bovhell / afferdigenn, vorangetegede uns vorgestelde middell
(pag. 2)
neven unser gemeiner lantschop tho erwegende, die / sulven nha geholdenen rade, so verne die vor gut [unnd uns unnd den unsen tregelick][16] an- / gesheen (sic!) werden,

16 Text in […] am linken Rand nachgetragen.

anthonemende, darup juge vordrege / wedderumb up thorichtende unnd de mit geborlikenn / lofften, vorschrivingen unnd vorsegelingen tobekreff- / tigende, ehn ock dar tho jwe stat segel vorthruwen / unnd mit geven, unnd den sulven jwen gesanten ock / bovel dhon unnd geven, wege unnd wise mit den anderen unsen stenden unnd underdanen tobedenkende, / bowilligende unnd ehn ock ahne wider ruggesprake / anthonemende, dar durch vhan unser gemeinen lantschop / de berurde summa veefftich dusent gulden, tho deme de / theigen dusent gulden, so wy neven churfursten unnd / fursten unnd anderen des Hilligen Romischen Rikes / stenden nha vorordnung keiserliker majestat, ock / der stende des sulven Rikes sonderliker bowilliginge / vhan wegen unser lande unnd lude thor ilende hul- / pe unnd wedderstandt des Turken hebben erleggen / mothen, thosamende gebrocht, entrichtet, botalet ock / uns erstadet werden, unnd jw hi rinn nichts vor- / hinderen laten by vorbrekinge der ehde unnd / plichtt, so gÿ[17] uns geswaren unnd gelavet, ock / vorfallinge der privilegien unnd gerechtichheiten, szo / wy jw confirmiret unnd bostediget hebben.

Datum / Stettin anno etc. XXVIIII sonnavendes nha Egidij.

(pag. 3 leer)
(pag. 4)

[Anno etc. XXX frygdages na Francisci (8. Oktober) / heft de gemeynheit up dessen breff eynem ersamen rade / und eren gheschickten alsze er Nicolaus Smyterlowen, er / Christoffer Lorberen, borgermeisteren, er Hermen Meyer, radhmannen, / und er Johannes Kloken, secretarien, vullkamen macht gegeven, / dat sze sunder allen angegevenen inholde deisses breves / nevenst der anderen lantschop, wat yn rade van der sulven / gefunden, handelen, vorsegelen dhon und schaffen moghen. / Gheschen up deme rathusze morgens tuschen IX und X / vame rade yn worde weszende er Christoffer Lorber / und van den radessenden Peter Meyer.][18]

Denn ersamen, unsen leven getruwen / burgermeistern unnd rhatmann in / unnser stad Strallsund

Dokument 2

Revers Joachims I., Kurfürsten und Markgrafen von Brandenburg, gegenüber den pommerschen Landständen, dass er sich nach Abschluss des Erbvertrages mit den pommerschen Herzögen keinerlei Herrschaft und Gerichtsbarkeit über das Herzogtum vor Aussterben des Herzogshauses im Mannesstamm anmaße und dass er den Landständen im sich ereignenden Fall vor deren Huldigung ihre Privilegien bestätigen

17 Wort über der Zeile nachgetragen.
18 Text in […] von anderer Hand.

werde.

Stettin 1529 Oktober 25 (am montag nach der eÿlff tausent junckfrawen tage)

Pergament, Libell aus drei Bögen, 49 × 32,5 cm, sieben Seiten beschrieben
gut erhaltenes Siegel an geflochtenen schwarz-weißen Zwirnschnüren hängend
Sprache: Frühneuhochdeutsch
StAS, StU 1976

älterer, nicht buchstabengetreuer Druck: Johann Carl Dähnert, Sammlung gemeiner und besonderer Pommerscher und Rügischer Landes-Urkunden, Gesetze; Privilegien, Verträge, Constitutionen und Ordnungen. Zur Kenntniß der alten und neueren Landes-Verfassung insonderheit des Königlich-Schwedischen Landes-Theils, Bd. 1, Stralsund 1765, S. 50ff.

(pag. 1)
Wir Joachim vonn Gots gnadenn marggraff zu Brandemburg, des Heÿligen / Romischen Reichs ertzkamerer und churfurst, zu Stettin, Pommernn, der / Cassuben und Wennden hertzog, burggraff zu Nurnnberg und furst zu Ruͤgen, / bekennen und thun kunt offentlich mit diesem unserm brive vor allerme- / niglich, die ine horenn sehenn oder lesen.

Als und nachdem die hertzogthumb / und furstenthumb Stettin, Pommern, Cassuben, Wenden, Ruͤgen und graff- / schafft Guͤtzkow mit allen unnd iglichenn iren obrigkeiten, herlickeiten und / gerechtigkeitenn, nichts davon ausgenommen, etwan bey romischen kaysern / und konnigen von den churfursten zu Brandenburg beweglichen ursachen / und auss sondernn gnaden zu manlehen erlangt und damit belehnet worden, / sein derwegenn spën[19] unnd irrung mit unns und dem hochgebornnenn / furstenn, unserm lieben ohaimen, hernn Buxlaffenn, zu Stettin, Pommern, / der Cassubenn und Wendenn hertzogen, fursten zu Ruͤgenn und gravenn zu / Guͤtzkow, loblicher gedechtnus, auch zugetragenn. Welcher ufgerichtenn vor- / trege halbenn sich mit dem vorgnanten unserm lieben ohaimen hertzog Bux- / laffenn, seligen, vilfaltige irrungk abermals begeben, die uff die hochgeborne / furstenn, unsere liebe ohaimen, hern Georgenn und hern Barnym, gebrudern, / als seiner lieben naturlichenn leibs lehenns erben, unentschieden gefellett. / Derhalben wir beiderseits in mannichfaldige handlung und untterredung / solche entlich zuvortragenn gekommen, die doch bisher unentscheiden geblieben. / Also sein wir durch die hochgebornne furstenn, unsere liebe ohaimen, son und / schwäger, hern Ericken unnd hern Heinrichen dem jungern, zu Braunschweig / unnd Lunenburg hertzogen, aller solcher irrung zu willen und geuttem gefal- / len entlich entsceidenn und vortragenn worden, wie solchs die artickel von / einem uf den andern klerlich besagenn und mitbringen, nemblich also das / gnante unsere ohaimen hertzog Georg unnd hertzog Barnym und irer lieben / menliche leibs lehenns erben von erben zu erben fur und fur, dieweil ÿmands /

19 Streit, vgl. Eintrag zu »spänig« in: Deutsches Wörterbuch von Jacob und Wilhelm Grimm, Bd. 16, Sp. 1885.

von irer liebenn stammen lebt, die Stettinsche, Pommersche, Cassubische, / Wendische hertzogenn, furstenn zu Ruͤgenn unnd graffen zu Guͤtzkow sein, / in krafft dieses vortrags und nach vormoge unserer freuntlichen voreinigung, / vorschreibung unnd brive darüber gegeben, nach volnziehung und vorsie- / gelung dieses newenn vortrags sampt irer landtschafft und irer gethanen / vorpflichtigung an geschwornner eids statt, und so offt sich das hinfur bege- / benn, geburenn und noth thun wirt, alle irer lieben landt und lewt, so / obgnant sein, vonn Romischen keisernn unnd konnigen entpfahenn mogen, / unvorhindert unser, unnser erbenn und nachkommen, marggraven zu / *(pag. 2)* Brandemburg, churfursten etc., von erbenn zu erben, fur und fur, mit die- / ser mass, das solchs nicht geschënn sol, on beÿwesen unser und eins iglich- / en churfursten zu Brandemburg fur und fur, oder unser verordenten / oder gesanten rethe.

Nemlich also, das die hertzogenn zu Stettin und Pom- / mern solchs ire entpfahung einem iglichenn regirenden churfursten / zu Brandenburg dreÿ monat zuvorn vormelden sollen, domit, ob es uns / gelegenn, personlich dabeÿ sein, oder aber die unsernn darzu verordnen / und schicken mogen, die gesampten handt mit iren lieben, iren erbenn / und nachkommen von erben zu erben, fur und fur, zu entpfahen, wie ge- / sampter handt recht und gewonheit ist. Welchs auch ire lieben unns, / unsern erben und nachkommen, marggraven zu Brandemburg, chur- / fursten etc. nicht vorhindern sollen. Wann aber solch vorkundigungk / der regalien vonn den hertzogen zu Stettin und Pommern dreÿ monat / zuvor uns dem churfursten zu Brandemburg gescheenn were und wir, / die marggraven zu Brandemburg, churfursten, daruber personlich nicht / kommen oder die unsern schickenn werden, sollen die hertzogen zu Stet- / tin und Pommern weiter noch lenger mit entpfahung irer regalien / zuvorziehenn uff das mal nicht schuldig sein. Desgleichenn sol wider- / umb von uns marggraven zu Brandemburg, churfursten, inhalts dieses / vortrags unnd unschedlich unnser gesampten handt, den hertzogenn zu / Pommern etc. an denselbenn iren regalien, von Romischen keisern unnd / konnigen nue hinfur zuentpfahenn kein vorhinderung gescheen.

Es / sollen und wollen auch genante hertzogenn zu Stettin und Pommern, / ire erben und nachkommen von erben zu erben, fur und fur, so sich ein fall / an ir ein oder mher begebenn wurde, ire regalia von Romischen keÿsern / und konnigen inn obgeschriebener mass nicht nehmen, noch entpfahen, / sie habenn dann sampt irer landtschafft zuvorn dem churfursten zu / Brandemburg, so zu iglicher zeit sein wirt, die vornewerung dieses newen / vortrags in allen seinen artickeln vorbrivet, vorsiegelt und denselbigen / erbhuldigung nach vormoge breiff und siegel uff den fal thun lassen, / doch das unns unsere ohaimen von Stettin und Pommern etc. solchs / zwen monat zuvornn vorkundigenn wie unden nachfolgt. Es / sol aber gleichwol unns und einem iglichenn churfursten und dem haw- / se zu Brandemburg vorbehalten sein, so offt es zu falle kompt und die / notturfft erfordert, nebenn andern unsern regalien die hertzogthumb, / furstenthumb Stettin, Pommern, Cassuben, Wenden, Ruͤgenn und *(pag. 3)* graffschafft zu Guͤtzkow sampt allenn iren landen, wie die gnant sein, nichts / ausgeschlossenn, von Romischen keisernn und konnigen zuentpfahen, wie dann /

von alters unnd bisher allezeit on vorhinderung solchs gescheen und gehalten / ist, von den hertzogenn zu Stettin, Pommern, iren erben und nachkommen / fur und fur undvorhindert.

Wir haben auch vor uns, unser erben unnd / nachkommen fur und fur, uns mit unsern oheimen, den hertzogen zu Pommern, / freuntlich voreinigt unnd vorglichen, das sie, ire erbenn und nachkommen / von erben zu erben, fur und fur, on unser erbenn und nachkommen / und eins iglichen churfursten zu Brandemburg vorhinderung, standt und / session im Heÿligenn Romischen Reich habenn, doch furbehalten, das sie, die / hertzogen zu Pommern von erben zu erben, fur und fur, uber keinen regiren- / den marggraven zu Brandemburg solchen standt und session nicht haben sollen, / wie sie sich des inn irer vorschreibung dieses vortrags, also zuhalten vorschrÿ- / benn und vorpflicht haben. Und wiewol hiergegenn und uf das uns, unsern / erbenn unnd nachkommenden marggraven zu Brandemburgk, churfurs- / ten etc., an unsern erlangten hergebrachtenn erblichenn keiserlichen, khoniglichen / begifftungen, begnadungen, freyheiten und allen andern gerechtigkeiten, da- / durch ann dem anfall der landt kein abbruch , schwechung, noch vorkurtzung, / sondern gnuglich vorsorgung und des notturfftige vorschreÿbung geschee, ha- / ben sich ire lieben sampt alle prelaten, hern, manne, stett, untterthanen und / einwoner der bestimpten lande Stettin, Pommern, Cassuben, Wenden, des / Furstenthumbs Rugenn unnd graffschafft zu Gutzkow auss bevelch und / geheis unnserer lieben ohaimen, hertzog Georgen und hertzog Barnÿms, / irer naturlichenn rechtenn erbhernn, fur sich, ire erbenn und nachkommen, / neben ire lieben, nach lawt unnd inhalt ihres brives beÿ iren trewenn und / eren an eÿds statt unnd untter irem anhangdenden ingesiegel gegen uns, / unsere erben und nachkommenden marggraven zu Brandemburg, ye / zur zeit churfursten, vonn erben zu erbenn, fur und fur, vorschrieben.

Ob es / auch zu falle keme, also das unsere liebe oheimen, hertzog Georg unnd / hertzog Barnÿm, und ire menliche leibs lehens erben von erben zu erben, / fur und fur, tods halbenn vorsturben und abgiengen und kein Stettinische, / Pommerische, Cassubische, Wendische hertzogenn, fursten zu Rugen unnd / graven zu Gutzkow vonn unsern oheimen, den hertzogenn zu Stettin / Pommern und irer menlichen leibs lehens erben von erben zu erben, und / so fur unnd fur stammes geborne wie vorstëtt, nicht mher im lebenn, / sonnder also vorstorbenn weren, das Got vonn Hÿmmel wende, das sie *(pag. 4)* unserer lieben ohaimen, hertzog Georgen unnd hertzog Barnims, und / der gedachtenn irer eigenn vorschreibung auch unsernn keiserlichen / koniglichen gnaden, gifften unnd andern unsern gerechtigkeitenn / nach alsdann von stundt uns, unsern erben und nachkommenden / marggraven zu Brandemburg, ÿe zur zeit churfursten, von erben zu erben , fur und fur, sonst niemand anders zu irem erbhernn unnd / landesfursten aufnemen und entpfangen, auch dafur haben und hal- / ten, lehenspflicht unnd alles, das getrewe untersassenn irem erb- / hernn zuthun geburt, thun sollen und wollen, wie dann ire brive, uns / daruber gegebenn, alles klerlicher unnd weiter antzeigen.

So sollen und / wollen wir doch, unser erbenn, von erben zu erben und nachkommende / margraven zu Brandemburg etc., dieweil, das unsere liebe ohaimenn, / hertzog Georg unnd hertzog Barnim, oder ire leibs lehenns erben oder / derselben leibs lehenns erben, von erben zu erben, und ÿmand ihres / menlichenn stammes, wie obstet, zu Stettin, Pommern, Cassuben / und Wenden hertzogen, furstenn zu Ruͤgen und graffen zu Guͤtzkow, / lebenn unnd ehr es zu falle kompt, wie berurt, uber die erhgedachten / prelatenn, hern, mann unnd stett, untterthanen unnd einwoner der / lande Stettin, Pommern, Cassuben, Wenden, Ruͤgenn und der graff- / schafft zu Guͤtzkow und iren zu unnd eingehorungen, noch uber die land, / die ire lieben itzund innehaben, und die iren vonn iren lieben zu lehenn / unnd eigenthumb haben, kein herschafft, obrichkeit, regiment, gebott, / forderung, gericht noch gebiet, wie man die in der gemein und ein ig- / lichs in sonderheit nennen mocht, habenn oder antziehen, auch das zu / thun nicht annemen, sie auch vor der zeit des anfals derhalben nÿm- / mermher beteidingen, beschuldigenn, fordernn noch belangen, mit recht / noch on recht, sonder des anfals obgnanter hertzogthumb Stettin, / Pommern, Cassuben, Wendenn, des furstenthumbs Ruͤgen unnd der / graffschafft zu Guͤtzkow, auch der vornewrung unserer liebenn / ohaimen, hertzog Georgen unnd hertzog Barnÿms, und irer lieben / menlichen leibs lehenns erbenn, von erbenn zu erben, fur und fur, und / derselbigenn prelaten, hern, mann, stett unnd einwoner der benan- / ten lande irer erbenn und nachkommen vorschreÿbung und erbhuldi- / gung wartenn, wie solchs unserer ohaimen, hertzog Georgenn unnd hertzog Barnims, unnd der prelatenn, hernn, mann und stett obgnanter / irer lieben hertzogthumb, furstenthumb unnd graffschafften eigne *(pag. 5)* brive, unns daruber vorsiegelt, alles weiter vormelden. Und wir vor uns, un- / ser erbenn und nachkommen, marggraven zu Brandemburg, churfursten, sa- / genn auch mit diesem gegenwertigem unserm brive unns aller herschafft, / obrickeit, regiments, gebots, furderung, gerichts unnd gebiets der bestimp- / ten lande unnd aller einwoner vor dem fall gantz abe, wie obenberurtt, / nichts darann zubehaldenn.

So es auch zu falle keme, also das unsere liebe / oheimen, hertzog Georg unnd hertzog Barnim, und ire menlich leibs lehens / erbenn, von erbenn zu erben, fur und fur, alle tods halben abgiengen und / keiner darvon mher lebte, unnd die lanndt Stettin, Pommern, Cassubenn, / Wennden, Ruͤgen unnd graffschafft zu Guͤtzkow mit iren zu und eingehorun- / gen unserer obbeschtimpten gerechtigkeit und unserer lieben ohaimen, herzog / Georgen unnd hertzog Barnims, und irer prelaten, hern, man und stett / vorschreibung nach an uns, unser erben und nachkommen, marggraven / zu Brandemburg, churfursten, von erben zu erben, fur und fur, fallen und / kommen werden. So sollen unnd wollen wir, unser erben, von erben / zu erben, und nachkommende marggraven zu Brandemburg, churfursten, / die mherbenanten prelaten, hern, manne und stett, untterthanen und / einwoner der gedachten lande und die lande beÿ allen und iglichenn / iren altherkommenden privilegien, gnaden, gerechtigkeiten, freÿheiten / constitution, gewonheiten, eintracht und beliebung, so inen keiserliche, /

konnigliche maiestaten und die herschafft zu Stettin, Pommern, Cassuben, / Wenden, Ruͤgen und der graffschafft zu Guͤtzkow oder andere, die das / macht haben, gehabt, gebenn und vorschrieben, und sie selber den landen / und sich zu gut aufgesetzt und angenommen, geruglich und fridsam / zu ewigen zeitenn bleibenn lassen, darann kein hinder, sperrungk, / eintragk unnd vorkurztung noch vorkleinung zuthun. Prelaten, / hernn, mann und stett, untterthenigen und einwoner der vilgenan- / ten lande sollen uns, unsern erben und nachkommenden maggra- / ven zu Brandemburg, churfursten, die zu der zeit sein werden, nach / dem fall, ob der geschehee, auch kein erbhuldigung und lehenspflicht / thun, es seÿ dann, das wir, unser erben und nachkommende marg- / graven zu Brandemburg, churfursten, die zu der zeit sein werden, inen / alle und igliche irer vorgeschriebene altherkommen privilegien, gnaden, / gerechtigkeiten, constitution, gewonheit, eintracht und beliebung erst / vornewet, vorschrieben, bestettigt, vorbrivet und vorsiegelt haben, alles *(pag. 6)* getrewlich und on geverde.

Geschee auch, das zu einer oder mher / zeitenn sich ÿmands untterstunde, die lehen vorberurter lande Stettin, / Pommern, Cassubenn, Wenden, das Furstenthumb zu Ruͤgen und die Graf- / schafft zu Guͤtzkow unnd die landt an sich zubringen, und unsere lie- / be ohaime, hertzog Georgen unnd herzog Barnim, und ire menliche / leibs lehenns erben, von erben zu erben, auch die landt derhalben zu / uberziehen, zu bedrengen unnd zu beschedigen untterstehen wurden, uns, / unsern erbenn an unsern gerechtigkeiten und dem anfal der benanten / lande zu ewichem abbruch, hinder und schade. Wider dieselbigenn wollen / wir uns, unser erben und nachkommen, marggraven zu Brandem- / burg und churfursten, mit hulff unserer lieben oheimen, hertzog Ge- / orgenn und herzog Barnims, irrer menlichen leibs lehens erben, von / erben zu erben, fur und fur, und allen iren prelaten, hern, mannen / und stetten, untterthanen und einwonern obgnanter landt getrew- / lich setzenn mit landt und lewten, das nicht einreumen, sonder un- / serer vorschreÿbung allezeit gnug und volkommene volg thun.

Es / sollen auch tittel, schilt unnd helm der Stettinischen, Pommerischen / und aller ander derselbenn irer lieben landen zugleich von uns marg- / graven zu Brandemburg und den hertzogenn zu Pommern, inhaltt / des vortrags, so die schiedsfurstenn obgnant deshalben vorsprochen / habenn, gebraucht werdenn. Wir wollen auch auss freuntlichen willen / unser einer dem andern fur unser person den tittel von denselben / lanndenn Stettin, Pommern, Cassubenn, Wenden, Ruͤgen und / Guͤtzkow gebenn, doch wollen wir des dannoch unvorbunden sein. / Desgleichenn sol es gein den andern marggraven zu Brandemburg / auch gehalten werden, aber doch die landtschafft sollen gleichwol / dem churfursten zu Brandemburg und den andern marggraven zu / Brandemburg denselben tittel durchaus gebenn.

Ÿedoch sollen / solche freuntliche voreinigung und vorgleichung aller dieser punct / und artickel, wie vorstett, unsern lieben oheimen, hertzog Georgen / und hertzog Barnim, und iren menlichen leibs lehens erben, von / erben zu erben, fur und fur, dieweil ÿmandt von irem stammen / lebt, menlicher lehenns erben, auch irer lieben prelaten, hern, mann / und stetten, inwonern und untterthanen, irer erben und nach – / kommenden an iren unnd desgleichen uns, unsern erben und *(pag. 7)* nachkommenden marggraven zu Brandemburg, churfursten, von erben / zu erbenn, fur und fur, an unsernn erblichenn kaiserlichenn, khonniglichen, / furstlichenn privilegien unnd andern iren und unsern gerechtigkeitenn, / gewonheitenn, freÿheitenunnd alten herkommen in allen iren artickeln, / clausulen und puncten, darinn sie dieser irer unnd unser vorrichtigung / und briven, die uff hewt dato derselbigen ein dem andern deshalben gege- / ben hat, nicht entgegen sindt oder die in einicherleÿ weiss hindern, krencken, / noch anfechten, allwege gantz unschedlich sein unnd bleiben, und also das / auch diese vorberurte unsere lieben oheimen, hertzog Georgen und hertzogk / Barnim, und irer lieben prelaten, hern, mann und stett und desgleichen unser / vorrichtigung in allen iren artickeln, clausulen, puncten und stucken, wie / dan unserer lieben ohaimen, hertzog Georgen und herzog Barnims, und irer / lieben prelatenn, hernn, mann und stett brive allenthalben daruf begrif- / fenn unnd volntzogen und einer von dem andern gegeben, klerlich und ei- / gentlich innhalten, antzeigen und mitbringen, on einicherleÿ hulffrede / und schutzung der gnanten irer lieben, auch irer lieben prelaten, hern, mann / unnd stetten unnd unsern vorgeschrieben erblichen, keiserlichen, khonnig- / lichen unnd furstlichenn begnadungen, freiheiten, privilegien, gewonheiten, / altherkommenden und andern gerechtigkeiten zu ewigen zeiten stett, fest und / unvorbrochentlich und unvorserigt in wirdenn und beÿ macht bleibenn, / und on alle gefer unnd einrede gehaltenn werden.

Alle unnd iglich vor- / geschriebenn artickel, clausulen unnd stucken, und ein igliches in sonderheit, / gereden unnd globen wir vor uns, unser erben, von erben zu erben, unnd / nachkommen marggraven zu Brandemburg, churfursten, beÿ unsern furst- / lichen trewen und wirden on einicherleÿ behelff, einrede newfunde und / argelist stet, fest und unvorbrochentlich zuhalten, gantz on geverdt.

Des / zu urkunt und mherer sicherheit haben wir diesen brieff mit unsern / churfurstlichem anhangendem ingesiegel vorsiegeln lassen unnd gebenn / zu Stettin am Montag nach der eÿlff tausend junckfrawen / tage, Cristi unsers hern geburt tausent funffhundert darnach / im neunundtzweitzigstenn jare.

(Rückseite)
Anno 1529

Dokument 3

Schadlosverschreibung der Herzöge Georg I. und Barnim IX. für die Stadt Stralsund wegen der 50.000 Gulden Anleihe zur Bezahlung der Ansprüche des Kurfürsten von Brandenburg

Stettin 1529 Oktober 25 (mandages na undecim millium virginum)

Papier, 2 Blatt (1 Bogen) Folio, 1. Blatt beidseitig, 2. nur auf der Rückseite beschrieben
gut erhaltene kleine Oblatensiegel der Aussteller unter Papierauflage
Sprache: spätes Mittelniederdeutsch
StAS, StU 1977

(pag. 1)
Wy Jurge unde Barnim, gebrueder, van Godes / genaden hertogen to Stettin, Pamern, der Cassuben / unde Whenden, forsten to Rhugen unde graffen / to Gutzkow, bekennen hiemit vor uns, unse / erven, nakomende herschop unde sus ider- / menniglick, als dan de ersamen, unse / leven getruven borgermestere unde radt / unser stadt Stralsundt vor uns up unse / anfordernt unde begher vor de vefftich / tusent gulden, so wÿ lut einer schult vor- / schrivinge dem hochgebornen fursten, unsem / leven hern unde oheymen, hern Jochim, / marggraffen to Brandenborch, churfursten, / schuldig, up termyne : dorynnen vormeldet: / to betalende unde to entrichtende gelavet unde / borge worden sÿndt. So hebben wy en wedderumme / gelavet unde to gesecht, dat wy sze derszulven / lavetucht unde borgeschop halven frigen / unde schadelos holden willen unde scholen.

Und so szick begeve, dat doch nicht scheen schall, / dat wy in der betalinge sumich worden / und genante radt darumme jennigen / schaden leden edder nehmen, teringe deden, / de summa edder ein deyl davan betalden, dat willen und scholen wy en wedder gelden / unde betalen, wo wy en ock sollick alles / jegenwertigen in crafft unde macht desses / unses breves in laven und forstliken werden
(pag. 2)
toseggen, vorspreken und laven ohne geferde / und argelyst.

To urkundt mit unsen up- / gedruckeden singneten besegelt unde gegeven / to Stettin, mandages na undecim millium virginum anno etc. XXIX.

L.S. L.S.

(pag. 3) leer
(pag. 4)
Schadloßbrieff wegen / übernommener bürgschafft / der stad Stralsund für / die hertzoge von Pommern / auff 50000 fl.[20]

Dokument 4

Revers der Herzöge Georg I. und Barnim IX. von Pommern für die pommerschen Städte wegen der 50.000 Gulden für Kurfürst Joachim I. von Brandenburg

Stettin, 1529 Oktober 1529 (mondags nha undecim milium virginum)

20 Aufschrift auf der Rückseite von anderer, wesentlich späterer Hand.

Pergament, 1 Bogen, 31 × 19 cm, Umbug 4 cm
2 gut erhaltene, an Pergamentstreifen hängende Siegel
Sprache: spätes Mittelniederdeutsch
StAS, StU 1978

Älterer, sehr fehlerhafter Abdruck auf Hochdeutsch (!): Johann Carl Dähnert, Sammlung gemeiner und besonderer Pommerscher und Rügischer Landes-Urkunden, Gesetze; Privilegien, Verträge, Constitutionen und Ordnungen. Zur Kenntniß der alten und neueren Landes-Verfassung insonderheit des Königlich-Schwedischen Landes-Theils, Bd. 1, Stralsund 1765, S. 734
Abdruck nach anderen Vorlagen in: Pommersche Landtagsakten (wie Anm. 9), Nr. 14, S. 60

Wy Jurge und Barnim, gebrudere, van Gades gnaden hertogen tho Stettin und Pamern, der Cassuben und Wende / fursten tho Rugen und Greven tho Gutzkow, bekennen hirmit vor unns, unse erven, nakamende her- / schop und suss jdermennichlich, nademe de ersamen, unse leve getruwen, de van stederen, szo inn unsen / landenn und furstendhomen gelegen, tho betalinge der vefftich dusent gulden, szo wi dem hochgebornnen / fursten, unsem leven herren unnd oheimen, herren Joachim, marggraffen tho Brandenborch, des Hilgen / Romischen Rikes ertzkamerer, churfursten und burggraven tho Nurembergh, entrichten scholen, uns / uth underdhenigem willen drudhalven gulden van dem huse, viff orth von der buden und drudhalven / orth vann dem keller up drei winachten negestkunfftigh tho hulpe thogeven thogesegt hebben.

So hebbenn / wi ock wederumb unsen underdhanen den von stedern togesegt gelaveth unnd versproken, dat wi solcke / ehren guden willen henfort und in thokamenden tiden vor kein recht noch gebruck edder gewonheit / uns anthen willen edder scholen, sunder gedencken szie inn gemeinen lantsturen ifft lantschatth, / szo wi edder unnse erven kunfftiglick innhemen werden, by olden gewonheiten unverruckt thobliven, / tholaten, sie ock daraver ferner nicht thobenodigende.

Wo wi ehn ock solliker alles vor uns, unse / erven unnd szus jdermennichlick jegenwardigen inn krafft diesses unses breves toseggen, laven / und vorspreken, ohne alle argelist. Tho merer urkund hebben wi diessen unsen breff mit unsen / anhangenden ingesegelen besegelenn latenn unnd geven tho Stettin monsags nha undecim milium virginum anno dusent viffhundert unnd negenundtwintich.

(Rückseite)
Die lantsture oder lantschate, dat sie nicht / wider solden verheget werden, belangend

Georg und Barnim, her(zöge) zu Po(mmern) Stettin / anno 1529[21]

21 Beide Vermerke von unterschiedlichen Händen.

Dokument 5

Revers der Herzöge Georg I. und Barnim IX. von Pommern für die pommerschen Landstände, dass der mit dem Kurfürsten Joachim I. von Brandenburg auf Vermittlung der Herzöge Erich d. Ä. und Heinrich d. J. von Braunschweig-Lüneburg getroffene Vergleich und die deswegen von den Landständen gegebene Versicherung ihnen gänzlich unnachteilig sein solle.

Stettin 1529 Oktober 25 (mandages na Luce evangeliste)

Pergament, 1 Bogen 38,5 × 24,5 cm, Umbug 4,5 cm
zwei gut erhaltene Siegel an Pergamentstreifen hängend
Sprache: spätes Mittelniederdeutsch
StU 1579

Wÿ Jurge und Barnÿm, gebrueder, van Gades gnaden tho Stettin, Pameren, der Cassuben und Wende hertoge, fursten tho Rugen / und graven tho Gutzkow, bekennen hirmit vor uns, unse erven, nakamende herschop und sunst jdermennichlich. Nademe wÿ / mit dem hochgebarn fursten, unsem leven hern und oheimen, hern Joachim, marggraffen tho Brandenborch, des Hilligen Ro- / mischen Rÿkes ertzkemerern, kurfursten und burggraven tho Norenberch, van wegen der vordrege, so etwan tuschen siner / leven und wilant dem hochgebarnen fursten, unsem geleveden hern und vader, hern Bugslaffen, tho Stettin, Pamern etc. her- / togen, milder und seliger gedechtnisse, upgerichtet weren, in erringe gestanden und dersulven dorch de hochgebarnen fursten, / unse leve oheime, hern Erichen den olderen und hern Hinrichen den jungeren, hertogen tho Brunswich und Lunen- / borch, allenthalven guetlich entscheiden, vordragen und vorgeliket sint, lut und inhalt segel und breve, daraver gege- / ven.

So hebben wÿ, de erwerdigen in Got, werdigen, gestrengen, erbarn und ersamen, unse andechtigen und leven / getruwen van prelaten, ridderschop und steden unser hertoch-, furstendom, graff- und herschop Stettin, Pameren, Cassuben, / der Wende, Rugen und Gutzkow, als die gemeinen stende, dahin vormucht, sze ock darto dorch unsen heit, bevel und gebot / bewagen und bÿ eren plichten, eiden und gehorsam, darmit szie uns vorhafft sint, och by vorlesunge erer leve privilegien / und gerechticheiden gefordert und gedrungen, dat sie desulvigen vordrechte, einiginge und breve bewilliget, vorsegelth / und uns dat hantgeloffte up den fall gedan hebben.

Und willen derhalven gemelten stenden sollikes in alweghe bekentlich, / stendich und eine gewere wesen, szie ock erer vorschrivinge und vorsegelinge halven schaden und erer eiden halver not- / los holden. Wy willen ock gemelte unse lantschop tokunfftichlich und to keinen tÿden wedder disse nige vordracht to han- / delende, mit nichte forderen edder drengen, und willen ehn des thor sekerheit disse unse vorschrivinge jtzt und alwege / hirna, wen upgedachter niger vordrechte voringeringe geschen schole, geven und also vorreken latenn, nomliken der / prelaten eine, den geschlechten eine, dem stettinschen adel eine, dem pamerschen adel eine, Bart, Wolgast und

Ru- / gen eine, und den steden Sundt, Stettin und Stargart jewelker eine, de se alwege ane[22] entgeltnisse uth / unse cancellien entfangen scholen, sollikes alles wo vor, bekenne wy upgenante hertoch Jurge und hertoch / Barnÿm etc. in krafft disses breves, den wÿ to orkunde vor uns, unse erven van erven to erven, stede, vaste und / unwedderroplich to holden mit unsen hiranhangenden ingesegelen don und heten vorsegelen.

Gegeven tho Stettin / mandages na Luce evangeliste anno Domini dusent vifhundert und negenundtwintich.

(Rückseite)
Hertzog Jorge und Barnim pp. / anno 1529[23]

Dokument 6

Die Herzöge Georg I. und Barnim IX. fordern die Stadt Stralsund auf, ihren Anteil an den Kosten der Reise des Stargarder Bürgermeisters Casper Borcke zum Reichstag nach Speyer 1529 zu bezahlen.

Stettin 1530 Februar 24 (ahm dage Mathie apostoli)

Papier, 1 Blatt, beidseitig beschrieben
Verschlusssiegel
Sprache: spätes Mittelniederdeutsch
StU 1980

(Vorderseite)
Jurge und Barnym, gebruder, von Gades gnaden / hertogen tho Stettin, Pomern etc, fursten tho Rhugen etc.

Unsen grutt thovorn, ersamen, leven, getruwen / als denne wi, hertoch Jurgen, im vorgangen jar / mit rhade, weten und willen [unser][24] prelaten, mannen / und steden tho dem rikesdage jegen Spir gereiset, / dartho alle unse stende uth sunderliken orsaken / myt geschigkt, wo denne Casper Borcke, burgemeister / tho Stargarde von aller stede wegen, up dersulffen / unkost mÿt vorordent und getagen, welckern / unkost de von Stettin und Stargarde vorleden, / darvon jw nha einer billik taxe twelff gulden / thobetalende khamen, de gi bether nicht entrichtett [hebben][25].

Derhalff is unse strake meyninge und beger, / datt gi iwe taxe alse XII gulden tuschen disser / tytt und dem sundage Letare negest dem rhade / unser statt Stettin un

22 Danach gestrichenes »ane«.
23 Vermerk von anderer Hand.
24 Wort in […] am linken Rand nachgetragen.
25 Wort in […] am rechten Rand nachgetragen.

vortogelik betalen edder / up den mandach nha Letare vor uns erschinen / und billike orsake antogen, worumb gi jw des / mehr den andere unse stede weygern und in / dissem nicht sumich syn. Darahn geschett / unse ernste thovorlatt.

Datum Stettin ahm / dage Mathie Apostoli anno etc. XXX.

(Rückseite)
Den ersamen, unsen leven getruwen / burgermeistern und rathmannen unser statt Strallsundt

EIN GESCHÄFTSBUCH DES STRALSUNDER ZINN-GIESSERS OTTO FRIEDERICH HIERONIMUS CADOW AUS DEN JAHREN 1748 BIS 1750

von Michael Kunzel

I

Das Zinngießerhandwerk ist in den vergangenen Jahren wieder verstärkt in den Fokus volkskundlicher und kunsthistorischer Forschung geraten. Für das Gebiet zwischen Ems und Elbe, das Artland, Westfalen und Teile Niedersachsens, aber auch für Schleswig-Holstein und Mecklenburg liegen neue Forschungsergebnisse vor.[1] In Thü-

1 Theodor *Kohlmann*, Zinngießerhandwerk und Zinngerät in Oldenburg, Ostfriesland und Osnabrück (1600–1900) (Schriften zur Niederdeutschen Volkskunde, Bd. 5), Göttingen 1972; Anke *Schmidt*, Der Zinngießer und seine Kunden. Artland, Bersenbrück, angrenzenden Gebiete, Text- und Bildteil (Materialien zur Volkskultur nordwestliches Niedersachsen, H. 14–15), Cloppenburg 1989; Thomas *Schürmann*, Erbstücke. Zeugnisse ländlicher Wohnkultur im Elbe-Weser-Gebiet, Stade 2002; Claudia *Nickel*, »Zinn für Haus und Handwerk« Ein wichtiger Teil der Zinnsammlung des Hamburger Museums für Archäologie und die Geschichte Harburgs, in: Harburger Jahrbuch 19, Hamburg-Harburg 1996, S. 69–181; Margarete *Pieper-Lippe*, Zinn im südlichen Westfalen bis zum Anfang des 19. Jahrhunderts. Westfalen (Mitteilungen des Vereins für Geschichte und Altertumskunde Westfalens, Sonderheft 19), Münster 1974; Margarete *Pieper-Lippe*, Zinn im nördlichen Westfalen. Münstersches Zinn bis 1700. Minden-Ravensberger Zinn. Dülmener Zinn. (Westfalen, Mitteilungen des Vereins für Geschichte und Altertumskunde Westfalens, Sonderheft 21), Münster 1980; Margarete *Pieper-Lippe* u. Karl-Heinz *Husmann*,: Zinn in Westfalen. Bd. III. Münsterisches Zinn nach 1700. Münsterländisches Zinn. Nachtrag zum südwestfälischen Zinn (Westfalen, Mitteilungen des Vereins für Geschichte und Altertumskunde Westfalens, Sonderheft 24), Münster 1988; Mechthild *Wiswe*, Historische Zinngießerei im südöstlichen Niedersachsen. Meister – Marken – Erzeugnisse, hg. vom Braunschweigischen Landesmuseum in Verbindung mit dem Braunschweigischen Landesverein für Heimatschutz, Braunschweig 1981; Heinz-Wilhelm *Hansen*, Das Zinngießerhandwerk in Eutin, in: Jahrbuch für Heimatkunde Eutin 37 (2003), S. 95–106; Heinz-Wilhelm *Hansen* u. Hans-Joachim *Kruse*, Das Zinngießerhandwerk in Lütjenburg, in: Jahrbuch für Heimatkunde im Kreis Plön 33 (2003), S. 82–107; Heinz-Wilhelm *Hansen* u. Hans-Joachim *Kruse*, Die Kannengießer von Plön, in: Jahrbuch für Heimatkunde im Kreis Plön 34 (2004), S. 157–168; Heinz-Wilhelm *Hansen* u. Hans-Joachim *Kruse*, Die Zinngießer in Preetz, ihre Marken und Zeichen, in: Jahrbuch für Heimatkunde im Kreis Plön 35 (2005), S. 198–232; Heinz-Wilhelm *Hansen*, Die Zinngießer in Oldesloe und Trittau – ein vergessenes Handwerk, in: Jahrbuch für den Kreis Stormarn 25 (2007), Ahrensburg 2006, S. 109–120; Heinz-Wilhelm *Hansen*, Das Zinngießerhandwerk in Kappeln, in: Kappeln – sechshundertfünfzig, Süderbrarup 2007, S. 251–260; Heinz-Wilhelm *Hansen*, Das Zinngießerhandwerk in Eckernförde, in: Jahrbuch der Heimatgemeinschaft Eckernförde, Beiheft 7, Eckernförde 2007; Heinz-Wilhelm *Hansen*, Das Zinngießerhandwerk in Oldenburg/Holstein, in: Jahrbuch für Heimatkunde Oldenburg/Ostholstein 51 (2007), S. 105–120; Heinz-Wilhelm *Hansen*, Das Zinngießerhandwerk in Schleswig. in: Beiträge zur Schleswiger Stadtgeschichte 53 (2008), S. 43–97; Heinz-Wilhelm *Hansen*, Der Nesselblattstempel auf Zinngeräten, in: TOP 39, Berichte der Gesellschaft für Volkskunde in Schleswig-Holstein 20 (2010), S. 10–30; Heinz-Wilhelm *Hansen*, Die Zinngießer in Husum – ihre Marken

ringen, Sachsen-Anhalt und Brandenburg geht die Erforschung voran.[2] Indes zeigten bereits wenige Stichproben auf Rügen, dass in Vorpommern ebenfalls mit neuen Forschungsergebnissen gerechnet werden kann. Allein schon aus der Erfahrung empirischer Erfassung des mecklenburgischen Kircheninventars dürfte sich ein erheblicher Erkenntniszuwachs aus den (vor-)pommerschen Kirchenausstattungen gewinnen lassen. Daneben gibt es für die regionale und vergleichende Handwerksforschung in den vorpommerschen kommunalen und kirchlichen Archiven noch zahlreiche ungehobene Schätze, wie das nachfolgende Beispiel zeigt.

Bei Vorarbeiten zur Studie zum mecklenburgischen Zinngießerhandwerk wurde ich auf das im Stadtarchiv der Hansestadt Stralsund erhaltene Geschäftsbuch des Stralsunder Zinngießers Cadow aufmerksam, das mir freundlicherweise der damalige Direktor des Archivs der Hansestadt Stralsund Dr. Hans-Joachim Hacker zugänglich machte.[3] Da sich offenbar keine weiteren Geschäftsbücher von Zinngießern im Bereich des Wendischen Ämterverbandes an Nord- und Ostseeküste erhalten haben, bieten Cadows Aufzeichnungen in besonderem Maß Einblicke in die Lohn- und Preisgestaltung der Werkstattarbeit um die Mitte des 18. Jahrhunderts.

Bereits seit 1321 sind in Stralsund Kannengießer nachgewiesen.[4] 1361, 1376 und 1461 fassten die wendischen Städte Beschlüsse zur Qualitätssicherung der Zinnerzeugnisse.[5] Stralsund war daran stets beteiligt. Nachdem sich die Kannengießer der Nord- und Ostseestädte 1526 zum Wendischen Ämterverband zusammenschlossen, wurde das Stralsunder Kannengießeramt als eine der Hauptladen zusätzlich zuständig für die Kannengießer in Anklam, Barth, Demmin, Greifswald, Stettin, Wolgast sowie in einigen schwedischen Küstenstädten. Als *Seestädter* waren die Stralsunder Meister und ihre zugeordneten auswärtigen Kollegen an die Beschlüsse des Wendischen Ämterverbandes gebunden. Stralsunds Abgeordnete nahmen an den zwischen 1573 und 1729 turnusmäßig stattfindenden Versammlungen in Lübeck bzw. Hamburg teil, auf denen anstehende Handwerksfragen verbindlich geregelt wurden. Relativ spät, am 20. Januar 1586, hatte das Amt der Stralsunder Kannengießer vom Rat eine sämtliche Rechte und Pflichten regelnde Amtsrolle erhalten.[6] Mit mehr als 50 nachgewiesenen Kannen- bzw. Zinngießern gehörte Stralsund zu den gewichtigeren Zentren des Handwerks an der Ostseeküste. Noch 1875, das Stralsunder Zinngießeramt war infolge der

---

und Arbeiten, in: Nordfriesisches Jahrbuch 50 (2015), S. 135–166; Michael *Kunzel*, Das Zinngießerhandwerk in Mecklenburg, Berlin 2014.

2 Z. B. das Projekt: Verzeichnis der Thüringer Zinnmarken, Projektstelle Angermuseum Erfurt.

3 Stadtarchiv der Hansestadt Stralsund (StAS), Rep. 36, Nr. 100: Geschäftsbuch des Zinngießers Friedrich Cadow, 1748–1750 (25 Seiten, unpaginiert).

4 Robert *Ebeling*, Das zweite Stralsundische Stadtbuch 1310–1342, Stralsund 1903, S. 63, Nr. 607, S. 174, Nr. 2062; Erwin *Hintze*, Norddeutsche Zinngießer, Die deutschen Zinngießer und ihre Marken, Bd. 3, Leipzig 1923, S. 413.

5 Johannes *Warncke*, Die Zinngießer zu Lübeck (Veröffentlichungen zur Geschichte d. Freien und Hansestadt Lübeck 6), Lübeck 1922, S. 90–91.

6 StAS, Hs 298, Sammlung der Gewerksrollen der Stadt Stralsund und der sonst daselbst an die Gewerksämter ergangenen Verordnungen und richterlichen Ansprüche, Bd. 2, 1777, S. 279ff.: VI. 30a Amtsrolle 1586, Auszüge in *Hintze*, Zinngießer (wie Anm. 4), S. 412–413. Amtsakten oder Amtsbücher, wie sie aus Hamburg, Lübeck, Lüneburg, Wismar und Rostock überliefert sind, haben sich aus Stralsund nicht erhalten.

Gewerbefreiheit und mangels Nachfrage längst aufgelöst, findet sich im Stralsunder Adressbuch mit Friedrich Gustav Bernhard Höppener in der Ossenreyerstraße 39 ein letzter Zinngießer.[7] Wie in anderen Städten auch, hatte das Handwerk um die Mitte des 18. Jahrhunderts in Stralsund eine Blüte erlebt und genau in diese Zeit datiert das hier vorzustellende Geschäftsbuch. Damals waren in der Stadt sechs Zinngießer gleichzeitig tätig, neben dem Altermann Peter Grünwaldt, die Meister Joachim Hinrich Schröder, Christian Jantzen, Niclas Grootjohann, Johann Hinrich Schaad und Friedrich Cadow.[8] Wer war nun dieser Friedrich Cadow? Hierüber gibt uns die genealogische Forschung des Carl Friedrich Cadow aus Altona Auskunft.[9] Der Zinngießergeselle Otto Friederich Hieronimus Cadow, getauft am 3. November 1711 in Neubrandenburg, erwarb am 15. August 1744 das Stralsunder Bürgerrecht und hatte als fremder Geselle durch die Heirat einer Tochter des Altermanns Christian Schlüter Eingang ins Stralsunder Zinngießeramt gefunden.[10] Die Einheirat ins Amt, seit 1710 vom Wendischen Ämterverband explizit gefordert, war für zahlreiche Gesellen seit Beginn des 17. Jahrhunderts die einzige Möglichkeit, Meister zu werden.[11] Cadow hatte bei Schlüter als Geselle gearbeitet und übernahm dessen Werkstatt sowie das Anwesen Ossenreyer Straße 32, das er aber im Mai 1756 wieder veräußerte.[12] Offenbar hatte Cadow vor 1754 ein zweites Mal geheiratet, denn 1754 ließ er erstmals ein Kind taufen.[13] Vermutlich verstarb Meister Cadow im Jahr 1775.[14] Bereits in den ersten Jahren seiner Stralsunder Tätigkeit war Friedrich Cadow mit seinen Mitmeistern in Streit geraten.[15] Er hatte ohne deren Wissen die Lieferung von *Mundirungsknöpfen* für 215 Mann des Leibregiments Schwerin ausgehandelt, die Garnitur zu 12 ß lüb., insgesamt 53 RT 36 ß lüb. und für Teillieferungen 30 RT Abschlagszahlungen erhalten.[16] Laut

7 Wohnungs-Anzeiger für Stralsund und die Vorstädte auf das Jahr 1875; *Hintze*, Zinngießer (wie Anm. 4), S. 421, Nr. 2259. Höppner war 1802 als Sohn des Zinngießers Gabriel Bernhard Höpner (Höppner) geboren und am 30. August 1828 Bürger geworden.

8 *Hintze*, Zinngießer (wie Anm. 4), S. 417–419, Nr. 2240 (Grünewald), 2241 (Schröder), 2248 (Jantzen), 2245 (Grootjohann), 2247 (Schaad) und 2246 (Cadow).

9 Carl Friedrich *Cadow*, Die deutschen Zinngießer und ihre Marken. Ein Beitrag für den Raum Mecklenburg-Vorpommern, in: Zeitschrift für Niederdeutsche Familienkunde, Jg. 44, H. 6, Hamburg 1969, S. 170–176.

10 *Cadow*, Zinngießer (wie Anm. 9), S. 171; *Hintze*, Zinngießer (wie Anm. 4), S. 417, Nr. 2239. Auch Schlüter war zugezogen. Er hatte das Zinngießerhandwerk ab 1707 in Rostock bei Andreas Wösthoff erlernt, vgl. *Kunzel*, Zinngießerhandwerk (wie Anm. 1), Kat. 32–37. Dass Cadow in Neubrandenburg das Handwerk erlernte, ist denkbar, aber nicht belegt. Die Neubrandenburger Zinngießer ließen ihre Lehrlinge erst ab 1762 in Rostock ein- und ausschreiben, vgl. *Kunzel*, Zinngießerhandwerk (wie Anm. 1), S. 125.

11 *Warncke*, Zinngießer Lübeck (wie Anm. 5), S. 27; weitere Beispiele siehe *Kunzel*, Zinngießerhandwerk (wie Anm. 1), S. 55–57 und nach Ausweis des Registers.

12 *Cadow*, Beitrag Zinngießer (wie Anm. 9), S. 173 mit Anm. 15 mit Katasternachweis 1756 Erbe B 67 und B 68.

13 *Cadow*, Zinngießer (wie Anm. 9), S. 173 mit Anm. 16, Taufe des Sohnes Jacob Friedrich Cadow, 08.02.1754, Taufbuch St. Nikolai.

14 *Cadow*, Zinngießer (wie Anm. 9), S. 173 mit Anm. 22, Eintrag Totenbuch St. Nikolai, im Begräbnisbuch fehlt der Vorname. Es kann sich daher auch um einen anderen »Kadow« handeln.

15 Das Folgende nach *Cadow*, Zinngießer (wie Anm. 9), S. 170–172, dessen Quelle: StAS, Rep. 3, Nr. 4822: Beschwerde der Alterleute der Zinngießer über Amtsmeister Cadow wegen ungerechtfertigter Regimentsarbeit, 1746–1748.

16 Im Folgenden werden generell die Nominalkürzel RT (Reichstaler), ß (Schilling) verwendet. In Stralsund galt 1 Taler = 48 Schilling.

Kämmereiprotokoll vom 17. September 1746 führten Ältermann und Zinngießeramt dagegen Beschwerde und forderten Schadenersatz – niemand solle solche Aufträge allein annehmen, vielmehr wären sie auf alle Meister zu verteilen, argumentierten die Amtsmeister. Zugleich behielten sie sich vor, Cadow von Lieferungen und Verträgen auszuschließen und weigerten sich, seinen neuen Lehrling einzuschreiben. Cadow gab die geheimen Absprachen unumwunden zu, gab aber entschuldigend zu Protokoll, dass der Auftrag anderenfalls nach außerhalb vergeben worden wäre. Der Hinweis auf einen ähnlichen Vorgang im Jahr 1743, in den Altermann Grünwaldt und Cadows zwischenzeitlich offenbar verstorbener Schwiegervater Schlüter involviert waren, verfehlte seine Wirkung und wurde vom Amt ins Gegenteil verkehrt und Meister Schlüter der Arglist beschuldigt. Um die Angelegenheit zu einem akzeptablen Abschluss zu bringen, erhielt Cadow schließlich das Vergleichsangebot, 4 RT Prozesskosten zu tragen und 10 RT Schadensersatz an die Amtslade zu zahlen. Cadow war zwar zur Unkostenübernahme bereit, nicht aber zur Zahlung an die Amtslade, was er damit begründete, dass ihn das Amt bei Knopfaufträgen stets überginge und auch sonst die Arbeiten ungleich aufgeteilt würden. So endete der Prozess erst 1748 mit einem modifizierten Vergleich. Cadow hatte 5 RT zu zahlen und im Gegenzug waren die Altermänner angehalten, den Lehrling unverzüglich einzuschreiben.

II

Am 27. Januar 1748 richtete sich Friederich Cadow ein Buch für seine Geschäftsaufzeichnungen ein. Das schmale, fadengeheftete Notizbuch verzeichnet auf 25 Seiten Auftragsnotizen, die gelegentlich als bezahlt ausgestrichen sind. Die Einträge enden mit dem 12. Februar 1750. Einzelne Notizen reichen bis 1744 zurück. Die Aufzeichnungen datieren wie folgt: S. 1–3 (undatierte und ungedeutete Summen), S. 4 (1748/1749); S. 5 (undatiert, 1750), S. 6 (1745); S. 7 (undatiert), S. 8 (1745/1746), S. 9 (undatiert, 1749), S. 10 (undatiert), S. 11 (1748/1750), S. 12 (1749), S.13 (undatiert), S. 14 (1749/1750), S. 15 (1748/1749/1748), S. 16 (1749/1750), S. 17 (1748/1749), S. 18 (1747), S. 19 (1748), S. 20 (1748), S. 21 (undatiert, 1745), S. 22 (1749), S. 23 (1748), S. 24 (1745/1749), S. 25 (1744/1748).[17]

Die Gesamtsumme aller notierten Aufträge der Jahre 1744 bis 1750 betrug 120 RT (Reichstaler). Die Summen in den einzelnen Jahren sind der Tabelle 1 zu entnehmen.

17 Aus der Zeit des Prozessbeginns 1746 findet sich keine Notiz, denn die Lieferung von 150 Dutzend Knöpfen an das Militär datieren offenbar in das Jahr 1749. Preise hatte Cadow dazu nicht notiert, vgl. Geschäftsbuch (wie Anm. 3), S. 4.

Jahr	Summe RT – ß
1744	6 RT
1745	12 RT 37 ß
1746 (keine Notiz),	
1747	11 RT
1748	41 RT 2 ß
1749 ,	39 RT 35 ß
1749/1750	7 RT 38 ß
1750	1 RT 32 ß
Gesamt	120 RT

Tabelle 1: Summen der Auftragsnotizen 1744 bis 1750

Es wird sich bei den Notizen nicht um sämtliche Umsätze der Cadowschen Werkstatt gehandelt haben. Von den notierten Summen hätte der Betrieb nicht existieren können.

Auch betrieb Cadow seine Werkstatt nicht allein. Er bildete Lehrlinge aus und beschäftigte zumeist einen Gesellen, den er normalerweise mit 12 ß pro Woche entlohnte. 1750 ist dieser Lohn für einen Gesellen / Mitarbeiter namens Daniel ausdrücklich genannt.[18] Damit hielt sich Meister Cadow an den im Wendischen Ämterverband seit 1678 verbindlich vorgeschriebenen Höchstlohn.[19] Offenbar vergütete Cadow bereits 1745 Gesellenarbeit in dieser Höhe, denn damals zahlte er 1 RT 24 ß an Gesellenlohn aus.[20] Der Geselle wird sechs Wochen in der Werkstatt gearbeitet haben. Andererseits zahlte Cadow den Lohn in den Jahren 1748/1749 nicht immer in voller Höhe aus. So arbeitete bei ihm ab dem 30. September 1748 der Geselle Hinrich Grube, dem er nach 28 Wochen lediglich 4 RT zahlte, was einem Wochenlohn von 6 ß entspricht.[21] Diese Lohnkürzung war für den Fall erlaubt, dass der Meister den Gesellen mit Bier versorgt.[22] Von Mai bis August (1749) schwankt die Höhe der Lohnzahlungen derart, dass keine Regel erkennbar ist.[23]

18 Geschäftsbuch (wie Anm. 3), S. 5, Eintrag vom 25.01.1750.

19 *Warncke*, Zinngießer Lübeck (wie Anm. 5), S. 20; Stefan *Kroll*, Stadtgesellschaft und Krieg. Sozialstruktur, Bevölkerung und Wirtschaft in Stralsund und Stade 1700 bis 1715 (Göttinger Beiträge zur Wirtschafts- und Sozialgeschichte 18), Göttingen 1997, S. 222.

20 Geschäftsbuch (wie Anm. 3), S. 7, Eintrag undatiert.

21 Geschäftsbuch (wie Anm. 3), S. 4, Eintrag (30.09.1748).

22 *Warncke*, Zinngießer Lübeck (wie Anm. 5), S. 20.

23 Andererseits rechnete Cadow am 24. August 1748 mit einem Hinnerich ab und zahlte ihm 3 RT in Einzelposten zu 24 ß, was wiederum einem regulären Lohn für 12 Wochen entsprechen dürfte. Geschäftsbuch (wie Anm. 3), S. 4, Eintrag am Seitenende vom 24.08.1748. Es könnte sich hierbei auch um die 1749er Endab-

Cadow notierte in seinem Geschäftsbuch zahlreiche Aufträge für Neuanfertigungen, Reparaturen sowie Umgüsse von abgeliefertem Altzinn. Hierfür verarbeitete er die üblichen Zinnqualitäten im Zinn-Blei-Mischungsverhältnis Englisch Zinn (EZ, 20:1 = 95 % Zinn), Kronzinn (16:1 = 94 %), Probezinn (PZ, 8–10:1 = 89–91 % Zinn) und Mankgut (MG, 2:1 = 67 %). Aufträge erhielt Meister Cadow aus vielen Bevölkerungsschichten. Unter den 36 namentlich erwähnten Kunden finden sich Arzt und Apotheker, Schmiede und Kleinschmiede, Schuster und Schneider, Glaser, Bleicher, Branntweinbrenner und Krüger, Weinhändler, Müller, Zöllner, Bauschreiber, Ratsverwandter und Regierungsrat sowie Militärs.[24]

Während der Laufzeit des Geschäftsbuches blieben die Zinnpreise konstant. Cadow rechnete das Pfund (486 Gramm) Englisch Zinn bzw. Kronzinn zu 16 ß, Probezinn zu 12 ß und Mankgut zu 10 ß. Bei Altzinnverrechnung veranschlagte er je Pfund Englisch Zinn 12 ß und je Pfund Probezinn 10 ß. Sein Macherlohn lag damit je nach Zinnqualität bei 4 bzw. 2 ß je Pfund.

Im Einzelnen notierte Cadow die Anfertigung folgender Gebrauchsgegenstände:

Objekt	**Zinnqualität (EZ, PZ, MG)**	**Stück**	**Einzelgewicht (kg)**	**Herstellungsjahr**	**Geschäftsbuch Seite**
Faß	PZ	4	0,97–2,43	1745, 1749	7, 9, 15
Bratenschüssel	EZ	1	2,43	1750	11
Potageschüssel (Suppenschüssel)	PZ	5	1,46–2,43	1749	14, 22
Schüssel	PZ	10	0,97–2,43	1745, 1748, 1749	5, 11, 15, 17, 20, 21, 24, 25
Suppenteller	PZ	7	0,57–0,61	1744, 1749	17, 25
Teller	PZ	112	0,49–0,93	1744, 1747–1749	11, 15, 17, 18, 20, 23, 24, 25
Schale	EZ	4	0,97–3,65	1748, 1749	14, 23, 25
Fla(o)derun[25]	EZ	1	2,43	1748	25

rechnung mit dem Gesellen Heinrich Grube und damit um eine Nachzahlung auf den teilweise mageren Lohn handeln. Dann aber müsste sich Cadow bei der Jahreszahl verschrieben haben.

24 Kunden waren unter anderem: Ambrosius (Schmied); Bagevitz; die Barthsche Herberge; Cornelius; Ekkel (Glaser) und dessen Witwe; Fernbu/Vernou (Schuster); Fritsche, Ruprecht, *auf dem Kniper*; Fick; Glöde (Schneider); Greven (Bauschreiber); Gröninger (Kapitän, Militär); Holtz (Glaser); Holtz (*der Fourir Schütz*); Klausen; Krassow, (Obrist); Kröger, Jacob; Kunstmann; Lass/Last, Christian (Gevatter); Meinecke; Meyer (Ratsapotheker); Monck (Feldwebel); Monicke (Bleicher); Dr. Narzissus (Protophysikus); Nonnemann (Weinhändler); Remers, Jacob, *auf der Zollbude*; Ringwig (Regierungsrat); Schmidt, Andreas; Schöel (Schöle) senior und junior (Branntweinbrenner, Krüger); Schreiber (Leutnant); Staack, Jürgen (Branntweinbrenner/Kaufmann); Tide; Weber (Kleinschmied) und Wessel (*Mülher zu Pantlitz*).

25 Unter einer Fladrun ist eine runde, flache Wärmflasche (Warmkruk) zu verstehen, vgl. Renate *Hermann-Winter*, Kleines plattdeutsches Wörterbuch für den mecklenburgisch-vorpommerschen Sprachraum, Rostock 1987, S. 88 (Fladrun) und S. 376 (Warmkruk).

Objekt	Zinnqualität (EZ, PZ, MG)	Stück	Einzelgewicht (kg)	Herstellungsjahr	Geschäftsbuch Seite
Fla(o)derun	PZ	2	1,75–1,94	1748, 1749	14, 19
Löffel	keine Angabe	61		1745, 1747–1750	15, 17, 18, 24
Krug	keine Angabe	11		1748, (1749)	11, 15, 20, 23
Teekanne	keine Angabe	1		1748	25
Leuchter	EZ	6	(0,85)	1745, 1749	6
Leuchter	keine Angabe	8		1748, 1749	10, 15, 23, 24
Klistierspritze	keine Angabe	1		1744	25
Seifendose	keine Angabe	1		(1749)	9
Nachttopf	PZ	5	(1,62)	1749	9, 11, 14, 24
Branntweinmaß	keine Angabe	2		1749	22
Pegelmaß	keine Angabe	1		1749	11
Pottmaß	keine Angabe	1		1748	23
Knopf, groß	keine Angabe	3		(1749)	10
Uniformknöpfe	keine Angabe	1.800		(1749)	4

Tabelle 2: Neuanfertigungen 1744 bis 1750

Wie überall gehörten Schüsseln, Teller und Löffel zu den vorrangig verlangten Produkten. Teller und Löffel wurden oft halbdutzend- oder dutzendweise bestellt. Für das in Stralsund stationierte Militär lieferte Cadow 150 Dutzend Knöpfe.

Gar nicht selten gaben die Auftraggeber an Meister Cadow älteres Gebrauchszinn zum Umgießen ab. Die Preise schwankten. In der Regel berechnete Cadow 10 ß für das Umgießen von Leuchtern, Lampen, Schalen sowie eines Pottmaßes. Für Teller waren es 8 bis 10 ß, für Fässer und eine Potageschüssel 12 ß, für einen großen Krug 16 ß. für Löffelumgüsse forderte Cadow 2 ß.

Objekt	Zinnqualität (EZ, PZ, MG)	Stück	Gewicht (kg)	Jahr	Geschäftsbuch Seite
Faß	keine Angabe	5	bis 1,94	1748, (1749)	5, 12
Krug	keine Angabe	1		1748	20
Lampe	keine Angabe	1		1748	4
Leuchter	keine Angabe	3		1748, 1749	17, 25

Objekt	Zinnqualität (EZ, PZ, MG)	Stück	Gewicht (kg)	Jahr	Geschäftsbuch Seite
Löffel	keine Angabe	15		1748, 1749	17, 20
Potageschüssel (Suppen-schüssel)	keine Angabe	1		1748	23
Schale	keine Angabe	2		1748, 1749,	19, 23
Schüssel	keine Angabe	3	bis 1,94	1749	11, 17
Suppenteller	keine Angabe	1	1,25	1749	17
Teller	EZ	6	0,49–0,65	1749	17
Pottmaß	keine Angabe	1		1749	19

Tabelle 3: Umgüsse 1748 und 1749

Zu diesen gewöhnlichen Aufträgen kamen noch zahlreiche Reparaturen, die die Werkstatt Cadow ausführte. Vielfach wurde gelötet, was zumeist 2 bis 3 ß kostete. Wenn die Stücke größer und die Reparaturen komplizierter waren, kostete das Löten auch schon einmal 4 oder gar 10 ß, wie Cadow 1749 bei einer Deckel- und einer Kannenreparatur notierte. Zahlreiche Krüge bekamen für 3 ß ein neues *Gewinn*, also ein Deckelscharnier, das durch offenbar häufigen Gebrauch in seiner Haltbarkeit eingeschränkt war. Neue Griffe an alte Schalen waren für 4 bis 6 ß zu haben. 6 ß kosteten neue Füße an alte Leuchter, ebenso das Aufputzen alter Fässer.

Objekt	Art der Reparatur	Stück	Jahr	Geschäftsbuch Seite
Leuchter	neue Füße	2	1748	23
Faß	gelötet	1	(1749)	10
Faß	aufgeputzt	2	1748, (1749)	5, 12
Kanne	gelötet	1	1749	17
Ölkanne	gelötet	1	1749	22
Krug	neues Scharnier	15	1745, 1748, 1749	4, 9, 14, 15, 19, 20, 23, 24, 25
Krug	befestigt	3	1749	4
Krugdeckel	gelötet	1	1749	15
Krugdeckel	neuer Krug	1	1748	15
Deckel	montiert	1	1749	9
Schale	gelötet	1	1748	20
Schale	neue Griffe	2	(1749)	10
Schüssel	gelötet	1	(1749)	13
Teller	gelötet	1	(1749)	13
Wassergießer	gelötet	1	(1749)	10
Löffel	gelötet	2	1749	11, 13

Tabelle 4: Reparaturen 1748 und 1749

Neben diesen Routinearbeiten gab es ab und zu auch besondere Aufträge. Nicht gerade ungewöhnlich scheint es zu sein, dass Zinngießer Ziffernblätter für Uhren anfertigten. 1748 goss Cadow für eine Uhrscheibe vier Zierecken, zwei Engel und eine Krone als Bildschmuck, und gravierte (stach) das Zifferblatt.[26] Für die Gravur verlangte Cadow 16 ß, für die Ecken je 3 ß und für den Bildschmuck 6 ß, insgesamt also 34 ß. Dagegen ist das Anfertigen von zwei zinnernen Birnen als Tischschmuck nicht gerade alltäglich, die ein Fourier bestellt hatte und für die Cadow je 16 ß berechnete.[27] Zu einer Hochzeit hatte der Zinngießer 1745 neben Schüsseln und Löffeln auch 2 *Cannona* geliefert, für die er 2 RT 10 ß forderte.[28]

Wie alle Zinngießer der Zeit war auch Meister Cadow im Sarggeschäft tätig.[29] Das Geschäftsbuch verzeichnet an zwei Stellen Sargbeschlag für Kindersärge, 1748 für den Bleicher Monicke einen Beschlag für 16 ß und 1749 für Jacob Kröger einen offenbar wesentlich aufwändigeren oder größeren Sargschmuck zum Preis von 4 RT.[30]

Der wohl prominenteste Kunde des Zinngießers Cadow war unzweifelhaft Oberst Karl Detlof von Krassow (1695–1770).[31] Zumeist wohnte von Krassow in Divitz bei Barth, hatte aber als Stralsunder Stadtkommandeur ein Domizil in Stralsund, wo er sich oft aufhielt. Obwohl der Oberst Tafelsilber bevorzugte, ein Inventar von 1747 ist publiziert, befand sich im Haushalt Zinngeschirr, das er u. a. von Cadow bezog bzw. reparieren ließ.[32] Eine ganze Seite des Geschäftsbuches verzeichnet ausschließlich Aufträge, die Cadow 1748 und 1749 von *Obrist Krasso* erhielt, und das waren offenbar nicht die ersten Bestellungen.[33] So ließ von Krassow bevorzugt altes Zinn umgießen, am 4. Dezember 1748 einen Leuchter, ebenso am 1. April 1749, daneben auch ein Dutzend Löffel. 1749 waren es dann sieben Teller und eine Schüssel, wofür Cadow 10 Teller und zwei neue Schüsseln lieferte. Hinzu kamen noch ein Suppenteller und 16 Löffel. Schließlich lötete Cadow noch eine Kanne. Große Aufträge waren das jedoch nicht.

Ferner ist aus dem Geschäftsbuch zu erfahren, dass Cadow gute Geschäftsbeziehungen zu seinem Bruder Jacob Albert Cadow (1718– vor 1783) unterhielt, der sich 1748 als Zinngießer in Bergen/Rügen niedergelassen hatte.[34] Cadow lieferte dem jüngeren Bruder neben fertiger Ware, z. B. am 9. September 1749 zwei Stammwappen, häufig Altzinn zum Schmelzen, das er stets zum niedrigeren Ankaufspreis in Rechnung stellte, Englisch Zinn zu 12 ß, Probezinn zu 10 ß und Mankgut zu 8 ß. Im Ge-

26 Geschäftsbuch (wie Anm. 3), S. 19, Eintrag *Töpffer* (1748).

27 Geschäftsbuch (wie Anm. 3), S. 19, Eintrag *Holtz der Forrir Schütz* (19.11.1748).

28 Geschäftsbuch (wie Anm. 3), S. 24, Eintrag *Staacken Hochzeit* (1745).

29 Zur Sargarbeit siehe *Kunzel*, Zinngießerhandwerk (wie Anm. 1), S. 138–144.

30 Geschäftsbuch (wie Anm. 3), S. 10, Eintrag *Jacob Kröger* (1749); S. 23, Eintrag *Monicke* (1748).

31 Julius *von Bohlen*, Geschichte des adlichen, freiherrlichen und gräflichen Geschlechts von Krassow, Bd. 1, Berlin 1853, zu Karl Detloff v. Krassow bes. S. 104–128.

32 Das detaillierte Silberinventar, knapp 60 kg, findet sich aufgelistet bei *von Bohlen*, Geschichte von Krassow (wie Anm. 31), S. 115–116.

33 Geschäftsbuch (wie Anm. 3), S. 17, Eintrag *No 10 Obrist Krassow*: 1748, d. 4. December ... *Der Obrist Krassow hat auffs neue machen lassen...*

34 Geschäftsbuch (wie Anm. 3), S. 16, Eintrag *von meinem Bruder* (1749–1750). Zum Zinngießer J. A. Cadow in Bergen siehe *Cadow*, Zinngießer (wie Anm. 9), S. 173–175.

Abb. 1–3 Teller mit drei Marken des Friedrich Cadow, Stralsund nach 1744, Dm. 23,8 cm, 685 g.

genzug bekam er wiederum Altzinn aus Bergen zugeschickt u. a. Schüsseln, Leuchter und Rörkendeckel.

Noch ein weiterer Cadow ist im Geschäftsbuch aktenkundig geworden.[35] Es handelt sich um den Neffen Jürgen Cadow, der um 1748 in Stralsund eine Müllerlehre begann und sich Geld von seinem Onkel lieh. Die Debitorensumme belief sich auf 2 RT 18 ß, wobei sich der Neffe 34 ß Bargeld lieh und der Onkel dem Lehrling die Einschreibegebühr von 8 ß ebenso bezahlte, wie ein Messer oder das Besohlen der Stiefel. Andere Personen liehen sich vom Zinngießer ebenfalls Geld. Um 1748 nahm Schneider Tetz in zwei Summen zusammen 1 RT 4 ß auf.[36] Ob eine Rückzahlung erfolgte, ist nicht bekannt. Der Eintrag ist nicht gestrichen.

Abschließend sei noch die inliegende Glaserrechnung vom 4. November 1748 erwähnt, auf die Cadow 3 RT 13 ¼ ß für Fensterarbeiten in den Jahren 1745 und 1746 zu zahlen hatte.[37] Hiermit enden die Notizen des Zinngießermeisters Cadow.

III

1969 waren Arbeiten des Stralsunder Zinngießers Friedrich Cadow noch völlig unbekannt.[38] Auch das ansonsten an Zinnobjekten reiche STRALSUND MUSEUM be-

35 (wie Anm. 3), S. 16, Eintrag *Jürgen Cadow Debit* (1748).

36 (wie Anm. 3), S. 21, Eintrag No. 16 *Schneider Tetz* (undatiert).

37 (wie Anm. 3), S. 8, Glaserrechnung vom 04.11.1748 der *Witwe Eckeln.*

38 *Cadow*, Beitrag Zinngießer (wie Anm. 9), S. 172. An gleicher Stelle ist die vereinigte Stadt- und Meistermarke des Zinngießers Cadow nach einem Siegelabdruck aus der Prozessakte publiziert.

sitzt keine Arbeiten des Cadow.[39] Jüngst ist nun ein Teller bekannt geworden, auf dem als besonders auffällig alle drei Qualitätsmarken des Cadow eingestempelt sind: neben der 1969 publizierten Namensmarke auch die bislang unbekannten Engels- und Rosen- bzw. Kronenmarken. Dieses System der Kombination von Engels- und Rosenmarken war für beste Zinnqualität sowohl im wendischen Ämterverband als auch subsidiär in Schweden verbreitet und kommt seit der Wende zum 18. Jahrhundert vor.[40] Für Stralsund war sie bisher nicht belegt. An der Ostseeküste ist die Kronen- oder Rosenmarke zuerst 1626 in Rostock bezeugt. Sie ist wesentlich älter als die um 1700 auftretenden Engelsmarken. Beide Marken stehen für sich allein bereits für beste Zinnqualität einer 94/95 %igen Legierung, was die Kombination beider Marken noch unterstreicht. Der Teller gehört damit zu den eher selten von Friedrich Cadow hergestellten Produkten. Mehrheitlich goss auch er seine Teller aus dem gewöhnlichen Probezinn, der lebensmittelechten etwa 90%igen Zinnlegierung. Noch immer sind die Cadow'schen Marken für das gewöhnliche Probezinn, die Stadtmarke mit Strahl und die kleine runde oder ovale Meistermarke, mit denen der Meister die weitaus größte Zahl seiner Produkte kennzeichnete, unbekannt. Doch es besteht Grund zur Hoffnung, dass auch sie dereinst entdeckt werden, sofern das vorpommersche Zinn in den Kirchen des Landes wissenschaftlich erfasst und weiteres Zinn aus der Werkstatt des Otto Friederich Hieronimus Cadow aufgespürt wird.

39 Freundliche Auskunft von Frau Dr. Regina Nehmzow, STRALSUND MUSEUM, vom 25.11.2015.

40 Zum Markenwesen zuletzt *Kunzel*, Zinngießerhandwerk (wie Anm. 1), S. 154–160; für Schweden Birger *Bruzelli*, Tenngjutare i Sverige under kontrolltiden 1754–1912. Verksamhet, föremål, stämplar samt upplysningar om äldre mästare, Stockholm 1967, S. 12–19.

DIE CURRENDE-SCHREIBEN JOHANN JOACHIM SPALDINGS AN DIE PFARRER DER BARTHER SYNODE AUS DEN JAHREN 1757–1764

von Reinhardt Würkert

1. Einleitung

Seit dem 1. November 2014 macht in der kleinen vorpommerschen Stadt Tribsees eine Gedenktafel am Eingang des städtischen Pfarrhauses auf den Namen und die Lebensdaten Johann Joachim Spaldings aufmerksam. Während einer Jubiläumsveranstaltung zu Spaldings 300. Geburtstag, über die auch Rundfunk und Fernsehen berichteten, ist die Tafel feierlich enthüllt worden. Auch führt seit dem 1. November 2014 an der Tribseeser Stadtkirche St. Thomas, in der Spalding zuweilen als Hilfsprediger diente, eine Johann-Joachim-Spalding-Straße entlang. Diese Zeichen des Gedenkens und Erinnerns dokumentieren einige jüngere Bemühungen um den Erhalt des Gedächtnisses an den aus Pommern stammenden Theologen, Pfarrer und Präpositus[1]. Die zunehmende Revitalisierung von Spaldings theologischem wie literarischem Werk verdankt sich darüber hinaus dem maßgeblich von dem Münsteraner Kirchenhistoriker Albrecht Beutel initiierten Projekt einer kritischen Werkausgabe[2], in welcher es einen würdigen und mehrfach gelobten wissenschaftlichen Publikations- und Rezeptionsort erhalten hat.[3]

Wenn im Jahr 2014 in Tribsees, aber auch in Lassan, in Barth und Berlin des 300. Geburtstages Spaldings gedacht wurde, so geschah dies zum einen in der Reflexion

1 Das Amt des Präpositus war in den protestantischen Ländern ein geistliches Inspektorat über mehrere Pfarreien. Außerdem stand der Präpositus einer Synode vor. Vgl. Art. Präpositus in: Johann Georg *Krünitz*, Ökonomisch-technologische Encyklopädie, Bd. 117, Berlin 1811, S. 96 [elektronische Ausgabe der Universitätsbibliothek Trier http://www.kruenitz.uni-trier.de/, gelesen am 24.5.2016]. In Schwedisch-Pommern waren die Präpositi dem Generalsuperintendenten rechenschaftspflichtig.

2 Johann Joachim *Spalding*: Kritische Ausgabe (= SpKA), Abt. 1: Schriften (7 Bde.), Abt. 2: Predigen (6 Bde.), hg. von Albrecht *Beutel*, Tübingen 2001–2013.

3 An Rezensionen der einzelnen Bände der SpKA vgl. u.a.: Volker *Gummelt*, in: Baltische Studien NF 100 (2014), S. 207f.; ders., in: Baltische Studien NF 97 (2011), S. 202f.; ders., in: Baltische Studien NF 95 (2009), S. 272; ders., in: Baltische Studien NF 93 (2007), S. 240–242; ders., in: Baltische Studien NF 90 (2004), S. 273f.; ders., in: Baltische Studien NF 88 (2002), S. 238f.; Markus *Wriedt*, in: Theologische Literaturzeitung 135 (2010), Sp. 216–218; Andreas Urs *Sommer*, in: Zeitschrift für Neuere Theologiegeschichte 10/1 (2003), S. 134–136.

seiner anregenden und vielfach rezipierten Theologie.[4] Zum anderen erinnerte das Datum an Spaldings persönliche und biographische Stationen, die sich etwa zur Hälfte seiner Lebenszeit in Schwedisch-Pommern, zur anderen Hälfte in Berlin befunden haben.[5]

In seiner Autobiographie berichtet der in Tribsees geborene und in Rostock und Greifswald theologisch ausgebildete Spalding über seine 1747 gefaßten beruflichen Planungen: »Man zeigte mir damals verschiedene Aussichten, so wol in Schweden, als in den preußischen Ländern eine Bedienung zu finden; aber ich sahe dabey doch nicht die gründliche Befestigung meines irdischen Glücks, die ich einmal in eine Predigerstelle gesetzt hatte. Ich ging also im Frühling 1747 wieder nach meinem Vaterlande zurück, in der Hoffnung, diesen Zweck daselbst eher zu erreichen.«[6] Weder Berlin noch Stockholm reizten ihn, dauerhaft dort Fuß zu fassen, und obwohl er in Berlin einen illustren Freundeskreis um sich versammelt wußte, wandte sich Spalding Ende der 1740er Jahre wieder seiner Vaterstadt Tribsees zu, nicht ohne 1747 in einem Brief an seinen Freund Johann Wilhelm Ludwig Gleim (1719–1803) darum zu bitten, daß man ihn doch in Berlin nicht vergessen möge, »auch wenn ich an dem äussersten Rande der Ostsee ein Landpriester seyn sollte.«[7]

2. Bemerkungen zur Quellenlange

Spaldings Autobiographie erschien 1804 posthum in der Buchhandlung des Halleschen Waisenhauses und war von seinem jüngsten Sohn Georg Ludewig Spalding

---

4 Spaldings aufklärerische Theologie vereinigt Impulse und Motive aus dem theologischen Wolffianismus, dem philosophischen Empirismus, der Übergangstheologie sowie der beginnenden Neologie. In seinen Schriften befaßte er sich insbesondere mit dem Verhältnis von Religion und Ethik (u.a. in »Die Bestimmung des Menschen«, 1. Aufl. 1748), des Weiteren mit der Relation von menschlicher Emotionalität und Rationalität (u.a. in »Gedanken über den Werth der Gefühle in dem Christenthum«, 1. Aufl. 1761), mit Homiletik (»Ueber die Nutzbarkeit des Predigtamtes und deren Beförderung«, 1. Aufl. 1772) sowie dem neuzeitlichen Religionsverständnis (»Vertraute Briefe, die Religion betreffend«, 1. Aufl. 1784, »Religion, eine Angelegenheit des Menschen«, 1. Aufl. 1797).

5 Einführende Werke und Aufsätze zu Leben und Werk Johann Joachim Spaldings in Auswahl: Albrecht *Beutel*, Johann Joachim Spalding. Meistertheologe im Zeitalter der Aufklärung, Tübingen 2014; ders., Elastische Identität. Die aufklärerische Aktualisierung reformatorischer Basisimpulse bei Johann Joachim Spalding, in: Zeitschrift für Theologie und Kirche 111 (2014), S. 1–27; ders.: Johann Joachim Spalding. Populartheologie und Kirchenreform im Zeitalter der Aufklärung, in: Peter *Walter*/Martin H. *Jung* (Hg.), Theologen des 17. und 18. Jahrhunderts. Konfessionelles Zeitalter – Pietismus – Aufklärung, Darmstadt 2003, S. 226–243; Thomas K. *Kuhn*, Art. Spalding, Johann Joachim, in: Biographisch-bibliographisches Kirchenlexikon, Bd. 10, Hamm (Westf.) 1995, Sp. 868–870; Bernd *Jordan*, Johann Joachim Spalding. Ein Vertreter der Aufklärung in Pommern, in: Haik Thomas *Porada* (Hg.), Beiträge zur Geschichte Vorpommerns. Die Demminer Kolloquien 1985–1994, Schwerin 1997, S. 79–82; Verena *Look*, Johann Joachim Spalding (1714–1804), in: Albrecht *Beutel* (Hg.), Protestantismus in Preußen. Lebensbilder aus seiner Geschichte, Bd. 1: Vom 17. Jahrhundert bis zum Unionsaufruf 1817, Frankfurt am Main 2009, S. 207–226.

6 Johann Joachim *Spalding*, Kleinere Schriften 2: Briefe an Gleim. Lebensbeschreibung, hg. von Albrecht *Beutel* und Tobias *Jersak* (SpKA I/6–2), Tübingen 2002, 132f. Spalding hatte sich vor seinem Entschluß, nach Pommern zurückzukehren, für drei Jahre in Berlin aufgehalten. Vgl. *Beutel*, Johann Joachim Spalding. Meistertheologe (wie Anm. 5), S. 54–59.

7 SpKA I/6–2 (wie Anm. 6), S. 10.

(1768–1834) herausgegeben worden. Anders als andere Biographen aus dem 18. Jahrhundert beschrieb Spalding sein Leben nicht in einem Stück, sondern zu verschiedenen Zeiten in mehreren fortlaufenden, sehr abgeklärt wirkenden Teilrückblicken.[8] Daneben informieren Spaldings Briefe an den Literaten Johann Wilhelm Ludwig Gleim über seine Tätigkeiten und seine innere Verfassung in den pommerschen Jahren 1747 bis 1757.[9] Sie sind 1771 wohl auf Betreiben Gleims anonym gedruckt und publiziert worden. Eine spannende, jedoch wegen der subjektiv-empfindsamen Färbungen mit Vorsicht zu genießende Quelle für Spaldings letzte Zeit als Pfarrer und Präpositus in Barth sind die von dem reformierten Schweizer Pfarrer und Schriftsteller Johann Caspar Lavater (1741–1801) verfaßten Reisetagebücher wie auch dessen Briefe an seine Eltern.[10] Lavater, der zusammen mit Felix Heß (1742–1768) und Johann Heinrich Füßli (1741–1825) in den Jahren 1763 und 1764 in Spaldings Haus zu Gast war, berichtet ebenso anschaulich wie emotional vom gemeinsamen Tageserleben der Freunde in Barth, beschreibt die äußeren und inneren Zustände der Gemeinschaft wie auch das intensive Schreib- und Leseverhalten. Auch notierte Lavater mehrere Anekdoten, schrieb einige von Spalding verfaßte Briefe ab und exzerpierte dessen Predigten, die sich in den Aufzeichnungen wiederfinden.

Die bisher genannten Quellen liegen alle zum Teil in der »Kritischen Spalding-Ausgabe«, zum Teil in der Edition »Texte zur Geschichte des Pietismus« im Druck vor und sind in der biographischen Sekundärliteratur mehrfach befragt und zitiert worden. Darüber hinaus gibt es in den pommerschen Archiven einiges Aktenmaterial zum amtlichen Wirken Spaldings, das bislang nur wenig zur Kenntnis genommen worden ist, insbesondere aus der Zeit seiner Tätigkeit als Präpositus und Pfarrer in der Synode Barth, darunter das Protokollbuch der Stadtsynode Barth im Landesarchiv Greifswald[11] und die Verwaltungsakten der Barther Präpositur im pommerschen Kirchenkreisarchiv.[12] Aus letzteren stammen die in diesem Beitrag vorzustellenden Currende-Schreiben aus den Jahren 1757 bis 1764. Eine intensivere Auswertung dieser und ähnlicher Quellen könnte die biographische Spalding-Forschung, die bislang eher unter theologiegeschichtlichen Vorzeichen gestanden hat, um einen stärker sozialgeschichtlich geprägten Einblick in Spaldings Aktivitäten in Barth und Lassan be-

8 SpKA I/6–2 (wie Anm. 6), S. XV.

9 SpKA I/6–2 (wie Anm. 6), S. 1–102.

10 Johann Kaspar *Lavater*, Reisetagebücher, Teil I: Tagebuch von der Studien- und Bildungsreise nach Deutschland 1763 und 1764, hg. von Horst *Weigelt* (Texte zur Geschichte des Pietismus VIII, 3), Göttingen 1997.

11 Vgl. Landesarchiv Greifswald (LAG), Rep. 36, Nr. II B 14, Generalsuperintendentur Greifswald, Protokollbuch der Synode Barth. Hierin sind mehrere Sitzungen und Beschlüsse dokumentiert. Spaldings Name taucht zum ersten Mal am 25. Juli 1757 auf, zuletzt am 9. Mai 1764. In seiner Funktion als Pfarrer in Barth führte er stets den Vorsitz der Synode. Anwesend waren neben ihm zumeist der Ökonomus bzw. Finanzverwalter der Kirche, zwei Beisitzer, zuweilen ein Baumeister und Vertreter der Hospitäler vom Heiligen Kreuz vom Heiligen Geist sowie von St. Georg. Ohne hier auf die einzelnen Verhandlungen eingehen zu können, sei erwähnt, daß Spalding in diesen Protokollen als ein Verfechter der Rechte und der finanziellen Absicherung des Kirchen- und Schulpersonals als auch der Pächter der Kirchenäcker erscheint. Die Verhandlungen führte er stets redlich und während der Zeit des Siebenjährigen Krieges mit dem Anliegen, die Not der Bevölkerung durch finanzielle Erlasse mildern zu wollen.

12 Siehe dazu unten 4.

reichern. Mit ihrer Hilfe lassen sich beispielsweise die finanzielle und materielle Lage Spaldings, aber auch sein pastoraler wie diakonischer Umgang mit seinen Amtskollegen in Kirche, Schule und den Armen- und Krankeneinrichtungen näher bestimmen.

3. Spaldings Wirkungsstätten in Pommern

Zu Beginn seiner im Dezember 1757 aufgenommenen »Lebensbeschreibung« notiert der mittlerweile 43jährige Spalding: »Mein Leben hat sehr wenig scheinbar merkwürdiges an sich, welches aus dem Grunde aufgezeichnet zu werden verdiente. Aber es hat für mich wichtiges genug, um mein Herz, bey der wiederholten Erinnerung der mannichfaltigen Güte Gottes über mir, mit Dank und Freude zu erfüllen.«[13] Daß Dank und Freude während der pommerschen Pfarrerjahre Spaldings auch eng neben manchen Kümmernissen und Leiderfahrungen lagen, läßt er an dieser Stelle unerwähnt und beginnt nach dieser intentionalen Vorrede den eigentlichen Bericht mit dem Tag seiner Geburt: »Ich bin im Jahr 1714 den 1sten November zu Tribsees in Schwedischpommern gebohren.«[14]

Tribsees, die kleine Stadt an der Trebel, sollte bis 1749 den geographischen Mittelpunkt während seiner ersten drei Lebensjahrzehnte bilden. Hier verbrachte Spalding seine Kindheit und Jugendzeit. In Tribsees hatten sich sowohl sein Vater Johann Georg Spalding (1681–1748) als auch späterhin sein älterer Bruder Gebhard Spalding (1712–1756) dauerhaft angesiedelt. Beide bekleideten zu verschiedenen Zeiten das Rektorat der Stadtschule und anschließend das Pastorat an der Stadtkirche St. Thomas. Nachdem Spalding sein Studium der Theologie und Philosophie in Rostock 1733 abgeschlossen hatte und danach an verschiedenen Orten als Hauslehrer und Sekretär Anstellungen fand, zog es ihn immer wieder nach Tribsees zurück. Hier vertrat er zum einen seinen kränkelnden Vater beim Predigtdienst und pflegte ihn während dessen schwerer Krankheit in den Jahren 1747 und 1748,[15] zum anderen diente Tribsees Spalding als Rückzugs- und Ruheort zum Studieren und war, wie es ihm in seiner späteren Innenschau erschien, »[seinem] Herzen zu einer festern und entschlossenern Rechtschaffenheit beförderlich«.[16] Vor allem während der Nächte, welche er häufig am Krankenbett seines Vaters zubrachte, verfaßte er seine erfolgreiche Schrift »Betrach-

13 SpKA I/6–2 (wie Anm. 6), S. 115.

14 SpKA I/6–2 (wie Anm. 6), S. 115.

15 SpKA I/6–2 (wie Anm. 6), S. 133f. Der Vater litt an Ödemen, d. h. an Flüssigkeitseinlagerungen wohl aufgrund von Herzschwäche – im 18. Jahrhundert bekannt als Wassersucht. Spaldings Mutter, Catharina Ilsabe Spalding (geboren um 1694 als Tochter des Tribseeser Pastors Joachim Lehment), war bereits 1723 verstorben. Gemeinsam mit seiner Stiefmutter, Margareta Elisabeth Spalding (gestorben 1754), pflegte Spalding offenbar den schwer kranken Vater. In seiner Lebensrückschau heißt es dazu: »weil sich weder andere Hoffnungen noch andere Geschäfte zeigten, so konnte ich der Pflicht ein Genüge thun, bey meinem kranken Vater zu seiner Gesellschaft und Pflege gegenwärtig zu seyn.« SpKA I/6–2 (wie Anm. 6), S. 133.

16 SpKA I/6–2 (wie Anm. 6), S. 123.

tung über die Bestimmung des Menschen«[17], die 1748 erstmals im Druck erschien und im 18. Jahrhundert mindestens 29 Auflagen erfahren haben dürfte.[18] Noch im Februar 1748 starb der Vater und Spalding verließ Tribsees im Frühling 1749, um sein Amt als Pfarrer in dem Städtchen Lassan anzutreten. Zwar äußerte er sich in seinen Briefen an seinen Freund Gleim noch skeptisch über sein Landpfarramt,[19] arbeitete sich aber bald mit Ernst und Gewissenhaftigkeit darin ein, nicht zuletzt durch die Unterstützung, die ihm sein Lassaner Diakon Christoph Balthasar Banekamp (1708–1775)[20] zukommen ließ. »Die Rechtschaffenheit seines Herzens«, hielt Spalding rückblickend fest, »und seine Einsichten in den Sachen des Geschmacks und der Gelehrsamkeit ersetzten mir sehr gut, was sonst an dem Umfange des Ortes fehlete.«[21] Die Wertschätzung, welche ihm von Seiten der Gemeindeglieder entgegen gebracht wurde und derer er sich auch später noch gerne erinnerte, verdeutlichte Spalding in seiner Lebensbeschreibung mit einer kurzen Erzählung: Während eines Spaziergangs durch die Felder begegnete ihm einige Wochen nach seinem Dienstantritt eine einfache alte Frau, die ihm die Hand drückte und sich sehr dafür bedankte, daß sie aus seinen Predigten »so gut vernehmen könnte, und daraus immer mehr lernte, wie es mit dem Christenthum recht seyn müßte«.[22]

Angenehm waren Spalding während seiner Zeit in Lassan auch die »freundschaftlichen Bekanntschaften«, welche er mit dem uckermärkischen Gutsbesitzer Georg Friedrich von Arnim (1717–1772)[23] und dem ihm schon vorher in Berlin verbundenen Philosophen Johann Georg Sulzer (1720–1779)[24] pflegte. Von Arnim versorgte Spalding offenbar fortlaufend mit neuer Literatur aus dem In- und Ausland.[25] Mit Sulzer hatte er zuvor bereits Briefkontakt gehalten. In einer von Spalding und seinem Diakon Banekamp organisierten Lesegesellschaft fanden sich auch einige interessierte Landedelleute ein. Zusammen bemühte man sich hier um die Anschaffung neuer, vornehmlich französischer Literatur.[26] Neben seinen pastoralen Amtsgeschäften führte Spalding ein intellektuell anspruchsvolles wie glückliches Gelehrtendasein. So pflegte er weiterhin eine intensive Korrespondenz mit seinem Berliner Freundeskreis, studierte antike Klassiker und widmete sich der Übersetzung von Werken englischer Schriftsteller, darunter Anthony Ashley Cooper Earl of Shaftesbury (1671–1713) und Joseph

17 Johann Joachim *Spalding*, Die Bestimmung des Menschen, hg. von Albrecht *Beutel*, Daniela *Kirschkowski* und Dennis *Prause* (SpKA I/1), Tübingen 2006.

18 Vgl. *Beutel*, Johann Joachim Spalding. Meistertheologe (wie Anm. 5), S. 77.

19 SpKA I/6–2 (wie Anm. 6), S. 44 (12.3.1749); S. 49 (11.2.1750).

20 Zu Banekamp vgl. Hellmuth *Heyden* (Bearb.), Die Evangelischen Geistlichen des ehemaligen Regierungsbezirkes Stralsund. Die Synoden Wolgast, Stralsund und Loitz, Greifswald 1973, S. 57.

21 SpKA I/6–2 (wie Anm. 6), S. 135.

22 SpKA I/6–2 (wie Anm. 6), S. 141f.

23 Zu Georg Friedrich von Arnim vgl. die Todesanzeige in: Hallische Neue Gelehrte Zeitungen, Siebenter Theil, 12. Stück (1772), S. 96.

24 Vgl. Otto *Liebmann*, Art. Sulzer, Johann Georg, in: Allgemeine Deutsche Biographie, Bd. 37, Leipzig 1894, S. 144–147; Hubert *Steinke*, Art. Sulzer, Johann Georg, in: Historisches Lexikon der Schweiz, Bd. 12, Basel 2013, S. 127f.

25 SpKA I/6–2 (wie Anm. 6), S. 142.

26 Vgl. *Beutel*, Johann Joachim Spalding. Meistertheologe (wie Anm. 5), S. 91.

Butler (1692–1752). Obwohl man ihm in dieser Zeit eine Reihe von begehrten und gut bezahlten Amtspositionen anbot – unter anderem hätte Spalding die Möglichkeit gehabt, bei August Adolph Graf von Kamenke (1725–1779) in Berlin eine ausgezeichnet dotierte Stelle als Hausgeistlicher anzunehmen und sich damit für lange Zeit abzusichern –, zog er es dennoch vor, weiterhin sein Landpfarramt auszuüben. Sein Hang zu Selbstzweifeln, aber auch seine Sensibilität »für die natürlichen einfältigen Freuden der Menschlichkeit«, wie er schreibt, machten ihn für die »Reize von Titeln und Stellen und dem damit verknüpften Ansehen« weitgehend unempfänglich.[27] Großes Glück fand er in der 1751 geschlossenen Ehe mit der Stralsunder Pfarrerstochter Wilhelmine Sophie, geb. Gebhardi (1734–1762).[28] Das Ehepaar Spalding hatte sechs Kinder, drei Mädchen und drei Jungen, von denen ein Sohn und eine Tochter bereits im Kindesalter, eine weitere Tochter noch im Jugendalter starben. Schmerzlich erschien Spalding zudem der Tod seines älteren Bruders Gebhard im März 1756, mit dem er zu Beginn der 1730er Jahre in Rostock studiert hatte und Zeit seines Lebens eng verbunden war.[29] Das Jahr 1757 markiert den Endpunkt der ansonsten idyllischen Lassaner Pfarrerjahre und zugleich den Beginn der Zeit Spaldings als Pfarrer und Präpositus der Synode in Barth. Schweren Herzens trennte er sich von der Lassaner Gemeinde und übermittelte ihr in seiner am 12. April 1757 gehaltenen Abschiedspredigt seinen Dank und seine Segenswünsche.[30]

Die in Barth angetretene Stelle brachte ihm einige finanzielle und materielle Verbesserungen. Den Gehaltsquittungen nach zu urteilen, bezog er für seine Pfarrertätigkeit jährlich ein festes Grundgehalt von etwa 160 Reichstalern und verdiente damit etwa so viel wie ein Beamter im mittleren Dienst.[31] Hinzu kamen Stolgebühren[32],

---

27 SpKA I/6–2 (wie Anm. 6), S. 137.

28 Spalding gedachte seiner ersten Ehefrau in seiner »Lebensbeschreibung« wie folgt: »Sie hatte freylich ihre Fehler. Ihre Empfindungen wurden bisweilen mit einer Heftigkeit aufgebracht, darüber sie nicht immer so fort Meister werden konnte. Allein das starke Gefühl von Aufrichtigkeit, von Großmuth, von Menschenliebe, mit einem so feinen Witze, und einem so richtigen und so überaus wohl angebaueten Verstande verknüpft, das überwog bey weitem jene Ungemächlichkeit, welche ihr Temperament in ihrem Umgange mit sich führte […]. So ward sie mir also auch immer werther, und zu meiner Glückseligkeit unentbehrlicher.« SpKA I/6–2 (wie Anm. 6), S. 138f. Ausführlicher äußerte sich Spalding über Wilhelmine Sophie in einer Denkschrift, die er nach ihrem frühen Tod im Jahr 1762 ihrem Vater, dem Stralsunder Pfarrer Brandanus Gebhardi (1704–1784), übersandte. Vgl. Johann Joachim *Spalding*, Kleinere Schriften 1, hg. von Olga *Söntgerath* (SpKA I/6–1), Tübingen 2006, S. 303–314.

29 Die Pastorenstelle, die Gebhard Spalding bis dahin versehen hatte, übernahm daraufhin der jüngere Bruder Carl Wilhelm Spalding (1718–1772).

30 Vgl. Johann Joachim *Spalding*, Einzelne Predigten, hg. von Albrecht *Beutel* und Olga *Söntgerath* (SpKA II/6), Tübingen 2013, S. 1–16.

31 Die Grundgehaltssumme von ca. 160 Reichstalern kann aus zwei vorhandenen Empfangsquittungen errechnet werden, welche Spalding zu Ostern sowie an Michaelis des Jahres 1757 unterschrieben hatte. Er hatte damit den Eingang von jeweils 40 Reichstalern und 40 Schillingen Quartalsgehalt bestätigt. Vgl. Kirchenkreisarchiv Greifswald (= KKAG) (Pommerscher Evangelischer Kirchenkreis), Bestandsbezeichnung: Superintendentur Barth, Signatur: Akte Nr. 472: Spalding, 1757–1764, unpaginiert. Die beiden bezifferten Grundgehalts-Quittungen tragen die laufenden Nummern 25 und 37. Daneben finden sich weitere Quittungen für anderweitige Einnahmen von Spalding in der Akte. Insgesamt dürfte sein jährliches Einkommen unter 300 Reichstalern gelegen haben und fiele damit unter die mittlere Verdienstklasse in Schwedisch-Pommern. Vgl. dazu die Aufstellung der Löhne und Lebenshaltungskosten in Schwedisch-Pommern für das 18. Jahrhundert in Werner *Buchholz*, Öffentliche Finanzen und Finanzverwaltung im entwickelten früh-

landwirtschaftliche Erträge sowie die Zulage für die Amtsführung der Präpositur und weitere geringe Nebeneinkünfte. Der regelmäßige Kanzeldienst, den Spalding zu übernehmen hatte, umfaßte die Sonntags- und Wochengottesdienste in St. Marien und im Barther Fräuleinstift. An jedem Dienstagmorgen unterwies er zudem die Konfirmanden im Katechismus.[33]

Daß die Barther Jahre sich trotz der verbesserten ökonomischen Situation doch deutlich von der unbeschwerten Lassaner Zeit unterschieden, hing nicht zuletzt mit den militärischen Auseinandersetzungen zwischen Schweden und Preußen im Siebenjährigen Krieg zusammen, von denen weder Lassan noch Barth verschont blieben. Spalding notierte dazu eindrücklich folgende Passage in seinem Lebensbericht:

»Nach einem vorhin so lange genossenen Frieden erfüllte um so mehr Schrecken und ängstliche Erwartung unsere Provinz; und wenn gleich in manchen Stücken die wirklichen Drangsale nicht so groß wurden, als die Furcht sie sich vorgestellt hatte, so waren sie doch immer schwer genug, um Noth und Kummer unter dem größeren Theil der Einwohner des Landes, und auch unserer Stadt, auszubreiten. Bey dem abwechselnden Besitze der Oerter außer der Festung, bald von Feinden, bald von Freunden[34], bedienten freylich jene sich der traurigen Rechte des Krieges, und die Lasten waren nicht wenig drückend [...]. Das größte Uebel aber dieses von unserer damaligen Seite eben so kostbaren als fruchtlosen Krieges bestand in der Verschlimmerung der Sitten des Volks in unserer Provinz, von welcher ich auch an meinem Orte ein betrübter Zeuge seyn mußte [...].«[35] Barth, das von Kriegszerstörungen nicht direkt betroffen war, mußte in den Jahren 1758 und 1759 hohe Kontributionen an die Preußen zahlen, was für die Einwohner bittere Armut und existenzielle Not zur Folge hatte. Die Kosten beliefen sich insgesamt auf über 50.000 Reichstaler.[36] Daß sich Spalding der Notlage seiner Gemeindeglieder aktiv zuwandte und den Erlaß von Abgaben zu erwirken versuchte, zeigen die Protokolle im Barther Synodalbuch. Danach sorgte er für eine Verringerung der Acker-Pachtgebühren für die Barther Bürger während der Kriegsjahre.[37] Trotz aller Leiderfahrungen dieser Tage ergab sich im Frühjahr 1763 für Spalding noch einmal eine besondere Zeit der Geselligkeit und des geistigen Austausches, als nämlich die drei Schweizer Freunde Johann Heinrich Füßli, Felix Heß und Johann Caspar Lavater bei ihm im Barther Pfarrhaus logierten und bis Anfang

modernen Staat. Landesherr und Landstände in Schwedisch-Pommern 1720–1806 (Veröffentlichungen der Historischen Kommission für Pommern V, 25), Köln u. a. 1990, S. 89–98, hier S. 94.

32 Die Stolgebühren waren die Abgaben für die Kasualdienste der Pfarrer, wie Taufen, Trauungen und Beerdigungen. Vgl. Hartmut *Böttcher*, Art. Stolgebühren, in: Religion in Geschichte und Gegenwart. Handwörterbuch für Theologie und Religionswissenschaft, Bd. 7, 4. Aufl., Tübingen 2004, Sp. 1746. Die Bezeichnung Stolgebühr leitet sich von der Stola her, welche der Geistliche bei der jeweiligen Kasual-Feier anlegte.

33 Vgl. *Beutel*, Johann Joachim Spalding. Meistertheologe (wie Anm. 5), S. 97–99.

34 Mit den »Feinden« waren die Preußen gemeint, mit den »Freunden« die Schweden.

35 SpKA I/6–2 (wie Anm. 6), S. 148.

36 Vgl. Joachim *Wächter*, Grundzüge der Barther Geschichte, in: Jörg *Scheffelke*/Gerd *Garber* (Hg.), Stadt Barth 1255–2005. Beiträge zur Stadtgeschichte, Schwerin 2005, S. 23.

37 Vgl. LAG, Rep. 36, Nr. II B 14, Generalsuperintendentur Greifswald, Protokollbuch der Synode Barth, S. 174f.

1764 eine Art Wohn- und Lebensgemeinschaft bildeten.[38] Jedoch neigten sich Spaldings Jahre in Pommern bereits ihrem Ende entgegen. Nachdem er sich nach dem Tod seiner ersten Ehefrau Wilhelmine[39] im Frühjahr 1764 zum zweiten Mal verheiratet hatte,[40] siedelte er zwecks Annahme des hoch angesehenen Amtes eines Propstes und Oberkonsistorialrates nach Berlin über.

4. Die Korrespondenz Spaldings mit den Pfarrern der Synode Barth – Einführung zu einem bisher unentdeckten Quellenbestand

Während meiner Recherchen zu Spaldings pommerschen Lebensjahren stieß ich vor kurzem im Kirchenkreisarchiv Greifswald auf eine Korrespondenzmappe der Barther Synode aus dem 18. Jahrhundert, die der Spalding-Forschung bislang noch unbekannt war. Dabei handelt es sich um eine Sammlung von Rundbriefen – »Currende« genannt – aus Spaldings Feder, die dieser zusammen mit Verordnungen und Schriften des Greifswalder Generalsuperintendenten und der schwedischen Regierung in Stralsund zum Zwecke der Kanzelverlesung an die Pfarrer der insgesamt 29 Parochien der Barther Synode verschickt hatte. Insgesamt beläuft sich die Zahl von Spaldings Synodal-Briefen in den Akten auf 17, von denen neun doppelt vorhanden sind und im Zeitraum von 1757 bis 1764 an die Pfarrer versandt worden waren. Im Anhang der Briefe finden sich zeitnahe schriftliche Reaktionen der Pfarrer aus den beiden Synodalzirkeln Kenz und Flemendorf, in welche sich die Barther Synode seit 1735 geteilt hatte.[41] Die Schreiben sind in Barth offenbar in einem mit einem Schloß versehenen, »Capsel«[42] genannten Aufbewahrungsgegenstand durch einen Boten[43] auf den Weg durch das Synodalgebiet geschickt worden. Die Pastoren hatten jeweils einen passenden Schlüssel dazu. Überliefert ist dieses Verfahren zur Übermittlung von Nachrichten in einer Notiz zu einem Zwischenfall, der sich beim Öffnen des Schlosses ergeben hatte sowie in einem Warnschreiben Spaldings, in welchem er die Pfarrer ermahnte, das Behältnis aufgrund seines schlechten Zustandes mit Vorsicht zu behandeln.[44]

38 Aufgrund lokalpolitischer Spannungen hatten Füßli, Heß und Lavater ihre Heimatstadt Zürich Anfang 1763 verlassen. Vgl. zum Besuch der drei Schweizer bei Spalding: Gerd-Helge *Vogel*, Aufklärung in Barth. Zur 250. Wiederkehr des helvetisch-deutschen Dialogs zwischen Johann Joachim Spalding, Johann Caspar Lavater, Johann Heinrich Füßli und Felix Heß in Barth in den Jahren 1763/64, Kiel 2014.

39 Wilhelmine Sophie war am 11. April 1762, drei Tage nach der Geburt ihres sechsten Kindes, gestorben. Vgl. *Beutel*, Johann Joachim Spalding. Meistertheologe (wie Anm. 5), S. 109.

40 Am 2. März 1764 heiratete Spalding Maria Dorothea von Sodenstern (1739/40–1774).

41 Vgl. Hellmuth *Heyden* (Bearb.), Die Evangelischen Geistlichen des ehemaligen Regierungsbezirks Stralsund II. Kirchenkreise Barth, Franzburg und Grimmen, Greifswald 1959, S. 2

42 Wahrscheinlich ein mit einem Schloß gesicherter Beutel, den man leicht transportieren konnte.

43 Die Botendienste erledigten offenbar die Küster der am Briefverkehr beteiligten Gemeinden. Vgl. unten Brief 9 sowie Hellmuth *Heyden*, Kirchengeschichte Pommerns, Bd. 2: Von der Annahme der Reformation bis zur Gegenwart, 2., umgearbeitete Aufl., Köln-Braunsfeld 1957, S. 35.

44 Vgl. die Currende-Schreiben der Pfarrer des Synodalkreises Flemendorf auf Spaldings Brief vom 5. Dezember 1763: KKAG, Bestandsbezeichnung: Superintendentur Barth, Signatur: Akte Nr. 470: Kurrende, 1762–1764, fol. 30, vgl. unten Brief 15. Siehe auch Spaldings Schreiben vom 10. Januar 1763, vgl. unten Brief 9. In diesem Brief ermahnt Spalding seine Pfarrerkollegen zum sorgsamen Umgang mit dem Beförderungsbehält-

Inhaltlich handeln die Briefe sowohl von finanziellen, sozialen und rechtlichen Belangen der Synode als auch von privaten Angelegenheiten Spaldings, insbesondere vom Tod seiner ersten Ehefrau Wilhelmine 1762 und von seinem bevorstehenden Wechsel nach Berlin 1763/64. Sie spiegeln zudem Spaldings Amtsfunktionen der Aufsicht und Fürsorge für die einzelnen Gemeinden wider, beispielsweise bei der Aufforderung an die Pfarrer zur Sendung der gemeinsamen Synodalkollekte für die Witwenrenten oder im Bemühen Spaldings um das Schulwesen: Im frühesten der Briefe vom 4. August 1757 äußert sich Spalding zu den Mißständen im ländlichen Bildungswesen der örtlichen Küsterschulen.[45] Er bittet die Pfarrer, ihm über die Abhaltung dieser Schulen Nachricht zukommen zu lassen und selbst darauf Acht zu haben, die auftretenden Mißstände zu beseitigen. Er selbst wollte die Berichte der Pfarrer an den Generalsupterintendenten Jacob Heinrich von Balthasar (1690–1763) weiterleiten und somit als Nachrichtenmittler zwischen der obersten Kirchenleitung und den Pfarrgemeinden seiner Synode fungieren. Zum anderen appellierte er an die Pfarrer, ihr Möglichstes zu tun, um die Küster ihres Lehrauftrages zu verpflichten.

Die Situation der Schulen in Schwedisch-Pommern, besonders derjenigen auf den Dörfern war im 18. Jahrhundert beklagenswert, vor allem, weil die Eltern ihre Kinder sommers wie winters zur Land- und Hausarbeit abstellten.[46] Zwar fand eine Winterschule in den meisten Dörfern statt, wie auch die Antwortschreiben der Pfarrer an Spalding bestätigen, jedoch entbehrten viele Eltern ihre Kinder nur kurze Zeit und nahmen sie, nachdem sie sie kurz vor Weihnachten hineingeschickt hatten, nach etwa 2 Monaten wieder aus der Schule heraus.

Den Anlaß für die Initiative des Generalsuperintendenten wie auch für Spaldings Erkundigungen bei den Pfarrern über die Schulzustände hatte eine ein halbes Jahrhundert zuvor gehaltene Präpositenkonferenz in Schwedisch-Pommern abgegeben.[47] Im Jahr 1702 hatten die anwesenden Geistlichen nämlich festgestellt, daß auf vielen Dörfern keine Schulen vorhanden waren und die Jugend vernachlässigt wurde. Man entschied sich daraufhin dafür, Schulvisitationen in den Synodalgebieten vornehmen zu lassen. Ob Spaldings Anfrage an die Geistlichen nur den ersten Schritt zu einer gründlicheren Bestandsaufnahme der Schulverhältnisse im Synodalgebiet darstellte, dem weitere Maßnahmen folgen sollten, läßt sich derzeit nur vermuten. Weitere Synodalschreiben aus den späten 1750er Jahren könnten hier näheren Aufschluß geben, waren aber bisher nicht auffindbar.

nis. Offenbar hatte der Küster von Niepars vorher im Auftrag seines vorgesetzten Pfarrers das Behältnis mit einem Dietrich unverhältnismäßig grob geöffnet. Da das Schloß dabei zu Bruch ging, schickte er die enthaltenen Schreiben zwar versiegelt, das Behältnis aber unverschlossen auf die Weiterreise, wogegen Spalding protestierte.

45 Vgl. unten Brief 1.

46 Vgl. Hans *Branig*, Geschichte Pommerns, Teil II: Von 1648 bis zum Ende des 18. Jahrhunderts, bearb. und hg. von Werner *Buchholz* (Veröffentlichungen der Historischen Kommission für Pommern V, 22), Köln, Weimar, Wien 2000, S. 171f.

47 Vgl. *Heyden*, Kirchengeschichte Pommerns 2 (wie Anm. 43), S. 166.

Ein anderes Beispiel für Spaldings Amtsführung, das sehr treffend seine appellierende Funktion verdeutlicht, stammt vom November 1763. In dem Schreiben ermahnt er die Pfarrer seiner Synode zur Einsendung der Abgabe für die Predigerwitwen:

»Meine hochzuehrende und hochwertheste Herren Brüder,
Bey Uebersendung gegenwärtiger beiden Patente wegen 1) allgemeiner und 2) städtischer Hufensteu[e]er[48] habe ich zugleich, auf neulichst geschehene Anhandlegung unsres Herrn Generalsuperintendenten, um baldmöglichste Einsendung des 1 Rthl. für die Prediger-Wittwen von den [...] Pfarren, die diesen Beytrag mit über sich genommen haben, hirmit ersuchen wollen. Ich hoffe, daß, der späten Anzeige ungeachtet, die erst am Sonnabend aus Greifswald an mich gekommen, dennoch der ganze Betrag aufs Fordersamste bey mir einlaufen wird, damit den armen Witwen, die sich deshalb schon verschiedentlich bey dem Herrn Generalsuperintendenten gemeldet haben, je eher je lieber einigermaßen geholfen werde. [...]«[49]

Zum Verständnis von Spaldings Gesuch ist es notwendig, einen Blick in die pommersche Kirchenordnung von 1563 zu werfen, welche im 18. Jahrhundert noch immer gültig war. Sie schrieb vor, daß allen Pfarrwitwen von den benachbarten Gemeinden personelle wie auch finanzielle Unterstützungsleistungen entgegenzubringen waren.[50] So hatten die benachbarten Pfarrer in der Zeit der Predigervakanz für ein sogenanntes Gnadenjahr den Kanzeldienst zu übernehmen und im Bedarfsfall auch finanzielle Mittel für die Witwen einzusammeln.[51] Spalding hatte offenbar als Präpositus die Aufgabe, die Gelder gerecht zu verteilen. In einem früheren Schreiben aus dem Jahr 1761 informierte er die Pfarrer darüber, daß die Witwe des verstorbenen Pfarrers im kleinen Dorf Abtshagen sogar ein zweites Gnadenjahr und damit erneute Unterstützung von den Nachbarn erhalten sollte. Spalding bedauerte diese »Verlängerung der Arbeitslast« zutiefst und stellte in Aussicht, sich um eine gerechte Einteilung der damit verbundenen Aufgaben zu bemühen.[52]

---

48 Die Hufensteuer war eine Grundsteuer, die an den Landesherrn bzw. an den Grundherrn gezahlt werden mußte. Vgl. Ernst *Münch*, Art. Hufe, in: Enzyklopädie der Neuzeit, Bd. 5, Stuttgart 2007, Sp. 656f.; ders., Art. Hufner, in: Landeskundlich-historisches Lexikon Mecklenburg-Vorpommern, hg. von der Geschichtswerkstatt Rostock e. V. und dem Landesheimatverband Mecklenburg-Vorpommern e. V., Rostock 2007, S. 284.

49 Vgl. unten Brief 13b.

50 Vgl. Die Evangelischen Kirchenordnungen des 16. Jahrhunderts, Bd. 4, hg. von Emil *Sehling*, Leipzig 1911, S. 392.

51 Vgl. auch die Anweisung zur Kanzelvertretung während der »Gnadenjahre« in den »Leges praepositorum« von 1621, in: Karl Wilhelm *Otto* (Hg.), Pommersche Kirchen-Ordnung und Agenda nebst den Legibus Praepositorum, Statutis synodicis und der Visitations-Ordnung von 1736, Greifswald 1854, S. 485–493, hier S. 491f. Zum »Gnadenjahr«, welches in Mecklenburg und Pommern neben der sogenannten »Konservierung« – so nannte man das Verbleiben der Pfarrwitwen oder der Pfarrtöchter bei der Pfarrei durch Heirat mit dem gewählten Nachfolger des Ehemannes bzw. des Vaters – zur Pfarrwitwenversorgung gehörte, vgl. Hanna *Würth*, Pfarrwitwenversorgung im Herzogtum Mecklenburg-Schwerin von der Reformation bis zum 20. Jahrhundert, Diss. Göttingen 2003, S. 45–48, zur Witwenversorgung nach Ablauf des Gnadenjahres vgl. ebd., S. 48–66.

52 Vgl. unten Brief 2.

Dieser kollegiale, auf die Sache gerichtete Umgangston findet sich in allen vorhandenen Briefen wieder. Beharrlichkeit, Weitsicht und Vermittlungsgeschick bewies Spalding zudem in Konfliktfällen. So äußerte er sich beispielsweise am 5. Dezember 1763 folgendermaßen:

»[ich] will [...] auch deßen, was in der vorhergehenden Currende vorgekommen, so wenig als möglich gedenken, und es würde mir zum großen Vergnügen gereichen, wenn solches auch von meinen hochwerthesten Herren Brüdern, insonderheit denen, die es besonders angehet, als nicht geschehen angesehen würde. An meiner Befugnis, das, was offen in der Currende als ein Votum geschrieben, und wenigstens schon einigen Gliedern unsers Corporis bekannt wird, auch dem Corpori mitzutheilen, und deßen Meinung darüber zu vernehmen, insonderheit wenns niemand insbesondere, sondern bloß die ganze Gemeinschaft angehet, läßet sich wol nicht zweifeln, und es kann auch auf keinerley Art zu jemandes Nachtheil gereichen, da es hier bloß darauf ankömmt, daß ein jeder seine Meinung über die Sache selbst, mit der Sanftmuth und Achtung, die ein Bruder dem andern zu beweisen hat, zu erkennen gebe. Alles, was auf der einen oder der andern Seite davon abweicht, störrt nur unsere Ruhe, und hindert unsere gemeinschaftliche Nutzbarkeit. *Liebe, laß nicht Zanck unter uns seyn, denn wir sind Brüder.*[53] Ich wünsche und hoffe also, daß weder diese Sache weiter gedacht, noch künftig überhaupt Aeußerungen von ähnlicher Art in unserer Currende vorkommen mögen. [...]«[54]

Der angesprochene Vorfall bezog sich auf einen früheren Briefwechsel, den Spalding am 8. November 1763 eröffnet hatte.[55] Der Steinhagener Pfarrer, Magister Bernhard Nicolaus Wentin (1717–1782), äußerte sich darin äußerst kritisch gegenüber einer staatlichen Verordnung, die die schwedisch-pommerschen Pfarrer bei angedrohter Strafe dazu verpflichtete, Patente[56] bzw. Verordnungen der weltlichen Obrigkeit wiederholt vor den versammelten Gemeinden zu verlesen. Eine Beschwerde beim Generalsuperintendenten schien Wentin der geeignete Weg zu sein, um im Namen der Pfarrerschaft gegen diesen von ihm als Beleidigung empfundenen Befehl zu protestieren.[57] Auch befürchtete er Denuntiationen und Bestrafungen gegen die Pfarrer, sollte

53 Im Original ist der vorstehende Satz unterstrichen.

54 Vgl. unten Brief 15.

55 Vgl. unten Brief 13a.

56 »Patente«, von lat. patens = offen / frei, waren offene landesherrliche Schreiben, in denen Verordnungen der Obrigkeit bekannt gemacht worden waren. Vgl. Art. Patent, in: Jacob *Grimm* / Wilhelm *Grimm*, Deutsches Wörterbuch, Bd. 13, Leipzig 1889, Sp. 1501f.

57 Vgl. hierzu die Notiz Johann Caspar Lavaters, der am 29. November 1763 während seines Aufenthalts bei Spalding in seinem Tagebuch festhielt: »Über dem Eßen las uns Sp[alding] die Urtheile der Geistlichen s[eine]s Synodus über einen ihnen zu hart scheinenden Ausdruk in einem Patent, nämlich, daß sie die Ablesung derselben nicht ohne *sträfliche Beahndung* unterlaßen sollten. Einer glaubte dadurch die Ehre des Cleri überall beleidigt und wollte mit vielem Feüer sich dagegen setzen.« *Lavater*, Reisetagebücher, Teil I (wie Anm. 10), S. 556.

die Verlesung der Patente einmal von ihnen unterlassen oder vergessen worden sein.[58] Doch äußerten sich die Pfarrer des Synodalkreises Flemendorf einstimmig ablehnend gegenüber Wentins Vorschlag. Spaldings obige Ermahnung stellte den schlichtenden Schlußstrich dieser innersynodalen Auseinandersetzung dar. Zumindest taucht die Debatte anschließend in der Currende nicht mehr auf. Angesichts der Not im Siebenjährigen Krieg sowie vor dem Hintergrund der vielfältigen finanziellen und juristischen Abhängigkeiten nicht nur der Pfarrer[59], sondern auch ihrer Gemeinden von der Landesobrigkeit hatte Spalding damit – taktisch durchaus klug zwischen dem Anliegen Wentins und dem landesherrlichen Befehl abwägend – jeden Anschein eines gefahrvollen Aufbegehrens des Klerus bereits im Keim erstickt.

Angemerkt sei, daß es sich bei den Patenten, welche auch in den meisten der von Spalding verschickten Synodalschreiben Erwähnung finden, um obrigkeitliche Verordnungen zu verschiedenen aktuellen gesellschaftlichen und ökonomischen Themen handelte, etwa zur Bekämpfung von Viehseuchen oder zur Kreditvergabe an im Land stationierte Soldaten.[60] Die Verlesung der Patente durch die Pfarrer stellte damit für die Landesobrigkeit einen essentiellen Bestandteil der Herrschaftssicherung dar, welche – den Antwortschreiben der Pfarrer auf Wentins kritische Eingabe nach zu urteilen – von der Pfarrerschaft weitgehend fraglos akzeptiert wurde.[61] Die dieser rigiden Gehorsamshaltung zuwider laufende Kritik Pfarrer Wentins an der Verlesungspraxis erklärt die außergewöhnliche Brisanz der Diskussion in der Currende.

---

58 Wentin befürchtete außerdem, die Gottesdienst-Besucher durch das Ablesen der Patente zu belästigen und aus den Kirchen zu vertreiben. Vgl. unten Anm. 138.

59 Zur wirtschaftlichen Lage der Pfarrer in Schwedisch-Pommern vgl. *Heyden*, Kirchengeschichte Pommerns 2, (wie Anm. 43), S. 144–149.

60 Ein großer Teil der von Spalding erwähnten Patente findet sich bei Johann Carl *Dähnert* (Hg.), Sammlung gemeiner und besonderer Pommerscher und Rügischer Landes-Urkunden, Gesetze, Privilegien, Verträge. Constitutionen und Ordnungen. Zur Kenntniß der alten und neueren Landes-Verfassung insonderheit des Königlich-Schwedischen Landes-Theils, Bd. 3, Stralsund 1769. Jedoch waren einige Patente bisher nicht auffindbar, worauf auch unten im Textapparat an entsprechender Stelle verwiesen wird.

61 Vgl. zur streng obrigkeitlichen Reglementierung der schwedisch-pommerschen Kirche: *Heyden*, Kirchengeschichte Pommerns 2 (wie Anm. 43), S. 128–131, zur Verlesung der Patente auf den Kanzeln ebd., S. 129. Vgl. zum im 18. Jahrhundert breit geführten Diskurs um das Pfarramt und dessen politische Funktionalisierung im deutschen Sprachraum: Luise *Schorn-Schütte*, Zwischen ›Amt‹ und ›Beruf‹: Der Prediger als Wächter, ›Seelenhirt‹ oder Volkslehrer. Evangelische Geistlichkeit im Alten Reich und in der schweizerischen Eidgenossenschaft im 18. Jahrhundert, in: dies. / Walter *Sparn* (Hg.), Evangelische Pfarrer. Zur sozialen und politischen Rolle einer bürgerlichen Gruppe in der deutschen Gesellschaft des 18. bis 20. Jahrhunderts (Konfession und Gesellschaft 12), Stuttgart, Berlin, Köln 1997, S. 1–35, hier S. 20–25. Auch Spalding hatte sich an der Debatte insbesondere mit seiner einflußreichen Schrift »Ueber die Nutzbarkeit des Predigtamtes« von 1772 beteiligt, in der er einerseits die religiöse, andererseits die gesellschafts-politische Funktion des Pfarramtes hervorhob. Vgl. Johann Joachim *Spalding*, Ueber die Nutzbarkeit des Predigtamtes und deren Beförderung (1772, ^{2}1773, ^{3}1791), hg. von Tobias *Jersak* (SpKA I/3), Tübingen 2002. Vgl. dazu *Beutel*, Johann Joachim Spalding. Meistertheologe (wie Anm. 5), S. 225–236; Thomas K. *Kuhn*, Religion und neuzeitliche Gesellschaft. Studien zum sozialen und diakonischen Handeln in Pietismus, Aufklärung und Erweckungsbewegung (Beiträge zur historischen Theologie 122), Tübingen 2003, S. 169–179; zum Diskurs um das Pfarrerbild in der zweiten Hälfte des 18. Jahrhunderts vgl. ebd., S. 79–223.

5. Fazit

Spaldings pommersche Jahre als Pfarrer in Lassan und Barth sowie als Präpositus der Barther Synode lesen sich in seiner Lebensbeschreibung, in den Briefen an Gleim wie auch in den Tagebuchaufzeichnungen Johann Caspar Lavaters als Zeit der regionalen, familiären und beziehungsmäßigen Orientierung, zugleich als Zeit der theologischen wie beruflichen Konsolidierung. Mit den in den Greifswalder Archiven aufgefundenen Amtsschreiben und Protokollen läßt sich zudem ein Blick auf Spaldings Amtstätigkeiten und seinen offiziellen Umgang mit den ihm anvertrauten Arbeitsfeldern in Kirchengemeinde und Synode wie auch mit seinen Amtskollegen werfen – auf die Pfarrwitwenversorgung und das Schulwesen hatte ich aufmerksam gemacht. Die Amtsquellen liefern damit einiges an Material, mit dem sich der bisher bekannte Eindruck von Spaldings pastoralem wie diakonischem Wirken durch einen stärker sozialgeschichtlich orientierten Blick erweitern, schärfen und vielleicht auch ein wenig richten läßt. Das Bild Spaldings, der in aktuellen, besonders mit theologiegeschichtlichen Akzenten versehenen Publikationen als aufklärerisch wirkender »Meistertheologe«[62] oder als »König der Neologen«[63] bezeichnet wird, könnte insofern ergänzt werden durch die Perspektive auf den pommerschen Pfarrer, Seelsorger, Präpositus sowie den Organisator und Verwalter der verschiedensten Kirchenangelegenheiten in diesem Territorium. In Ausübung seiner vielfältigen Funktionen und Geschäfte mag er seinen schwedisch-pommerschen Amtsbrüdern, aber auch seinen Lassaner und Barther Gemeindegliedern nicht nur Lehrer und Seelsorger, sondern auch Ratgeber, Freund und Beistand und damit ein praktisches Vorbild gewesen sein. Daß er sich mit seinen Kirchengemeinden sehr eng verbunden wußte, zeigt beispielsweise nicht nur die bereits publizierte Barther Abschiedspredigt[64], sondern auch ein internes hoch emotionales Schreiben an seine Barther Amtsbrüder, in welchem er sich mit Dank und Wertschätzung für die vergangenen gemeinsamen Jahre, aber auch mit nützlichen Hinweisen für die Zukunft äußert:

»Da ich am kommenden Sonntage mein Amt hirselbst beschließen und darauf gegen das Ende derselben Woche völlig von hier reisen werde, so ist dieses wol das letzte Mal, daß ich an Sie, meine theuersten und hochgeschäzten Herren Brüder, etwas gelangen laße. Ich finde mein Herz bey dieser Vorstellung so sehr bewegt, daß ich nicht vermögend bin, alles auszudrücken, was ich empfinde. Nehmen Sie hirmit nochmal meinen innigsten Dank an für alle die Freundschaft, Liebe und Achtung, welche Sie mir während unserer Verbindung bewiesen haben. Behalten Sie mich auch in der Entfernung in einem gütigen Andenken, so wie die Erinnerung an Sie mir auf meine Le-

62 So der Untertitel der 2014 erschienenen Biographie: Albrecht *Beutel*, Johann Joachim Spalding. Meistertheologe im Zeitalter der Aufklärung, Tübingen 2014.

63 So bezeichnet von Wolfgang *Philipp* (Hg.), Das Zeitalter der Aufklärung, Bremen 1963, S. 174.

64 Zuletzt erschienen in: Johann Joachim *Spalding*, Predigten größtentheils bey außerordentlichen Fällen gehalten, hg. von Malte *van Spankeren* und Christian Elmo *Wolff* (SpKA II/4), Tübingen 2011, S. 5–20.

benszeit werth bleiben wird. [...] Ich bin und bleibe, so lange ich lebe, meinen theuersten hochgeschäzten Herren Brüdern Ihr aufrichtigst ergebener J. J. Spalding, Barth d 30. April 1764«[65]

6. Edition der Barther Currende-Schreiben Johann Joachim Spaldings aus dem Zeitraum 1757–1764[66]

Editorische Vorbemerkungen

Die nachstehenden Transkriptionstexte orientieren sich an dem Wortlaut und der Grammatik der Originalschreiben. Dort, wo es aus Gründen der Eindeutigkeit und Verständlichkeit notwendig war, Korrekturen vorzunehmen, habe ich diese in eckige Klammern gesetzt. Die Kommasetzung wurde stillschweigend dem heutigen Gebrauch angepaßt. Viele der heute unüblich gewordenen Schreibungen von Wörtern habe ich beibehalten wie etwa doppelte Vokale, »c« statt »k« oder »y« statt »i«. In seiner Schreibschrift begann Spalding neue Sätze gelegentlich mit einem kleinen Anfangsbuchstaben, den ich in den vorliegenden Fällen durch einen Großbuchstaben ersetzt habe. Des Weiteren verfuhr er hinsichtlich der Großschreibung der Substantive sehr uneinheitlich. Im Folgenden erscheinen alle Substantive wegen der besseren Lesbarkeit mit einem großen Anfangsbuchstaben. Das im Original durch einen Dopplungsstrich über dem Buchstaben angezeigte »Doppel-m« wird im Folgenden als »mm« ausgeschrieben. Darüber hinaus sind besonders auffällige Schreibweisen mit [!] versehen. Seitenumbrüche sind mit // gekennzeichnet, Zeilenumbrüche werden nicht nachgebildet.[67] Die von Spalding stets ans Ende seiner Briefe gesetzte Datumsangabe erscheint hier zur besseren Übersicht am Beginn jedes Briefes. Im unter dem Brieftext stehenden Textapparat finden sich neben erklärenden Angaben zu den lateinischen oder mißverständlichen Passagen auch Erläuterungen zu den von Spalding erwähnten Personen.

Da Spalding zuweilen an die beiden Synodalkreise Kenz und Flemendorf jeweils ein Schreiben mit meist identischem Inhalt zu verschicken pflegte, liegen in der Originalakte insgesamt neun doppelte Briefausführungen vor. Dort, wo sich mit Sicherheit bestimmen ließ, welcher Brief an welchen Synodalkreis versandt worden war, habe ich den jeweiligen Synodalkreis zusammen mit den Folioblattzahlen angegeben. Unter der Archiv-Signatur erscheint dann »in doppelter Ausführung« als Klammerbemerkung. Da nur geringfügige Unterschiede in beiden Briefversionen auftreten, verweise ich auf die Wortabweichungen im jeweiligen zweiten Brief im Textapparat.

65 Vgl. unten Brief 17.

66 Der Abdruck der Currende-Schreiben erfolgt mit freundlicher Genehmigung des Kirchenkreisarchives Greifswald (= KKAG) (Pommerscher Evangelischer Kirchenkreis). Der Bestand ist bezeichnet mit: Superintendentur Barth, Signatur: Akte Nr. 470: Kurrende, 1762–1764, sowie mit: Superintendentur Barth, Signatur: Akte Nr. 472: Spalding, 1757–1764.

67 Im Durchschnitt umfaßte eine geschriebene Zeile Spaldings auf einer Seite im Folioformat ca. 30 Zeichen, Buchstaben und Leerzeichen eingeschlossen.

Dem überwiegenden Teil von Spaldings Schreiben folgen in der Originalakte fortlaufend die Antwortschreiben der Pfarrer der Barther Synode. Sie konnten in die nachstehende Edition, in der die Briefe Spaldings im Mittelpunkt stehen, nicht mit aufgenommen werden. Erst durch die Zusammenschau von Spaldings Briefen mit den dazu gehörenden Antwortschreiben wird allerdings der besondere Charakter der Quellenart »Synodalcurrende« deutlich, welche den Pfarrern als ein Mitteilungs- und Informationsmedium diente.[68] Der Begriff »Currende« steht dabei für den in regelmäßigen Abständen erfolgten Verkehr von Rundschreiben in der Präpositur. Nachdem die Currende vom Präpositus versandt worden war, ging sie in einer festgelegten Reihenfolge an die Gemeinden und von dort aus mit den Stellungnahmen, Antwortschreiben und gelegentlichen besonderen Ausarbeitungen der Pfarrer wieder zurück an den Präpositus.[69]

Brief 1: *Barth, 4. August 1757*
KKAG, Superintendentur Barth, Akte Nr. 470: Kurrende, 1762–1764, fol. 66v – 66r.

Meine hochzuehrende und hochwertheste Herren Brüder

Beygehendes Patent[70] wird nach der an mich ergangenen Verordnung der königl. Regierung und wegen der darin benannten bald bevorstehenden Tage fordersamst jeden Ortes bekannt zu machen seyn. Aus dem Schreiben des Herrn General-Superintendenten, welches ich hirbey mittheile, werden meine hochwerthesten Herren Brüder sehen, was derselbe wegen des Schulhaltens der Küster auf dem Lande für Mangel finde.[71] Da auch in diesem Schreiben so nachdrückliche Gründe beygebracht sind, um darauf zu halten, daß, der gewöhnlichen Einwendungen ungeachtet, die Küster dieses hauptsächliche Stück ihrer Amtspflicht nicht verabsäumen, so habe ich das Vertrauen zu meinen hochwerthesten Herren Brüdern, daß dasjenige, was hirin an Ihnen liegt, mit allem Fleiße und Ernst werde wahrgenommen werden. Die beste Nachricht und Versicherung hirvon wird da- // durch zu erlangen seyn, wenn dieselben belieben wollen, hirbey zuverläßig zu melden, wie es an einem jeden Orte mit dem Schulehalten des Küsters stehe, damit der Herr General-Superintendent auf die Art hirvon hinlänglich benachrichtiget werde. Zugleich würde auch die Anzeige dienlich seyn, ob auch, außer dem Kirchdorfe, in den entlegeneren und vornehmlich größern Dörfern Schulen

68 Vgl. zur Synodalcurrende: Dirk *Alvermann* (Hg.), Das ältere Archiv der Superintendentur Bergen (1616–1922) (Publikationen des Lehrstuhls für Nordische Geschichte 13), Greifswald 2011, S. 51f.

69 Vgl. *Alvermann*, Das ältere Archiv (wie Anm. 68), S. 52.

70 Hierbei handelt es sich vermutlich um das zeitnah erlassene »Patent, wegen der von Landständen übernommenen Ankaufung 1.500 Bagage- und Artillerie-Pferde« vom 1. August 1757. Vgl. *Dähnert*, Sammlung 3 (wie Anm. 60), S. 1334f. (Nr. XXXI, 95). Für die Musterung und den Kauf der Pferde waren bestimmte Wochentage vorgesehen.

71 Vgl. dazu oben S. 121.

gehalten werden, weil sonst die Unterweisung der Jugend an solchen Oertern entweder gar nicht oder doch sehr mangelhaft und schlecht statt haben kann.
Ich bin mit aufrichtigster Werthschätzung meiner hochzuehrenden und hochwerthesten Herren Brüder

ganz ergebener Diener
J. J. Spalding

Einen Brief von Steinhagen, imgleichen 2 Päckchen mit Geld von Steinhagen und Wolfsdorf habe ich richtig in der Capsel gefunden.[72]

Brief 2: *Barth, 26. November 1761*
KKAG, Superintendentur Barth, Akte Nr. 470: Kurrende, 1762–1764, fol. 7v.

Meine hochzuehrende und hochwertheste Herren Brüder

Mit der gestrigen Post erhalte ich von dem Herrn Generalsuperintendenten einen Brief folgendes[!] Inhalts.

»die Königl. Regierung hat mir ein Rescriptum regium vom 16 Sept. 1761 zugeschickt, daß die Frau Wittwe zu Abtshagen ein gedoppeltes Gnadenjahr[73] haben soll und die Königl. Regierung hat dabey d. 13 Nov. an mich rescribiret, daß daßelbe von vicinis[74] gehörig solle besorget werden. Ich bitte solches den dort aufwartenden Herren Predigern kund zu thun.[«]

Dieses habe hirmit zu bewerkstelligen nicht ermangeln wollen, ob ich gleich die Verlängerung der Arbeitslast beklage, die meinen hochwerthesten Herren Brüdern dadurch aufgeleget wird. Gegen die gehörige Zeit werde ich auch die fernere Eintheilung der Gnadenjahres[-]arbeiten entwerfen und mittheilen.

Ich bin mit aufrichtigster Hochachtung meinen hochzuehrenden und hochwerthesten Herren Brüdern

ganz ergebener Diener
Spalding

72 Bei dem Geld handelte es sich wohl um Kollekten aus den angegebenen Gemeinden. Die »Capsel« war das Beförderungsbehältnis. Vgl. oben Anm. 42.

73 Das bedeutete für die Pfarrer, ein zweites Jahr der Unterstützung mit Finanzen und Predigtdiensten in Abtshagen abzuleisten, was sie in den Antwortschreiben zwar beklagten aber dennoch bestätigten. Der Abtshagener Pfarrer Karl Ernst Klein (1710–1761) war im April 1761 während eines Aufenthaltes in Schweden offenbar überraschend gestorben. Vgl. zu Klein: *Heyden*, Die Evangelischen Geistlichen des ehemaligen Regierungsbezirks Stralsund II (wie Anm. 41), S. 231.

74 Von lat. vicinus = Nachbar. Gemeint sind die benachbarten Pfarrer.

Brief 3: *Barth, 7. Juni 1762*
KKAG, Superintendentur Barth, Akte Nr. 470: Kurrende, 1762–1764, fol. 23v (Flemendorf) und fol. 25v (Kenz).
[in doppelter Ausführung, im Folgenden die Transkription von fol. 25v]

Meine hochzuehrende und hochwertheste Herren Brüder

nebst einem fordersamst zu publicirenden Patent wegen der königl. Münze und deren Vorgesetzten[75] ergehet[76] auch hirbey die Mittheilung[77] eines Briefes von dem Herrn Generalsuperintendenten, mit der Bitte um eine freundschaftliche Willfehrung in dem darin enthaltenen Gesuch.
Weil ich wegen deßen, was nur mich persönlich angehet, nicht mit einer eigenen Currende habe beschwerlich seyn wollen, so ist meinen hochwerthesten Herren Brüdern keine frühere Anzeige von dem großen und schmerzhaften Verluste geschehen, den der Höchste mich in dem tödtlichen Hintritt meiner geliebten[78] Ehegattin hat erfahren laßen, und darüber ich des gütigen und brüderlichen Mitleidens[79] von denenselben mich fest versichert halte. Der Herr laße dergleichen harte Prüfungen[80] von Ihnen und Ihren Häusern ferne seyn, und erfülle Ihr Leben mit allen Arten von Glückseligkeit und Freude.
Ich bin mit aufrichtigster Hochachtung meiner hochzuehrenden und hochwerthesten Herren Brüder

ganz ergebener Diener
Spalding

Brief 4: *Barth, 29. Juni 1762*
KKAG, Superintendentur Barth, Akte Nr. 470: Kurrende, 1762–1764, fol. 54v–54r.

Meine hochzuehrende und hochwertheste Herren Brüder

Es ergehen hirbey 2 Patente wegen des Gesindes[81] und wegen der tollen Hunde[82]. In dem ersten wird zwar auch das Anschlagen derselben erwähnet, aber mir sind nicht so viele Exemplare zugesendet, daß ich sie doppelt hätte mittheilen können.

75 Vgl. *Dähnert*, Sammlung 3 (wie Anm. 60), S. 740f. (Nr. XXIV, 78).
76 Im 2. Exemplar statt »ergehet«: »geschiehet«.
77 Im 2. Exemplar statt »Mittheilung«: »abschriftliche Mittheilung«.
78 Im 2. Exemplar statt »geliebten«: »theuren geliebten«.
79 Im 2. Exemplar statt »brüderlichen Mitleidens«: »Mitleidens«.
80 Im 2. Exemplar statt »harte Prüfungen«: »Prüfungen«.
81 Vgl. *Dähnert*, Sammlung 3 (wie Anm. 60), S. 902f. (Nr. XXV, 59).
82 Vgl. *Dähnert*, Sammlung 3 (wie Anm. 60), S. 918 (Nr. XXVI, 20), erneuert am 14. Juni 1762. Die erste Fassung des Patents von 1746 findet sich bei Hieronymus Johann *Struck*, Neueste Grundgesetze der Staats-Verfassung in Pommern und Rügen Königlich-Schwedischen Antheils wie sie vom Jahr 1720 bis Ausgang 1756 von der Königl. Hochpreislichen Regierung nach Maßgebung der Landes-Umstände publiciret sind, Greifswald 1757, S. 520 (Nr. 424).

Meine hochwerthesten Herren Brüder würden mich Ihnen sehr verbinden, wenn Sie mir eine, so viel möglich, zuverläßige Nachricht geben wollten, wie es an Ihrem Orte bis her jedesmal mit dem Holen und Weggehen der Prediger bey den ordentlichen Sonntags-Verrichtungen[83] in den Gnaden-Jahren[84] gehalten werden[!]. Da es meines Wißens nach in unserm Synodo eine allgemeine Observantz bis her gewesen, daß dieß bloß den Eingepfarrten obgelegen, so wollen uns die Neuerungen sehr nachtheilig werden, daß man hin und wieder anfängt, sich von den Nachbleibenden der verstorbenen Prediger Reverse[85], das es eine bloß willkührliche Güte sey, geben zu laßen, und so gar dieselben mit unter diese Last zu ziehen.[86] Ich würde mich also veranlaßet sehen, // falls die bis herige alte Gewohnheit sich, wie ich hoffe, als allgemein in diesem Synodo behaupten läßet, die Aufrechthaltung derselben und unsers Rechts nach meinem besten Vermögen zu suchen.
Ich bin mit aufrichtigster Hochachtung meiner hochzuehrenden und hochwerthesten Herren Brüder

ganz ergebener Diener
Spalding

Brief 5: *Barth, 26. August 1762*
KKAG, Superintendentur Barth, Akte Nr. 470: Kurrende, 1762–1764, fol. 52v – 52r.

Meine hochzuehrende und hochwertheste Herren Brüder

Es wird meinen hochwerthesten Herren Brüdern hirmit der Entwurf eines Memoriale mitgetheilet, durch welches ich die Rechte unsers Synodi wider gewiße nachtheilige Neuerungen in den Gnaden-Jahren[87] zu verwehren gesucht. Auf geschehene mehrmalige Rathfragung bey rechtserfahrenen Männern ist dieser Weg einer Protestation als der kürzeste und bequehmste befunden worden, solchen Eingriffen auf die Folge zu wehren; und ich werde nun die allenfalsigen Erinnerungen und Verbeßerungen dabey

83 Gemeint sind hier die sonntäglichen Kanzeldienste, welche die Prediger der Nachbargemeinden im Gnadenjahr ersatzweise leisteten.

84 Zu Gnadenjahr s. oben S. 122.

85 Von lat. reversio = Rückkehr, hier im Sinne von Verpflichtung, vgl. Art. Revers in: Johann Georg *Krünitz*, Ökonomisch-technologische Encyklopädie, Bd. 123, Berlin 1813, S. 181 [elektronische Ausgabe der Universitätsbibliothek Trier http://www.kruenitz.uni-trier.de/, gelesen am 08.10.2015].

86 Mit den »Eingepfarrten« sind hier die Gemeindeglieder bezeichnet. Während der Zeit der Prediger-Vakanz sollten lediglich die Eingepfarrten den Hin- wie auch den Rück-Transport eines Pfarrers einer Nachbargemeinde am Sonntag zum Kanzelort gewährleisten, nicht aber die Hinterbliebenen des verstorbenen Pfarrers. Vgl. *Würth*, Pfarrwitwenversorgung (wie Anm. 51), S. 46. Offenbar war Spalding zu Ohren gekommen, daß Gemeindemitglieder versuchten, die Transporte der Prediger den Witwen und den übrigen Hinterbliebenen aufzubürden.

87 Das Memorialschreiben ließ sich nicht auffinden. Aus den Antwortschreiben der Pfarrer an Spalding geht jedoch hervor, daß es sich bei den Neuerungen um Fuhrdienste handelte, welche den Pfarrern, die während eines Gnadenjahres doppelten Kanzeldienst in ihrer eigenen sowie in einer Nachbargemeinde leisteten, zusätzlich übertragen werden sollten. Vgl. KKAG, Superintendentur Barth, Akte Nr. 470: Kurrende, 1762–1764, fol. 52r–53r.

von meinen hochwerthesten Herren Brüdern erwarten, um als dann die Eingabe in Greifswald fordersamst besorgen zu können.[88] Damit niemand durch eine persönliche Benennung ohne Noth und Nutzen aufgebracht werde, so habe ich auch lieber, mit Weglaßung des Nahmens des Herrn Cammerherrn v. Behr[89], bloß allgemeine Ausdrücke bedienen wollen, und es kann uns genug seyn, daß es überhaupt den Eingepfarrten der Tribomschen[!] Gemeine[90] wird communiciret werden.
Wenn unter der Zeit meiner Reise[91], die Gott mich gesund und glücklich [hat] zurück legen laßen, meine hochgeschätzten Herren Brüder mit Ihren werthen Häusern eines // erwünschten Wolergehens genoßen, s[oll] solches mir zu dem größten Vergnügen gereichen, da ich mit der aufrichtigsten Freundschaft und Werthschätzung bin meiner hochzuehrenden Herren Brüder

ganz ergebener Diener
Spalding

Brief 6: *Barth, 19. Oktober 1762*
KKAG, Superintendentur Barth, Akte Nr. 470: Kurrende, 1762–1764, fol. 14v – 14r (Flemendorf) und fol. 21v – 21r (Kenz).
[in doppelter Ausführung, im Folgenden die Transkription von fol. 14]

Meine hochzuehrende und hochwertheste Herren Brüder

Das abschriftlich beygelegte Schreiben[92] des Herrn Doct. Brunnemann[93] giebt den Ernst zu erkennen, womit nunmehro die Sache wegen der Erleichterung der Prie-

88 In Greifswald befand sich das zuständige Konsistorium, bei dem Spalding die Beschwerde einreichen wollte.

89 Vermutlich Felix Dietrich von Behr (1700–1764). Von Behr war Landrat und Kurator der Universität Greifswald. Allerdings bleibt unklar, inwiefern er mit der Streitsache in Verbindung stand. Zu von Behr vgl. Carl *Gesterding*, Genealogien und beziehungsweise Familienstiftungen Pommerscher, besonders ritterschaftlicher Familien. Erste Sammlung, Berlin 1842, S. 19f.

90 Die Gemeinde Tribohm könnte den Anlaß für den Streit gegeben haben. Der letzte Tribohmer Pastor, August Heinrich Schultz (1691–1762), war am 27. April 1762 verstorben, so daß die Tribohmer Gemeinde in der Zeit der Pastorats-Vakanz – diese reichte bis zum Juli 1763 – auf die Hilfe der Nachbargemeinden angewiesen war. Dabei verliefen die Fuhrdienste für die vertretenden Pfarrer, der Currende nach zu urteilen, nicht völlig reibungslos. Vgl. zu Schultz *Heyden*, Die Evangelischen Geistlichen des ehemaligen Regierungsbezirks Stralsund II (wie Anm. 41), S. 200.

91 Da 1762 keine größere Reise Spaldings bekannt ist, handelte es sich vermutlich um eine Reise nach Greifswald, um die Streitsache dem Konsistorium vorzutragen.

92 Dieses Schreiben befindet sich in derselben Akte: KKAG, Superintendentur Barth, Akte Nr. 470: Kurrende, 1762–1764, fol. 9–12. Darin macht Brunnemann auf die drohende Armut des schwedisch-pommerschen Pfarrklerus aufmerksam. Da die Inflation während des Siebenjährigen Krieges stark angestiegen war und sich die Warenpreise um das Vierfache verteuert hatten, wie er schrieb, war Brunnemann von Generalsuperintendent Jacob Heinrich von Balthasar beauftragt worden, eine Hebung der Pfarrereinkünfte zu erwirken. Brunnemann schlug vor, zunächst eine Anfrage beim königlichen Konsistorium in Greifswald zu stellen und auch einen Rechtsberater hinzuzuziehen.

93 Christian Anton Brunnemann (1716–1774), Präpositus in Bergen auf Rügen. Zu Brunnemann vgl. Hellmuth *Heyden* (Bearb.), Die Evangelischen Geistlichen des ehemaligen Regierungsbezirkes Stralsund. Insel Rügen, Greifswald 1956, S. 14.

sterschaft bey dem itzgien[!] schlechten Gelde[94] betrieben werden soll. Dieß ist es, was ich schon seit mehr als 2 Jahren so sehr gewünschet[95], und weshalb ich auch bey dem Herrn Generalsuperintendenten verschiedentlich[96] wiederhohlte Vorstellungen gethan. Allein freylich hat man nun noch einen stärkeren Grund hierin gewonnen, da das Agio-Reglement[97] natürlicher Weise auch zu unserm Vortheile gelten muß. Ich zweifele daher nun so viel weniger, daß meine hochwertheste Herren Brüder das Vorhaben des Herrn Doct. Brunnemann genehm halten, und sich auch zu der kleinen[98] Auslage[99] entschließen werden. Da es indeßen fast das Ansehen haben will, als ob eine Veränderung des Geldes in Ansehung des Gehalts nahe sey, so daß vielleicht die Entscheidung dieses unsers[100] Gesuchs, insonderheit wenn es damit bis zum Tribunal gehen sollte,[101] nur dann erst erfolgen mögte, wenn, wegen // bereits verbeßerten Geldes, kein Gebrauch mehr davon zu machen wäre, so würde darauf zu denken seyn, ob nicht, wenigstens in Ansehung der Fixorum[102], eine Ersetzung des bereits in den bisherigen Jahren gehabten Verlustes zu bewirken wäre; welches ohne Zweifel vollkommen so[103] viel Billigkeit für sich haben würde, als die im Agio-Reglement fest gesetzte Vergütung der im schlechten Gelde bezahlten Pächte. Ueber diesen Punkt so wol als über einige andere hirher gehörige Stücke werde ich dem Herrn D. Brunnemann meine Gedanken mittheilen, und von dem weitern Erfolge dieser Sache meinen hochwerthesten Herren Brüdern Nachricht geben.
Ich bin mit aufrichtigster Hochachtung meiner hochzuehrenden und hochwerthesten Herren Brüder

ganz ergebener Diener
J. J. Spalding

94 Zur Münzverschlechterung in Schwedisch-Pommern während des Siebenjährigen Krieges vgl. *Buchholz*, Öffentliche Finanzen (wie Anm. 31), S. 83 sowie Johann David von *Reichenbach*, Vom Pommerschen Münzwesen, in: Patriotische Beyträge 8 (1787), S. 3–61, hier S. 30–48.

95 Im 2. Exemplar statt »so sehr gewünschet«: »gewünschet«.

96 Im 2. Exemplar statt »verschiedentlich«: »binnen der Zeit verschiedentlich«.

97 Von ital. agio = Annehmlichkeit / Wohlstand – bezeichnet einen finanziellen Aufschlag auf Kapitalien sowie auf deren Zinsen. Das Agio-Reglement wird im Schreiben von Präpositus Brunnemann erwähnt. Es meinte eine Verfügung der schwedisch-pommerschen Regierung vom 25. Juli 1762 zum Aufschlag auf Zinsen, die dem schwachen Münzfuß im Land Rechnung tragen sollte. Da damit u. a. auch die Pachtzinsen von Kirchenäckern und insofern die Einkünfte des Pfarrpersonals stiegen, befürwortet Spalding diese Verordnung. Vgl. *Dähnert*, Sammlung 3 (wie Anm. 60), S. 742–745 (Nr. XXIV, 79).

98 Im 2. Exemplar statt »kleinen«: »geringen«.

99 Brunnemann hatte in seinem Schreiben darum gebeten, daß jede schwedisch-pommersche Präpositur ihm einen Betrag von 24 Schillingen zur Bezahlung des bestellten Juristen und anderweitiger Rechnungen in diesem Rechtsfall zusenden sollte.

100 Das Wort »unsers« wurde von Spaldings Hand nachträglich hinzugefügt.

101 Die Anrufung des obersten Appellationsgerichtes in Wismar hatte Brunnemann für den Fall vorgeschlagen, daß die königliche Regierung gegen eine Erhöhung der Pfarrereinkünfte protestieren sollte.

102 Fixum = festes Entgelt, Grundgehalt.

103 Im 2. Exemplar statt »vollkommen so«: »eben so«

Hirbey Wittwengeld
der Frau Past. Crety[104] - 3 Rthl.
der Frau Past. Warnken[105] - 2 [Rthl.]
worauf ich mir die Quittungen ausbitte.

Brief 7: *Barth, 7. November 1762*
KKAG, Superintendentur Barth, Akte Nr. 470: Kurrende, 1762–1764, fol. 19v.

Meine hochzuehrende und hochwertheste Herren Brüder

Es ist mir sehr angenehm, daß ich meinen hochwerthesten Herren Brüdern den baldigen und günstigen Bescheid des königl. Consistorii wegen unserer Schadloshaltung bey dem schlechten Gelde[106], der mir gestern vom Herrn D. Brunnemann[107] in vidimirter[?][108] Abschrift zugesandt worden, hirmit wieder abschriftlich mittheilen kann. Wir werden also dadurch völlig berechtiget seyn, von gewißen so wol als zufälligen Hebungen[109] das Dreyfache, um eine runde Zahl zu behalten, zu nehmen. Ich bin dabey von meinen hochwerthesten Herrn Brüdern ohnehin versichert, daß die Erinnerung des königl. Consistorii in Absicht auf die Armen Ihnen wichtig seyn, und bey Ihnen beständig in gutem Andenken bleiben werde, um dadurch denjenigen, die sonst gerne Gelegenheit haben mögten, den Predigern hirbey nur Habsucht vorzuwerfen, allen Grund zu benehmen, da sie solchen Vorwurf mit einigem Schein machen könnten. Vielleicht habe ich einen und anderen noch fehlenden Beytrag zu dieser Angelegenheit hirbey zu gewarten. Ich bin mit aufrichtigster Hochachtung meiner hochzuehrenden und hochwerthesten Herrn Brüder

ganz ergebener Diener
J. J. Spalding

104 Witwe des 1753 verstorbenen Conrad Hinrich von Crety, Pastor zu Pütte. Vgl. *Heyden*, Die Evangelischen Geistlichen des ehemaligen Regierungsbezirks Stralsund II (wie Anm. 41), S. 171f.

105 Geschrieben auch: Warneke, Witwe des 1758 verstorbenen Joachim Christian Warneke, Pastor zu Voigdehagen. Vgl. *Heyden*, Die Evangelischen Geistlichen des ehemaligen Regierungsbezirks Stralsund II (wie Anm. 41), S. 206.

106 Vgl. Anm. 94.

107 Vgl. Anm. 93.

108 Vidimieren = beglaubigen, vgl. Art. vidimieren, in: Jacob *Grimm* / Wilhelm *Grimm*, Deutsches Wörterbuch, Bd. 26, Leipzig 1951, Sp. 48.

109 Da der Begriff nicht weiter spezifiziert ist, dürften mit ihm die üblichen Einkünfte der Pfarrer aus Pachterträgen und Stolgebühren gemeint sein.

Brief 8: *Barth, 29. Dezember 1762*
KKAG, Superintendentur Barth, Akte Nr. 470: Kurrende, 1762–1764, fol. 44v (Kenz) und fol. 46v (Flemendorf).
[in doppelter Ausführung, im Folgenden die Transkription von fol. 44v]

Meine hochzuehrende und hochwertheste Herren Brüder

Bey der Gelegenheit, da ich gegenwärtige[110] 3 Patente als 1) wegen des Creditirens an die Husaren[111] 2) wegen des Magazin Korns, und 3) wegen des Deputat-Rockens[112], übersende, erinnert auch die gegenwärtige Zeit, meinen hochwerthesten Herren Brüdern zu dem bevorstehenden Jahreswechsel die aufrichtigsten Wünsche meines Herzens zu versichern. Die göttliche Fürsehung walte über Sie insgesamt mit Segen und Gnade, der Herr stärke Sie zu den Geschäften Ihres Amtes, und mache daßelbe an den Ihnen anvertrauten Gemeinen heilsam und fruchtbar. Ihren werthen Personen und Häusern wende er danächst alles dasjenige zu, was das gegenwärtige Leben[113], ohne Nachtheil der höhern Wolfahrt, vergnügt und glücklich machen kann. Wobey ich auch mich Ihrem ferneren freundschaftlichen Wolwollen empfehle, und mit besonderer[114] Hochachtung stets verharre meiner hochwerthesten Herren Brüder

ganz ergebener Diener
Spalding

Brief 9: *Barth, 10. Januar 1763*
KKAG, Superintendentur Barth, Akte Nr. 470: Kurrende, 1762–1764, fol. 48v–48r (Flemendorf) und fol. 50v – 50r (Kenz).
[in doppelter Ausführung, im Folgenden die Transkription von fol. 48]

Meine hochgeehrteste[115] und hochwertheste Herren Brüder

Außer der Mittheilung des gegenwärtigen Patents wegen nunmehr verbotener Ausfuhr gewißer Korngattungen[116], wird dieser Umlauf auch durch die bestätigte Nachricht, die ich in diesen Tagen aus Greifswald von dem tödtlichen Hintritt unsers hochver-

110 Im 2. Exemplar statt »gegenwärtige«: »diese«.
111 Vgl. *Dähnert*, Sammlung 3 (wie Anm. 60), S. 1344 (Nr. XXXI, 103).
112 Sowohl das Patent zum »Magazin-Korn« wie auch dasjenige zum »Deputat-Rocken« sind bei *Dähnert*, Sammlung (wie Anm. 60), nicht verzeichnet.
113 Im 2. Exemplar statt »das gegenwärtige Leben«: »das Leben hienieden«.
114 Im 2. Exemplar statt »und mit besonderer«: »und besonderer«.
115 Im 2. Exemplar statt »hochgeehrteste«: »hochzuehrende«.
116 Das Patent ist bei *Dähnert*, Sammlung (wie Anm. 60), nicht verzeichnet. Schon vor 1763 gab es solche Ausfuhrverbote für Getreide. Vgl. die entsprechenden Patente bei *Dähnert*, Sammlung 3 (wie Anm. 60), S. 527–532 (Nr. XXIII, 36–44). Die Verbote hatten einerseits wirtschaftspolitische Gründe, lassen sich aber andererseits durch die Versorgungsengpässe erklären, welche die Schweden im eigenen Land bewältigen mußten. Das pommersche Korn durfte dann zur Abhilfe der Not nur noch nach Schweden exportiert werden.

dienten Herrn Generalsuperintendenten v. Balthasar[117] erhalten habe, veranlaßet. Eine langwierige Schwachheit und Entkräftung, die bey seinem ins 73te Jahr gegangenen Alter zuletzt sehr überhand genommen, hat ihn endlich der Welt und unserer Kirche entrißen, nachdem er, besonders in den 16 Jahren, da er der Priesterschaft dieses Landes als ein würdiges Oberhaupt vorgestanden, eine Arbeitsamkeit, Genauigkeit und Sorgfalt bewiesen, die billig sein Andencken auf immer werth unter uns und seinen Verlust bedauerns würdig machen muß. Wir haben nun Ursache, Gott zu bitten, daß er diese durch // ihn erledigte wichtige Stelle auf eine solche Art wieder besetzen wolle, wodurch den so manigfaltigen Bedürfnißen und Angelegenheiten des Kirchenwesens und des Priesterstandes ein völliges heilsames Genüge geschehen möge.
Ich bin mit der aufrichtigsten Hochachtung meiner hochzuehrenden und hochwerthesten Herren Brüder

ganz ergebener Diener
Spalding

Weil die Kapseln[118] so sehr oft unterweges durch die Unvorsichtigkeit und Verwahrlosung bey der Ueberbringung schadhaft werden, so werden meine hochwerthesten Herren Brüder die Güte haben, jedes mal genau darauf zu achten, wo die Kapsel zuerst in einem versehrten Zustande abgegeben wird, damit der Küster, der sie in solcher Beschaffenheit liefert, zur nothwendigen[119] Erstattung des Schadens angehalten werde.

Brief 10: *Barth, 23. Januar 1763*
KKAG, Superintendentur Barth, Akte Nr. 470: Kurrende, 1762–1764, fol. 41v–42v.

Meine hochzuehrende und hochwertheste Herren Brüder

Der Herr Präp. v. Balthasar[120] hat mir einige Exemplare von dem Leichenprogramma auf den wolseligen Herrn Generalsuperintendenten[121] zugesandt, um solche meinen

117 Jacob Heinrich von Balthasar (1690–1763), Generalsuperintendent von Schwedisch-Pommern, war am 2. Januar 1763 verstorben. Von Balthasar war kurze Zeit, seit dem 4. Juli 1720, mit Rosina Gebhardi (gestorben 1721), einer Schwester von Spaldings Schwiegervater Brandanus Gebhardi, verheiratet gewesen. Zu von Balthasar vgl. u. a. Hellmuth *Heyden* (Bearb.), Die Evangelischen Geistlichen des ehemaligen Regierungsbezirkes Stralsund. Die Synoden Greifswald-Land und Greifswald-Stadt, Greifswald 1964, S. 118 sowie Dirk *Alvermann* / Birgit *Dahlenburg*, Greifswalder Köpfe. Gelehrtenporträts und Lebensbilder des 16. – 18. Jahrhunderts aus der pommerschen Landesuniversität, Rostock 2006, S. 41.

118 Gemeint sind die Beförderungsbehältnisse für die Briefe, vgl. Anm. 42.

119 Im 2. Exemplar statt »nothwendigen«: »unumgänglichen«.

120 Philipp Jacob von Balthasar (1726–1807), einziger Sohn des 1763 verstorbenen Generalsuperintendenten Jacob Heinrich von Balthasar, seit 1768 Präpositus der Grimmener Synode, 1763 noch Gehilfe des Präpositus August Christian Brunst. Spalding nennt ihn dennoch bereits »Präp.«. Zu Philipp Jacob von Balthasar vgl. *Heyden*, Die Evangelischen Geistlichen des ehemaligen Regierungsbezirkes Stralsund II (wie Anm. 41), S. 219f.

121 Vgl. das gedruckte Leichenprogramm und das Verzeichnis der Schriften Jacob Heinrich von Balthasars in den »Vitae Pomeranorum«, Bd. 45, Universitätsbibliothek Greifswald: Johann Brandanus *Engelbrecht*, Programma lugubre [...] ad Justa Exeqvialia [...] Dn. Jacobo Henrico de Balthasar [...], Greifswald 1763.

hochwerthesten Herren Brüdern mitzutheilen. Weil aber deren nicht so viele sind, daß ich völlig damit herumreichen kann, so muß ich nur für zwey und zwey 1 Exemplar bestimmen, und bitten, daß Sie sich solches communiciren und untereinander um den Besitz deßelben vergleichen mögen. Vielleicht erhalte ich auf mein Verlangen noch mehrere aus Greifswald, damit ein jeder von uns eines zum Andencken unsers wohlseligen Herrn Generalsuperintendenten haben und behalten könne.
Die königl. Regierung hat schon im verwichenen Herbst eine Collecte für die Vorlandische Kirche wegen des Schadens, den dieselbe // an Thüren und Klocken[!] durch einen Brand erlitten, bewilliget. Der sel. Herr Generalsuperintendent wird solche deswegen nicht eher bekannt gemacht haben, weil die vorige Collecte wegen Saßen nicht eher zusammen gewesen. Er hat [...][122] wenige Tage vor seinem Ende dem Herrn D. Stenzler[123] aufgetragen, sie im Lande auszuschreiben, und von demselben habe ich auch nur in dieser Woche die Anzeige deshalb erhalten. Meine hochzuehrenden Herren Brüder werden diesen Umstand als eine Ursache ansehen können, die Sammlung dieser Collecte für die Kirche zu Vorland so viel mehr zu beschleunigen.
Ich bin mit aufrichtigster Hochachtung meinen hochzuehrenden und hochwerthesten Herren Brüder

ganz ergebener Diener
Spalding

// P.S. Der Herr Pastor Rütze[124] hat die erste Anzeige von einem Schaden gethan, der an der Seite der Kapsel geschehen, und ohne Zweifel durch eine unvorsichtige Ueberbringung von Sale[125] nach Lüdershagen veranlaßet worden. Ich werde zusehen, ob es hier gemacht werden kann, und der Küster zu Sale wird als dann die Bezahlung dafür leisten müßen.

Bey mehrmaligem genauem Nachsehen finde ich, daß grade so viel Stücke des Programma vorhanden sind, als für die gesammte Zahl meiner itztlebenden[!] werthen Herren Synodalen erfordert werden. So gehen also 13 Exemplare hirbey.

122 Wegen der Heftung der Folioblätter unlesbar.

123 Laurentius Stenzler (1698–1778), Pastor zu St. Marien in Greifswald, seit dem 9. März 1763 Nachfolger des Jacob Heinrich von Balthasar im Amt des Generalsuperintendenten von Schwedisch-Pommern. Zu Stenzler vgl. *Heyden*, Die evangelischen Geistlichen des ehemaligen Regierungsbezirkes Stralsund. Greifswald-Land (wie Anm. 117), S. 104, 136.

124 Joachim Rütze (1693–1768), seit 1724 Pastor zu Lüdershagen. Vgl. *Heyden*, Die Evangelischen Geistlichen des ehemaligen Regierungsbezirkes Stralsund II (wie Anm. 41), S. 72.

125 Es handelt sich um die Ortschaft Saal.

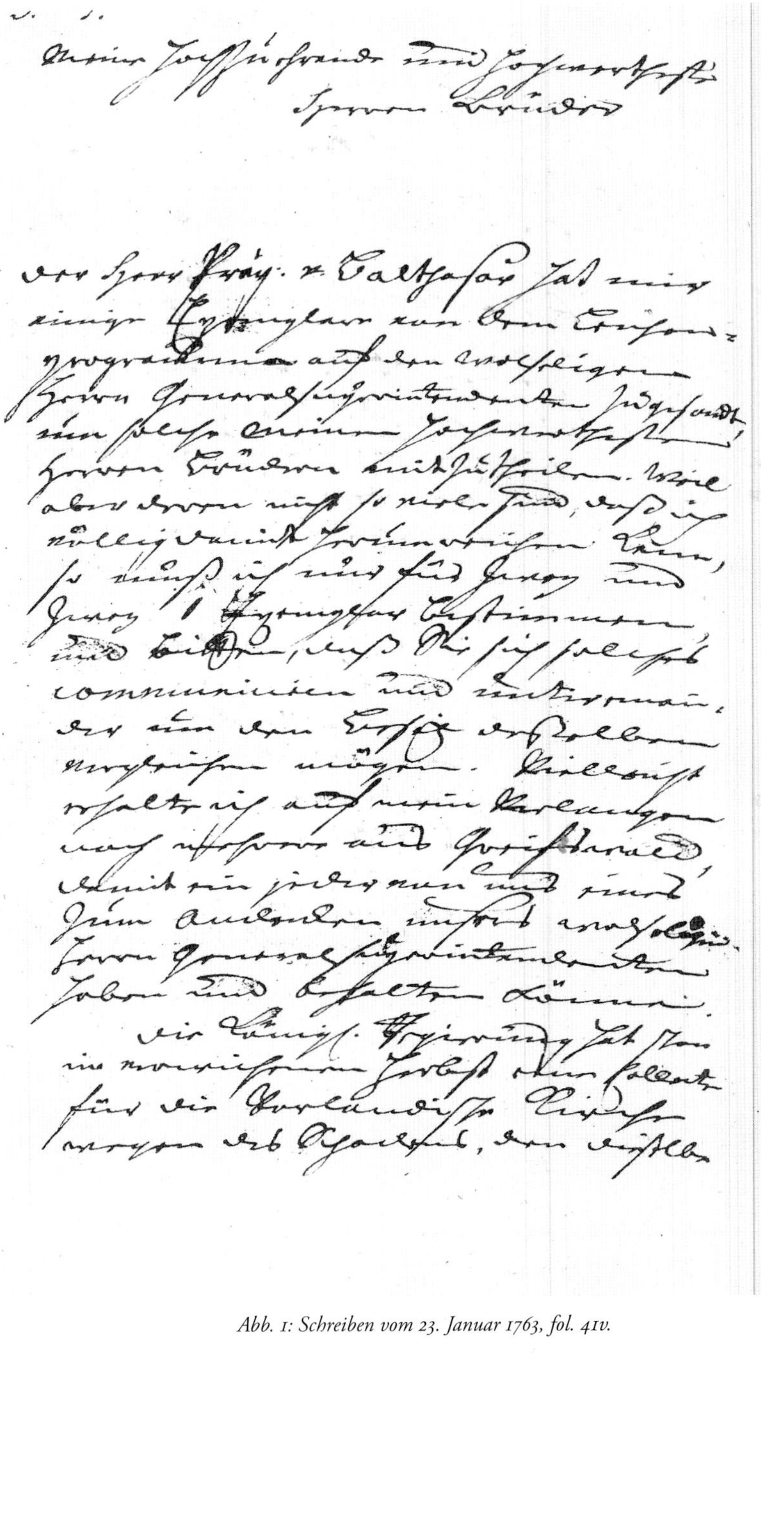

Abb. 1: Schreiben vom 23. Januar 1763, fol. 41v.

Brief 11: *Barth, 10. Mai 1763*
KKAG, Superintendentur Barth, Akte Nr. 470: Kurrende, 1762–1764, fol. 56v (Flemendorf) und fol. 61v (Kenz).
[in doppelter Ausführung, im Folgenden die Transkription von fol. 61v]

Meine hochzuehrende und hochwertheste Herren Brüder

Indem ich hirbey einen dem Herrn D. Stenzler[126] communicirten Bescheid der Königl. Regierung[127] wegen Befriedigung der Pfarrhöfe mittheile, so berichte [ich] zugleich, daß auf meine bey dem königl. Consistorio übergebene Protestations Schrift, wegen der Neuerungen mit den Fuhrleistungen in den Gnadenjahren[128], die Antwort gekommen[129], »daß selbige zur Bewahrung des Synodi Gerechtsame in diesem Fall angenommen und zur künftigen Nachricht im Archivo Regii Consistorii aufbehalten werden solle.« Es wird also wenigstens gegen künftige weitere dergleichen Eingriffe davon Gebrauch gemacht werden können.
Ich bin mit der aufrichtigsten Hochachtung meiner hochzuehrenden und hochwerthesten Herren Brüder

ganz ergebener Diener
Spalding

Brief 12: *Barth, 21. Juli 1763*
KKAG, Superintendentur Barth, Akte Nr. 470: Kurrende, 1762–1764, fol. 62v – 62r (Flemendorf) und fol. 80v–80r (Kenz).
[in doppelter Ausführung, im Folgenden die Transkription von fol. 80][130]

Meine hochzuehrende und hochwertheste Herren Brüder

hirbey kommen 2 Patente
1) wegen einer Hufensteuer[131]
2) wegen des Aufenthalts der Juden im Lande[132]
und zugleich habe ich auch zu berichten, daß unser neuer Generalsuperintendent, der Herr D. Stenzler[133], mir nunmehr den Empfang seiner Vollmacht angezeiget, und zu-

126 Vgl. Anm. 123.
127 Im 2. Exemplar statt »communicirten Bescheid der Königl. Regierung«: »von der Königl. Regierung communicirten Bescheid«.
128 Vgl. das frühere Schreiben Spaldings: Brief 5.
129 Im 2. Exemplar statt »gekommen«: »erfolget ist«.
130 Nur das 1. Exemplar dieses Briefes (in der Akte fol. 80) stammt von Spaldings eigener Hand. Offenbar diktierte er das 2. Exemplar und setzte anschließend seine Unterschrift darunter.
131 Das Patent ist bei *Dähnert*, Sammlung (wie Anm. 60), nicht verzeichnet.
132 Vgl. *Dähnert*, Sammlung 3 (wie Anm. 60), S. 553f. (Nr. XXIII, 69).
133 Zu Stenzler vgl. Anm. 123.

gleich gebeten hat, solches meinen hochwerthesten Herren Brüdern bekannt zu machen, mit der beygefügten Versicherung seiner freundschaftlichsten Gesinnungen gegen die sämtlichen Glieder des ehrwürdigen Synodus. Wir haben uns ohne Zweifel mit gutem Grunde Glück zu wünschen, daß wir an ihm einen solchen Mann zum Vorgesetzten der Kirche und der Geistlichkeit unsers Landes erhalten haben, von deßen Gelehrsamkeit, Redlichkeit und Leutseligkeit wir uns alles Gutes versprechen können. // Gott wolle nur bey seinen schon etwas hoch hinangestiegenen Jahren sein Leben verlängern und seine Kräfte stärken, damit seine Dienste in dieser wichtigen Stelle uns noch lange zu Gute kommen mögen.
Ich bin mit aufrichtigster Hochachtung meiner hochwerthesten Herren Brüder

ganz ergebener Diener
Spalding

nebst einem Briefe nach Starkow[134]

Brief 13a: *Barth, 8. November 1763*
KKAG, Superintendentur Barth, Akte Nr. 470: Kurrende, 1762–1764, fol. 31v–31r und fol. 36v.
[1. Exemplar an den Synodalkreis Flemendorf][135]

Meine hochzuehrende und hochwertheste Herren Brüder

Bey der Uebersendung gegenwärtiger beiden Patente wegen einer 1) allgemeinen und 2) städtischen Hufensteu[e]r[136] habe ich zugleich, einem in diesen Tagen aus Greifswald von dem Herrn Generalsuperintendenten erhaltenen Schreiben zu folge, meine hochwerthesten Herren Brüder um baldmöglichste Einsendung des 1 Rthl. für die Prediger-Wittwen von denen Pfarren, denen dieser Beytrag zukommt, ersuchen wollen. Da die Anzeige deshalb an mich etwas spät geschehen, so verspreche ich mir um so viel mehr hirbey von meinen werthesten Herren Brüdern eine gütige Beschleunigung. Die beyliegende Erinnerung des werthen Herrn M. Wentin[137] finde [ich] deswegen mitzutheilen nöthig,[138] um der übrigen Herren Brüder Gutachten zugleich zu

134 Diese Notiz findet sich nur im 1. Exemplar (fol. 80). Der Brief nach Starkow befindet sich nicht in der Akte und scheint verloren gegangen zu sein.
135 Beide Exemplare unterscheiden sich stark voneinander und sind daher gesondert aufgeführt.
136 Beide Patente sind bei *Dähnert*, Sammlung (wie Anm. 60), nicht verzeichnet. Vgl. zu Hufensteuer oben Anm. 48.
137 Magister Bernhard Nicolaus Wentin (1717–1782), seit 1759 Pfarrer in Steinhagen. Vgl. *Heyden*, Die Evangelischen Geistlichen des ehemaligen Regierungsbezirkes Stralsund II (wie Anm. 41), S. 193.
138 Das Schreiben befindet sich anbei in der Akte Nr. 470, fol. 35. Der Steinhagener Pfarrer Wentin klagte darin über die Pflichtübertragung der Landesobrigkeit an die Pfarrer, die Patente bzw. Verordnungen wiederholt von der Kanzel verlesen zu müssen, »bey unfehlbarer Beahndung«. Gerade dieser letzte Ausdruck der Strafandrohung erregte sein Mißfallen und seinen scharfen Protest. So schrieb er an seine Amtsbrüder (fol.

vernehmen. Eine jede Kränkung deßen, was der Würde unsers Amtes zukömmt, wird freylich auch von mir sehr lebhaft empfunden, und ich bin immer bereit, alle die gehörigen Wege mit einzuschlagen, die zur Ablehnung solcher Beein- // trächtigungen dienen können. Aber um sicher zu gehen, und uns nicht noch größern Demüthigungen auszusetzen, wird eben auch bey diesem von der K.[öniglichen] Regierung gebrauchten Ausdruck recht zu überlegen seyn, was eigentlich der Gegenstand unserer Beschwerde seyn soll, nämlich 1) ob wir derselben, als Landesobrigkeit nicht zugestehen wollen, eine wiederhohlte und jährliche Ablesung gewißer Patente von uns zu fordern? und 2) wenn sie das Recht hat, und uns also der Gehorsam davon oblieget, ob sie dann befugt ist, eine Ahndung mit dem Ungehorsam zu verknüpfen? Das letzte Recht scheint mir natürlich aus dem erstern zu folgen. Allenfalls würde es darauf ankommen, daß dieselbe Sache mit einer gelindern Redensart hätte gesagt werden können, aber ob das gegen eine Landesobrigkeit gerichtlich ausgefochten werden könne, ist mir zweifelhaft. Sollte indeßen die Mehrheit meiner hochwerthesten Herren Brüder mit dem Herrn M. Wentin einstimmig seyn, und mir nur den eigentlichen Punkt der gegründeten Beschwerde anzeigen // so werde ich nach geschehener Communication deshalb mit dem andern Kreise[139] nichts unterlaßen, was zur Aufrechthaltung unserer Rechte erforderlich seyn mag.
Ich bin mit der aufrichtigsten Hochachtung meiner hochzuehrenden und hochwerthesten Herren Brüder

ganz ergebener Diener
Spalding

35v): »dieser Ausdruck ist ungemein hart und nachteilig für uns. Es ist derer Patente, in welchen ein gleiches erfo[r]dert wird, nur solche Menge, daß, wenn man es genau befolgen wolte, man nichts anders thun könnte, als, allen Sontags, dergleichen Patente verlesen, womit man aber die Gemeine öfters unerträglich lange aufhalten und die Leute abschrekken würde, in die Kirche zu kommen. Sonderlich da bisweilen noch 1 – 2 neue hinzukommen. In keinem dieser Patente aber ist, so viel ich mir[!] erinnere, eine so gebiterische und dem ganzen Clero so schimpfl. Bedrohung, wodurch demselben zugleich ein unerträgl. Joch angehälset werden wil. Wie leicht kann es nicht geschehen, daß man vergißet, ein solches Patent abzulesen? Da sol man denn sogleich Gefahr laufen, sich vom Fiskal chicaniren[!] zu laßen? Es ist wahr, wir sind verbunden, der Obrigkeit zu gehorchen; aber nicht, als Blinde sondern als Sehende. Die Obrigkeiten sind auch nur Menschen, und können also irren, und // (fol. 35r) aus denen Schranken schreiten, welche ihnen das Christentuhm [setzt]. [...] ginge die Sache mich alleine an, so wolte ich, [...] bald zeigen, daß dijenigen Zeiten längst vorbei sind, wo [man] [...] allein sich ergehen lies, was denen Politicis nur wolgefiel.« In der darauf versandten Currende ließ sich Pfarrer Wentin erneut mit einer weiteren Befürchtung vernehmen (fol. 33r): »Es ist auch die Sache so klein nicht, als man die selbige vorstellet. Die mehrsten Herren Prediger werden, ohne Zweifel, das Patent bis zum Ende, verlesen haben. Da haben also die Land-Begüterten es gehört, daß die jährl. Verlesung von denen Predigern erfo[r]dert wird. Gibt es nun auch nur 1 darunter, der kein Freund von dem Prediger ist, wie es denn selten an solchen fehlet, u. unterläßet [er] ein mahl die Verlesung: So ist er sehr in Gefahr, dem Fiskal in die Hände zu gerahten.« Wentin regte an, eine Beschwerde in dieser Sache beim Generalsuperintendenten einzureichen, welcher damit dann vor die Regierung treten sollte.

139 Gemeint ist der Kirchenkreis Kenz.

Brief 13b: *Barth, 8. November 1763*
KKAG, Superintendentur Barth, Akte Nr. 470: Kurrende, 1762–1764, fol. 78v – 78r.
[2. Exemplar an den Synodalkreis Kenz]

Meine hochzuehrende und hochwertheste Herren Brüder

Bey Uebersendung gegenwärtiger beiden Patente wegen 1) allgemeiner und 2) städtischer Hufensteu[e]r[140] habe ich zugleich, auf neulichst geschehene Anhandlegung unsres Herrn Generalsuperintendenten, um baldmöglichste Einsendung des 1 Rthl. für die Prediger-Wittwen von den königl. so wol als denenjenigen übrigen Pfarren, die diesen Beytrag mit über sich genommen haben, hirmit ersuchen wollen. Ich hoffe, daß, der späten Anzeige ungeachtet, die erst am Sonnabend aus Greifswald an mich gekommen, dennoch der ganze Betrag aufs Fordersamste bey mir einlaufen wird, damit den armen Wittwen, die sich deshalb schon verschiedentlich bey dem Herrn Generalsuperintendenten gemeldet haben, je eher je lieber einigermaßen geholfen werde. Von einem der letzten Patente, in welchem zwar des Affigirens[141] Erwähnung geschehen, sind doch nicht mehr als die gewöhnlichen einfachen Exemplare aus der Regierungs-Canzeley an mich gekommen // und das wie gewöhnlich dabey gefügte Schreiben hat auch nur das Publiciren, nicht aber das Affigiren anbef[ohlen],[142] daher das Nachbleiben des letzten uns zu keiner Verantwortung wird gereichen können.
Ich bin mit der aufrichtigsten Hochachtung meiner hochzuehrenden und hochwerthesten Herren Brüder

ganz ergebener Diener
Spalding

Wegen eines abermal zerbrochenen Schl[oßes,][143] welches zu Bodstedt mit abgefallener Z[...][144] angekommen, bin ich genöthiget, die Capsel mit einem Bande und Siegel zu verschließen.

Brief 14: *Barth, 16. November 1763*
KKAG, Superintendentur Barth, Akte Nr. 470: Kurrende, 1762–1764, fol. 27v – 27r (Kenz) und fol. 73v (Flemendorf).
[in doppelter Ausführung, im Folgenden die Transkription von fol. 73v]

140 Beide Patente sind bei *Dähnert*, Sammlung (wie Anm. 60), nicht verzeichnet. Vgl. zu Hufensteuer oben Anm. 48.
141 Von lat. affigere = befestigen/anheften, hier im Sinne von öffentlich anschlagen.
142 Das Wort ist aufgrund der Heftung der Folioblätter nicht eindeutig zu entziffern.
143 Das Wort ist aufgrund der Heftung der Folioblätter nicht eindeutig zu entziffern.
144 Das Wort ist aufgrund der Heftung der Folioblätter nicht zu entziffern.

Meine hochzuehrende und hochwertheste Herren Brüder

Bey Uebersendung des gegenwärtigen Patents wegen der Bettler[145] ist es zugleich meine Schuldigkeit, meinen hochwerthesten Herren Brüdern anzuzeigen, daß es der göttlichen Fürsehung gefällt, mich von hier wegzuführen, indem ich auf eine mir sehr unerwartete Weise zum Nachfolger des seel. Herrn Oberconsistorial Rath und Probst Köppen in Berlin ernannt und berufen worden[146], wobey aber mein Antritt erst im bevorstehenden Frühlinge erfordert wird[147]. Die Empfündlichkeit der Absonderung von meiner Gemeine, von meinem Vaterlande, von meinen Angehörigen und Freunden[148] hat es mir sehr schwer gemacht, meine Einwilligung dazu zu geben, und mit nicht wenigerer[!] Beunruhigung würde ich mich auch von diesem ehrwürdigen Synodo trennen, von deßen Gliedern ich so viel Liebe und Freundschaft erfahren, wenn ich nicht den Leitungen Gottes zu folgen hätte, und wenn ich mir nicht dabey mit der Hoffnung schmeichelte, auch in meiner Entfernung noch an einem gütigen Andenken meiner hochgeehrtesten[149] Herren Brüder Theil zu haben. Das ist es auch, worum ich schon hirmit inständigst bitte, so wie an meiner Seite nichts die aufrichtige Werthschätzung auslöschen wird, mit welcher ich bin meiner hochzuehrenden und hochwerthesten Herren Brüder

ganz ergebener Diener
J. J. Spalding

Brief 15: *Barth, 5. Dezember 1763*
KKAG, Superintendentur Barth, Akte Nr. 470: Kurrende, 1762–1764, fol. 29v – 30v.

Meine hochzuehrende und hochwertheste Herren Brüder

Mein Herz ist von den gütigen Bezeugungen Ihrer theilnehmenden Freundschaft und Liebe gegen mich in Ansehung meiner bevorstehenden Veränderung so gerührt, daß ich mich Ihnen insgesamt dafür aufs Dankbarlichste verbunden erkenne. Gott erfülle alle Ihre liebreichen Wünsche, besonders auch darin, daß er mich zu meinen künftigen Geschäften fähig und tüchtig mache, und er laße auch hinwiederum über Ihre werthe Personen, Häuser und Amtsführungen seinen Segen auf alle Weise groß und dau[e]rhaft seyn.

145 Vgl. *Dähnert*, Sammlung 3 (wie Anm. 60), S. 431 (Nr. XXI, 19).

146 Im 2. Exemplar statt »worden«: »wurde«.

147 Im 2. Exemplar statt »wobey aber mein Antritt erst im bevorstehenden Frühlinge erfordert wird«: »wobey aber mein Antritt im bevorstehenden Frühlinge erst erfordert wird«.

148 Im 2. Exemplar statt »von meinen Angehörigen und Freunden«: »von meinen Angehörigen«.

149 Im 2. Exemplar statt »hochgeehrtesten«: »hochwerthesten«.

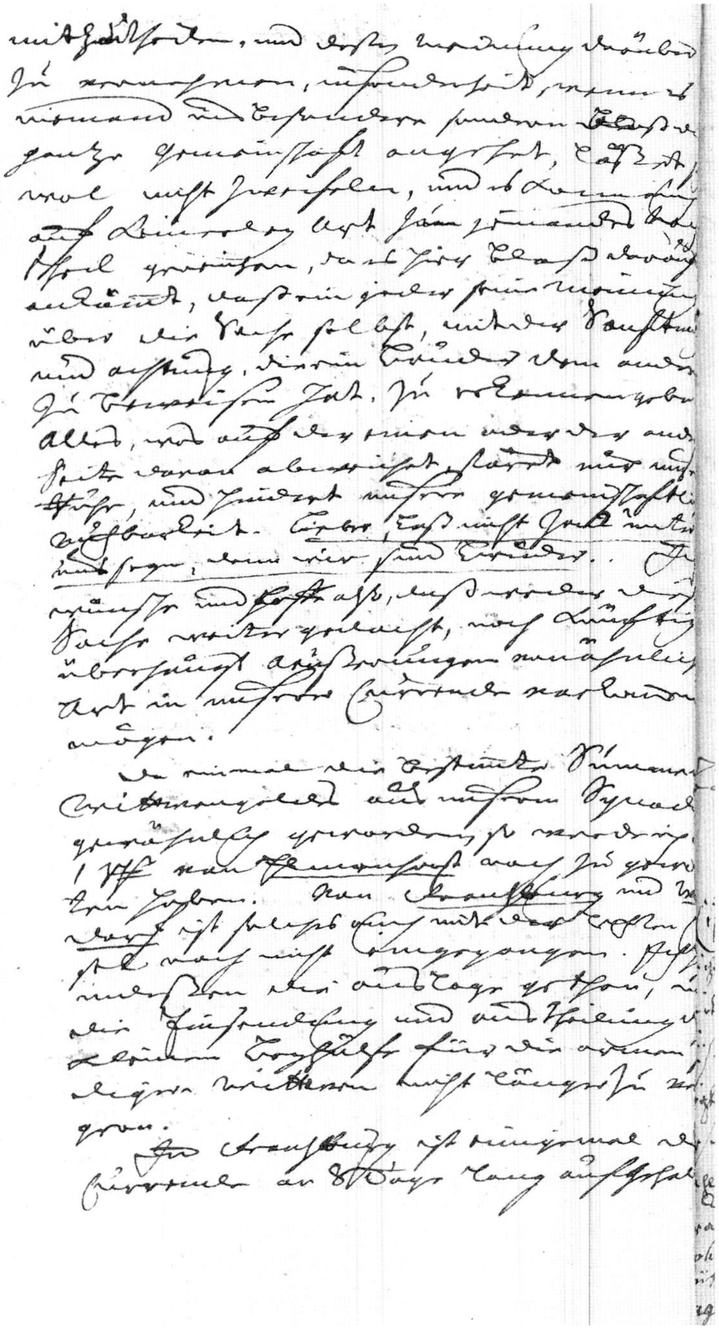

Abb. 2: Schreiben vom 5. Dezember 1763, fol. 29r.

Bey dieser mir so angenehmen freundschaftlichen Vereinigung Ihrer Gemüther gegen mich will ich auch deßen, was in der vorhergehenden Currende vorgekommen, so wenig als möglich gedenken, und es würde mir zum großen Vergnügen gereichen, wenn solches auch von meinen hochwerthesten Herren Brüdern, insonderheit denen, die es besonders angehet, als nicht geschehen angesehen würde.[150] An meiner Befugnis, das, was offen in der Currende und als ein Votum geschrieben und wenigstens schon einigen Gliedern unsers Corporis bekannt wird, auch dem Corpori // mitzutheilen und deßen Meinung darüber zu vernehmen, insonderheit wenn es niemand insbesondere, sondern bloß die ganze Gemeinschaft angehet, läßet sowol nicht zweifeln, und es kann auch auf keinerley Art zu jemandes Nachtheil gereichen, da es hier bloß darauf ankömmt, daß ein jeder seine Meinung über die Sache selbst mit der Sanftmuth und Achtung, die ein Bruder dem anderen zu beweisen hat, zu erkennen gebe. Alles, was auf der einen oder der anderen Seite davon abweichet, störet nur unsere Ruhe, und hindert unsere gemeinschaftliche Nutzbarkeit. *Liebe, laß nicht Zank unter uns seyn, denn wir sind Brüder.*[151] Ich wünsche und hoffe also, daß weder dieser Sache weiter gedacht, noch künftig überhaupt Aeußerungen von ähnlicher Art in unserer Currende vorkommen mögen.
Da einmal die bestimmte Summe des Wittwengeldes aus unsrem Synodus gewöhnlich geworden, so werde ich [...][152] 1 Rthl. von *Elmenhorst* noch zu gewarten haben. Von *Franzburg* und *Mohrdorf*[153] ist solches auch mit der lezten Capsel noch nicht eingegangen. Ich ha[be] indeßen die Auslage gethan, um die Einsendung und Austheilung der kleinen Beyhülfe für die armen Prediger-Wittwen nicht länger zu verz[ö]gern.
In Franzburg ist einigemal die Currende an 8 Tage lang aufgehalte[n] // worden.[154] Dieser Unordnung, die ohne Zweifel an dem Küster liegt, muß mit Ernst und Nachdruck abgeholfen werden, weil nicht allein die Currende selbst zum Theil, wie z.[um] E.[xempel] dießmal wegen des Wittwengeldes, Eile erforderte, sondern auch weil es mir sonst so leicht an Capseln fehlet, wenn sich bisweilen die Umläufe häufen.

---

150 Spalding spielt auf die Currende an, welche er am 8. November 1763 losgeschickt hatte, um die Meinungen der Amtsbrüder zum Ansinnen des Steinhagener Pfarrers Wentin einzuholen (vgl. oben Brief 13a). Alle Pfarrer des Synodalkreises Flemendorf hatten sich daraufhin gegen Wentins Aufforderung zum Protest gegen die obrigkeitliche Verordnung ausgesprochen (vgl. KKAG, Bestand: Superintendentur Barth, Akte Nr. 470: Kurrende 1762–1764, fol. 32–36). Pfarrer Adam Gerken aus Pütte notierte sogar abschätzig, daß dem Pfarrer Wentin die »Zeit [...] zum reifen Nachdenken gefehlt habe« (ebd., fol. 32v), worauf sich dieser seinerseits ereiferte und Gerken und dessen Amtsbrüdern vorwarf, selbst »ganz unüberlegt u. widersinnig« zu argumentieren sowie »mit blinder Wuth auf mich loos[zugehen], als ob sie den ärgsten Feind vor sich hätten.« (ebd., fol. 33).

151 Im Original unterstrichen. Der Satz zeigt auffällige Parallelen zu Gen 13,8: »Da sprach Abram zu Lot: Laß doch nicht Zank sein zwischen mir und dir und zwischen meinen und deinen Hirten; denn wir sind Brüder.«

152 Das Wort ist wegen der Heftung der Folioblätter unlesbar.

153 Im Original sind die drei Ortsnamen Elmenhorst, Franzburg und Mohrdorf unterstrichen.

154 Dies hatte Pfarrer Johann Gottlieb Sparrenberg aus Velgast zuvor in der Currende notiert. Vgl. KKAG, Bestand: Superintendentur Barth, Akte Nr. 470: Kurrende 1762–1764, fol. 34r. Pfarrer Hermann Erich Fabricius aus Richtenberg hatte außerdem auf den schlechten Zustand der Capsel aufmerksam gemacht. Vgl. ebd., fol. 34v.

Hirbey ergehet ein Geleit wegen der Viehseuche[155] und ein Patent wegen Bezahlung der Zinsen[156].
Ich bin mit beständiger aufrichtigster Hochachtung meiner hochzuehrenden und hochwerthesten Herren Brüder

ganz ergebener Diener
Spalding

Brief 16: *Barth, 23. Januar 1764*
KKAG, Superintendentur Barth, Akte Nr. 470: Kurrende, 1762–1764, fol. 64v – 64r (Flemendorf) und fol. 76v–76r (Kenz).
[in doppelter Ausführung, im Folgenden die Transkription von fol. 76]

Meine hochzuehrende und hochwertheste Herren Brüder

Bey Gelegenheit des beygehenden Patents wider die Ausführung der Pferde[157] muß ich nicht nur meinen hochwerthesten Herren Brüdern[158] meinen herzlichen Dank für Ihre letzteren gütigen Aeußerungen wegen meiner Trennung von Ihnen, sondern auch meinen aufrichtigsten Glückwunsch zu dem angetretenen Jahr bezeugen[159]. Gott beweise in aller Absicht seine reiche Gnade über Sie, meine theuerste Herren Brüder, über Ihre Personen, Ihre Häuser, und Ihre Amtsführung. Wenn ich gleich nur noch wenige Zeit ein naher Zeuge davon seyn kann, so werde ich doch auch in der Entfernung jedesmal das Gute, was die Fürsehung Ihnen zuwendet, mit wahrer Freude erfahren.
Ich bin[160] eben im Begriff, eine vorläufige Reise auf einige Wochen nach Berlin zu thun. Was unterdeßen[161] an den ehrw. Synodus // zu besorgen vorkommen mögte, wird der Herr Past. Gräff[162] über sich nehmen.

155 Vgl. *Dähnert*, Sammlung 3 (wie Anm. 60), S. 922–924 (Nr. XXVI, 32). Das bei Dähnert gedruckte Patent wegen der Viehseuche ist bereits am 10. Oktober 1763 erschienen.

156 Vgl. *Dähnert*, Sammlung 3 (wie Anm. 60), S. 753f. (Nr. XXIV, 86).

157 Vgl. Johann Carl *Dähnert*/Gustav *von Klinckowström* (Hg.), Sammlung gemeiner und besonderer Pommerscher und Rügischer Landes-Urkunden, Gesetze, Privilegien, Verträge, Constitutionen und Nachrichten. Zur Kenntniß der alten und neueren Landes-Verfassung insonderheit des Königlich-Schwedischen Landes-Theils, Supplement-Bd. 3, S. 774f. (Nr. XXVII, 1).

158 Im 2. Exemplar statt »muß ich nicht nur meinen hochwerthesten Herren Brüdern«: »habe ich meinen hochwerthesten Herren Brüdern«.

159 Im 2. Exemplar statt: »meinen herzlichen Dank für Ihre letzteren gütigen Aeußerungen wegen meiner Trennung von Ihnen, sondern auch meinen aufrichtigsten Glückwunsch zu dem angetretenen Jahr bezeugen.«: »meinen aufrichtigsten Glückwunsch zu dem angetretenen Jahr zu bezeugen.«.

160 Im 2. Exemplar statt »bin«: »stehe«.

161 Im 2. Exemplar statt »unterdeßen«: »unter der Zeit«.

162 Ephraim Friedrich Gräff (gestorben 1807), seit 1747 Diakon in Barth. Vgl. *Heyden*, Die Evangelischen Geistlichen des ehemaligen Regierungsbezirkes Stralsund II (wie Anm. 41), S. 17.

Ich empfehle mich Ihrer allseitigen beständigen Liebe und Fürbitte und bin mit der aufrichtigsten Hochachtung meiner hochzuehrenden und hochwerthesten Herren Brüder

ganz ergebener Diener
Spalding

Brief 17: *Barth, 30. April 1764*
KKAG, Superintendentur Barth, Akte Nr. 472: Spalding, 1757–1764, fol. 155v – 155r.

Meine hochzuehrende und hochwertheste Herren Brüder

Seit der letzten Currende ist das Bettags-Patent eingegangen, welches ich hirbey nebst einem anderen Patent wegen der Servicen[163] mittheile.[164]
Da ich am kommenden Sonntage mein Amt hirselbst beschließen und darauf gegen das Ende derselben Woche völlig von hier reisen werde, so ist dieses wol das letzte Mal, daß ich an Sie, meine theuersten und hochgeschäzten Herren Brüder, etwas gelangen laße. Ich finde mein Herz bey dieser Vorstellung so sehr bewegt, daß ich nicht vermögend bin, alles auszudrücken, was ich empfinde. Nehmen Sie hirmit nochmal meinen innigsten Dank an für alle die Freundschaft, Liebe und Achtung, welche Sie mir während unserer Verbindung bewiesen haben. Behalten Sie mich auch in der Entfernung in einem gütigen Andenken, so wie die Erinnerung an Sie mir auf meine Lebenszeit werth bleiben wird. Laßen Sie mich // Ihrer beständigen brüderlichen Fürbitte empfohlen seyn. Gott segne Sie insgesamt reichlich an Ihren Personen, in Ihrer Amtsführung und in allen Ihren übrigen Umständen, davon ich jederzeit mit Freuden den aufrichtigsten Antheil nehmen werde. Suchen Sie ferner mit Eintracht und Tr[eue] die Seligkeit der Menschen und das Wol[!] der Kirche, und dann werden wir uns wenigstens einmal vor dem Throne der Herrlichkeit Gottes wieder zusammen finden.
Ich bin und bleibe, so lange ich lebe, meinen theuersten hochgeschäzten Herren Brüdern

Ihr aufrichtigst ergebener
J. J. Spalding

163 Von lat. servitium = Dienst/Bedienung, vgl. Art. Service, in: Johann Georg *Krünitz*, Ökonomisch-technologische Encyklopädie, Bd. 153, Berlin 1830, S. 365f. [elektronische Ausgabe der Universitätsbibliothek Trier http://www.kruenitz.uni-trier.de/, gelesen am 8.10.2015]: »Im Militairwesen ist Service oder Servis alles dasjenige, was der Soldat in seinem Quartiere vom Wirthe zu fordern hatte, nämlich nach alten Deutschen Schriften, Dach und Fach, Holz und Licht, Salz und Sauer. Jetzt versteht man unter Servis theils die Steuer, welche von den Städte=Bewohnern gegeben wird, um Einquartierungsfrei zu seyn; theils auch die Geldsumme, welche jeder Officier und Soldat überhaupt erhält, um sich dafür seine Wohnung selbst zu besorgen.« Zitat ebd., S. 366.

164 Beide von Spalding genannten Patente sind bei *Dähnert*, Sammlung (wie Anm. 60), nicht verzeichnet.

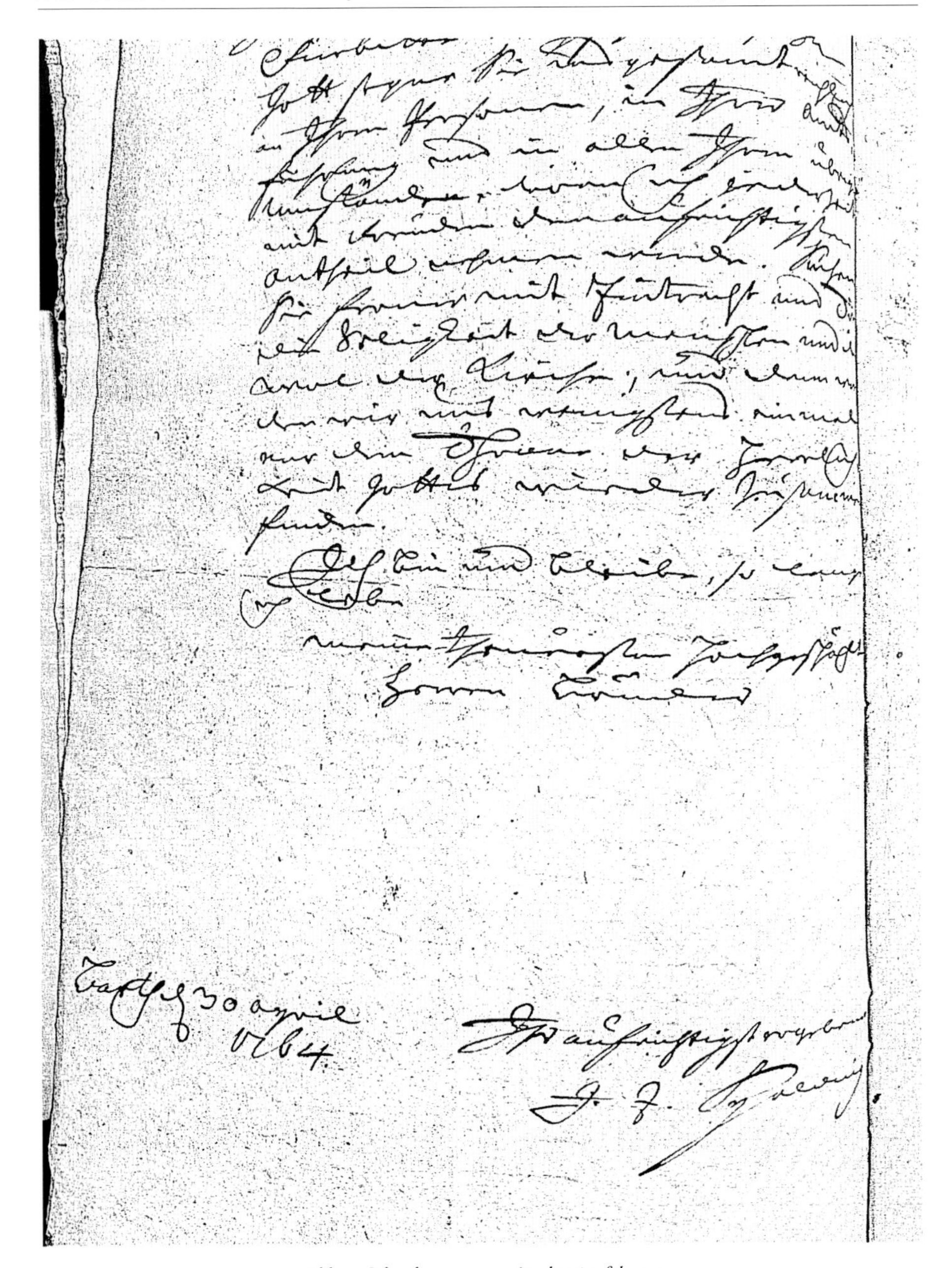

Abb. 3: Schreiben vom 30. April 1764, fol. 155r.

HACKERT ODER NICHT HACKERT? NEUE ERKENNTNISSE ZUR AUTORENSCHAFT DER TAPETENMALEREIEN IM HAUS OSSENREYERSTRASSE 1 IN STRALSUND

von Michael Lissok

Zur Ausgangslage: Ein junger Künstler, sein generöser Auftraggeber und deren Vermächtnis

Bei der betreffenden historischen Raumausstattung geht es um ein Interieur, das zu den bedeutenden Werken seiner Gattung und Zeit gezählt wird. Immerhin gelten diese Stralsunder Tapetenmalereien als frühe Arbeiten von Jakob Philipp Hakkert (1737–1807), einem der prominentesten Landschaftsmaler im letzten Viertel des 18. Jhs.[1] In Hackerts glänzender Künstlerlaufbahn nimmt Schwedisch-Pommern einen wichtigen Platz ein. Dort hielt er sich von 1762 bis 1765 auf und schuf einen erheblichen Teil seines Frühwerkes. Dass der Maler gerade an der Ostsee eine seiner ersten längeren produktiven Schaffensphasen durchlief, hatte er vor allem dem Regierungsrat Adolf Friedrich von Olthof (1718–1793) zu verdanken.[2] In ihm fand Hackert einen wahrhaften Mäzen. Olthof unterstütze und förderte den noch jungen Hackert auf jede erdenkliche Weise und ebenso dessen Künstlerfreund Georg David Matthieu (1737–1778). Während Olthofs Engagement natürlich zuerst darin bestand, den beiden Malern Aufträge zu erteilen, bedankten sich Hackert und Matthieu bei ihrem generösen Gastgeber und Förderer durch Arbeiten, die sie ihm dedizierten. Dabei schmückte Hackert auch Räume aus, die sich in Olthofs neu bezogenen bzw. erworbenen städtischen und ländlichen Domizilen befanden. So erhielten die Wände im Saal des Olthofschen Herrenhauses zu Boldevitz ihre gemalten Tapeten, durch die der Ort auf Rügen weithin Bekanntheit erlangte und in die überregionale Kunstgeschichte eingegangen ist.[3] Desweiteren leistete Hackert noch einen Beitrag zur Ausgestaltung von Olthofs Wohnhaus in Stralsund. Das stattliche dreigeschossige Gebäude, dessen Mieter Olthof von 1760 bis 1777/79 war, befindet sich in direkter Nachbarschaft vom Stralsunder Rathaus an der Stelle, wo die Ossenreyerstraße in den Alten

1 Eine der neuen Veröffentlichungen über Hackert, sein Leben und Schaffenswerk ist ein opulenter Begleitband zu zwei Ausstellungen, die 2008–2009 in Weimar und Hamburg stattfanden: Jakob Philipp Hackert. Europas Landschaftsmaler der Goethezeit, Ostfildern 2008.

2 Über Hackert in Vorpommern, seine Beziehungen zu A. F. v. Olthof und dessen Person siehe: Sabine *Bock*, Thomas *Helms*, Boldevitz. Geschichte und Architektur eines rügenschen Gutes, Schwerin 2007, S. 20–26.

3 Ebenda, S. 70–89.

Markt einmündet. Erst seit kurzem wird dieses frühbarocke Bauwerk auch als »Olthofsches Palais« bezeichnet, das als besondere Attraktion in seinem Hauptgeschoß den sogenannten »Hackertschen Tapetensaal« besitzt, eben jenes wertvolle Interieur, von dem nachfolgende Zeilen handeln.[4] Dabei steht die Autorenschaft dieser artifiziellen Raumausstattung im Fokus, was als ein recht diffiziles Thema bezeichnet werden darf, denn, obwohl in der Fachliteratur und in den Medien zumeist bzw. weiterhin als Faktum geführt, ist die Urheberschaft Hackerts keineswegs eindeutig und zweifelsfrei gesichert. Dagegen sprechen Indizien und Befunde, die Hackerts Autorenschaft höchst fraglich machen. Einige sind zwar hinlänglich bekannt, führten jedoch noch zu keiner intensiveren Auseinandersetzung, welche auch eine breitere Öffentlichkeit erreicht hat. Das ist insofern verständlich, als Nachforschungen in dieser Richtung eine komplizierte und in gewisser Weise auch undankbare Aufgabe darstellen. Angesichts der recht dürftigen Quellensituation ist es schwer, die Tapetenmalereien in der Ossenreyerstraße nicht mehr oder nur zum Teil als Zeugnisse von Hackerts fruchtbarem Wirken bezeichnen zu wollen, ohne dafür stichhaltige Beweise liefern zu können. Wollte man grundsätzlich verneinen, dass die Malereien im Stralsunder Saal von Hakkert stammen, so verlangt dies konsequenterweise auch nach einer kunsthistorisch fundierten Neuzuschreibung, die gewissermaßen die optimale Antwort auf diese noch ungeklärte bzw. strittige Frage wäre. Trotz der schwierigen Quellen- und Sachlage ist es m. E. aber geboten, den Diskurs zur Urheberschaft mit neuen und seien es auch bescheidenen Hinweisen und Erkenntnissen weiter in Gang zu halten, um hier der Wahrheit wieder ein Stück näher zu kommen. Besonders die Forschung zur Kultur- und Kunstgeschichte Vorpommerns und speziell Stralsunds kann davon nur profitieren, eröffnen sich damit doch für sie neue Perspektiven.

Zum gegenwärtigen Forschungsstand

Erst in der letzten Ausgabe der »Baltischen Studien« erschien ein längerer Beitrag über den Tapetensaal, bei dem das Thema »Hackert oder nicht Hackert ?« im Mittelpunkt steht, verfasst von Frank Hoffmann, der diese historische Raumausstattung bestens kennt.[5] Der Stralsunder Architekt, Bauforscher und Denkmalpfleger hat ihre wechselvolle Rezeptions- und Restaurierungsgeschichte aufmerksam begleitet und dokumentiert und auch mehrmals über sie publiziert. In seinem jüngsten veröffentlichten

4 Seit dem 5. Juni 2011 sind Teile des Hauses der Öffentlichkeit zugänglich, nachdem es aufwändig saniert wurde. In seinem Untergeschoss befindet sich eine ständige UNESCO-Welterbe-Ausstellung. Frank *Hoffmann*, Der Tapetensaal von Jakob Philipp Hackert in der Ossenreyerstraße 1 in Stralsund, in: Achim *Schade*, Matthias *Redick* (Hg.): StraleSundth. Stadt-Schreiber-Geschichte(n), Jg. 1, Stralsund 2011, S. 84–90. Als Titel steht auf dem aktuellen Info-Flyer zum historischen Saal im Obergeschoss: DER HACKERTSCHE TAPETENSAAL im Olthofschen Palais Stralsund.

5 Frank *Hoffmann*, Der Tapetensaal Ossenreyerstraße 1 in Stralsund – ein Werk von Jakob Philipp Hackert? Historische Befundsituation bei Freilegung des Fussbodens 1977, in: Baltische Studien NF 101 (2015), S. 93–108.

Abb. 1 Stralsund, Haus Ossenreyerstraße 1, Tapetensaal: Blick in den Raum auf die Nordwand.

Text versammelt Hoffmann u. a. nochmals alle relevanten Informationen und Untersuchungsergebnisse, die im Rahmen von Restaurierungs- und Konservierungsmaßnahmen gemacht wurden. Zu dieser Forschungsbilanz nimmt der Autor des vorliegenden Beitrags dezidiert Stellung, indem er seinerseits auf Hoffmanns Argumente und Interpretationen reagiert, welche von diesem bezüglich der künstlerischen Urheberschaft der Tapetenmalereien nach abermaliger Prüfung veröffentlicht worden sind. Dem voran geht eine kurze Vorstellung der Raumgestalt und -dekoration, die hier so knapp wie nur möglich ausfällt mit Verweis auf schon publizierte ausführliche Beschreibungen.[6]

Kurze Beschreibung des Raumdekors

Der betreffende Saal hat einen fast quadratischen Grundriss (Abb. 1). Drei seiner Wände sind mit raumhohen gemalten Bildertapeten dekoriert, während sich in der vierten Wand drei hochrechteckige Fenster befinden. Zwei Türen führen in den Saal bzw. aus ihm heraus, eine mittig an der Nordwand, die andere hat ihren Platz in einem seitlichen Bereich der Ostwand. Eine perspektivisch angelegte Scheinarchitek-

6 Ebenda, S. 94f.; Hoffmann, Der TAPETENSAAL (wie Anm. 4), S. 84–86.

tur antikisch-ionischer Ordnung bildet das gestalterische Grundgerüst. Auf ihrer umlaufenden Sockelzone erheben sich schlanke Säulen-Pilaster-Paare, die ein schmales Gebälk tragen und mit dahinterliegenden horizontalen und vertikalen Wandstreifen verbunden sind. Diese an die Wände applizierte Architekturkulisse imaginiert einen festlich-heiteren Raum, der durch sie quasi »weit geöffnet« ist und mehrere »Aussichten« auf eine Reihe von Landschaftsbildern bietet.

Hierbei handelt es sich um fünf vom architektonischen Dekorations-System eingefasste Veduten, die eindeutig benennbare Landschaften darstellen:

Nordwand, links und rechts der Tür: 1.) Ansicht von Tharandt mit Kirche und Burgruine; 2.) Partie im Elbsandsteingebirge mit der Festung Königstein;

Südwand: 3.) Fernblick vom Pieschener Winkel auf Dresden; 4.) Die Elbe bei Aussig in Nordböhmen mit der Burgruine Schreckenstein;

Ostwand, links der seitlichen Tür: 5.) Dort sind lediglich Teile des Bildes erhalten, das pauschal mit »Parklandschaft«, auch »ideale Landschaft« oder nur »Landschaft« tituliert wird, deren vorhandenes »Hauptstück« aber ebenso als realistische Vedute bezeichnet werden müsste, da es eine klar bestimmbare Lokalität darstellt (dazu ausführlich weiter unten).

Die vier Landschaftsdarstellungen an der Nord- und Südwand sind Hochformate, das nicht mehr vollständige Bild an der Ostwand war ursprünglich ein Längsformat. Die Höhe der Bilder beträgt 225 cm, ihre Breite variiert zwischen 145 und 135 cm.[7]

Über den beiden Türen prangen Supraporten, die, als Grisaillemalerei realisiert, Reliefs nachahmen und bacchantische Szenen mit Putti zeigen. An der Flachdecke sind nur wenige Fragmente einer Ausmalung vorhanden (heute verdeckt). Deren noch erkennbare kreisförmige Grundstruktur könnte auch auf eine gemalte Kuppel hinweisen, die die Decke einst schmückte. Merkwürdig erscheint die Dekorierung des Fußbodens: Die Bemalung der Dielen mit Kassettenfeldern und Randleisten wurde auf plastische und illusionistische Weise so ausgeführt, dass sich daraus ein Kuppel-Effekt ergibt.

Zur Problematik der Bildmotive und Bildvorlagen

Dass dieser Bilderzyklus von J. P. Hackert gemalt wurde, als er Olthofs Gastfreundschaft genoss, d. h. zwischen 1762 und 1765, daran ist mit Recht zu zweifeln. Die Zweifel ergeben sich aus dem schlichten Vedutencharakter jener fünf Landschaftsansichten, was bedeutet, zumal wenn es sich wie hier um dekorative Wand- bzw. Tapetenbilder handelt, dass sie nach Vorlagen angefertigt wurden. Üblicherweise sind dazu grafische Darstellungen der zu malenden Orte und landschaftlichen Szenerien

7 Ausführliche Beschreibungen des Veduten-Zyklus finden sich bei Reinhard *Wegner*: Frühe Raumdekorationen Jakob Philipp Hackerts, in: Zeitschrift für Kunstgeschichte, Bd. 48, 1985, S. 490–505 und ebenso bei Claudia *Nordhoff*, Hans *Reimers*: Jakob Philipp Hackert 1737–1807. Verzeichnis seiner Werke, Bd. II, Berlin 1994, S. 210f. (Kat.-Nr. 469– 473).

herangezogen und genutzt worden, vor allem Radierungen und Kupferstiche. Als Einzelblätter oder Folgen vervielfältigt und ediert, waren diese im großen Umfang verfügbar. Zudem sorgte die enorme Zunahme der Buchveröffentlichungen ab dem letzen Drittel des 18. Jh.s mit Grafiken in illustrierten Werken der Reiseliteratur für ein weiteres Vorlagenangebot.

Was nun die Landschaftsmalereien im Haus Ossenreyerstraße und deren wirkliche bzw. mögliche Vorlagen betrifft, nach denen sie geschaffen wurden, so gibt es Divergenzen zwischen ihren Entstehungszeiten, welche nach Erklärungen verlangen. Auf diese Widersprüche hat auch F. Hoffmann in seinem Beitrag verwiesen und sich mit ihnen auseinandergesetzt. Besonders evident sind die temporären Unstimmigkeiten bei dem schmalen Bild(-teil) an der Ostwand im »Hackertschen Tapetensaal«, der sog. Ideallandschaft oder Parklandschaft.[8] Deren Ausführung erfolgte eindeutig nach einer Grafik, die erst 1793 bzw. 1794 entstand, also rund drei Jahrzehnte nach Hackerts Stralsunder Zeit. Die hier als Vorlage verwendete kolorierte Umrissradierung stammt von Christian August Günther (1759–1824) und zeigt eine Partie des berühmten Landschaftsparks in Wörlitz, mit dessen Anlegung 1764/65 begonnen wurde. Dargestellt ist einer der ältesten Bereiche des Parks mit Blick von Westen auf den Wörlitzer See und dem Nymphaeum als Hauptmotiv, das zu den ersten Kleinarchitekturen der Wörlitzer Anlagen gehört (errichtet 1767/68). Der Vergleich zwischen C. A. Günthers Grafik und dem Tapetenbild im Saal des ehemaligen Olthofschen Hauses lässt keinen Zweifel zu, dass es sich bei der Malerei um eine Adaption dieser schönen Wörlitz-Ansicht aus den 1790er Jahren handelt (Abb. 2 u. 3). Damit trägt dieses Bild genauso wie die anderen vier Landschaftsdarstellungen im Saal den Charakter einer Vedute, die eine konkrete und mit »Wörlitz« zudem prominente Lokalität wiedergibt, nachdem sie seit den späten 1770er Jahren bei den gebildeten und kunstinteressierten Zeitgenossen Goethes immer bekannter geworden war. Es ist also als eine unumstößliche Tatsache zu akzeptieren, dass zumindest diese eine Landschaftsvedute bzw. dieser Teil der dekorativen Ausmalung des Saals gar nicht von Hackerts Hand stammen kann.

Gleichfalls muss für die vier anderen Tapetenbilder wegen ihrer Motivik und den ihnen zugrunde liegenden grafischen Vorlagen Hackerts Autorschaft kritisch hinterfragt und diskutiert werden. Hier herrschen ebenso deutliche Divergenzen, zu denen sich auch Frank Hoffmann geäußert hat. Wie schon erwähnt, bieten diese Veduten Fernsichten auf Dresden, Tharandt sowie auf die Festung Königstein und den Schrekkenstein bei Aussig. Die vier Malereien, so Hoffmann, weisen große Übereinstimmungen mit grafischen Darstellungen auf. Als Beispiele nennt er pauschal Radierungen bzw. Kupferstiche von Adrian Zingg (1734–1816), Johan Gottfried Jentzsch (1759–1826) und Christian Gottlob Hammer (1779–1864).[9] Zugleich macht Hoffmann

8 Hoffmann, Der Tapetensaal (wie Anm. 5), S. 97. Dort wird auch als Literaturangabe (Anm. 9) eine Publikation genannt, in der auf diesen Umstand ebenso verwiesen wird: Thomas *Weidner*, Jakob Philipp Hackert. Landschaftsmaler im 18. Jahrhundert, Berlin 1998, S. 15.

9 Ebenda, S. 98.

deutlich, dass für den in Stralsund tätigen Hackert diese und andere Werke der drei von ihm genannten Künstler als Vorlagen nicht in Frage kommen können. Um das nachzuvollziehen, genügt schon ein Blick auf die Geburtsdaten von J. G. Jentzsch und C. G. Hammer. Nun lässt sich einwenden, dass es sicherlich noch etliche weitere Grafiken von noch anderen Künstlern geben dürfte, die Hackert wirklich hätte nutzen können. Bei derart populären Sujets wie etwa Dresden und dem Königstein wäre eigentlich anzunehmen, diesbezüglich rasch fündig zu werden. Die Suche nach möglichen Werkvorlagen für die vier Veduten unter besonderer Beachtung der hier ausgewählten und als Zyklus dargestellten Landschaften bzw. Orte nährt jedoch eher die Zweifel an Hackerts Urheberschaft als dass sie diese zu stützen vermag. Bei drei der vier Bildthemen fungiert die Elbe als integrierendes naturräumliches und historisch-topographisches Element. Von denen stehen zwei, der »Königstein« und der »Schreckenstein«, gleichsam synonym für jene Region, die unter dem Namen »Sächsisch-Böhmische Schweiz« Berühmtheit erlangte. Dass es zwischen dieser einzigartigen Natur- und Kulturlandschaft und Dresden Beziehungen mannigfacher Art gab und gibt, muss nicht weiter ausgeführt werden. Ein solcher komplexer Dresdenbezug bindet auch »Tharandt« thematisch in die Reihe der Veduten ein. Die Kleinstadt liegt zwar nicht an der Elbe, aber im Umland von Sachsens Metropole, quasi in deren Nachbarschaft. Für unsere Fragestellung gilt es, sich Aufschluss darüber zu verschaffen, seit wann diese Regionen und Orte in der Veduten- und Landschaftsmalerei zu gebräuchlichen, d. h. auch grafisch reproduzierten und verbreiteten Sujets wurden, so dass sie dann *gemeinsam* zum dekorativen Bildprogramm eines Interieurs wie dem in Stralsund werden konnten. Dies lässt sich schnell feststellen, denn bekanntermaßen zählt die bildkünstlerische Entdeckung erst des Elbsandsteingebirges und dann der gesamten Sächsisch-Böhmischen Schweiz zu den wichtigen Kapiteln in der Geschichte der Landschaftsmalerei an der Schwelle zur Neuzeit. Namhafte Künstler haben die einzigartigen Fels- und Waldregionen an den Ufern des Elbstroms aufgesucht, erkundet und in ihren Werken festgehalten. Eine kontinuierliche Erschließung und Verbreitung dieses Motivreservoirs setzte nach

linke Seite:
Abb. 2 Stralsund, Haus Ossenreyerstraße 1, Tapetensaal, Ostwand: Darstellung einer ›Parklandschaft‹ bzw. ›idealen Landschaft‹ (eigentlich einer Partie der Wörlitzer Parkanlagen).

oben:
Abb. 3 Christian August Günther (1759–1824): Park Wörlitz: Das Nymphaeum mit Blick über den Wörlitzer See. Kolorierter Kupferstich, 1793/94.

Mitte der 1760er Jahre ein.[10] Es war der seit 1766 an der Dresdner Kunstakademie lehrende Maler Adrian Zingg, welcher hier bahnbrechend wirkte. Die nähere und weitere Umgebung Dresdens durchwandernd, fertigte der gebürtige Schweizer eine Vielzahl von Landschaftsdarstellungen an, die dann druckgrafisch umgesetzt und kopiert weite Verbreitung fanden. Zingg in seiner Pionierrolle folgten bald etliche Maler und vor allem Landschaftszeichner und -stecher nach. Sie sorgten dafür, dass bereits Ende des 18. Jh.s die Elbregionen südlich von Dresden bis ins Böhmische hinein ein populäres Image erhielten und zu begehrten Reisezielen wurden. Ebenso wie für das Elbsandsteingebirge schlägt noch kurz vor 1800 die Geburtsstunde des Tourismus für Gegenden und Ortschaften des Dresdner Umlandes, zu denen etwa der Plauensche Grund oder das Städtchen Tharandt zählen.[11] Die auf Sachsens Naturschönheiten fokussierte Reiselust fand auch in der Literatur ihr Echo. Besonders im dafür prädestinierten zeittypischen Genre der »pittoresken« und »sentimentalen« Reiseerzählung erhielt die »Sächsische Schweiz« rasch einen festen Platz, wurde sie zu einem beliebten Ziel ausgedehnter literarischer Wanderungen, die vom Geist präromantischer Natureuphorie durchdrungen sind. Manche der Reisebücher wurden mit Veduten ausgestattet, die mehrheitlich von Dresdner Malern und Grafikern stammen.[12]

---

10 Frank *Richter*, Die Sächsisch-Böhmische Schweiz wie sie die Maler sahen, 1627 bis 2012, Dresden 2013, darin u. a. eine chronologische Künstlerübersicht 1627–1900 auf S. 256. Zur Darstellung der Sächsischen Schweiz durch A. Zingg und andere Künstler, die die romantische Landschaftsmalerei in Dresden mit vorbereiteten, s. Hans Joachim *Neidhardt*, Die Malerei der Romantik in Dresden, Leipzig 1976, S. 16–26.

11 Davon zeugen Publikationen, wie etwa die von Wilhelm Gottlieb *Becker*, Der Plauische Grund bei Dresden, Nürnberg 1799 (mit Kupferstichen).

12 Der erste populäre »Wegeweiser durch die Sächsische Schweiz«, verfasst von Carl Heinrich *Nicolai*, erschien 1801. Veröffentlichungen des Bildungsreisengenres mit Illustrationen sind u. a.: Karl August *Engelhardt*, Mahlerische Wanderungen durch Sachsen, Leipzig 1794/95; Ysop *Lafleurs* (eigentlich Christoph August Gottlob *Eberhard*) Reise in die sächsischen Sandsteingegenden der Elbe, Halle 1798; Johann Jakob *Brückner*, Pittoreskische Reisen durch Sachsen oder Naturschönheiten sächsischer Gegenden, 4 Hefte, Leipzig 1800–1805; Christoph Wilhelm *Lohmann*, Fußreise durch Sachsen und dessen romantischen Schweizergegenden (…) im Sommer 1804, Bremen 1805.

Abb. 4 Stralsund, Haus Ossenreyerstraße 1, Tapetensaal, Südwand: Blick auf Dresden.

rechte Seite:
Abb. 5 Adrian Zingg (1734–1816): Dresden vom Pieschener Winkel aus. Umrissradierung, braun laviert.

Damit sind die ersten Phasen und Höhepunkte bei der Aneignung und Darstellung der sächsisch-nordböhmischen Elbregionen durch die bildende Kunst und Literatur natürlich nur grob skizziert. Als Ausgangsbasis dürfte dies m. E. aber hinreichend sein, um die nachfolgenden Argumente und Schlussfolgerungen faktisch zu stützen bzw. glaubhaft zu machen, mit denen für eine Neudatierung der Stralsunder Bildertapeten gegen Hackerts Urheberschaft plädiert wird. Alles deutet darauf hin, dass der Vedutenzyklus im Tapetensaal entstanden sein muss, als auch in ästhetischer Hinsicht das Interesse an den dort dargestellten Orten und Landschaften bereits *allgemein* geworden war. Nicht nur mit der Ansicht Dresdens, sondern gleichfalls für die anderen Veduten hatte man als Bildthemen populäre Sehenswürdigkeiten und Reiseziele gewählt. Wann dieses Stadium der Popularität erreicht war, darüber gibt uns die große Zahl druckgrafischer Werke adäquat Auskunft, welche in Neu- und Nachauflagen zwischen etwa 1785/90 und 1810 erschienen sind.[13] Und in eben diesem reichen Fundus an Kupferstichen, Radierungen und Buchillustrationen lassen sich auch die Vorlagen und Anregungen für die Veduten im Tapetensaal finden. Daraus erklären sich bestimmte Züge dieser Malereien, die sie eher als Zeugnisse einer um 1800 gängigen Art von reproduzierender Landschaftsdarstellung ausweisen und nicht als Werke

13 *Richter*, Die Sächsisch-Böhmische Schweiz (wie Anm. 9), S. 265 (dort auch mit der Rubrik-Vermerk für die Zeit ab 1800 »Entwicklung des Fremdverkehrs in der Sächsischen Schweiz«).

der 1760er Jahre. Es gibt auch keine druckgrafischen Arbeiten aus der Zeit *vor* 1765, die mit den Tapetenmalereien solche Übereinstimmungen aufweisen, dass sie als deren Vorlagen ernsthaft in Betracht zu ziehen wären. Diesbezüglich kommen auch keine Reproduktionen in Frage, die nach den spektakulären sächsischen Veduten eines Johann Alexander Thiele (1685–1752) oder Canaletto (1720–1780) geschaffen wurden, welche Zingg (s. oben) ja noch voran gegangen waren.[14]

Hingegen führte die Suche nach möglichen Vorlagen unter den grafischen Orts- und Landschaftsansichten von Zingg und der ihm nachfolgenden Künstler zu konkreten Ergebnissen. Die Tapetenmalerei mit der markanten Silhouette Dresdens vom Pieschener Winkel aus gesehen weist deutliche Parallelen zu einer Darstellung von Zingg auf, die auch als Umrissradierung in Umlauf gebracht wurde (Abb. 4 u. 5).[15]

14 Ebenda, S. 216f.

15 Adrian Zingg: Dresden vom Pieschener Winkel aus, Umrissradierung, braun laviert; Staatliche Kunstsammlungen Dresden (SKD), Kupferstich-Kabinett, Inv.-Nr. 131952. Mit der möglichen Verwendung dieser Grafik als Vorlage für das Stralsunder Tapetenbild würde sich auch ein Wiederspruch klären, der schon früh erkannt wurde; Wegner, Frühe Raumdekorationen (wie Anm. 7), S. 495. Auf der Vedute hervorgehoben erscheinen als Höhendominanten der von Westen aus gesehenen Stadtsilhouette Dresdens die Kuppel der Frauenkirche sowie die Türme der Hofkirche, der Kreuzkirche und der Hausmannsturm des Schlosses. Zu der Zeit, als Hackert die Malereien in Stralsund geschaffen haben soll, besaß der Turm der Kreuzkirche aber noch gar nicht die Gestalt, welche er dort auf dem Bild, zwar nur zeichenhaft im Umriss, aber deutlich genug dargestellt, besitzt. Zu sehen ist hier der erst 1788 fertiggestellte Turm, welcher zusammen mit dem Kirchenneubau entstand. Der alte Kirchturm vom Vorgängerbau hatte eine andere Größe und Formgebung und war, nach seinem teilweisen Einsturz, 1765 abgetragen worden. Ein Dresdener Stadtbild mit einem solcherart aussehenden Kreuzkirchenturm gab es also noch gar nicht, als Hackert in Stralsund weilte! Dies ist ein weiteres klares Indiz dafür, dass die Tapetenmalereien nicht von Hackert stammen können und jüngeren Datums sind.

Abb.6 Stralsund, Haus Ossenreyerstraße 1, Tapetensaal, Südwand: Der Schreckenstein mit Burgruine bei Aussig.

rechte Seite:
Abb. 7 F. R. Naumann / Dresden: Ansicht des Schreckensteins, bey Aussig in Böhmen. Kolorierte Radierung.

Der Tharandtprospekt im Tapetensaal bietet einen Blick auf die Burgruine und Kirche von einem Standpunkt am gegenüber liegenden Ufer des Schlossteiches aus, von wo der malerische Ort viele Male abgebildet worden ist. Jedoch lässt sich auch hier die Anzahl möglicher Vorlagen auf wenige Grafiken reduzieren, bei denen die Kongruenz zur Tapetenmalerei besonders groß ist. Zu ihnen gehören eine Radierung von Johann Adolph Darnstedt (1769–1844) nach einer Darstellung des bekannten Dresdner Landschaftsmalers Johann Christian Klengel (1751–1824) sowie eine in der gleichen Technik angefertigte Druckgrafik des Künstlers Johann Gottfried Jentzsch (1759–1826).[16] Für die gemalte Vedute von Aussig steht eigentlich außer Frage, dass sie nach einer Grafik entstand, die ein F. R. Naumann in Dresden edierte und deren Stil für eine Entstehungszeit an der Wende vom 18. zum 19. Jh. spricht (Abb. 6 u. 7).[17] Bei dem Aussigbild sind die Bezüge zur druckgrafischen Vorlage besonders gut zu erkennen: Die Radierung wurde ins Hochformat überführt und nach ihr eine sowohl kompo-

16 Johann Adolph Darnstedt nach Johann Christian Klengel: Tharandt, Radierung / Kupferstich, dat. um 1795 bzw. vor 1799; Staatliche Kunstsammlung Dresden (SKD), Kupferstich-Kabinett, Inv.-Nr. 1995–1463 u. A 1995–1588; Johann Gottfried Jentzsch: Tharandt. Blick über den Schlossteich auf Burgruine und Berg- und Stadtkirche, Umrissradierung, koloriert, um 1790; SKD, Kupferstich-Kabinett, Inv.-Nr. A 1995–1444.

17 Der Name des Schöpfers dieser Grafik wird im Katalog des Dresdner Kupferstich-Kabinetts nicht angegeben. Ihr Herausgeber (Verleger) Naumann könnte sie auch geschaffen haben. Die Vedute ist » um 1830« datiert, was wohl zu spät sein dürfte (eher um 1800); F. R. Naumann, Dresd.: Ansicht des Schreckensteins bey Aussig in Böhmen (diese Bildunterschrift auch französischsprachig); Radierung; SKD, Kupferstich-Kabinett Inv.-Nr. 1995–5100 (koloriertes Blatt) und Inv.-Nr. A 1599–5100 (nicht koloriert).

sitorisch wie auch motivisch reduzierte, d. h. stark vereinfachte Version geschaffen. Die so entstandene dekorative Malerei zeigt aber weiterhin eine deutliche Nähe bzw. Abhängigkeit zur verwendeten Vorlage, was einem partiellen Kopieren gleichkommt. Vergleichen wir die Aussigansicht im Tapetensaal mit der betreffende Radierung, dann werden diese Nach- und Umbildungsvorgänge klar ersichtlich, etwa an solchen Details wie der Stützmauer und der Baumgruppe am linken unteren Bildrand oder beim Verlauf des nahen Flussufers mit seinen beiden schmalen Landzungen und dem dort liegenden Kahn sowie bei der Viehherde im Bildvordergrund und deren ruhenden Hirten, welcher seitenverkehrt gemalt wurde. Auf gleiche Weise sind auch bei den anderen vier Vedutenmalereien die grafischen Vorlagen transformiert worden.

Mit den hier als (möglichen) Vorlagen identifizierten Druckgrafiken wird es eigentlich unwahrscheinlich, dass die im Haus Ossenreyerstraße 1 befindlichen Vedutenmalereien von Hackert geschaffen wurden. Hingegen passt die nach einer Radierung von 1793/94 gemalte Wörlitzansicht (die sog. »Parklandschaft«) ausgezeichnet in den Bilderzyklus, gehören doch das Motiv und die grafische Vorlage derselben historischen Kultur- und Stilperiode an, wie die der anderen vier Veduten im Saal.[18] Folgt man diesen Tatsachen und Argumenten, so ergibt sich daraus, dass die Tapetenmalereien nicht *vor* 1794 entstanden sind, sondern erst an der Wende vom 18. zum 19. Jh., sie also mit

18 Es bestehen auch direkte Bezüge zwischen den verschiedenen Schöpfern der betreffenden Grafiken, die als Bildvorlagen dienten. Christian August Günther, von dem die Wörlitz-Ansicht mit dem Nymphäum stammt, war Pensionär an der Dresdner Kunstakademie, studierte bei A. Zingg, bevor dort dann selbst Lehrer wurde. Und genauso wie Zingg, Klengel, Darnstedt und Jentzsch hat auch Günther grafische Ansichten von Tharandt und der Sächsischen Schweiz geschaffen, siehe *Richter*, Die Sächsisch-Böhmische Schweiz (wie Anm. 9), S. 97, 229, 256.

J. P. Hackerts Schaffenszeit in Schwedisch-Pommern und dem Mäzenatentum des Barons Olthof nichts zu tun haben können.

Dass Hackert eventuell selbst die betreffenden Orte und Gegenden Sachsens und Nordböhmens bereist und dort Zeichnungen angefertigt hat, die ihm als Vorlagen hätten dienen können, ist hingegen ausgeschlossen.[19] Ebenso gibt es keinerlei Hinweise für eine Beziehung Olthofs zu Dresden und zur Sächsischen Schweiz. Es wurde auch in Erwägung gezogen, der aus Dresden stammende Hofmeister der Neffen Olthofs könne eventuell aus seiner Heimat die von Hackert genutzten Zeichnungen oder Grafiken mitgebracht bzw. herbeigeschafft haben.[20] Jedoch ist diese Annahme höchst zweifelhaft, weil Orte und Motive wie das Städtchen Tharandt und die Burgruine Schreckenstein bei Aussig in den frühen 1760er Jahren keineswegs zu den attraktiven Bildthemen zählten und die dargestellte Wörlitz-Ansicht realiter ja noch gar nicht existierte. Hingegen verliert bei einer Neudatierung der Tapetenmalereien »um 1800« die Frage nach einer privaten Beziehung des Künstlers, seines Auftraggebers oder ihnen nahestehender Persönlichkeiten zu den betreffenden Landschaften und Orten an Relevanz, denn zu dieser Zeit waren sie *alle* als »Sehenswürdigkeiten« bekannt und wurden als solche gerühmt. Von ihnen etwa bildliche Darstellungen zu besitzen, entsprach da schon den Konventionen einer höheren Bildung und eines guten Geschmacks. Auch durch die Reiseliteratur um 1800 wird diese Popularität zu genüge belegt mit Veröffentlichungen, in denen Dresden, dessen landschaftlich und kulturhistorisch attraktives Umland und das Wörlitzer Gartenreich mit zu den vorzugsweise thematisierten und beschriebenen Gegenständen gehören.

Die schriftliche Überlieferung »pro Hackert«

Schriftliche Auskunft über Hackerts künstlerische Tätigkeit in Schwedisch-Pommern bietet uns vor allem dessen Biographie, die bekanntermaßen kein Geringerer als J. W. v. Goethe verfasst hat und 1811 erstmals erschienen ist.[21] Als Autor standen Goethe die persönlichen Aufzeichnungen Hackerts zur Verfügung, welche der Künstler ihm noch kurz vor seinem Tod (1807) hatte zukommen lassen.[22] Besonders darum gelten die Angaben in dem biographischen Abriss als wahrheitsgetreu und ist Goethes Veröffentlichung stets als verlässliche Sekundärquelle aufgefasst worden. Angesichts der Bedeutung, die der Goethesche Text hat, werden seine den Tapetensaal betreffenden Passagen nachfolgend ein weiteres Mal zitiert:

19 *Hoffmann*, Der Tapetensaal (wie Anm. 5), S. 98.

20 Ebenda.

21 Philipp Hackert. Biographische Skizze, meist nach dessen eigenen Aufsätzen entworfen von Goethe, in: *Goethe*. Berliner Ausgabe, Band 19. Kunsttheoretische Schriften und Übersetzungen. Schriften zur bildenden Kunst I, 2. Aufl., Berlin 1985, S. 521–721, darin ein Text über die Entstehung und Überlieferung der Goethe-Schrift sowie Anm. auf S. 965–1037.

22 Ebenda, S. 973–977.

»Philipp Hackert trat also im Julius 1762 in Gesellschaft des Porträtmalers Mathieu die Reise nach Stralsund an, wo er den Baron (v. Olthof – M.L.) *mit Möblierung und neuer Einrichtung seines Hauses beschäftigt antraf. Er wurde von der ganzen Familie aufs freundschaftlichste aufgenommen und wie ein Verwandter behandelt. Auch gereichte seine Gegenwart seinen Gönnern zum Vorteil: denn er führte bei den neuen Zimmerverzierungen einen durchaus bessern Geschmack ein und dekorierte selbst einen großen Saal mit Architekturstücken und Landschaften, die er auf Leinwand mit Leimfarben ausführte.«*[23] Nachdem sich dann Hackert als Begleiter v. Olthofs längere Zeit in Schweden aufgehalten hatte, kehrte er im September 1764 nach Stralsund zurück. Dort, *»in dem Hause des Barons (...) vollendete Hackert in seiner ihm eigenen Manier jenen großen Saal und ein Kabinett in Leimfarbe.«* [24] Soweit die betreffenden Angaben zum »Tapetensaal«.

Seine Ausmalung müsste Hackert bis spätestens Mai 1765 beendet haben, da er Stralsund in diesem Monat und Jahr verließ und dorthin auch nicht wieder zurückkehrte. Eine weitere schriftliche Notiz über die Tätigkeit Hackerts im Stralsunder Domizil v. Olthofs hinterließ uns als bedeutender Zeitgenosse Johann Kaspar Lavater. Dieser hielt in seinem Reisetagebuch unter dem Datum vom 22. August 1763 fest, dass er während eines Besuches in Stralsund mit anderen Personen auch *»in Olthofs Hause«* war, *»wo wir einige Portraits von M(atthieu) u. einige Landschaften von Hakkert, eine heiter gemalte, schwache Tapezerey in schönen Zimmern besahen.«* [25] Es sind diese wenigen, aber gewichtigen Zeilen, welche Beweis genug dafür sind, dass J. P. Hackert während seines Aufenthalts in Schwedisch-Pommern im v. Olthofschen Haus einen Saal mit *»Architekturstücken und Landschaften«* ausmalte, wie es bei Goethe heißt, und dazu noch einen weiteren Raum (ein *»Kabinett«*) dekorierte oder, wie es Lavater notierte, von ihm dort *»eine heiter gemalte, schwache Tapezerey«* geschaffen wurde. Das soll mit diesem Beitrag auch gar nicht bezweifelt, geschweige denn verneint werden. Vielmehr wird dagegen argumentiert, dass die im Haus Ossenreyerstraße befindlichen dekorativen Malereien jene sind, welche Hackert zwischen Juli 1762 und Mai 1765 geschaffen hat. Wie bereits erläutert, gibt es berechtigte Gründe dafür, die Entstehung dieser Landschaftsveduten und damit auch der gesamten Raumdekoration rund drei bis vier Jahrzehnte später zu datieren. Eine Entstehungszeit »um 1800« ist aufgrund der dargestellten landschaftlichen Motive, den mit ihnen verbundenen grafischen Vorlagen sowie der Stilistik weitaus plausibler, als eine in der ersten Hälfte der 1760er Jahre. Aus dieser Neudatierung und der damit verbundenen Abschreibung von Hakkerts Autorenschaft ergeben sich natürlich weitere Fragestellungen, auch solche, welche zum Widerspruch herausfordern. Wenn dem wirklich so ist, was wurde aus den gemalten Tapeten Hackerts, aus seinen *»Architekturstücken und Landschaften«*? Sind diese etwa entfernt worden, als Olthof seinen schönen Stralsunder Wohnsitz 1777/79 aufgeben musste? Oder war Hackerts *»heiter gemalte, schwache Tapezerey«* nach rund

23 Ebenda, S. 530.
24 Ebenda, S. 531.
25 *Hoffmann*, Der Tapetensaal (wie Anm. 5), S. 103.

drei, vier Jahrzehnten bereits in solch einem desolaten Zustand, dass man sie durch ein neues Dekor komplett ersetzt hat? Und ist es denn überhaupt möglich, dass eine derartige Ausmalung ohne Nachricht darüber so sang- und klanglos verschwinden kann? Um diese und ähnliche Fragen zu beantworten, müsste man sich auf das Feld der Spekulation begeben, denn es mangelt vor allem an Quellen zur Geschichte des Hauses und seiner Ausstattung für den betreffenden Zeitraum zwischen ca. 1765 und 1820. Wir sind lediglich über die Besitzerwechsel unterrichtet, welche immerhin einige Anhaltspunkte bieten, von wann und wem die Dekorationen im Tapetensaal wirklich stammen und in wessen Auftrag sie entstanden sein könnten.

Frank Hoffmann wiederum äußerte sich in seinem Beitrag für die »Baltischen Studien« nach nochmaliger kritischer Betrachtung der Dinge dahingehend, dass die Annahme der Urheberschaft Hackerts weiterhin ihre Berechtigung habe, eben solange, bis der Gegenbeweis erbracht wäre.[26] Dies tat Hoffmann, auch nachdem er die bestehenden und von ihm angeführten Unstimmigkeiten nicht hatte ausräumen können. Denen ist der Verfasser dieser Zeilen nun nochmals intensiv nachgegangen und meint, dass seine dazu bereits vorgestellten Erkenntnisse und formulierten Argumente eigentlich schon überzeugend genug sein müssten, um eine Autorenschaft Hackerts auszuschließen. Dem gegenüber blieb Hoffmann skeptisch, denn ihm fehlt ein quellengestützter Beleg dafür, dass die Malerei im Tapetensaal erst nach Hackerts Zeit in Stralsund entstanden ist. So lautet der letzte Satz seines Beitrags: *»Bisher sind keine Quellen bekannt, die Auskunft gäben, durch wen und in wessen Auftrag diese Saalgestaltung in jüngerer Zeit erfolgt sein könnte, obwohl sich das Haus von 1814 an bis um 1922 durchgehend im Besitz der Familie von Bohlen befunden hat.«* [27] Solch ein Beleg mit Quellencharakter, der m. E. genauso zu beachten bzw. zu gewichten ist, wie die wenigen Sätze in Goethes Hackertbiographie, hat sich nun gefunden und wird nachfolgend erstmals publik gemacht.

»Kontra Hackert«: Anmerkungen in einem Journal

Bei seinen Recherchen stieß der Autor in einer Ausgabe des Wochenblattes »Sundine« des Jahrgangs 1832 auf einen Artikel, der eine kleine, aber höchst aufschlussreiche Fußnote enthält, welche zum Auslöser für weitere Nachforschungen wurde. Unter der Überschrift *»Ein Opticus bei völliger Blindheit«* wird in dem besagten Artikel über einen erblindeten Stralsunder Handwerker und die von ihn gefertigten optischen Geräte berichtet.[28] Dies geschah mit der Absicht, die Öffentlichkeit auf das außergewöhnliche Können dieses vom Schicksal geschlagenen Mannes hinzuweisen und um diesen zu unterstützen, indem zugleich für seine als vorzüglich befundenen Instrumente geworben wurde. Dabei ist die Rede, so der Wortlaut des Journaltextes, vom *»redlichen,*

26 Ebenda, S. 108.
27 Ebenda.
28 SUNDINE. Sechster Jahrgang. No. 42. Stralsund, den 18. October 1832, S. 331–333.

fleißigen und geduldigen unserer Mitbürger, dem Herrn Phönix senior, einem ausgezeichnetem Decorations-Maler seinerzeit, der neben seinem eigentlichen Studium auch an der Optik Vergnügen fand,...«.[29] Zum Beweis für die Fähigkeiten des Phönix Senior in seiner ursprünglichen Profession als Dekorationsmaler wurde dem Text folgende Anmerkung beigegeben: *»Im Graf v. Bohlschen Hause befindet sich noch ein von seinem Pinsel decorirter Saal, in Form einer auf Säulen ruhenden Kuppel, zwischen denen sich Ansichten der sächsischen Schweiz präsentiren. Ein Meisterwerk, in diesem Fache der Malerei, wie es Herr Brüggemann nennt.«* [30] Diese zwei Sätze sind natürlich brisanten Inhalts, was die Frage der Autorenschaft der Malereien in der Osssenreyerstraße betrifft. Denn hier kann es sich eigentlich nur um den »Tapetensaal« im ehemaligen »Olthofschen Palais« handeln, das seit 1814 das städtische Domizil der Grafen v. Bohlen war.[31] Und die Beschreibung des Saaldekors in der Anmerkung, so allgemein und auch ungenau bzw. teilweise falsch sie auch sein mag, ist im Vergleich zu dem, was dazu in Goethes Hackertbiographie steht oder in Lavaters Reisetagebuch, dann immer noch konkreter mit Blick auf das vorhandene Interieur. Wenn hier lediglich *»Ansichten der sächsischen Schweiz«* steht, so können damit zumindest drei der fünf Veduten gemeint sein. Dass die Veduten sich *»zwischen«* Säulen *»präsentiren«* ist korrekt, jedoch scheinbar nicht, dass auf diesen eine gemalte Kuppel ruht. Die illusionistische Kuppelmalerei befindet sich ja nicht an der Decke, sondern auf den Fußboden des Saals. Liegt da eine Verwechslung vor? Schon vorstellbar, aber es sei auch an die vorhandenen und einst noch sichtbaren Fragmente einer Plafondmalerei erinnert, welche dieses Interieur selbstverständlich auch besessen hatte. Und diese könnte ursprünglich durchaus eine Kuppelform gehabt haben.

Doch bevor die Anmerkung in dem »Sundine«-Artikel weiter nach ihrer Glaubhaftigkeit und ihrem Zeugniswert weiter befragt wird, soll jener Dekorationsmaler und spätere außergewöhnliche »Optiker« und Instrumentenhersteller vorgestellt werden, bei dem es sich um den wirklichen Schöpfer der Malereien im Tapetensaal handeln dürfte. Zu dessen Person gibt uns der Dokumentenbestand im Stralsunder Stadtarchiv einige Auskunft.[32] Sein vollständiger Name lautet David Gottlieb Lorentz Phönix (auch Phoenix geschrieben). Geboren wurde er im Dezember 1771 in Stralsund als Sohn eines königlich-schwedischen Feldwebels.[33] Als Phönix 1802 die Tochter eines Handwerkermeisters heiratete, war er bereits Bürger der Stadt Stralsund und gehörte dem Berufsstand der Maler an. Man wählte ihn dann auch zum Altermann seiner Innung. Spätestens seit Mitte der 1820er Jahre dürfte D. G. L. Phönixs Augenschwäche in völlige Erblindung übergegangen sein, so dass er seine Profession nicht mehr ausüben konnte. Um sich und die Familie weiter zu ernähren, begann Phönix dann, optische Geräte herzustellen. Mit deren Verkauf und dem Angebot von Losen einer

29 Ebenda, S. 331.
30 Ebenda.
31 Zu den Grundstücks- und Hausbesitzern siehe *Hoffmann*, Der Tapetensaal (wie Anm. 5), S. 108.
32 An dieser Stelle sei dem Stralsunder Archivar Dirk Schleinert für seine Unterstützung ausdrücklich gedankt.
33 Laut Taufeintrag bei der Pfarrgemeinde St. Marien vom 15. 12. 1771; Stadtarchiv Stralsund, Kirchenbuchkartei.

Lotterie hielt er sich und die Seinen bei bescheidenen materiellen Verhältnissen über Wasser.[34] Am 11. November 1843 starb der Maleraltermann Phönix und wurde auf dem St. Marienkirchhof zu Stralsund begraben.[35]

Inwiefern ist den Angaben in dem Beitrag der »Sundine« Vertrauen zu schenken, wie ist es um deren Wahrheitsgehalt bestellt? Richtet man diese Frage zuerst ganz allgemein an das betreffende Periodikum, so kann dem Wochenblatt ein positives Urteil ausgestellt werden. Die Durchsicht verschiedener Jahrgänge der seit 1827 erschienenen »Sundine« ergibt, dass es sich um ein journalistisch niveauvolles Blatt handelte, dem eine gelungene Mischung von anspruchsvoller Unterhaltung und thematisch breit gefächerter sachlicher Information zu attestieren ist, was die Aktualität und Verlässlichkeit der abgedruckten Inhalte bzw. Angaben natürlich mit einschließt. Als »Unterhaltungsblatt für Neu-Vorpommern und Rügen« konzipiert und herausgegeben, besaß die Wochenschrift ein betont urban-weltläufiges Gepräge. Darum waren die Hauptredakteure und -herausgeber sichtlich und mit Erfolg bemüht, an ihrer Spitze der umtriebige Friedrich v. Suckow (1789–1854).[36] Dessen Pseudonym »Thorild« steht auch unter dem Artikel über den »Opticus« Phönix.[37] Suckow war, wie man heute sagen würde, »gut vernetzt«, d. h. er verfügte über etliche Informationsquellen. Selbst vielseitig interessiert, besonders an der Literatur und Musik, aber auch an der Bildenden Kunst seiner Zeit, gibt es eigentlich keinen Grund an dem, was er hier schrieb, Zweifel anzumelden oder zu vermuten, dass er falsch unterrichtet gewesen sei. Zudem enthält v. Suckows Text noch Informationen und das Urteil eines in Stralsund ansässigen Kunstexperten, der dort selbst als Maler, Grafiker und Zeichenlehrer tätig war, von Johann Wilhelm Brüggemann (1785–1866).[38] Sein Name erscheint in der bereits zitierten Anmerkung, wo er bescheinigte, dass die von Phönix ausgeführte Dekoration des Saals im v. Bohlschen Hause ein *»Meisterwerk, in diesem Fache der Malerei«* sei.[39] Ebenso wurde mit dem Artikel eine *»briefliche Erklärung«* Brüggemanns abgedruckt, in der dieser berichtet, dass er ein von Phönix hergestelltes Teleskop mit bestem Ergebnis erprobt habe.[40] Beide Verfasser, v. Suckow (Thorild) und Brüggemann, können mit ihren Textbeiträgen in der »Sundine« als glaubwürdige bzw. verlässliche Zeitzeugen im Diskurs um die Urheberschaft der Tapetenmalereien aufgerufen werden.

34 Eine entsprechende Anzeige findet sich im »Literatur- und Intelligenz-Blatt für Neu-Vorpommern und Rügen« (welches auch als Beilage zur SUNDINE vertrieben wurde), No. 57, Stralsund, den 17. Juli 1837, S. 228.

35 Phönix starb am 11. 11. 1843 und wurde auf dem Marienfriedhof begraben; Stadtarchiv Stralsund, Kirchenbuchkartei. Im Beiblatt der SUNDINE steht auch die obligatorische kurze Todesanzeige und zwar in der No. 46, Stralsund, den 15. November 1843, auf S. 184.

36 F. v. Suckow hatte zusammen mit dem Dichter Karl Lappe (1773–1843) die Zeitschrift gegründet. Über sein z. T. recht abenteuerliches Leben s. Allgemeine Deutsche Biographie, Bd. 37, Leipzig 1894, S. 110f.

37 SUNDINE, 6. Jg., No. 42, 18. 10. 1832, S. 333.

38 In Göttingen geboren, studierte Brüggemann an der Kunstakademie Kassel bevor er sich 1807 in Stralsund niederließ; Helmut *Börsch-Supan*, Pommersche Malerei des 19. Jahrhunderts, in: Hans *Rothe* (Hg.): Ostdeutsche Geschichts- und Kulturlandschaften, Teil III, Pommern, Köln/Wien 1988, S. 187f.

39 SUNDINE, 6. Jg., No. 42, 18. 10. 1832, S. 331.

40 Ebenda.

Vorschlag zur Neudatierung der Malereien

Die hier zusammengetragenen Indizien und Belege ermöglichen eine Neudatierung und damit auch neue kunsthistorische Positionsbestimmung und Bewertung des Rauminterieurs in der Ossenreyerstraße. Ausgehend von den Motiven der dekorativen Landschaften und ihren grafischen Vorlagen, nach denen sie geschaffen wurden, ist erst einmal ein Terminus post quem zu konstatieren. Dieser ergibt sich aus der Darstellung der Wörlitzer Parklandschaft, die nach einer Radierung geschaffen wurde, welche 1793/94 entstanden ist (Abb. 2, 3).[41] Damit korrespondieren aber auch die Datierungen der anderen Veduten in Relation zu den gewählten Ansichten der »Sächsisch-Böhmischen Schweiz«, die mit der allgemeinen Euphorie für diese Elbregionen zusammenfallen, nachdem sie von Künstlern »entdeckt« worden sind, d. h. zwischen etwa 1785/90 und 1810 (Abb. 5, 7). Nehmen wir es nun als eine Tatsache, was in dem 1832 erschienenen Artikel der »Sundine« steht, dass nämlich der heimische Dekorationsmaler D. G. L. Phönix die Malereien geschaffen hat, so passt dies genau in den sich abzeichnenden zeitlichen Rahmen. Phönix wurde 1771 geboren und um ein solches »Meisterwerk« seines Berufszweiges zu schaffen, dürfte er seit ca. 1795/1800 in der Lage gewesen sein. Ebenso müsste seine Stellung innerhalb der Bürgerschaft ihm etwa ab diesem Zeitraum erlaubt haben, solch einen Auftrag zu übernehmen. Welchen Anlass es für die (Neu-)Dekoration des Saales gab und wer die Auftraggeber waren, lässt sich bisher nur vermuten. Naheliegend ist, dabei den Fokus auf die Wechsel von Besitzern und Bewohnern des Hauses zu richten, welche im fraglichen Zeitrahmen erfolgt sind. Und diese gab es nachweislich auch und zwar 1802 und 1814, als zuerst der Oberstleutnant a. D. Friedrich v. Klinkowström (1735–1821) das Gebäude erwarb, um es nach rund 12 Jahren an den Kammerherrn Graf Wilhelm v. Bohlen (1750–1831) zu veräußern, weshalb in dem »Sundine«-Artikel (s. oben) auch vom *»Graf v. Bohlschen Hause«* die Rede ist.[42] Zumindest der Name des erstgenannten Käufers, F. v. Klinkowström, lässt aufhorchen, ist er doch der Vater von Friedrich August v. Klinkowström (1777–1835), welcher wiederum engster Freund und künstlerischer Weggefährte Philipp Otto Runges war.[43] Ebenso wie Runge weilte auch der junge Klinkowström zum Malereistudium für längere Zeit in Dresden.[44] Hier gäbe es einen möglichen Anknüpfungspunkt, was die Wahl der Landschaftsmotive im Tapetensaal betrifft, sofern diese geschaffen worden sind, als das Haus Ossenreyerstraße in Klinkowströmschen Besitz war. Aber dies kann nur eine vage Vermutung sein, genauso wie es rein spekulativ wäre, eine mögliche Beteiligung F. A. v. Klinkowströms an

41 Dabei spielt es keine Rolle, dass mit dieser Wörlitz-Vedute lediglich ein Teil der sich einst an der Saalostwand befindlichen dekorativen Landschaftsmalerei erhalten geblieben ist, wie dies durch Hoffmann festgestellt wurde, der es auch unternommen hat, sie in ihrer ursprünglichen Größe im Umriss zu rekonstruieren; *Hoffmann*, Der Tapetensaal (wie Anm. 4), S. 85f., S. 88; Hoffmann, Der Tapetensaal (wie Anm. 5), S. 99.

42 Ebenda, S. 108.

43 Friedrich. Runge. Klinkowström. Die Geburt der Romantik, hg. von Uwe *Schröder*. Pommersches Landesmuseum Greifswald, Greifswald 2010, besonders S. 37–39.

44 Zwischen 1802 und 1806; Ebenda, S. 37f.

der Neuausstattung und Dekorierung des elterlichen Wohnsitzes in Stralsund in Betracht zu ziehen. Klar dürfte aber sein, dass die Malereien des Tapetensaals frühestens in den letzten Jahren des 18. Jahrhunderts entstanden sind oder noch etwas später, d. h. »erst« zu Beginn des 19. Jahrhunderts.

Korrigierende stilkritische Bewertung des Raumdekors

Die Neudatierung des Interieurs als ein Werk, das in die Zeit »um 1800« gehört und keineswegs von J. P. Hackert stammt, sondern von einem etwa zwischen 1790/95 bis in die 1820er Jahre tätigen heimischen Dekorationsmaler, stimmt auch mit dem Stil bzw. der Stilstufe überein, den diese Raumgestaltung zeigt. Nur weil irgendwann feststand, diese Malereien seien jene, mit denen Hackert das Domizil Olthofs geschmückt hatte, wurden sie stilkritisch nie genauer analysiert. Streift man jedoch diese »Voreingenommenheit« ab, dann wird ersichtlich, dass ein solches Dekor nicht in den frühen 1760er Jahren entstanden sein kann, als eine derartige klassizistische Formensprache, wie sie sich besonders deutlich bei der Illusionsarchitektur, ja in der gesamten Grundhaltung artikuliert, noch gar nicht möglich war. Es bedarf auch keiner dezidierten Beurteilung der Qualität der Malereien, um diese einer bereits reiferen Entwicklungsstufe des Klassizismus zuzuordnen, die das Rokoko schon hinter sich gelassen hat und in ihrer Ausführung eher konventionell wirkt.[45] Diese neue stilgeschichtliche Bestimmung wird unterstützt durch Parallelen, welche sich zu erhaltenen bzw. dokumentierten Fragmenten anderer Raumdekore in der Region ergeben, deren Entstehung relativ exakt in die Wende vom 18. zum 19. Jahrhundert datiert werden kann, als offensichtlich auch in Schwedisch-Pommern die Dekorationsmalerei ein hohes Niveau erreicht hatte und die Räume von Herrensitzen auf dem Lande sowie von Stadthäusern mit

45 Zu der Zeit, als Hackert und sein Freund Matthieu in Schwedisch-Pommern weilten und noch lange danach, d.h. bis in die 1790er Jahre hinein, wurden das dortige bildkünstlerische Schaffen und die Baupraxis vom Stil- und Formenrepertoire des Spätbarock und Rokoko bestimmt, so dass der sog. »Zopfklassizismus« erst relativ spät zur Geltung kam. Als ideales Vergleichsobjekt zum Stralsunder Tapetensaal bietet sich ein Interieur vom einstigen Herrenhaus (Schloss) in Niederhof nahe Stralsund an. Dieses wertvolle Denkmal ging 1947 durch einen Brand verloren. Fotoaufnahmen vermitteln noch einen guten Eindruck vom Saal in dem Herrenhaus und dessen Gestaltung mit qualitätvollen Holz- und Stuckarbeiten. Sie entstanden um 1762/63 im Auftrag von Joachim Ulrich Giese, der als Unternehmer auch Geschäftspartner von Regierungsrat v. Olthof war und wie dieser Aufträge an Hackert und Matthieu vergab. Das festliche Saaldekor in Niederhof war noch deutlich vom Rokoko geprägt; Andre *Kopsch*, Ilka *Zander*, Jörg *Matuschat*: Gutshäuser und Schlösser in Vorpommern, Teil 2, Stralsund o. J. (2012), S. 94–99, Foto S. 95. Für die Dominanz des Rokoko auch im Kreise Olthofs, der sich ja künstlerischen Novitäten gegenüber sehr aufgeschlossen zeigte, können wiederum zwei schöne Neuerwerbungen des STRALSUND MUSEUMs sprechen. Es sind zwei großformatige Porträts der Schwestern des Regierungsrats Olthof mit einer seiner Nichten, die 1762 G. D. Matthieu gemalt hat. Das »Dekor« dieser Gemälde besteht aus prächtigen geschnitzten und vergoldeten Holzrahmen, deren Schmuck-Motive sich auf die Bildikonographie beziehen. Auch diese originalen Rahmen aus der Entstehungszeit der Gemälde sind Werke des Rokoko; Arsprototo. Das Magazin der Kulturstiftung der Länder, Heft 3, Berlin 2016, S. 12f. (Gefördert wurde der Erwerb dieser Gemälde durch die Kulturstiftung der Länder, das Land Mecklenburg-Vorpommern und die Ernst von Siemens Kulturstiftung.)

modischen Malereien an Wänden und Decken ausgestattet wurden.[46] Und so sind die gemalten Tapeten in der Ossenreyerstraße ein schönes, zudem selten gut erhaltenes Exempel einer solch hoch stehenden, kunstvollen Raumdekoration, nicht mehr, aber auch nicht weniger. Diese klassizistischen Malereien im Gepräge der Zeit »um 1800« weiter als ein Werk Hackerts zu betrachten, müsste bedeuten, dass der Künstler hier mindestens zwei Entwicklungsphasen übersprungen hätte. Auch wenn Hackert als ein Wegebereiter des Klassizismus in die Geschichte eingegangen ist und er im Stralsunder Haus Olthofs »*bei den neuen Zimmerverzierungen einen durchaus bessern Geschmack*« einführte, wie sich Goethe ausdrückte, können die dortigen Tapetenmalereien (noch) nicht von ihm sein.

Vorläufiges Resümee

Die Landschaftsszenerien des sog. »Hackertschen Tapetensaals«, das gewählte Vedutenarrangement mit seinen ihm zugrunde liegenden Anregungen und Vorlagen aus dem Spektrum der Druckgrafik und Buchillustrationen sowie der konventionelle klassizistische Stilcharakter der Malereien im Abgleich mit anderen Interieurs lassen eine Entstehungszeit dieser Raumausstattung an der Wende vom 18. zum 19. Jahrhundert als einzig real erscheinen. Die Saalausmalung stammt somit nicht von der Hand Jakob Philipp Hackerts. Spuren bzw. Überbleibsel seiner Dekorationen im Domizil v. Olthofs, sofern noch vorhanden, müssen erst noch entdeckt werden. Stattdessen muss der bis dato unbekannte David Gottlieb Lorentz Phönix als Schöpfer der Tapetenmalerei gelten, ein Stralsunder »*Decorations-Maler*«. Der Saal ist überzeugender Beleg dafür, dass das lokale und regionale Kunsthandwerk um 1800 durchaus auf der Höhe der Zeit stand, indem es in der Lage war, dieses schöne Zeugnis ästhetisierter Alltags- und Wohnkultur hervorzubringen.[47]

46 Fragmente solcher vergleichbaren und relativ genau zu datierenden Interieurs befinden sich in Wohnhäusern Greifswalds, etwa in der Fleischerstraße 17 und 18 (1799–1800) sowie in der Steinbeckerstraße 29 (1804–1805); Michael *Lissok*: Wand- und Deckenmalereien sowie Papiertapeten aus der ersten Hälfte des 19. Jahrhunderts in Wohnhäusern der Greifswalder Innenstadt, in: Greifswalder Beiträge zur Stadtgeschichte, Denkmalpflege, Stadtsanierung, Jg. 8, Greifswald 2014 – Sonderheft, S. 32–42, hier S. 37–39.

47 So bestände perspektivisch eine lohnende Aufgabe für die Forschung darin, den noch existenten Fundus an Raumgestaltungen des 18. und 19. Jahrhunderts in Stralsund und Vorpommern möglichst flächendeckend zu untersuchen und sich in diesem Rahmen auch der bisher kaum bekannten Riege der dort tätigen Dekorations- und Tapetenmaler sowie Stukkateure zuzuwenden.

DER ENTOMOLOGISCHE VEREIN ZU STETTIN, SEINE SAMMLUNGEN UND SEINE ZEITSCHRIFTEN VON 1837–1945

ZUR GRÜNDUNG VOR 180 JAHREN

von Michael Wilfert, Eckhard Wendt und Jürgen Philippen

1758 führte der große schwedische Naturforscher Carl von Linné in der 10. Auflage seines *Systema naturae* die *binäre Nomenklatur* für jede Tierart ein. Durch sie erhält jede Art einen zweiteiligen wissenschaftlichen Namen, den (groß geschriebenen) Gattungs- und den (klein geschriebenen) Artnamen. Während die *Art* in Form einer Fortpflanzungsgemeinschaft real in der Natur besteht, ist die *Gattung* eine vom Menschen begründete Kategorie, die zu Linnés Zeiten zeigen sollte, dass zur gleichen Gattung gehörende Arten sehr ähnlich im Körperbau sind. Die im 19. Jahrhundert aufgestellte Evolutionslehre erklärte die Ähnlichkeit dann mit einer nahen genetischen Verwandtschaft der Formen.

Die binäre Nomenklatur, die sich schnell durchsetzte, gab Forschern mit Universitätsausbildung, aber auch entomologisch interessierten Laien die Möglichkeit, klar und deutlich das von ihnen untersuchte Tier zu bestimmen, einzuordnen, zu beschreiben und eine Nachprüfung ihrer Arbeit durch weitere Untersucher zu erlauben. Linné hatte in seinem Werk über 3000 Insektenarten beschrieben und eingeordnet. Ihre große Artenzahl, ihre Vielfalt an Formen und Farben, aber auch der im Vergleich zu anderen Tieren leichte Fang und die weitgehend problemlose Präparation machten die Insekten schnell zu einem beliebten Forschungs- und Sammelgebiet. Im 19. Jahrhundert erfuhr die Entomologie durch private Sammler neben der Arbeit von Museen und Universitätsinstituten einen bedeutsamen Anschub. Sie sorgten dafür, auch durch die zunehmend erleichterten Reisemöglichkeiten innerhalb Europas oder nach Übersee, dass die Zahl der bekannten Insektenarten in gewaltigem Ausmaß anstieg. Da aber der Austausch der Kenntnisse und Beschreibungen hinter dieser Entwicklung zurückblieb, gab es vielfach Mehrfachbeschreibungen einer Art unter verschiedenen Namen, Neubeschreibungen mit bereits existierenden Namen (Synonyme), ungenügende Darstellungen, zeichnerische Ungenauigkeiten oder oberflächliche Diagnosen.[1]

1 So hatte bereits im 18. Jahrhundert Herbst angemahnt, die schon in dieser Zeit anwachsende Menge an Informationen über Insekten zu sammeln und in einer Zeitschrift zu veröffentlichen: J.F.W. *Herbst*, Plan zu einer entomologischen Republik. Neues Magazin für die Liebhaber der Entomologie 1 (1782), S. 1–12.

Dies führte vielerorts zu Bestrebungen, weitere wissenschaftliche Institute, Zeitschriften oder Museen einzurichten, die eine verbindliche Grundlage für entomologische Arbeiten sein sollten.[2] Johann August Sack, der Oberpräsident von Pommern, hatte beispielsweise 1828 dazu aufgerufen, *seltene oder mißgestaltete Thiere* für den Ausbau des Stettiner Provinzial-Museums einzusenden, das vor allem auch Schulen Anschauungsmaterial bieten sollte.[3]

Der Entomologische Verein zu Stettin und seine Zeitschriften von 1837–1945[4]

Die Gründung des Vereins und seine ersten Vereinsjahre

1832 wurde in Paris der erste Verein für Insektenkunde gegründet, die *Societé entomologique de France*; ein Jahr später entstand in London die *Entomological Society*. Beide Gesellschaften hatten ihren Sitz in den jeweiligen Hauptstädten, die auch den kulturellen wie politischen Mittelpunkt ihrer Länder bildeten. Stettin dagegen, ohne Universität, im Nordosten Deutschlands etwas abseits gelegen, zwar Provinzhauptstadt von Pommern und bedeutende Festung, mit 32.105 Einwohnern im Jahre 1837, hatte aber nicht diesen Einfluss in den deutschen Landen. Es verfügte jedoch über ein ausgebautes Verkehrsnetz mit einem gut funktionierenden Postfuhrwesen. Das Straßennetz war dem wachsenden Fernverkehr durchaus gewachsen. Die Chaussee Stettin-Gartz a. d. Oder, in den Jahren 1822–1827 erbaut, gehörte zur Hauptverkehrsstraße Berlin-Danzig.

Das erste Oderdampfschiff (die »Elisabeth Kronprinzessin von Preußen«) begann am 8.Mai 1826 seine Fahrten nach Swinemünde; 1835 gab es eine Dampferverbindung nach Kopenhagen. 1843 wurde Schweden angefahren, gefolgt von Postdampfschiffsverbindungen nach Kronstadt, Riga und St. Petersburg. Russlands Hauptverkehr nach dem Westen ging über Stettin.

Ein Eisenbahnkomitee hatte sich 1836 zum Bau der Eisenbahn Berlin-Stettin gebildet, die am 15. August 1843 den Verkehr auf der ganzen Strecke aufnahm – eine der ersten großen Eisenbahnverbindungen in Deutschland. Stettins umfangreiches Verkehrsnetz bot also Möglichkeiten genug zum kulturellen und wirtschaftlichen Austausch innerhalb Deutschlands und über dessen Grenzen hinweg.

So wagte der an Insekten interessierte Stettiner Arzt Wilhelm Schmidt (1804–1843)[5] am 6. November 1837 die Gründung des *Entomologischen Vereins zu Stettin,* des ersten in ganz Deutschland und des dritten auf der Welt. Nach Schmidt sollte dieser Verein

---

2 Heute beträgt die Zahl der beschriebenen Insektenarten über eine Million.

3 Amts-Blatt der Kgl. Regierung zu Stettin. 18. Jg., No. 53 vom 5. Dezember 1828, S. 467.

4 Wichtigste chronologische Daten und Begebenheiten bei W. *Meyer* (+), Geschichte des Stettiner Entomologischen Vereins, in: Stettiner Entomologische Zeitung (SEZ) 100 (1939), S. 2–71 sowie in den *Vereinsnachrichten* der Jahrgänge 1840–1944 der SEZ.

5 Schmidt hatte bis 1840 ausschließlich botanische Arbeiten veröffentlicht, in diesem Jahr erschien von ihm ein *Verzeichniss europäischer Käfer*, und bis zu seinem Tode meldete er sich mit 35 Arbeiten (Aufsätze, Buchbesprechungen, Geschäftsanzeigen) in der SEZ zu Wort.

dem *Unwesen des jetzigen entomologischen Treibens in Deutschland entgegensteuern«*, d. h. alle beschriebenen Insektenarten Deutschlands sollten auf ihre Gültigkeit überprüft werden, die einzelnen Ordnungen sollten gruppenweise übersichtlich dargestellt werden und in Veröffentlichungen zu einem günstigen Preis allen Interessierten zur Verfügung stehen. Die Mitglieder der Gründungsversammlung wählten neun aus ihrer Runde in den Vorstand. Unter ihnen war u. a. Herrmann Hering (1800–1886), Lehrer am Marienstiftsgymnasium, Schmetterlingssammler und Begründer der *Baltischen Studien*. Getagt werden sollte einmal im Monat; schnell erweiterte man die Vereinstätigkeit auch auf gemeinsame Exkursionen in der Nähe Stettins, auf wissenschaftliche Vorträge, auf die Gründung einer entomologischen Bücherei und die Anlage einer Sammlung. Auch plante man im weiteren Verlauf, die Forschungs- und Sammeltätigkeit des Vereins durch Kontakt mit Entomologen in Deutschland und auch im Ausland zu erweitern. Weitere, später entstandene Vereinigungen waren u. a. der »Verein für schlesische Insekten-Kunde zu Breslau« (1847), die »Akademie der gemeinnützigen Wissenschaft zu Erfurt« (1854), die auch die Forschung auf dem Gebiet der Entomologie förderte, die »Koninklijke Belgische Vereniging voor Entomologie« in Brüssel (1855), die »Schweizerische Entomologische Gesellschaft« (SEG) in Zürich (1858) und die »Società Entomologica Italiana«, gegründet 1869 in Florenz.

Der Verein gab sich ein Statut, das am 19. Mai 1838 vom Oberpräsidenten der Provinz Pommern genehmigt wurde. Von den 27 Paragraphen[6] sind erwähnenswert: Nach § 1 sind vorzugsweise deutsche Entomologen Mitglieder, § 2 beschränkt das Arbeitsfeld auf deutsche Provinzen, nach § 4 sollte eine Vereinszeitschrift gegründet werden (die ab 1840 auch erschien), § 10 forderte für alle schriftlichen Äußerungen, Protokolle oder Veröffentlichungen die deutsche Sprache. Auch um die finanziellen Grundlagen wurde sich gekümmert: In einer Eingabe vom 18.8.1838 an das *Kuratorium des Königlichen Marienstiftsgymnasiums* bat man um eine Zuwendung von 150–200 Reichstalern, da das Kuratorium oft *wissenschaftliche Zwecke* fördere und der Verein in diesem Sinne tätig sei, das Gymnasium die Sammlungen für Unterrichtszwecke benutzen könne und die Forschungsergebnisse des Vereins auch für Forstwissenschaft und Wirtschaft von Bedeutung seien (z. B. im Bereich der Schädlingskunde). Das Kuratorium bewilligte in diesem Sinne 100 Taler, die Stadt Stettin schloss sich jedoch einer gleichen Bitte nicht mit einer Geldzuwendung an. Umso erfreulicher war für den Verein, dass der Oberpräsident von Pommern, Wilhelm von Bonin, der im Mai das ihm angetragene Protektorat übernommen hatte, sich beim General-Postmeister erfolgreich dafür einsetzte, Portofreiheit für Brief- und Paketpost des Vereins innerhalb Preußens zu erhalten.

So sah der erste Vereinsbericht nach einem Jahr sehr positiv aus. Am Ende des Jahres 1838 zählte der Verein 64 Mitglieder, von denen 13 in Stettin lebten. Vereinsprotektor war Oberpräsident von Bonin, unter den 7 Ehrenmitgliedern war Lorenz Oken,

6 Abgedruckt in: Zeitschrift für Entomologie 1, Heft 2 (1839), Der entomologische Verein zu Stettin, S. 395–400.

Professor für Naturgeschichte in Zürich, der Bekannteste. Die Mitglieder kamen aus den verschiedensten Berufen, es waren darunter Beamte, Offiziere, Geistliche, Kaufleute oder Apotheker. Die ständig größer werdende Stettiner Käfer- und Schmetterlingssammlung war in einem sorgfältig geführten Katalog erfasst worden, auch eine Fachbibliothek konnte aufgebaut werden. Vor allem die wachsende Anzahl von auswärtigen Mitgliedern und die Korrespondenz mit ihnen führten dazu, dass der Verein weithin bekannt wurde und an Bedeutung gewann.[7] Nicht übersehen werden darf, dass die Industrialisierung und der wirtschaftliche Aufschwung Stettins ab den 1850er Jahren es ermöglichte, dass begüterte Bürger der Stadt auch ausgefallenen Interessen nachgehen konnten. So schuf die bereits 1817 gegründete Pommersche Provinzial-Zuckersiederei mit ihrem wirtschaftlichen Erfolg für die Familie Dohrn ein finanziell sorgenfreies Leben, das dann zu einer jahrzehntelangen fruchtbaren Symbiose der Besitzer mit dem Stettiner Entomologischen Verein führte. Weitere Träger der Wirtschaft Stettins ab der Jahrhundertmitte waren die Seifen- und Kerzenfabrik Schindler & Muetzel (ab 1843), die Kinderzwiebackfabrik Collas (ab 1855), die Nähmaschinen- und Fahrräderfabrik der Bernhard Stoewer AG (ab 1858), die Reederei C. Koehn (ab 1863) oder die Lack- und Farbenfabrik Woelfert & Heinrich (ab 1886).[8]

Entomologische Zeitung (SEZ), die Vereinszeitschrift[9]

Außerordentlich wichtig für die Entwicklung des Vereins, sein Ansehen und seinen Einfluss war die Herausgabe einer eigenen Zeitschrift ab 1840 unter dem Titel *Entomologische Zeitung* (Abb. 1). Vorläufer war das *Magazin für Entomologie*, das in vier Bänden zwischen 1813 und 1821 in Halle erschienen war, herausgegeben von Ernst Friedrich Germar und Johann Leopold Zincken. Germar hatte dann 1839 die *Zeitschrift für Entomologie* begründet, in der Mitglieder des Stettiner Vereins bereits eigene Beiträge veröffentlichen konnten. Da Germars Zeitschrift jedoch nur zweimal im Jahr herauskam, beschloss der Verein die Herausgabe einer eigenen Zeitung. Sie sollte einmal im Monat erscheinen mit *entomologischen Aufsätzen, Mitteilungen, eigenen Entdeckungen und Beobachtungen der Mitglieder, Anfragen und Berichten von Vereinsangelegenheiten.* Als Verleger konnte die Becker und Allendorfschc Buchhandlung in Stettin gewonnen werden.

Jedes Heft war in drei Abteilungen gegliedert: I. Vereinsangelegenheiten, II. Wissenschaftliche Mitteilungen, III. Intelligenznachrichten wie Personalien, Buchanzeigen, Verkauf und Tausch von Insekten. Honorare für die Autoren gab es nicht, diese

---

7 N.N., Erster Jahresbericht des Entomologischen Vereins zu Stettin 1839, Stettin 1839. Darin: *Die Dämonen Geld und hohes Porto* hätten nach einem Jahr fast zu einem Ende des Vereins geführt. Aber die Geldspende des Gymnasiums und die Portofreiheit retteten seinen Fortbestand.

8 S. dazu »Firmengründungen im 18. u. 19. Jahrh.« in: Ernst *Völker*, Stettin, Daten und Bilder zur Stadtgeschichte, Leer 1986, S. 175.

9 Ab 1874 wurde der Titel in *Stettiner Entomologische Zeitung* geändert; aus Gründen der Einheitlichkeit und wegen der längeren Herausgabe der Zeitschrift unter diesem Titel wurde schon jetzt die Abkürzung *SEZ* gewählt.

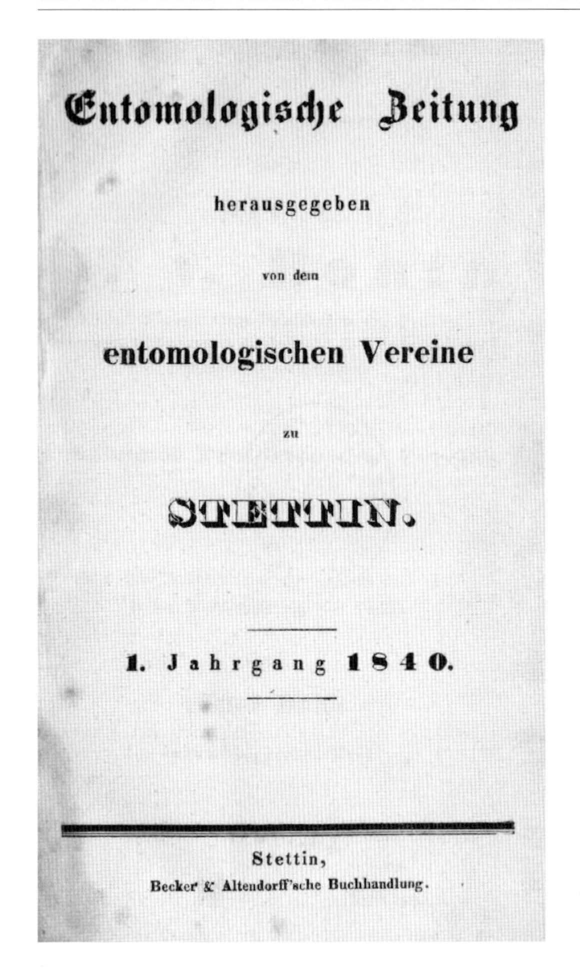
Entomologische Zeitung

herausgegeben

von dem

entomologischen Vereine

zu

STETTIN.

1. Jahrgang 1840.

Stettin,

Becker & Altendorff'sche Buchhandlung.

Abb. 1 Entomologische Zeitung des Stettiner Entomologischen Vereins: Titelblatt der ersten Lieferung des ersten Jahrgangs 1840.

erhielten von ihrem Aufsatz lediglich einen Sonderdruck. Band 1, am 1. Januar 1840 in einer Auflage von ca. 500 Exemplaren erschienen, wurde dem Oberpräsidenten von Bonin gewidmet, der dem Verein kurz zuvor aus seinem Verfügungsfonds 100 Reichstaler zugewandt hatte.

Im ersten Band waren mit Beiträgen vom Vereinsvorsitzenden Wilhelm Schmidt, vom Schmetterlingsforscher Herrmann Hering, von Regierungsrat Schmidt und Superintendent Triepke vier Vereinsmitglieder aus Stettin vertreten. Unter den dreizehn weiteren Autoren ragt Christian Suffrian (1805–1876) hervor, Direktor der Realschule in Siegen; er galt als hervorragender Fachmann in der Käferkunde.

Schon nach der Veröffentlichung des ersten Bandes drohte der Vereinszeitschrift das Aus: der Verleger hatte Konkurs gemacht. Ein Antrag auf 200 Taler Zuschuss jährlich über den Oberpräsidenten an den preußischen Kultusminister Johann Eichhorn blieb erfolglos. Dem Verein gelang es unter großen Anstrengungen und finanziellen Zugeständnissen, 1841 den Band 2 (mit den ersten Tafelabbildungen) in Kommission bei dem Buchhändler Fleischer in Leipzig zu geben, denn der Vorstand sah sich genötigt, den Verlag der Zeitung selbst zu übernehmen. Für Band 4, 1843 erschienen mit Lithographien sowie Übersetzungen aus der ausländischen Literatur, wurden der Umfang erweitert und der Preis erhöht; da die Zahl der Mitglieder gestiegen war und die Nachfrage nunmehr nach allen vier Bänden groß war, konnte der finanzielle Engpass überwunden werden. 1845 wurde die Seitenzahl erneut vergrößert. Vom 7. Jahrgang an (1846) erschien die Zeitschrift in Kommission von E.S. Mittler und Dyk in Leipzig.

Die ersten beiden Bände druckte J.C.R. Dombrowsky in Stettin, ab dem Jahre 1842 die Stettiner Druckerei F. Hessenland. Nach freundlicher Übereinkunft mit dem Buchhändler Mittler übernahm 1858, mit dem 13. Band, die Buchhandlung Friedrich Fleischer in Leipzig die Vereinszeitschrift. Wegen mehrerer *Lässigkeiten* des Druckers besorgte ab 1859 die Firma Robert Grassmann den Druck auf besserem Papier für denselben Preis.

Carl August Dohrn (1806–1892), der neue Vereinsvorsitzende ab 1843

Wilhelm Schmidt, der Gründer und Vorsitzende des Vereins, starb am 5. Juni 1843 an einer schweren Lungenentzündung. Als Arzt hatte er in Stettin gewirkt, zahlreiche botanische Fachaufsätze veröffentlicht, ab 1831 auch entomologische Arbeiten. Sein Nachfolger wurde Carl August Dohrn (Abb. 2), der seit 1842 Sekretär und 2. Geschäftsführer des Vereins war. Ab Juli 1843 leitete er die Vereinszeitschrift, im November dieses Jahres erfolgte seine Wahl zum Präsidenten.[10]

Dohrn war in Stettin geboren, hatte früh große Reisen ins Ausland bis nach Afrika und Südamerika unternommen. Schon mit 16 Jahren hatte er ein Jurastudium in Berlin begonnen. Die Referendarzeit führte ihn wieder nach Stettin, seit 1838 war er in führender Position in der Pommerschen Provinzial-Zuckersiederei seines Vaters tätig. Sein Vorgänger im Vereinsvorsitz, Wilhelm Schmidt, hatte bei ihm das Interesse für Entomologie geweckt. Dohrn wurde ein eifriger Käfersammler, viele Exemplare hatte er auch von seinen Reisen mitgebracht, sorgfältig geordnet und katalogisiert und in Veröffentlichungen beschrieben. 1844 erschien auf Veranlassung des Vereins (so der Untertitel) ein *Catalogus Coleopterorum Europae*, ein von vom Regierungsrat Schmidt zusammengestelltes, sicher auch von Dohrn unterstütztes, Verzeichnis europäischer Käfer.

Carl August Dohrn hatte dank seiner vielen Interessen (Wirtschaft, Musik, Sprachen, Zoologie) zahlreiche Verbindungen zu vermögenden Kaufleuten, Dichtern, Komponisten oder einflussreichen Politikern und konnte bei der Vereinsversammlung Ende 1844 bekannt geben, dass der preußische König Friedrich Wilhelm IV. dem Verein für drei Jahre lang jeweils 500 Taler Zuschuss bewilligt habe. So war das Geschäftsjahr 1844 das erste, das dem Verein einen Überschuss im Jahresabschluss brachte.

10 Kurzbiographie von Dohrn in: Eckhard *Wendt*, Dohrn, Carl August, in: Stettiner Lebensbilder, Köln-Weimar-Wien 2004, S. 137f.

Abb. 2 Carl August Dohrn (1806–1892), der viele Jahrzehnte lang den Stettiner Entomologischen Verein führte und ihm Weltgeltung verschaffte.

Dank dieser Mittel konnte die *Zeitschrift für Entomologie* von Ernst Fr. Germar übernommen werden; sie erschien ab 1846 als *Linnaea Entomologica* im Verlag von Ernst Siegfried Mittler in Berlin, Posen und Bromberg. Geplant war, in ihr umfangreichere insektenkundliche Aufsätze als in der Vereinszeitschrift zu veröffentlichen; auch sollten kleinere und weniger beliebte Insektenordnungen stärker berücksichtigt werden. Die Zeitschrift wurde bis 1866 herausgegeben.

Im Jahr 1845 betrug die Zahl der Mitglieder 430 Personen. Ehrenmitglieder wie der Großherzog von Oldenburg, Alexander von Humboldt sowie mehrere Minister zeigen, wie der Verein weiter an Bedeutung gewann. Reisen Dohrns nach Russland (1850), Großbritannien (1851), Schweden (1853) und Italien (1856) führten zu neuen und vertieften Kontakt zu ausländischen Entomologen sowie neuen Vereinsmitgliedern aus dem Ausland. Freundschaftliche Beziehungen entwickelte Dohrn ab den 1840er Jahren vor allem zu Henry Tibbats Stainton, einem führenden Mitglied der *Entomological Society of London*. Dieser hatte in einem Brief vom 7. Juli 1849 den Vorsprung der Deutschen in der entomologischen Forschung anerkannt und erklärt, dass er wegen der hervorragenden Aufsätze Philipp Christoph Zellers in der Stettiner Vereinszeitung begonnen habe Deutsch zu lernen.[11] Einige seiner Kollegen seien ihm darin aus Bewunderung für weitere Veröffentlichungen dort gefolgt.

11 Zeller (1808–1883) hatte von Beginn der Vereinszeitschrift an zahlreiche Aufsätze über Schmetterlinge veröffentlicht, insgesamt waren es bis zu seinem Tod 87.

1850 verlängerte der preußische Handelsminister von der Heydt die Portofreiheit für den Verein nicht mehr. Dohrn konnte beim preußischen König aber erreichen, dass der Zuschuss von 100 Talern jährlich ab diesem Jahr für drei Jahre verlängert wurde, ab 1853 sogar für fünf weitere Jahre. 1850 stellte Dohrn stolz fest: *Stettin ist das Zentrum der deutschen Entomologie und ein wichtiger Stützpunkt der ausländischen.*[12] 1852 starb der Protektor des Vereins, der Oberpräsident von Pommern Wilhelm von Bonin. Seine Unterstützung hatte maßgeblich dazu beigetragen, den Verein in den schwierigen Anfangsjahren zu festigen. Es gelang, seinen Nachfolger Senfft von Pilsach ebenfalls das Protektorat über den Verein annehmen zu lassen.

Welche gesellschaftliche und kulturelle Bedeutung der Entomologische Verein 1855 in Stettin besaß, geht aus einer Übersicht von Fürchtegott Gräßner hervor.[13] Er gab die Mitgliederzahl mit 500 Personen an und zählte 13 Stettiner namentlich auf, die Insekten sammelten; viele waren angesehene Bürger der Stadt. Im Vergleich dazu hatten z. B. Moskau nur vier Entomologen, München zehn, Frankfurt am Main elf, Düsseldorf fünf (darunter u. a. das Stettiner Vereinsmitglied Theodor Hildebrandt, den in Stettin geborenen Maler, der Käfer sammelte[14]). Größer waren die Zahlen nur in Wien (20). Berlin (30), Breslau (25) oder Leipzig (15). Unter den Vereinsmitgliedern befand sich mit Abdul Effendi aus Damaskus ein für die Zeit sehr exotischer Insektensammler!

1862 war die Zahl der Mitglieder auf fast 600 gestiegen, die Bibliothek umfasste nun mehr als 1000 Bände, das Vereinsvermögen war auf über 6000 Taler angewachsen. Das im gleichen Jahr erschienene *Repertorium der ersten 23 Jahrgänge (1840–1862) der Entomologischen Zeitung* gab eine eindrucksvolle Bilanz.[15] Hatte der erste Jahrgang nur 192 Seiten, so waren es 1862 bereits 528 Seiten, es gab ein *Generalregister* der Gattungen und Arten, ein Autorenverzeichnis und eine Liste der Bücher in der Vereinsbibliothek.

Im September 1863 fand in Stettin die 38. Versammlung deutscher Naturforscher und Ärzte statt. Carl August Dohrn begrüßte die Teilnehmer, stellte den Entomologischen Verein, seine Zeitschriften, die Bibliothek sowie die Sammlungen vor. Unter den Vorträgen ragt Ernst Haeckels Rede hervor, in der er sich klar und eindeutig zur Evolutionslehre Darwins bekannte und damit auf Zustimmung wie auch heftige Ablehnung stieß.[16] Der Stettiner Kaufmann Gustav Adolph Toepffer sprach über seine

12 Alfred *Kaestner*, Festsitzung zum hundertjährigen Bestehen des Stettiner Entomologischen Vereins, in: SEZ 98 (1937), S. 314–318.

13 F. *Gräßner*, Die Entomologen Europas, Asiens und Amerikas, Jena 1855.

14 Hildebrandts Käfersammlung mit vielen stark beschädigten Exemplaren kam über den Sammler Giesbers 1900 an das Missions-Museum in Steyl. Dazu: W. *Horn*, I. *Kehle*, G. *Friese*, R. *Goedeke*, Collectiones entomologicae Band II, A-K, Berlin 1990, S. 171. Eckhard *Wendt*, Ferdinand Theodor Hildebrandt (Stettin 1804–1874 Düsseldorf) – Leben und Werk eines Malers der Spätromantik, in: Kevin E. *Kandt* u. a. (Hrsg.), Aus Hippocrenes Quell', ein Album amicorum kunsthistorischer Beiträge zum 60.Geburtstag von Gerd-Helge Vogel. Berlin 2011, S. 153–172.

15 Herausgegeben von M. *Wahnschaffe* als Beilage zum 4. Heft des Jahrgangs 1862 der SEZ.

16 S. dazu Michael *Wilfert*, Im Kampf für Darwins Evolutionslehre – Ernst Haeckels Stettiner Reden von 1863. Pommern. Zeitschrift für Kultur und Geschichte, 46. Jg. (2008), Heft 1, S. 20–23.

Seidenraupenzucht, verteilte Kokons und führte aus eigener Seidenproduktion hergestellte Textilien vor.

Ende 1863 stellte Dohrn den Antrag, die Insektensammlung des Vereins zu verkaufen. Sie sei kaum zu verwalten, habe seit Jahren keinen Zuwachs gehabt[17], und viele Tiere seien schon durch schädlichen Insektenfraß zerstört worden. Zwei Jahre später wurde dieser Antrag umgesetzt. Dohrn erwarb die Sammlung für sich selbst. Als 1864 der Verein *Pommersches Museum* gegründet wurde, kam wieder die Frage nach einer Sammlung auf, die für alle Interessierten zugänglich sein sollte.

1866 starb Arnold Senfft von Pilsach, der Protektor des Vereins; Freiherr von Münchhausen, sein Nachfolger, führte das Protektorat ab 1867 weiter.

1876 hatte der Verein 677 Mitglieder. Carl August Dohrn unternahm weiterhin viele Reisen, so nach Italien, Westeuropa oder Österreich. Er nahm Kontakt mit zoologischen Instituten und Universitäten auf, tauschte Insekten aus den Stettiner Sammlungen gegen solche aus ausländischen Museen. 1877 sank erstmals die Zahl der Vereinsmitglieder. Hintergrund war vielleicht das Anwachsen des 1856 gegründeten *Berliner Entomologischen Vereins* (ab 1860 *Deutsche Entomologische Gesellschaft*) und die Herausgabe der *Berliner entomologischen Zeitung* ab 1857 (seit 1875 *Deutsche Entomologische Zeitung*). Zwischen dem Stettiner und dem Berliner Verein hatte es nach 1868 immer wieder Auseinandersetzungen gegeben.

Dohrn hatte in all den Jahren seiner Präsidentschaft und trotz der vielen Reisen das wissenschaftliche Arbeiten nie aufgegeben. So erschienen beispielsweise 1885 in der Vereinszeitschrift 17 insektenkundliche Artikel von ihm. *C.A. Dohrn ist ein leidenschaftlicher Sammler gewesen, fasziniert von der unermesslichen Vielfalt der geheimnisvollen Welt der Insekten. Mit der Biologie der Insekten hat er sich nicht beschäftigt*, so sein Verwandter Klaus Dohrn.[18] Vielleicht hängt auch damit zusammen, dass der Verein während Dohrns Präsidentschaft und auch später sich kaum um den Naturschutz in Pommern gekümmert hat.[19] Erwähnenswert sind noch Dohrns viele Reden zu Stiftungsfeiern und Vereinsversammlungen, in denen er zu politischen Fragen, wirtschaftlichen Entwicklungen oder wissenschaftlichen Disputen Stellung nahm. Auch hat er Jahr um Jahr in der Vereinszeitschrift die wesentlichen Inhalte vieler an ihn gerichteter Briefe veröffentlicht. 1887 schließlich trat Dohrn altersbedingt von seinem Präsidentenamt zurück. 44 Jahre lang hatte er den Verein geleitet. Nachfolger wurde sein Sohn Heinrich Dohrn. Es war für diesen ein sicher nicht leichtes Erbe, hatte doch sein Vater den Entomologischen Verein zu einer Bedeutung gebracht, die dem Wirken der Gesellschaften in Paris und London nicht nachstand.

---

17 Neu gesammelte Exemplare kamen inzwischen in die privaten Bestände der Mitglieder. Doch wurden die Sammlungen oft nach dem Tode der Besitzer dann der Stadt vermacht oder privat verkauft.

18 Klaus *Dohrn*, Von Bürgern und Weltbürgern. Eine Familiengeschichte, Pfullingen 1983, S. 62.

19 Der Verein findet z. B. keine Erwähnung in dem Aufsatz von Hermann *Behrend*, Zur Entwicklung des Naturschutzes in Pommern 1908–1945, in: Zeitgeschichte regional. Mitteilungen aus Mecklenburg-Vorpommern 14. Jg. (2010), Heft 1, S. 5–18.

Der Verein unter Heinrich Dohrn (1838–1913)

Heinrich Dohrn (Abb. 3) wurde in Stettin geboren. Schon früh interessierte er sich für Naturwissenschaften, seine Dissertation befasste sich 1861 mit Flusskrebsen.[20] Andere Arbeiten galten Muscheln, Schnecken und Ohrwürmern. Als Kaufmann beteiligte er sich an der Gründung des »Baltischen Lloyd«, ab 1874 war er Reichstagsabgeordneter. In Stettin gehörte er dem Magistrat an. Die Vereinszeitschrift wurde durch ihn auf wissenschaftliche Artikel beschränkt. Vereinsnachrichten, Korrespondenzmitteilungen, Bilanzergebnisse fehlen nunmehr. Mit dem 55. Jahrgang (1874) änderte sich der Titel in *Stettiner Entomologische Zeitung*: ihr Format wurde ab 1896 vergrößert, und von 1900 an gab es nur noch zwei große Lieferungen pro Jahr. In der Zeitschrift hat Dohrn eigene Beiträge kaum veröffentlicht; er konzentrierte sich in seiner Arbeit vor allem auf Bau und Ausgestaltung eines Museums, aber er sorgte auch dafür, dass sich die Stettiner Vereinsmitglieder regelmäßig zweimal im Monat trafen und Beobachtungen sowie neue Forschungsergebnisse austauschten. Auf zahlreichen Reisen, u.a. nach Westafrika (1862–1864), später auch nach Sumatra, hatte er viele Tiere gesammelt, darunter auch Insekten. Seine zunächst private Orthopteren-Sammlung war eine der bedeutendsten der Welt.

1863 gründete Dohrn den *Provinzial-Verein*, mit dem er ein *Pommersches Museum* ins Leben rufen wollte. Ziel sollte sein, *kultur- und naturhistorische Gegenstände zu sammeln und in Verbindung mit einer Bibliothek der allgemeinen Belehrung zugänglich zu machen sowie diese Sammlung mit anderen Sammlungen zu vereinigen*.[21] Zwei Jahre später entstand daraus das *Naturkundemuseum*, das zunächst nur Material aus dem Entomologischen Verein zeigte. Eine Kollektion von Vogelbälgen kam ein Jahr später hinzu, es folgten Säugetierpräparate sowie Muscheln und Schnecken. Die Sammlungen des Pommerschen Museums wurden 1892 in ein *Stettiner Naturkundemuseum* überführt, dem Heinrich Dohrn auch die Insektensammlung seines Vaters und die dazu gehörenden Bücher, seine eigene Bibliothek und seine ca. 20.000 Arten umfassende Molluskenkollektion übergab. Außerdem hatte Dohrn das eigene Haus in der Lindenstraße 22 der Stadt Stettin für dieses Museum geschenkt.[22] Da im Laufe der nächsten Jahre die Zahl der Vereinsmitglieder deutlich abnahm, löste sich der *Provinzial-Verein* 1896 auf und übereignete den gesamten Museumsbesitz der Stadt Stettin.

Nach dem Tod des Protektors Ferdinand Freiherr von Münchhausen im Jahre 1882 übernahm Ulrich Graf Behr-Negendank, der neue Oberpräsident Pommerns, das Protektorat über den Entomologischen Verein.

---

20 S. dazu Kurzbiographie bei Eckhard *Wendt*, Dohrn (Wolfgang Wilhelm) Heinrich, in: Stettiner Lebensbilder (wie Anm. 10), S. 139–140.

21 Bericht »Stettiner Nachrichten« in: Stettiner Tageblatt Nr. 306 vom 31. Dezember 1896. Durch Zuwendungen der Stadt Stettin, der Provinz und große Stiftungen von Privatleuten verfügten Verein und späteres Museum über hohe Geldbeträge.

22 C.A. Dohrn hatte verfügt, dass sein Sohn Heinrich die Käfersammlung in ein neu zu gründendes städtisches Museum einbringen soll; vgl. Bericht in: Stettiner Tagblatt Nr. 235, 7.10.1892. Die Stadt Stettin nahm alle Schenkungen an; allein der Wert von Sammlungen und Bibliothek wurde auf ca. 150.000 Mark geschätzt (Stettiner Tagblatt Nr. 241 vom 14.10.1892).

Abb. 3 Heinrich Dohrn (1838–1913), der als Nachfolger seines Vaters im Präsidentenamt die Bedeutung des Vereins festigte und der Stadt Stettin viele wertvolle Schenkungen machte.

1898 sorgte die vermutete Einschleppung der San-José-Schildlaus, eines Schädlings, bei Politik und Wirtschaft für Beunruhigung.[23] Dohrn initiierte ein Preisausschreiben über die »Einbürgerung schädlicher Insekten in Amerika und Deutschland«. Es ging aber nur eine Arbeit ein, die zum Teil negativ beurteilt wurde, worauf Dohrn den umstrittenen Aufsatz 1899 auf Vereinskosten drucken ließ und ein Jahr später in der Vereinszeitschrift zu der Auseinandersetzung Stellung nahm.

Im Jahr 1900 wurden die Vereinsstatuten überarbeitet. Danach wählte ein Vorstand von fünf Personen aus seiner Mitte den Vorsitzenden, jedes Mitglied musste zehn Mark Jahresbeitrag zahlen, erhielt aber die Vereinszeitschrift kostenlos. Dohrn selbst setzte sich immer mehr für die Errichtung eines großen Museumsgebäudes ein, dieses Stadtmuseum sollte die naturkundlichen Sammlungen umfassen wie auch Kunstwerke zeigen. Hatte er bereits die Bibliothek und die entomologischen Sammlungen seines Vaters der Stadt Stettin übergeben, so schenkte er dem zukünftigen Museum auch Bronze- und Marmorkopien antiker Figuren, Originale griechischer und römischer Kunst sowie Modelle von Schiffen der Stettiner Vulcan-Werft. 1907 wurde seitens der Stadt der Museumsneubau genehmigt, ab 1908 mit den Arbeiten begonnen, die 1913 abgeschlossen wurden. Das *Städtische Museum, Hakenterrasse 3, Stettin* war entstanden (Abb. 4). Die naturwissenschaftliche Sammlung brachte man auf zwei Stockwerken im Südflügel unter. Dohrn konnte die Einweihung noch miterleben, er starb

23 Diese Schildlausart ist noch heute ein gefürchteter Schädling im Obstbau. Nach Deutschland wurde sie erst Mitte des 20. Jahrhunderts eingeschleppt.

Abb. 4 Städtisches Museum Stettin, Hakenterrasse. Ansichtskarte von 1935.

aber im Oktober 1913 auf einer Reise in Italien.[24] In einer Festschrift zur Museumseröffnung wurden Dohrns große Verdienste um den Entomologischen Verein und das neue Museum gewürdigt.

Der Entomologische Verein im Ersten Weltkrieg und in der Weimarer Republik

Nach Dohrns Tod führte der nunmehr aus noch vier Mitgliedern bestehende Vorstand die Geschäfte weiter. 1914 wurde unter dem Vorsitzenden Heinrich Leopold Krüger[25] eine neue Satzung erarbeitet, u. a. legte man fest, dass für den Abdruck eines Beitrags in der Entomologischen Zeitung ein Ausschuss aus vier Personen zuständig war. Ziel des Vereins war nunmehr *die wissenschaftliche Förderung der entomologischen Abteilung des Museums der Stadt Stettin vermittels seiner Bücherei und Zeitung*, was auch vertraglich abgesichert werden sollte. Mit Krüger öffnete sich der Verein vor allem auch durch seine Vorträge interessierten Laien.

Die gute finanzielle Situation des Vereins erlaubte es 1915, in die zweite Kriegsanleihe 3.600 Mark zu investieren. Trotz des Krieges ging das Vereinsleben mit Vorträgen, Diskussionen über neue insektenkundliche Werke und Sammeltätigkeiten weiter. Ab 1916 machte sich der Krieg stärker bemerkbar. Immer mehr Vereinsmitglieder wurden

24 Ludwig *Martin*, Dr. Heinrich Dohrn, in: Deutsche Entomologische Zeitschrift Iris (1914), S. 1–3.
25 Krüger war Oberlehrer am Realgymnasium und von 1919–1924 Kustos des Pommerschen Museums für Naturkunde. In seinen Arbeiten befasste er sich hauptsächlich mit Libellen und Netzflüglern.

zum Kriegsdienst eingezogen, Sitzungen fielen aus, die Drucklegung der Zeitung verzögerte sich. 1917 zeichnete der Verein nochmals eine Kriegsanleihe von über 3.000 Mark.

Trotz weiter wachsender Schwierigkeiten wurden die Bände 79 und 80 der Entomologischen Zeitung hergestellt und 1919 herausgegeben. Die nunmehr deutlicher werdende schlechte finanzielle Situation des Vereins zeigte sich im Jahrgang 1920 an der Zeitung, die mit stark verminderter Seitenzahl erschien. Nicht alle eingereichten Artikel konnten aufgenommen werden. 1920/21 fanden Vereinssitzungen statt, bei denen man sich vor allem mit der Einordnung und Bestimmung von Großschmetterlingen befasste. Seit 1918 hatte der Entomologische Verein mit der *Pommerschen Naturforschenden Gesellschaft* (PNG), von August Hahne[26] gegründet, Konkurrenz bekommen. Viele Stettiner gehörten beiden Gesellschaften an.

Die Jahresversammlung 1921 wurde von der schlechten finanziellen Lage des Vereins beherrscht. Geldentwertung, steigende Druckkosten der Zeitung und Schwierigkeiten mit der Zahlung der Mitgliedsbeiträge hatten das Vereinsvermögen stark vermindert. So beschloss der Vorstand, die 7.000 Bände der vereinseigenen Bibliothek der Stadt Stettin zum Kauf anzubieten, die diese 1923 übernahm. Als Gegenleistung sollte sie einen jährlich zu zahlenden Beitrag zu Druck und Herausgabe der Zeitung geben. 1922 vereinigten sich *Pommersche Naturforschende Gesellschaft* und *Entomologischer Verein* zu einer gemeinsamen Gesellschaft, wobei allerdings Verein und Zeitung für sich selbständig blieben. Die weitere Geldentwertung führte dazu, den Jahrgang 83 (1922) wieder in geringerer Seitenzahl herauszugeben, da nun auch der Zuschuss der Stadt ausblieb. Die Inflation trieb die Kosten für den Jahrgang 84 (1923) auf über vier Millionen Mark; da wiederum die Stadt nicht zahlte, konnten die Kosten nur durch den Verkauf alter Zeitungsjahrgänge an Interessenten im Ausland in etwa aufgefangen werden. 1924 wurde für Vereinsmitglieder ein Beitrag von zehn Goldmark festgesetzt. Nach langwierigen Verhandlungen konnte dann im Januar 1925 endlich wieder ein Zuschuss von der Stadt erreicht werden. Der Band 85 erschien in diesem Jahr sogar mit drei Bildtafeln. In den Jahrgängen 1924/25 wurde eine breit angelegte Arbeit über die *Groß-Schmetterlinge des pommerschen Odertales* veröffentlicht, verfasst von fünf Vereinsmitgliedern unter Führung von Ernst Urbahn, Studienrat am Friedrich-Wilhelms-Realgymnasium.

1927 fand in Stettin die *2. Wanderversammlung deutscher Entomologen* statt. Hauptthema war die *Reform der musealen und systematischen Entomologie*; angesprochen waren Aspekte wie Musemsstandorte, Schwierigkeiten beim Konservieren, bei Tausch und Verkauf von Exemplaren, aber auch Probleme, die durch unzuverlässige Sammler oder Museumsbeamte immer wieder entstanden.[27]

26 August Hahne (1873–1952), Lehrer, Stadtschulrat, Stadtrat, Kulturdezernent in Stettin bis 1933, ab 1934 Geschäftsführer des Naturhistorischen Vereins in Bonn. Begründete auch 1918 die Zeitschrift *Dohrniana* der PNG. Biographie bei Eckhard *Wendt*, Stettiner Lebensbilder (wie Anm. 10), S. 218–220.

27 Ausführlicher Bericht durch Fritz *van Emden*, II. Wanderversammlung Deutscher Entomologen in Stettin, in: Entomologische Mitteilungen 16 (1927), Heft 5, S. 357–368.

Im gleichen Jahr gab Leopold Krüger sein Amt als erster Vorsitzender auf, ihm folgte der Stettiner Stadtbaurat i.R. Wilhelm Meyer (1854–1935) nach.[28] Er war seit 1913 Vereinsmitglied und hatte viele Jahre lang Großschmetterlinge in der Umgebung Stettins gesammelt und katalogisiert. Als Stadtbaurat hatte er am Bau von Museum und Hakenterrasse mitgewirkt, auch die Anlage des Hauptfriedhofs der Stadt ging auf seine Pläne zurück. Meyer widmete sich der Aufarbeitung der im Archiv liegenden Jahrgänge der Vereinszeitung, ordnete die dort vorhandenen Briefe aus aller Welt sowie die entomologische Literatur.

Ernst Urbahn (1888–1983), der Zweite Vorsitzende, wurde Herausgeber der *Stettiner Entomologischen Zeitung*.[29] Ab 1920 war er in Stettin als Studienrat tätig; sein Sammelgebiet waren Schmetterlinge, von denen er etwa 15 000 Stück zusammentrug. In seinen Veröffentlichungen ging er nicht nur auf die Beschreibungen der Formen ein, sondern behandelte auch deren Anatomie, Lebensweise und Zucht. Die Bibliothek des Vereins war jahrzehntelang ungeordnet geblieben; ab 1930 widmete sich ihrer Aufarbeitung Alfred Kaestner (1901–1971), neu eingestellter Assistent der entomologischen Abteilung des Museums.[30] Er sorgte in über fünfjähriger Tätigkeit für eine gründliche Revision der Bibliothek und organisierte zusammen mit dem Vorsitzenden regelmäßige Vortragsabende und *kleine Zusammenkünfte*, bei denen man neue Beobachtungen mitteilte oder Insekten bestimmte.

Ab 1930 veröffentlichte das Museum ausführliche Jahresberichte über seine Fortschritte und Entwicklungen. Man hatte erkannt, wie wichtig die Öffentlichkeitsarbeit über eine Schausammlung, über Vorträge, Filmvorführungen oder Besuche von Schulgruppen ist.

Im gleichen Jahr (1930) ist dem Verwaltungsbericht der Stadt Stettin (S. 37f.) zu entnehmen, dass die Käfersammlung 5.500 Gattungen von Käfern umfasste, 3.000 Gattungen von Schmetterlingen, 1.600 Gattungen von Wanzen und Zikaden, je 1.100 Fliegen- und Heuschrecken- bzw. Schabengattungen, 9.000 Gattungen von Hautflüglern (Hymenopteren) und 500 Gattungen von Netzflüglern und Libellen.

Auch wurden verstärkt Kontakte nach außen gepflegt: 1931 versandte das Museum an in-und ausländische Spezialisten über 4.500 präparierte Insekten zur Bearbeitung – diese Zahl machte die Bedeutung der Sammlung weltweit deutlich.[31] In Zusammenarbeit mit der Landwirtschaftskammer zeigte das Naturkundemuseum im gleichen Jahr

28 Auch Wilhelm Meyer-Schwartau genannt.

29 1919 erschien seine große und bedeutende Arbeit *Die Schmetterlinge Pommerns mit einem vergleichenden Überblick über den Ostseeraum.* Während des Krieges wurde seine private Schmetterlingssammlung in das Stettiner Museum gebracht und verbrannte dort. Nach 1945 war er in der DDR als Schulleiter und wieder als Schmetterlingsforscher und -sammler tätig. Insgesamt 185 Veröffentlichungen, seine Nachkriegssammlung mit etwa 25.000 Exemplaren erhielt nach seinem Tod das Naturkundemuseum Berlin. S. dazu www.insektenbox.de/fibel/ges/Urbahn/htm (Abruf im Juni 2016).

30 Alfred Kaestner arbeitete ab 1946 am Zoologischen Museum in Berlin und wurde 1950 dessen Direktor. 1957 wurde er Professor für Spezielle Zoologie an der Universität München, zugleich auch Direktor der Naturwissenschaftlichen Sammlungen des Freistaats Bayern. Sein mehrbändiges *Lehrbuch der Speziellen Zoologie* (ab 1965 erschienen) galt jahrzehntelang als das Standardwerk der systematischen Zoologie.

31 Verwaltungsbericht der Stadt Stettin von 1931, S. 32. Ein Jahr später erhielten auswärtige Entomologen 2800 Insekten aus der Sammlung zur Bearbeitung; Verwaltungsbericht der Stadt Stettin von 1932, S. 26.

eine Ausstellung »Imkerei in Pommern«. Wegen der *allgemeinen unglücklichen Wirtschaftsverhältnisse* senkte der Verein die Jahresbeiträge für Mitglieder in Deutschland von zehn auf acht Reichsmark, diejenigen der Mitglieder im Ausland blieben unverändert. Seit 1932 gab es bei Zusammenkünften auch Vorträge außerhalb der Entomologie: Alfred Kaestner sprach über Spinnen und Weberknechte. Im gleichen Jahr beging die *Societé Entomologique de France* ihre Hundertjahrfeier. Dazu erschien ein 700 Seiten starker reich bebilderter Prachtband, *Livre du Centenaire*; der Stettiner Verein gratulierte herzlich.

Der Entomologische Verein in den Jahren 1933–1945

Die *Entomological Society of London* feierte 1933 ihr hundertjähriges Bestehen. Auch der Stettiner Verein war dazu eingeladen, hatten doch seit den freundschaftlichen Beziehungen zwischen Carl August Dohrn und Henry Tibbats Stainton ab den 1840er Jahren enge Kontakte zwischen beiden Gesellschaften bestanden.

Es ist den Herausgebern und Mitarbeitern der *Stettiner entomologischen Zeitung* zu bescheinigen, dass sie niemals während der Zeit des Dritten Reiches diffamierende Äußerungen im Sinne nationalsozialistischer Rasselehren und Vorstellungen veröffentlichten. Doch findet sich im Jahrgang 1934 eine Mitteilung von Wilhelm Meyer, *den Zeitverhältnissen Rechnung tragend, ist beschlossen worden, fremdsprachliche Arbeiten ausländischer Autoren nur dann aufzunehmen, wenn diese Autoren durch Bestimmen von Stettiner Museumsmaterial sich besondere Verdienste um die hiesigen Sammlungen erworben haben.*[32] Und Meyer 1935: *Die wirtschaftliche Lage des Vereins hat im verflossenen Jahr eine weitere Verschlechterung erfahren (...) Das allgemeine Kesseltreiben gegen das neue Deutschland mag dabei nicht ohne Einfluss gewesen sein.*[33]

Noch im gleichen Jahr starb Meyer im Alter von 81 Jahren.[34] Zum Nachfolger als Ersten Vereinsvorsitzenden wählte man Alfred Kaestner, der auch den Posten als Kustos im Museum übernahm (Abb. 5). Er gab 1937 einen ausführlichen Bericht über das vorausgegangene Jahr im Naturkundemuseum.[35] In der Schausammlung der entomologischen Abteilung wurden eine Übersicht über einheimische Wasserinsekten eingerichtet und eine Zusammenstellung von Nestern tropischer Insekten, wie Wespen, Ameisen und Termiten gezeigt. Fast 70.000 Besucher konnten am Ende des Jahres gezählt werden. Kaestner vermerkte, dass die gesamte Schausammlung auch bei Presse und Rundfunk auf großes Interesse stieß. Das Anschauungsmaterial wurde durch Vorträge ergänzt, so z. B. über Schädlinge in Obstgärten, Flöhe und Ameisen. Die wissenschaftliche Insektensammlung wurde um 70.000 Käfer erweitert, eine Schenkung des verstorbenen Lehrers Paul Franck (1874–1936) in Hamburg. 9.000 Insekten aus verschiedenen Ordnungen wurden einer wissenschaftlichen Bearbeitung nach modernen

32 »Vereinsnachrichten«, SEZ 95 (1934), S. 193.
33 »Vereinsnachrichten«, SEZ 96 (1935), S. 100.
34 Nachruf 1935 durch Ernst *Urbahn* in: SEZ 96 (1935), S. I–IV.
35 A. *Kaestner*, Bericht des Naturkundemuseums für das Jahr 1936, in: Dohrniana 16 (1937), 139–151.

Abb. 5 Alfred Kaestner (1901–1971), zunächst Kustos des Entomologischen Museums, dann von 1933–1941 Vorsitzender des Entomologischen Vereins.

taxonomischen Grundsätzen unterzogen, einige neue Arten konnten beschrieben werden. Für Kaestner war die Entomologische Sammlung die mit Abstand bedeutendste der Naturkundeabteilung des Museums. Mehr als 9.500 Exemplare der Insektensammlung wurden im Laufe des Jahres 1936 an Spezialisten zur wissenschaftlichen Bearbeitung verliehen.[36]

1937 konnte der Verein sein 100-jähriges Bestehen feiern. Zur Feier im November 1937 erschienen Vertreter der Stadt, der Gauverwaltung und von wissenschaftlichen Instituten in und außerhalb Stettins. Für die Gäste war eine kleine Ausstellung eingerichtet worden mit den besten Exemplaren aus den Insektensammlungen von Carl August und Heinrich Dohrn, auch zeigte man die wertvollsten und ältesten Bücher aus der Vereinsbibliothek. Kaestner würdigte nochmals das verdienstvolle Wirken von Vater und Sohn Dohrn für den Verein, die diesen und seine Zeitschrift weltweit bekannt gemacht hätten.

1939 erschien der 100. Band der Vereinszeitung, die auch im Ersten Weltkrieg und in der schweren Zeit danach trotz aller Schwierigkeiten immer Jahr für Jahr mit nur wenigen Verzögerungen herausgegeben wurde. Er enthielt den von Kaestner redigierten Bericht des verstorbenen Wilhelm Meyer über die Geschichte des Vereins und ausschließlich Beiträge von Vereinsmitgliedern. Probleme bei der Drucklegung des folgenden Bandes (Jahrgang 1940) und ihre Überwindung sind ein *rühmliches Zeichen für die Kraft des Deutschen Reiches, das unter dem mächtigen Schutz seines Heeres auch mitten in einem großen Kriege im Inlande noch Kulturaufgaben verfolgt und verfolgen kann.*[37] Ein Repertorium mit einem Autoren- und Schriftenverzeichnis und allen Gattungs- und Artnamen von Insekten, die in den Vereinszeitungsbänden von 1887–1940 genannt wurden, folgte 1941. Der Druck erfolgte mit Mitteln der Heinrich-Dohrn-Gedächtnisstiftung. Solche Repertorien waren auch 1870, 1878 und 1886 erschienen; sie ermöglichen bis heute Interessierten ein schnelles Auffinden der Formen und Artikel für weiterführende Arbeiten.

1941 wurde Alfred Kaestner als Soldat zur Wehrmacht eingezogen. Zum Nachfolger im Vereinsvorsitz wählte man Richard Kleine.[38] Ernst Urbahn veröffentlichte 1942 im Jahrgang 103 der Vereinszeitschrift einen befremdlich wirkenden Appell, der auch in anderen entomologischen Zeitschriften erschien: *Aufruf zur Erfassung entomologischer Beobachtungen im Felde*. Er stellte fest, dass von vielen Schmetterlingsarten, wie z. B.

36 Verwaltungsbericht der Stadt Stettin von 1937, S. 46.

37 So Alfred Kaestner in den »Vereinsnachrichten«, in: SEZ 101 (1940), S. 50.

38 Richard Kleine (1874–1946) trat dem Entomologischen Verein 1912 bei, ab 1938 Mitarbeiter im Museum, er veröffentliche zahlreiche Arbeiten über Schmetterlinge sowie zur Biologie einheimischer schädlicher Insekten.

Tagpfauenauge, Zygaenen (Widderchen) oder Kaisermantel die Verbreitung in Nord- und Osteuropa noch ungenügend bekannt sei. Deshalb wurden alle entomologisch Interessierten im Felde aufgefordert, *in Zeiten geringeren Einsatzes oder in Marschpausen* Beobachtungen anzustellen und die Ergebnisse an Museen oder wissenschaftliche Institute zu übermitteln.[39] *Auch diese Arbeit wird dann ein Dokument deutschen Kulturschaffens in schwerer, aber großer Zeit sein* – so der Schluss von Urbahns Aufruf!

Der im Vorjahr beabsichtigte Plan, den *Entomologischen Verein zu Stettin aus praktischen Gründen* in *Entomologische Gesellschaft zu Stettin E.V.* umzubenennen, wurde 1944 umgesetzt. Die Jahrgänge 1942–1944 der Vereinszeitschrift konnten wegen Papiermangels nur mit stark verminderter Seitenzahl (jeweils ein Heft) erscheinen. Um Platz zu gewinnen, wurde auch ein kleinerer Schriftgrad verwendet. 1944 meldete Richard Kleine im Vereinsleben *nur wenige Änderungen*; es gab noch Sitzungen mit anschließenden Aussprachen. Im März referierte Ernst Urbahn über *Lepidopterologische Beobachtungen, die wünschenswert und im Kriege möglich sind.* Auch eine ordentliche Hauptversammlung konnte man noch im Frühjahr 1944 abhalten.[40] Als letzte Arbeit erschien 1944 im 105. Jahrgang der SEZ der Aufsatz von Herbert Mendorfer: *Beobachtungen über das Falterleben im Winter in West- und Südfrankreich* (S. 192–195).

1944 und 1945 gab es insgesamt 16 Luftangriffe im Raum Stettin.[41] Während die kunstgeschichtlichen Sammlungen des Museums ausgelagert wurden, verblieben die Kästen mit den Insekten im Gebäude. Da dieses bei den Bombenangriffen und beim Kampf um die Stadt nicht zerstört wurde, konnten die meisten Kästen mit Insekten gerettet werden; nur wenige verbrannten. Am 1. März 1945 kam das Museum unter polnische Verwaltung, und über einige Umwege gelangte die entomologische Sammlung im Dezember 1945 in das Institut für Zoologie der Polnischen Akademie der Wissenschaften in Warschau.[42]

Nach 108 Jahren war die Geschichte des *Entomologischen Vereins zu Stettin*, seiner Sammlungen und seiner Zeitschriften zu Ende gegangen.

Ein Blick auf den Inhalt der Vereinszeitschrift *Stettiner Entomologische Zeitung*

Die fachlich-wissenschaftliche Seite

Ein Blick auf über 100 Jahrgänge zeigt, dass die allermeisten wissenschaftlichen Artikel der Systematik der Insekten gewidmet waren und sich mit folgenden Themen befassten:

39 SEZ 103 (1942), S. 1–2. Die Autoren hatten noch offenbar die Vorstellung von einem unaufhaltsamen Vormarsch der deutschen Armee im Osten!

40 »Vereinsnachrichten« im Band 105 (1944) der SEZ, S. 106.

41 Ernst *Völker*, Stettin – Daten und Bilder zur Stadtgeschichte, Leer 1986, S. 252f.

42 Auch die ornithologische Sammlung sowie ausgestopfte Säugetiere des Naturkundemuseums wurden geordnet im Dezember 1945 dem Warschauer Museum übergeben. S. dazu Werner *Eichstätt*, Die Ornithologische Sammlung des ehemaligen Museums für Naturkunde der Stadt Stettin (Pommernsammlung), in: Zeitschrift des Vereins Jordsand 24 (2003), S. 35–37.

- Beschreibung neuer Arten und Gattungen, Revision von bereits beschriebenen Taxa,
- Berichte über Sammelergebnisse und die geographische Verbreitung der Arten,
- Zusammenfassende systematische bis monographische Darstellungen einzelner Ordnungen, Familien oder Gattungen.

Angaben zur Lebensweise, zur Ökologie oder zum inneren Körperbau der Tiere sind ebenfalls vorhanden, treten insgesamt deutlich in den Hintergrund. Angesprochen werden auch einige Male die Bedeutung und Bekämpfung von Insekten, die schädlich für Land-, Forst- und Vorratswirtschaft sind.

Die ersten Vereinsstatuten sahen vor, dass die Mitglieder in erster Linie deutsche Insektenarten beschreiben sollten, dass auch Deutsch die Sprache der ab 1840 erscheinenden Vereinszeitschrift war. Dennoch rechnete man mit interessierten Entomologen aus dem Ausland, und so wurde die Zeitschrift nicht in der für einheimische Publikationen üblichen Frakturschrift gedruckt, sondern in Antiqua, der in der übrigen Welt meist üblichen Schriftart.[43] Die Beschränkung auf in Deutschland vorkommende Insekten wurde bald fallen gelassen – die mit Bahn und Schiff möglichen Reiseerleichterungen führten zu Arbeiten über Aufsammlungen in europäischen Ländern, in Asien, Amerika und Afrika. Berichte über entomologische Reisen nach Island und Grönland finden sich im Jahrgang 1857 der SEZ. Schon 1854 hatte sich ein Aufsatz mit der Schmetterlingsfauna Chinas beschäftigt, mehrfach (1858, 1860) wurde über Insekten Ceylons berichtet, auch über die Fauna Sibiriens (1854), Alaskas (1858) oder Mexicos (1862) gab es Beiträge.

Insgesamt ist die Zahl der Veröffentlichungen in ausländischen Sprachen gering. 1862 erschien die erste Arbeit in Französisch: Henri de Saussure berichtete *Sur divers Vespides Asiatiques et Africains du Musée de Leyden* (Bd. 23, S. 129–141). Erst 1870 folgte durch J. Putzeys ein weiterer französischer Artikel *Trechorum oculatorum Monographia* (Bd. 31, S. 7–48). Einige wenige Arbeiten kamen in italienischer Sprache heraus. Auch konnten Aufsätze durch Übersetzungen ins Deutsche veröffentlicht werden, so Texte aus dem Schwedischen, Italienischen oder Englischen.

Im gesamten Erscheinungszeitraum der SEZ erschienen Hunderte von Erstbeschreibungen von Arten oder Gattungen. Eine solche Artbeschreibung bis Anfang des 20. Jahrhunderts[44] geschah in Form einer mehr oder weniger langen lateinischen Diagnose. Anmerkungen zu Finder und Fundort oder begleitende Zeichnungen können vorhanden sein oder auch fehlen. Grundlage einer heutigen Erstbeschreibung ist der *Holotypus*, das Exemplar der Tierart, nach dem die Erstbeschreibung erfolgte. Diese Typen sollten in einem Museum oder einem sonstigen wissenschaftlichen Institut aufbewahrt werden, wo sie jedermann für eine Überprüfung zugänglich sind. Solche Ty-

---

43 Auch heute noch für viele in- und ausländische Leser eine Erleichterung beim Lesen!

44 Erst die 1905 erschienenen *Règles internationales de la Nomenclature zoologique* schufen ein verbindliches Regelwerk für die Erstbeschreibung von Arten und Gattungen. Die *Series of Propositions for Rendering the Nomenclature of Zoology Uniform and Permanent* von 1842 war ein wichtiger Schritt dorthin gewesen, hatte aber keine allgemeingültige Anerkennung gefunden.

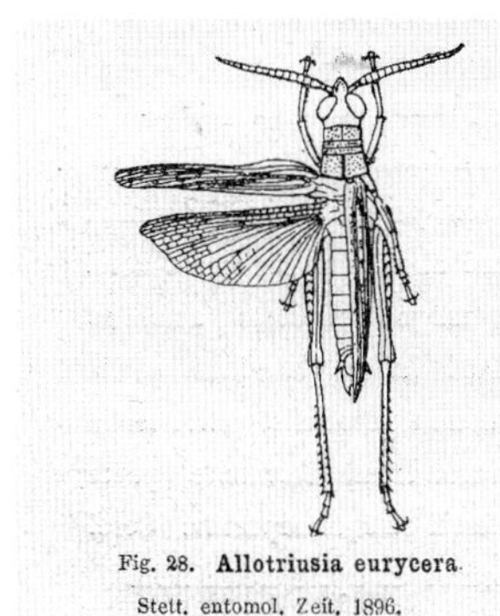

69. *Allotriusia eurycera* n. sp.
Fig. 28.

Testaceo-fusca, alis coerulescentibus, apice praesertim in area costali infuscato. ♀.

Long. corporis 30, pronoti 5, elytri 22,5, femoris postici 14 mill.

Habitat: Africa occidentalis, Sierra Leona (♀ singula in collectione Dom. Dr. Henrici Dohrn).

Abb. 6 Beispiel für die Erstbeschreibung einer Heuschreckenart: Allotriusia eurycera n. sp. *Die kurze Beschreibung erfolgte in lateinischer Sprache; die Art wurde von Heinrich Dohrn in Westafrika gesammelt. S. 306 der Arbeit von F. Karsch: Neue Orthopteren aus dem tropischen Afrika.*

pusexemplare und die mit ihnen wichtigen *Syntypen* (Exemplare, die mit dem Holotypus zusammen gefunden wurden) behielten die Erstbeschreiber im 19. Jahrhundert fast immer in ihren privaten Sammlungen, wo sie dann oft verloren gingen oder bei Tauschaktionen nicht beachtet wurden.

Die verbindlichen Nomenklaturregeln von 1905 erlaubten auch Erstbeschreibungen ohne lateinische Diagnose, in der SEZ hielten jedoch einige Autoren mit dieser Tradition bis zum Ersten Weltkrieg fest.

Abb. 6 zeigt ein Beispiel einer solchen Erstbeschreibung aus der SEZ für die ostafrikanische Heuschrecke *Allotriusia eurycera.*[45] Die Diagnose ist sehr kurz, was darin liegt, dass im Text zuvor *Allotriusia* als neue Gattung aufgestellt worden war und hierbei länger definiert wurde. Andere Beschreibungen neuer Arten in den Jahrgängen bis 1900 sind ausführlicher und genauer. Es finden sich aber in allen Jahrgängen keine Diskussionen darüber, welche Standards bei Neubeschreibungen gelten sollten, wie mit dem Typenmaterial umzugehen sei – dabei war es ja ein Anliegen bei der Gründung des Vereins gewesen, Durcheinander und Unverbindlichkeiten in der Bearbeitung der Insekten durch private Liebhaber und wissenschaftlich ausgebildete Entomologen zu beseitigen.

1859 erschien Charles Darwins epochales Werk, in dem er die Evolutions- und Selektionstheorie begründete. In Deutschland fand er, wie erwähnt, mit Ernst Haeckel (1834–1919) einen engagierten Mitstreiter, der sich nicht durch den massiven Widerstand, der ihm immer wieder entgegenschlug, von der Verbreitung der Lehre Darwins abhalten ließ. Dadurch wurde die Arbeit derjenigen, die sich mit Artbeschreibungen befassten, aufgewertet (ging es bei Darwin doch um den Wandel der Arten im Laufe der Zeit), andererseits fühlten sich viele verunsichert: Wenn Arten sich ändern, was ist da noch bei Neubeschreibungen gültig, gibt es die *Art* eigentlich in der Natur?

Auch diese Fragestellungen und Diskussionen über die Evolutionstheorie finden sich in der SEZ nicht. Sie hätten die Möglichkeit gegeben, gerade durch die Artenfülle bei Insekten, Themen wie Art-, Gattungs-, Familienbegriff, Variation und Variati-

45 F. *Karsch*, Neue Orthopteren aus dem tropischen Afrika, in: SEZ 57 (1896), S. 241–356.

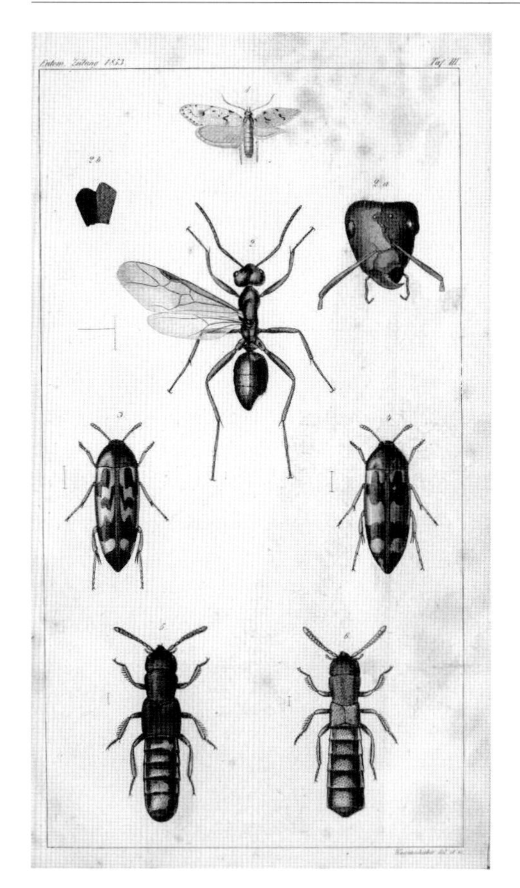

Abb. 7 Ein Beispiel für eine hervorragend gestochene Kupfertafel in der SEZ *stellt die Farbtafel III im Jahrgang 14 (1853) dar. Die Abb. 1 und 2 zeigen Zwitter des Schmetterlings* Chimabache fagella *bzw. der Ameise* Formica sanguinea *(2a: Kopf, 2b: Schuppe der Ameise); die Abb. 3 und 4 stellen die Düsterkäfer* Orchesia undulata *(Erstbeschreibung von Kraatz im selben Band) und* O. fasciata *dar. Unter 5 und 6 sind die Kurzflügelkäfer (Staphyliniden)* Phytosus spinifer *und* Ph. nigriventris *abgebildet.*

onsbreite, Kreuzungen zwischen Arten (»Bastarde«), geographische Rassen oder Entwicklungsstadien im Sinne der neuen Lehre zu diskutieren. Nur zerstreut in einigen Aufsätzen finden sich Erwähnungen der *Darwinschen Theorie,* ohne dass es dabei aber zu einer generellen Diskussion kommt. Im Mai 1858 fand in Dresden eine große Entomologenversammlung statt, bei der »Gesetze der entomologischen Nomenklatur« besprochen wurden. Auch Carl August Dohrn war Teilnehmer, trat aber nicht mit Diskussionsbeiträgen in Erscheinung.[46]

Die Abbildungen in der SEZ

Man kann natürlich die Bilderflut in aktuellen biologischen Zeitschriften und Büchern nicht als Maßstab für die Zahl der Abbildungen in der SEZ über alle Jahrgänge nehmen (Abb. 7). Es fällt aber dennoch ihre insgesamt geringe Zahl auf. Bis zum Er-

46 Mitteilung in Berliner Entomologische Zeitung 2 (1858), S. I–XII. Dohrn stimmte den dort gefassten Beschlüssen aber grundsätzlich zu.

sten Weltkrieg gab es pro Jahrgang im Wesentlichen nur 1–3 Tafeln mit Lithographien, die dem Band angehängt waren; viele Bände enthielten gar keine Bilder. Gelegentlich wurden den Aufsätzen einfache Strichzeichnungen beigefügt, so z. B. in großer Zahl in einer Arbeit über afrikanische Heuschrecken im Jahrgang 1896. Erste farbige Lithographien enthielten die Jahrgänge 1853 (Käfer und Ameisen), 1857 (Schmetterlinge mit Raupe und Puppe) und 1899, letzterer Band mit Tafeln von Käfern aus Sumatra und Schmetterlingen. Nach dem Ersten Weltkrieg wurden auch Fotografien von Insekten abgedruckt.

Lithographische Tafeln mit vielen Einzelabbildungen, die in einer Zeitschrift des 19. Jahrhunderts für aktuell eingereichte Aufsätze schnell hergestellt werden mussten, waren nicht billig. So zeigt ein Vergleich mit anderen entomologischen Zeitschriften, dass die Menge der Bilder in der SEZ sich durchaus in einem damals üblichen Rahmen bewegt, wenn sie auch hierin nicht unbedingt eine Spitzenposition einnahm. Die *Deutsche Entomologische Zeitschrift* hatte z. B. zwischen 1875 und 1879 (Bände 18–23) 2–3 Kupfertafeln, darunter auch farbige; vier Farbtafeln hatte der Jahrgang 1890. Die *Berliner entomologische Zeitschrift* druckte in den Bänden 1–4 zwischen 1857 und 1860 mehr Tafeln, so bis zu acht Lithographien bzw. Kupfertafeln. Reichhaltiger waren Abbildungen in ausländischen Fachzeitschriften vertreten. Die *Wiener entomologische Zeitung* enthielt zwischen 1882 und 1894 neben mehreren Textabbildungen meist 3–4 Tafeln, davon gelegentlich auch einige in Farbe. Die *Transactions of the Entomological Society of London* enthielten viele Abbildungen in den Aufsätzen, im Band 5 (drei Jahrgänge, 1858–1861) z. B. gibt es 20 Tafeln mit vielen Farbabbildungen.

Der Versuch einer »Insektenfauna von Pommern«

Schon von Beginn hatten die Vereinsmitglieder das Bestreben, neben Einzelbeobachtungen auch größere Beiträge über einzelne Insektengruppen in der Provinz Pommern zu veröffentlichen und sie dann in einem Gesamtband zu vereinigen. Herrmann Hering begann mit sieben Aufsätzen *Die Pommerschen Falter* in den Jahrgängen 1840–1843, im Band 8 der SEZ (1880) stellte er eine Übersicht über die Geometriden Pommerns zusammen. Im gleichen Jahrgang der SEZ veröffentlichte Büttner den Beitrag über die Mikrolepidopteren (Kleinschmetterlinge) von Pommern.[47] *Die Bienenfauna Pommerns* war ein Aufsatz von F. Blüthgen im Jahrgang 1919.[48] Von Schroeder stammten 1910 *Beiträge zur Dipteren-Fauna Pommerns*, Schmidt schrieb 1912 *Beiträge zur Hemipteren-Fauna Pommerns*.[49] Nach dem Ersten Weltkrieg kam wiederum der Wunsch nach einer umfassenden Insektenfauna der Provinz Pommern auf. Die bereits erwähnte Arbeit *Die Groß-Schmetterlinge des pommerschen Odertales* (1925) erhielt 1929 einen Nachtrag und sollte Sammler verstärkt zu lokalen Beobachtungen anregen. *Wie weit*

47 H. *Hering*. Die Geometriden Pommerns, in: SEZ 41 (1880), S. 309–326 und F. *Büttner*, Die pommerschen, insbesondere die Stettiner Mikrolepidopteren, in: ebenda, S. 383–473.

48 F. *Blüthgen* in SEZ 80 (1919), S. 65–131.

49 G. *Schroeder* in SEZ 71 (1910), S. 383–396. E. *Schmidt* in SEZ 73 (1912), S. 145–162.

sind wir mit einer Pommernfauna? fragte Urbahn 1932 in der SEZ (93, 160–161) und hoffte auf jährliche Sammelberichte. Von ihm selbst und seiner Frau stammte 1939 noch ein umfangreicher Beitrag: *Die Schmetterlinge Pommerns mit einem vergleichenden Blick über den Ostseeraum.*[50] Wagner gab dann 1941 eine Zusammenfassung der *Zikaden der Provinz Pommern.*[51] Zu einer Übersicht über die Käfer Pommerns[52] ist es nicht gekommen, der Krieg und das Ende des Vereins 1945 verhinderten endgültig die langjährig geplante Idee einer Insektenfauna von Pommern.

Carl August Dohrn und Gustav Kraatz (1857–1906) – eine Kontroverse

Dohrn trat die Schriftleitung der SEZ 1843 an; seit 1844 hat er als Vereinsvorsitzender bis 1886 jedem Jahrgang ein »Neujahrsgedicht« vorangestellt (Abb. 8). In humorvoller Form reimte er über die Umstände der Zeit, nahm Sammler, Erstbeschreibungs-Süchtige und das Vereinsleben aufs Korn oder brachte nachdenkliche Gedanken zum abgelaufenen Jahr, oftmals mit originalen oder verfremdeten lateinischen Zitaten versehen. Zwischen sechs Zeilen (Bd. 39, 1878) und sieben Druckseiten (Bd. 10, 1849) sind diese einführenden Gedichte lang. Man mag sie als nette oder fröhliche Beilage zum wissenschaftlichen Teil der Zeitung sehen, nicht immer für gelungen halten, auch für überflüssig betrachten – aber letztlich ist es dem Leser überlassen, sie zu studieren oder zu übergehen![53]

Diese Neujahrsgedichte stießen bei Gustav Kraatz, dem Redakteur der *Berliner Entomologischen Zeitung* auf wütende Kritik. Nachdem er im Band 3 (S. XLIV; 1859) der *Berliner Entomologischen Zeitung* noch zurückhaltend von der *Neujahrs-Supplik eines zerknirschten Novellenschreibers* gesprochen hatte, wird er 1868 deutlicher. Er wirft Dohrn vor, *Missbrauch mit der Vereinszeitung zu treiben*, spricht von *unerträglichen Witzeleien, Verhöhnungen und Entstellungen unter dem Mantel des Scherzes.* Alles ist *Neujahrs-Maculatur und Malz-Extract.* Kraatz stört sich an Dohrns *reichen Mitteln* (obwohl auch Kraatz sehr vermögend war), spricht von einem *länger schon traurigen Verhältnis zwischen Berliner und Stettiner Verein* und meint, *Dohrn könne sich einmal in seinen Vaterfreuden mäßigen* – dieser hatte seine Söhne durch Arbeiten und Zitate *sechsmalig* zu Wort kommen lassen.[54]

50 E. *Urbahn* und H. *Urbahn* in SEZ 100 (1939), S. 185–826.

51 Dohrniana 20 (1941), S. 95–184.

52 Eine größere Zusammenfassung gibt Albert *Lüllwitz,* Beitrag zur Käferfauna Pommerns, Deutsche Entomologische Zeitschrift, Jg. 1914 (Heft IV), S. 386–405 und *ders.,*Verzeichnis der im Regierungsbezirk Köslin aufgefundenen Käfer, in: SEZ 76 (1915), S. 205–264. Eine Sammlung mit 5.000 Käfern schenkte Lüllwitz 1917 dem Museum.

53 Auch heute findet man Beispiele für die problemlose Verbindung zwischen Wissenschaft und Humor in Büchern: C. *Bresch* und R. *Hausmann* bilden in ihrem Lehrbuch »Klassische und molekulare Genetik«, Berlin 1970, eine Phageninfektion-Zeichnung der 5jährigen Martha Benzer ab. Und Gerolf Steiner (alias *Harald Stümpke*) veröffentlichte ein ganzes Buch über »Bau und Leben der Rhinogradentia«, Stuttgart 1975, einer fiktiven Säugetierordnung, die er vom Nasobem-Gedicht Christian Morgensterns ableitet.

54 Alle Zitate bei Gustav *Kraatz,* Vereinsangelegenheiten, in: Berliner Entomologische Zeitung 12 (1868), S. I–VII.

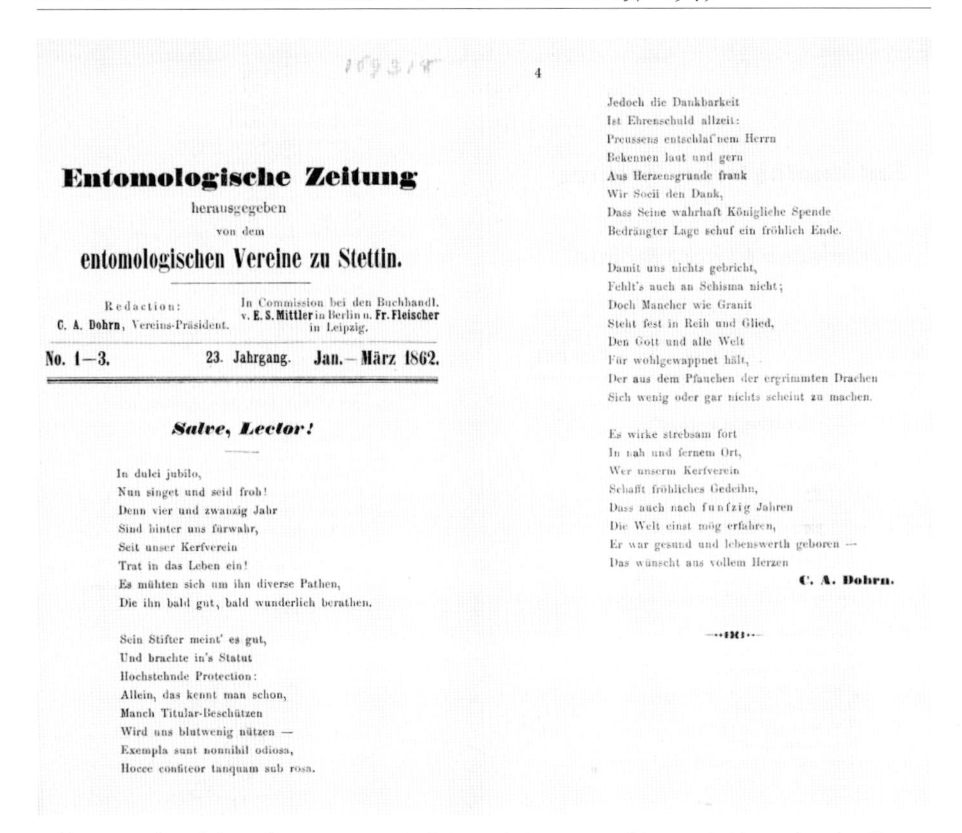

4

Entomologische Zeitung

herausgegeben

von dem

entomologischen Vereine zu Stettin.

Redaction:
C. A. Dohrn, Vereins-Präsident.

In Commission bei den Buchhandl.
v. E. S. Mittler in Berlin u. Fr. Fleischer
in Leipzig.

No. 1—3. 23. Jahrgang. Jan.—März 1862.

Salve, Lector!

In dulci jubilo,
Nun singet und seid froh!
Denn vier und zwanzig Jahr
Sind hinter uns fürwahr,
Seit unser Kerfverein
Trat in das Leben ein!
Es mühten sich um ihn diverse Pathen,
Die ihn bald gut, bald wunderlich berathen.

Sein Stifter meint' es gut,
Und brachte in's Statut
Hochstehnde Protection:
Allein, das kennt man schon,
Manch Titular-Beschützen
Wird uns blutwenig nützen —
Exempla sunt nonnihil odiosa,
Hocce confiteor tanquam sub rosa.

Jedoch die Dankbarkeit
Ist Ehrenschuld allzeit:
Preussens entschlaf'nem Herrn
Bekennen laut und gern
Aus Herzensgrunde frank
Wir Socii den Dank,
Dass Seine wahrhaft Königliche Spende
Bedrängter Lage schuf ein fröhlich Ende.

Damit uns nichts gebricht,
Fehlt's auch an Schisma nicht;
Doch Mancher wie Granit
Steht fest in Reih und Glied,
Den Gott und alle Welt
Für wohlgewappnet hält,
Der aus dem Pfauchen der ergrimmten Drachen
Sich wenig oder gar nichts scheint zu machen.

Es wirke strebsam fort
In nah und fernem Ort,
Wer unserm Kerfverein
Schafft fröhliches Gedeihn,
Dass auch nach funfzig Jahren
Die Welt einst mög erfahren,
Er war gesund und lebenswerth geboren —
Das wünscht aus vollem Herzen

C. A. Dohrn.

Abb. 8 Neujahrsgedicht »Salve, Lector!« von Carl August Dohrn zum 23. Jahrgang der Entomologischen Zeitung 1862.

In seiner Entgegnung schlägt Dohrn ebenso massiv zurück.[55] Kraatz ist für ihn ein *Zeitschriftenscheuerfräulein in Vitriol, ein Berliner Herkules, ein gefeierter Borboropomorphopoites der Panke, der seine Feder in die Gallenblase statt ins Tintenfass getaucht hat.*

1869 spricht Kraatz noch einmal von Dohrns *Neujahrsunfug*, von *Allotria*, nennt dessen *kleinliche[n] Klatschgeschichten factisch unwahr* und meint, dieser sei *nicht vollständig zurechnungsfähig.*[56]

Da andere Mitglieder beider Vereine sich nicht schriftlich zur Kontroverse äußerten, viele auch in beiden Gesellschaften eingeschrieben waren, scheint die Fehde zwischen Dohrn und Kraatz persönlicher Natur gewesen zu sein. Kraatz hatte Dohrn durch seine Eltern kennengelernt und wurde durch ihn zur entomologischen Arbeit geführt. Bis 1855 hatte er ohne Beanstandungen 22 Arbeiten in der SEZ veröffentlicht. Dohrn fühlte sich in späteren Jahren als etablierter Insektenforscher, vor dem der junge Kraatz offenbar nicht genug Respekt hatte. So kam es allmählich zu dem öffentlich

55 C. A. *Dohrn*, »Neujahrs-Strauss«, in: SEZ 30 (1869), S. 1–16.
56 Berliner Entomologische Zeitschrift 13 (1869), Vereinsangelegenheiten, S. V–VI.

ausgetragenen Zerwürfnis, bei dem sich beide auch gegenseitig die falschen Zuordnung und Bestimmung von Käfern vorwarfen.

1870 hatte Kraatz schließlich ein Einsehen: Im Band 14 (S. XI) der *Berliner Entomologischen Zeitschrift* verzichteten er und der Verein auf weitere Angriffe; damit war diese überflüssige Kontroverse beendet. Unabhängig von den Auseinandersetzungen mit Dohrn scheint Kraatz' Persönlichkeit nicht unproblematisch gewesen zu sein: Nach Differenzen in der *Berliner Entomologischen Gesellschaft* wurde er 1880 als Redakteur entlassen, gründete im gleichen Jahr eine *Deutsche Entomologische Gesellschaft* und wurde 1887 aus dem Verein ausgeschlossen.[57]

Die Vereinszeitung während der Kriege Preußens und Deutschlands

Es ist keineswegs selbstverständlich, dass es während der Kriege von 1864, 1866, 1870/71 und im Ersten Weltkrieg keinerlei Ausfälle gegen die feindlichen Mächte oder Mitglieder ausländischer entomologischer Vereinigungen gab.[58] Der Austausch von Insekten mit Kopenhagener Entomologen verlief nach dem preußisch-dänischen Krieg 1864 völlig problemlos.[59] Carl August Dohrn forderte in zwei Neujahrsgedichten *fort mit der deutschen Kleinstaaterei* und stellte zu den Auseinandersetzungen zwischen Preußen und Österreich fest, dass im Gegensatz zum Krieg die *Beschäftigung mit den Wunderwerken der Natur edel, menschenwürdig und friedfertig* sei.[60]

Da die Vereinsnachrichten zwischen 1913 und 1920 extrem kurz waren, finden sich kaum Bezüge zum Weltkrieg, der 1916 als *vielfache Störungen hervorrufend* umschrieben wurde, *die aber das Vereinsleben nicht wesentlich beeinträchtigten*.[61] Für 1920 wurde in der SEZ zu einem Deutschen Coleopteren-Tag aufgerufen, zu dem ausdrücklich Insektenliebhaber und Forscher aus *allen* Ländern eingeladen waren.

Arbeiten über »Nicht-Insekten« in der Stettiner Entomologischen Zeitung

Entomologie bedeutet Insektenkunde, aber in seltenen Fällen gab es in der SEZ auch Veröffentlichungen, die sich mit Arthropoden befassten, die nicht zu den Insekten gehören. Karsch beschrieb 1879 *Sieben neue Arachniden von St. Martha*; wie die Diagnosen der neuen Spinnen-Arten sind auch die kurzen verbindenden Texte vollständig in Latein gehalten. Und von Carl Attems stammte die Neubeschreibung einer Tausendfüßler-Art: *Trachelomegalus laciniatus nov. sp. (Diplop.)*, erschienen im Jahr 1937.[62]

---

57 Andreas *Wessel*, Deutsche Entomologische Zeitschrift – 150 Jahre wissenschaftliches Publizieren in der Entomologie.download.naturkundemuseum-berlin.de.andreas.wessel/dez_geschichte.pdf (Zugriff: Juni 2016).

58 Ganz anders z.B. die Kriegs- und Nachkriegsjahrgänge von 1914–1920 von Musikzeitschriften, wie. z.B. *Zeitschrift für Musik* oder *Die Musik*, in denen zahlreiche Hetz-, Droh- und Schmähartikel gegen das Ausland enthalten sind.

59 SEZ 26 (1865), S. 24.

60 SEZ 28 (1867), S. 1–5 und S. 23.

61 *Vereinsnachrichten*, SEZ 77 (1916), S. 363.

62 SEZ 98 (1937), S. 209–211. Eine Tausendfüßler-Arbeit in einer Insektenzeitschrift entspricht einem Aufsatz über Vögel Hawaiis in einer Zeitschrift für Säugetierkunde!

In den jeweiligen Bänden der SEZ finden sich keine Erklärungen für den Abdruck dieser Arbeiten.

Kuriosa in der Stettiner Entomologischen Zeitung

Fürchtegott Gräßner hatte, wie erwähnt, 1855 ein Verzeichnis der Entomologen in der Welt zusammengestellt und veröffentlicht. Offenbar wies dies viele Mängel auf, so wurden Namen nicht richtig geschrieben, so dass viele Personen doppelt vorkamen, andere bekannte Entomologen gar nicht, sie wohnten in anderen Städten als angegeben, mancher Sammler bekam ein völlig falsches Arbeitsgebiet zugeschrieben, oder es wurden von ihm nur kleine, eher unwichtige Arbeiten erwähnt, seine bedeutenden dagegen gar nicht. Für Carl August Dohrn war dies der Anlass zum Aufsatz mit dem seltsamen Titel *Graessnerliches Sendschreiben des wirklichen Ober-Roll-Mops Brummhummel in Borstenburg an die Redaktion.*[63] Dohrn prangerte Sach- wie Druckfehler an, machte sich über unglückliche Vergleiche lustig und sprach von einem Graessnerschen *Omelette.* Trotzdem hätte am Schluss des Aufsatzes ein Hinweis gut getan, dass die Auflistung trotz der Unzulänglichkeiten nicht ganz unnütz für die Kommunikation der Entomologen untereinander war.

Der Elberfelder Lehrer Cornelius berichtete 1862 über *Libellenzüge im Bergischen.* Ein riesiger Schwarm zwischen Remscheid und Mettmann wurde von der Bevölkerung für eine gewaltige Heuschreckenplage biblischen Ausmaßes gehalten.[64] Cornelius, bei dem Zug selbst nicht dabei, berechnete nach den ihm gemachten Angaben der Beobachter die Zahl der Tiere auf über eine Milliarde!

Von Boie stammte die Mitteilung, im Norden Deutschlands existiere die Vorstellung, dass in kariösen Zähnen »Zahnwürmer« lebten, die den Zahn weiter zerstörten. Von den Betroffenen würden sie mit geräuchertem Bilsenkraut behandelt. Erst nach fast einjähriger Untersuchung gelang es Boie festzustellen, dass diese »Würmer« nichts weiter als Teile der als Gegenmittel verwendeten Pflanze waren und keine Fliegenmaden, wie er anfangs vermutete.[65]

Ueber einige Fälle von Copula inter mares bei Insekten, d.h. über Beobachtungen von sich miteinander paarenden Männchen einiger Käferarten, berichtete C.R. Osten-Sacken und rief den Leser auf, *sich interessante philosophische Betrachtungen über solche abnormen Erscheinungen* zu machen.[66]

Zur Erreichbarkeit der SEZ heute

Für viele Arbeiten zur Systematik einzelner Insektengruppen sind die Originalaufsätze in der SEZ noch heute von Bedeutung. Erfreulicherweise gibt es daher von amerika-

63 C. A. *Dohrn* in: SEZ 16 (1855), S. 136–141.
64 *Cornelius*, in: SEZ 23 (1862), S. 463–466.
65 F. *Boie*, Entomologische Beiträge, in: SEZ 11 (1850), S. 29–30.
66 SEZ 40 (1879), S. 116–118.

nischen Büchereien Digitalisate fast aller Jahrgänge, die im Internet abrufbar sind.[67] Bis zum Jahrgang 1925 sind die Bände vollständig digitalisiert worden, von den weiteren Bänden finden sich jeweils unterschiedlich lange Auszüge. Im Antiquariatshandel werden originale Jahresbände angeboten, aber auch Neudrucke von Jahrgängen sowie Sonderdrucke einzelner Aufsätze. In der Bibliothek des Senckenberg-Museum in Frankfurt sowie in der Bücherei des Museums Alexander König in Bonn sind die kompletten Jahrgänge von 1837 bis 1944 vorhanden und frei zugänglich.

Linnaea Entomologica, die zweite Vereinszeitschrift

Wie erwähnt kam die neue Zeitschrift durch die Übernahme der *Zeitschrift für Entomologie* zustande, die Ernst Friedrich Germar bis 1844 betreut hatte. Die Zahl der eingereichten Manuskripte war stark gestiegen, und so sollten größere Abhandlungen in der Linnaea veröffentlicht werden, aber es war auch das Ziel, *ungebührlich vernachlässigte Ordnungen* durch Aufsätze bekannter zu machen. Der Titel *Linnaea* war *eine Huldigung für den unsterblichen Begründer der Entomologie*, für Carl von Linné. [68] Der erste Band der Zeitschrift erschien 1846; nach der Herausgabe des Bandes 16 im Jahre 1866 stellte der Verein ihr Erscheinen ein.

So finden sich neben umfangreichen Arbeiten über Käfer und Schmetterlinge auch solche über Gallmücken, Raubfliegen, Schaben oder Termiten (die Monographie dieser Ordnung in den Bänden 10–14 ist allein rund 450 Seiten lang). Von Ernst Suffrian stammte, ebenfalls über mehrere Jahrgänge verteilt, eine über 1500 Seiten starke Darstellung der *Cryptocephalen* Europas, Amerikas und Australiens, einer Gruppe der Blattkäfer. Jeder Band enthielt jeweils zahlreiche Abbildungen auf 2–4 Tafeln.

Auch in dieser Zeitschrift kann Carl August Dohrn nicht seinen Hang zum Literatentum zurückhalten. *Loxoprosopus ceramboides Guérin. Eine entomologische Humoreske* ist der Titel einer Betrachtung über einen Käfer, dessen systematische Einordnung länger umstritten blieb. Dohrn spannte einen weiten Bogen mit Erwähnung der ägyptischen Isis, Mephistopheles, der Bibel, von Linné, Lichtenberg bis hin zu Beethoven und der Musik – ein doch etwas zu bemühter und somit gequält wirkender Beitrag in einer wissenschaftlichen Zeitschrift.[69]

Eine Auswahl von nach Vereinsmitgliedern benannten Insekten

Schon mit der Einführung der *binären Nomenklatur* war es möglich und üblich, neu beschriebene Arten zu Ehren des Entdeckers oder eines Entomologen zu benennen,

67 Am ausführlichsten unter dem Stichwort *Biodiversity Heritage Library* bei Google (Letzter Abruf: Juni 2016).
68 So C. A. Dohrn und H. Schaum in der Vorrede in Linnaea Entomologica 1 (1846), S. II–IV.
69 C .A. *Dohrn* in Linnaea Entomologica 10 (1855), S. 329–339.

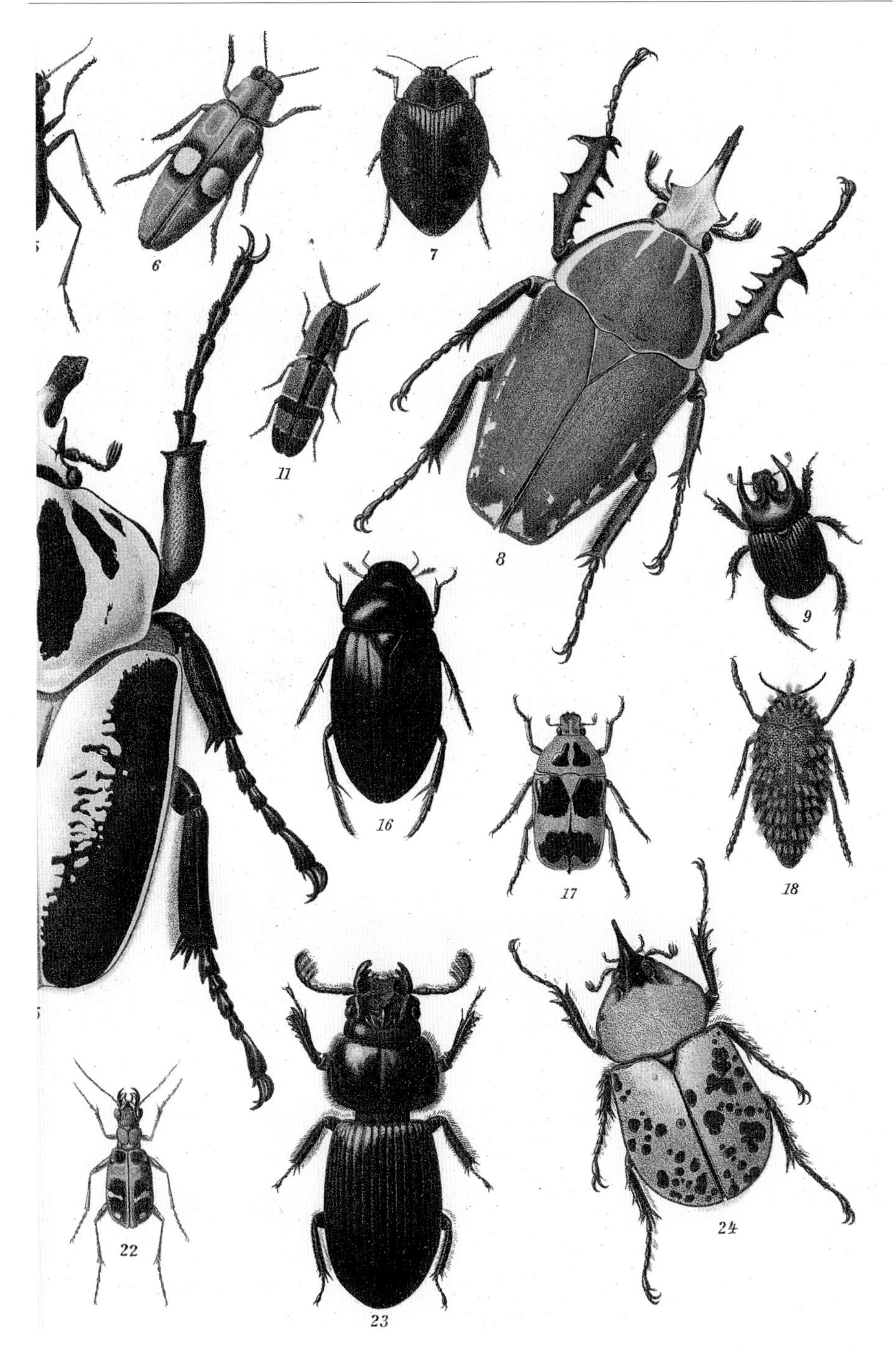

Abb. 9 Großer Brockhaus, 14. Auflage (Band 10, 1894–1896), Ausschnitt aus der Farbtafel ›Käfer‹ mit der Abbildung der Carl August Dohrn gewidmeten Rosenkäferart Heterorrhina sexmaculata dohrni *(Nr. 17).*

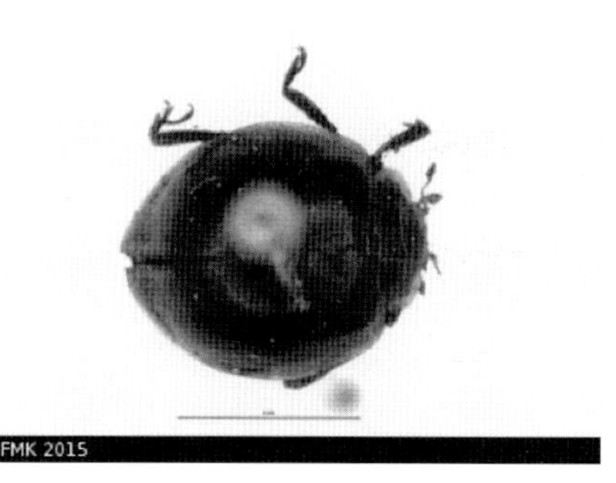

Abb. 10 Epilachna kaestneri, *ein Marienkäfer aus Ostafrika, der nach Alfred Kaestner benannt wurde.*

der sich um die Erforschung dieser Insektengruppe besondere Verdienste erworben hatte. Bei der Artnamensgebung wird üblicherweise an den Eigennamen ein –i gehängt (bei Frauen ein ae); es ist aber auch möglich, aus dem Personennamen einen Gattungsnamen in lateinischer oder griechischer Form zu bilden.

Nach Friedrich Büttner, einem Vereinsmitglied der ersten Stunde, ist die *Schrägflügeleule Sedina buettneri* benannt, ein kleiner Schmetterling, die der Erstbeschreiber Edmund Hering ursprünglich 1858 in die Gattung *Arsilonche* gestellt hatte. Weit mehr als ein Dutzend Käferarten tragen den Namen von Carl August Dohrn, so z. B. der *Prachtkäfer Chrysodema dohrni*, der *Rosenkäfer Coryphocera dohrni*, der asiatische *Schnellkäfer Campsosternus dohrni* sowie *Heterorrhina sexmaculata dohrni*, ebenfalls eine *Rosenkäfer*art; eine Abbildung von ihr in der 14. Auflage des *Großen Brockhaus* ließ die Art über den Kreis der Entomologen hinaus bekannt werden (Tafel »Käfer« im Band 10; 1894–1896; vgl. Abb. 9). Carl August Dohrn ist auch Namensgeber der 1851 aufgestellten Gattung *Dohrnia*, zu der zahlreiche australische Engdeckenkäfer (Familie Oedemeridae) gehören. Heinrich Dohrns Namen erhielten verschieden Insekten aus verschiedenen Ordnungen (z.B. Zikaden, Heuschrecken, Käfer, Wanzen, Schmetterlinge); auch die wissenschaftlichen Namen tropischer Vogelarten tragen seinen Namen.

Sehr viele neu entdeckte Schmetterlingsarten wurden nach Philipp Christoph Zeller benannt. So wurde z. B. 1855 eine *Sackträgermotte* ihm zu Ehren als *Psyche* (heute *Acanthopsyche*) zelleri beschrieben. Staudinger beschrieb 1877 eine Eulenfalterart aus Vorderasien unter dem Namen *Agrotis heringi* zu Ehren von Herrmann Hering; ihr heutiger Name ist *Euxoa heringi.*

Seit 1935 ist der *Marienkäfer Epilachna kaestneri* bekannt (vgl. Abb. 10); Alfred Kaestner ist noch Namensträger mehrerer Spinnenarten. Ernst Urbahn wurde die Schmetterlings-Unterart *Aplocura praeformata urbahni* gewidmet.

Solche wissenschaftlichen Namen haben für immer Gültigkeit, es sei denn, die Arten mussten in eine andere Gattung versetzt werden (dann bleibt der Artname aber erhalten), oder es stellt sich heraus, dass die neu beschriebene Form bereits unter einem anderen Namen bekannt ist. Dann verfällt der gesamte Name, wie es z. B. mit der 1854 von Wollaston neu entdeckten *Borkenkäfer*art *Tomicus dohrni* der Fall war, sie ist lediglich ein Synonym von *Xyleborus saxenesi.*

Die Sammlungen nach 1945

Wie erwähnt gelangte nach dem Krieg der allergrößte Teil der Insektensammlungen des Entomologischen Vereins unbeschädigt von Stettin nach Warschau. Die Arbeit von Medler über Schmetterlingszikaden (Familie Flatidae) macht dies deutlich.[70] Die genadelten Exemplare sind nach Medler in hervorragendem Zustand und tragen noch die Originaletiketten. Darunter sind viele Holotypen der von Edmund Schmidt, dem Fachmann für Zikaden am Stettiner Museum, zwischen 1904 und 1932 beschriebenen Arten. Ähnliches geht aus einem Aufsatz von Tomaszewska über Laternenträger-Zikaden (Familie Fulgoridae) hervor; auch hier blieb eine hohe Zahl von Holo- und Syntypen erhalten.[71]

Durch Tausch oder Überlassung zu gründlichen Überarbeitungen von Gattungen oder Familien gelangten vor dem Kriege Exemplare aus dem Stettiner Museum an andere Institute oder Museen. Als Beispiel sei die ostafrikanische Heuschrecke *Spalacomimus stettinensis* genannt; Weidner beschrieb sie 1941 nach Material, das ihm das Stettiner Museum zur Verfügung stellte, unter dem Gattungsnamen *Madiga*.[72] Den Artnamen *stettinensis* wählte er als Reverenz gegenüber dem Stettiner Entomologischen Verein. Die Abbildung 11 zeigt das Etikett eines Syntypus-Exemplars mit dem Hinweis, dass es aus dem Stettiner Museum im März 1941 nach Hamburg kam.[73]

Schlussbemerkung

Dem Entomologischen Verein zu Stettin ist es während seines Bestehens gelungen, sich weitestgehend von politischen Einflüssen freizuhalten. Die vielen Oberpräsidenten von Pommern, die als Protektoren auftraten, verstanden ihre Aufgabe als Ehrenamt. Dank vieler Mäzene, insbesondere Carl August und Heinrich Dohrn, und der unermüdlichen Tätigkeit seiner angestellten und ehrenamtlich arbeitenden Mitglieder gelang es dem Verein, Beziehungen zu zahlreichen Personen, Instituten und Vereinen in der ganzen Welt zu knüpfen – auch während kriegerischer Auseinandersetzungen und in der Zeit danach. Während Aspekte zur Ökologie, Physiologie, Anatomie oder Entwicklungsgeschichte der Insekten und zum Naturschutz im Verein weniger Aufmerksamkeit fanden, standen gründliche und auch umfangreiche Arbeiten zu ihrer Systematik deutlich im Vordergrund. So können in diesem Bereich Entomologen in der ganzen Welt für die Arbeit des Stettiner Vereins dankbar sein, der durch die Auf-

70 John T. *Medler*, Types of Flatidae XXII. E. Schmidt Types in the Warsaw Museum and other Museums (Homoptera, Flatidae). Bulletin of the Museum and Institute of Zoology PAS, No. 1 (1996), S. 135–151.

71 Wioletta *Tomaszewska*, The type material of family Fulgoridae (Homoptera) in the Museum and Institute of Zoology PAS, in: ebenda, S. 79–84.

72 Herbert *Weidner*, Die Hetrodinae des Hamburgischen Museums und Instituts, in: Zoologischer Anzeiger 134 (1941), S. 268–295.

73 Michael *Wilfert*, Jürgen *Philippen* und Eckhard *Wendt*, Nach Stettin benannte Insekten, in: Stettiner Bürgerbrief Nr. 42 (2016), S. 42–45.

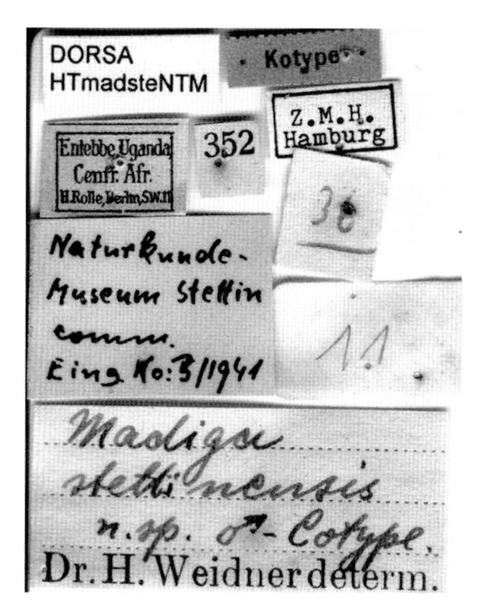

Abb. 11 Etikett für ein genadeltes Exemplar von Spalacomimus stettinensis, *von Weidner 1941 als* Madiga stettinensis *beschrieben. Darauf der Hinweis, dass das Tier aus der Sammlung des Naturkundemuseums Stettin nach Hamburg kam.*

sätze in seinen Zeitschriften und mit seinen über den Zweiten Weltkrieg erhalten gebliebenen Sammlungen bis heute ihre Forschungen mitträgt.

NIEDERDEUTSCHE WORTSCHATZSAMMLUNGEN IN HINTERPOMMERN AM ENDE DES 19. JAHRHUNDERTS

von Matthias Vollmer

1. Einleitung

Die ostpommerschen Mundarten, die durch die Folgen des Zweiten Weltkriegs ihren Sprachraum und damit die Grundlage ihrer weiteren Existenz verloren haben, sind heute nahezu verklungen. Der vorliegende Beitrag beschäftigt sich mit einer wichtigen historischen Phase im Rahmen der Bemühungen um den Wortschatz dieses großen ostniederdeutschen Dialektverbandes. Knapp 40 Jahre vor der Gründung des Pommerschen Wörterbuchs in Greifswald wurden seit den achtziger Jahren des 19. Jahrhunderts wesentliche Vorarbeiten für das zu jener Zeit noch ferne Ziel eines großlandschaftlichen Dialektwörterbuchs für Pommern geleistet, die sich besonders auf die sprachlichen Verhältnisse im damaligen Hinterpommern bezogen. Von diesen Initiativen soll hier berichtet werden.

Der historische Geltungsbereich der ostpommerschen Dialekte umfaßt den größten Teil der ehemaligen preußischen Provinz Pommern östlich der Oder (Hinterpommern) in den Grenzen von 1937. Nur der Südwesten Hinterpommerns gehört dialektgeographisch zu Mittelpommern. Die Grenze zwischen den mittelpommerschen und ostpommerschen Mundarten wird dabei durch den östlichen Schenkel des »mittelpommerschen Keils« gebildet, der vom südöstlichen Rand des Stettiner Haffs in einer geschwungenen Linie über Gollnow und Stargard zur ehemaligen pommerschen Grenze verläuft.[1] Im Westen reicht dieser Keil bis zur wichtigsten Sprachgrenze im heutigen Bundesland Mecklenburg-Vorpommern, die durch den Verlauf der unscheinbaren Flüsse Zarow und Landgraben in der Nähe von Ueckermünde markiert wird. Westlich davon beginnen die vorpommerschen Mundarten, die zusammen mit dem Mecklenburgischen den relativ einheitlichen Sprachraum des Mecklenburgisch-Vorpommerschen bilden.

Im gesamten niederdeutschen Sprachraum und damit auch in Pommern setzten die ersten zielgerichteten Bemühungen um die Sammlung und Dokumentation der einheimischen Dialekte im 18. Jahrhundert ein. In Vorpommern wurde in Gestalt des

1 Der Terminus »mittelpommerscher Keil« wurde zu Beginn des 20. Jahrhunderts im Kontext wortgeographischer Forschungen von Robert Holsten geprägt. Vgl. hierzu die Anmerkungen 35 und 36.

Dialektwörterbuchs von Johann Carl Dähnert bereits 1781 ein wichtiger Meilenstein verwirklicht, der zugleich ein Glücksfall für die Analyse der historischen Sprachverhältnisse dieser Region ist.[2] Der große ostpommersche Dialektverband östlich der Oder in Hinterpommern blieb jedoch diesbezüglich noch längere Zeit ein Stiefkind. Die wenigen Initiativen zur Erfassung der gesprochenen Volkssprache in diesem Raum kamen fast nie über Ansätze hinaus. Eine erste Wortsammlung in einer Zeitschrift ist zwar schon für das Jahr 1756 belegt, doch ist ihr Umfang mit lediglich 26 Stichwörtern auf sechs Seiten zu gering, um viel mehr als eine Randnotiz zu sein. Verfasser ist der Kolberger Pastor Johann Engelbert Müller, der zudem offenbar ein problematisches Verhältnis zu den niederdeutschen Dialekten Hinterpommerns und seinen Sprecherinnen und Sprechern hatte, schreibt er doch selbst über seinen kleinen Beitrag: *das Ding eine Kleinigkeit aus Colbergs, und seiner Nachbarschaft Pöbel= und Bauer=Sprache*.[3] Immerhin konnten zwei deutlich umfangreichere Sammlungen, die ebenfalls auf dem Engagement von Pfarrern beruhen, als Manuskript vorgelegt werden. Beide standen jedoch unter keinem glücklichen Stern und gelangten aus verschiedenen Gründen erst gar nicht zum Druck.[4] Diese unerfreuliche Situation änderte sich erst allmählich seit den dreißiger Jahren des 19. Jahrhunderts. Im Jahr 1831 erschien ein Aufruf der Gesellschaft für pommersche Geschichte und Altertumskunde, in dem um Sprachproben aus ganz Pommern und besonders um die Übersetzung des biblischen Gleichnisses vom verlorenen Sohn in den ortsüblichen Dialekt gebeten wurde. Diese Initiative hatte mit insgesamt 42 Einsendungen durchaus Erfolg, obwohl damit keine auch nur annähernd flächendeckende Erfassung der damaligen sprachlichen Verhältnisse in Pommern verbunden war.[5] Systematisch betriebene Wortschatzsammlungen in Hinterpommern ließen noch längere Zeit auf sich warten.

---

2 Johann Carl *Dähnert*, Platt=Deutsches Wörter=Buch nach der alten und neuen Pommerschen und Rügischen Mundart, Stralsund 1781. Zur Würdigung dieses frühen Dialektwörterbuchs s. Renate *Winter*, Johann Carl Dähnerts Platt=Deutsches Wörter=Buch in seiner und unserer Zeit, in: Niederdeutsche Mitteilungen 26 (1970), S. 73–98.

3 Johann Engelbert *Müller*, Probe eines Pommerschen Wörter-Buches, in: Johann Carl *Dähnert*, Pommersche Bibliothek 5 (1756), S. 172–177, hier S. 172.

4 Der Stolper Präpositus Christian Wilhelm Haken (1723–1791) ist der Autor einer verschollenen Sammlung aus dem späten 18. Jahrhundert, die sogar noch vor dem vorpommerschen Wörterbuch von Dähnert (der im Vorbericht seines Wörterbuchs auf dieses Werk verweist) beendet worden war. Vgl. hierzu: Matthias *Vollmer*, Zur pommerschen Dialektlexikographie. Kosegartens Wörterbuch der niederdeutschen Sprache älterer und neuerer Zeit, in: Jahrbuch des Vereins für niederdeutsche Sprachforschung 131 (2008), hier S. 115–117. Bei der zweiten Sammlung handelt es sich um ein Idiotikon des Pastors Georg Gotthilf Jacob Homann aus Budow bei Stolp. Vgl. hierzu: Matthias *Vollmer*, Das ostpommersche Idiotikon von Georg Gotthilf Jacob Homann, in: Niederdeutsches Wort 54 (2014), S. 91–101.

5 Zu den Resultaten der Erhebung vgl. Wilhelm *Böhmer*, Sammlung der Niederdeutschen Mundarten in Pommern, in: Baltische Studien 2. Jg. (1833), Heft 1, S. 139–172.

2. Sammlungen am Ende des 19. Jahrhunderts

Eine neue Phase dialektlexikographischer Arbeiten zu den pommerschen Mundarten prägte die letzten beiden Jahrzehnte des 19. Jahrhunderts. Sie wurde nicht von Sprachwissenschaftlern, sondern außeruniversitär vorrangig von Lehrern betrieben und ist besonders durch die Verflechtung mit volkskundlichen Zielsetzungen gekennzeichnet. Diese enge Beziehung von dialektologischen und volkskundlichen Fragestellungen verweist besonders im niederdeutschen Sprachraum auf eine ältere Traditionslinie. Das »Holsteinische Idiotikon« von Johann Friedrich Schütze, das zugleich einen Beitrag zur »Volkssittengeschichte« liefern wollte, kann in diesem Zusammenhang als erstes niederdeutsches Dialektwörterbuch gelten, das die Trennlinie zwischen Sprachwörterbuch und volkskundlich ausgerichteter Enzyklopädie verwischte.[6] Es sind aber gerade solche Ansätze, die nun mit gehöriger Verspätung auch in Pommern ihre Wirkung entfalteten. Eine herausragende Rolle spielt dabei mit einer Fülle von Veröffentlichungen, die grundsätzlich unselbständig in Zeitschriften oder Schulprogrammen erschienen sind, der im Kreis Stolp in Hinterpommern geborene Gymnasiallehrer, Volkskundler und Erzählforscher Otto Knoop (1853–1931).[7] Der große volkskundliche Einfluß seiner Beiträge zu den Mundarten Pommerns wird besonders dadurch sichtbar, daß in ihnen der pommersche Wortschatz häufig vor dem Hintergrund überlieferter Redensarten und Sprichwörter thematisiert wird, schließlich verstand Knoop unter Volkskunde *die Äußerungen des Volkslebens in Sprache, Glauben und Sitte.*[8] Gleich drei seiner frühen Publikationen stellen explizit diese Verbindung her.

1885 veröffentlichte der Volkskundler eine erste Sammlung mundartlichen Materials unter dem Titel »Plattdeutsche Sprüchwörter aus Hinterpommern«, um damit die Kenntnis der niederdeutschen Dialekte dieser Region zu verbessern.[9] Anders als es der Titel suggeriert, handelt es sich jedoch keinesfalls nur um Sprichwörter, sondern insgesamt um genau 300 Redensarten, Sprichwörter und Sagwörter, die nach ihrer geographischen Herkunft in elf Untergruppen geordnet sind (zehn namentlich genannte Ortspunkte aus dem östlichen Hinterpommern, dazu der Kreis Bütow). Innerhalb dieser Gliederung ist kein weiteres Ordnungsprinzip vorhanden, worunter die Benutzung zwangsläufig leidet. Ebenso negativ macht sich der völlige Verzicht auf Bedeutungserläuterungen bemerkbar, der eine solche Sammlung nur für den ausgewiesenen Kenner des Dialekts durchsichtig macht und ihren Wert erheblich schmälert. Zwei Beispiele sollen stellvertretend dafür stehen, welche (fast unüberwindlichen) Schwierigkeiten für den Benutzer bei der Deutung der Belege entstehen können: *So eis di*

6 Johann Friedrich *Schütze*, Holsteinisches Idiotikon. 4 Bände, Hamburg 1800–1806.

7 Otto Knoop hat sich vorwiegend als Herausgeber und Bearbeiter pommerscher Volkssagen einen Namen gemacht.

8 Blätter für Pommersche Volkskunde. Monatsschrift für Sage und Märchen, Sitte und Brauch, Schwank und Streich, Lied, Rätsel und Sprachliches in Pommern, hgg. von Otto *Knoop* und Alfred *Haas*, Stettin-Labes 1892–1902, hier Jahrgang 1, S. 1.

9 Otto *Knoop*, Plattdeutsche Sprüchwörter aus Hinterpommern, in: Korrespondenzblatt des Vereins für niederdeutsche Sprachforschung 10 (1885), S. 52–59.

Strûk is, wât ôk di Toue, Dat draug ût as Weschuke sîe Kês' un Brot, taure letzt Happ herr hei nieschts.[10]

Wenige Jahre später greift Knoop das Thema dieser Sammlung erneut auf und publiziert »Plattdeutsches aus Hinterpommern« in einem Schulprogramm.[11] Hinter dem unscheinbaren Titel verbergen sich insgesamt 610 idiomatische Einheiten, wozu vor allem Redensarten, Sprichwörter, Sagwörter, Sprüche und Ausrufe gehören. Die geographische Herkunft ist nahezu deckungsgleich mit der früheren Publikation des Verfassers. Insgesamt wird Material aus elf Orten der östlichen und nordöstlichen Regionen Pommerns präsentiert (vorrangig aus den Kreisen Stolp, Bütow und Lauenburg). Anordnungsprinzip ist diesmal jedoch das Alphabet, wobei jeweils ein sinntragendes Wort jeder phraseologischen Einheit als Stichwort ausgewählt und zudem durch Sperrsatz typographisch hervorgehoben wird. Der Stichwortansatz ist jedoch nicht konsequent durchdacht, ein durchgängiges Prinzip (etwa nach dem ersten sinntragenden Wort) verfolgt Knoop nicht. Zudem wird dieses sinntragende niederdeutsche Wort bei Vorliegen einer etymologischen Entsprechung zu einem hochdeutschen Lexem alphabetisch häufig diesem standardsprachlichen Wort zugeordnet. So findet man eine Redensart mit *Iesen* alphabetisch unter ›Eisen‹, *Illre* unter ›Eltern‹, *Ulledeil* unter Altenteil, dagegen *Hus* nicht unter ›Haus‹ und *Bur* nicht unter ›Bauer‹. Problematisch ist zudem, daß präfigierte Verben häufig nach dem hochdeutschen Grundwort geordnet werden (eine Redewendung mit *aftelle* wird also alphabetisch bei ›zählen‹ abgehandelt). Eine Klassifizierung der einzelnen phraseologischen Einheiten nimmt Knoop nicht vor. Positiv hervorzuheben ist jedoch, daß die Herkunft aller Belege durch eine Ortssigle vermerkt wird. Im Unterschied zur ersten Sammlung enthält dieser Beitrag zudem immerhin einige Bedeutungserläuterungen, mehrheitlich fehlt aber weiterhin jede Erklärung. Modern und benutzerfreundlich geht Knoop hingegen vor, indem er Objekt- und Metasprache typographisch unterscheidet. Für die Erläuterungen benutzt er Frakturschrift, die mundartlichen Belege sind dagegen grundsätzlich in Antiqua gesetzt.

In unmittelbarem Zusammenhang mit dieser Sammlung steht eine weitere Veröffentlichung aus der Feder Knoops, die er selbst sogar ausdrücklich als Nachtrag bezeichnet hat.[12] Daß der Verfasser die 177 hierin enthaltenen Sprichwörter und Redensarten wegen angeblicher Anstößigkeit (angesprochen werden z. B. häusliche Gewalt und Trunksucht, enthalten sind aber auch erotische Anspielungen und Skatologisches)[13] aus dem Schulprogramm verbannte und lieber separat 1889 im Jahrbuch

10 Otto *Knoop*, Plattdeutsche Sprüchwörter (wie Anm. 9), S. 56. Das erste Sprichwort bedeutet frei übersetzt: »So wie die (dafür benutzten) Zweige, wird auch der Zaun.« Der redensartliche Vergleich bezieht sich auf ständigen Mangel, konkret auf einen Mann mit dem Familiennamen Weschuke bezogen, der nie ausreichend Brot und Käse zur Verfügung hatte.

11 Otto *Knoop*, Plattdeutsches aus Hinterpommern, in: Königliches Gymnasium zu Gnesen. 27. Jahresbericht. Posen (1890), S. 1–27.

12 Otto *Knoop*, Plattdeutsche Sprüchwörter und Redensarten aus Hinterpommern, in: Jahrbuch des Vereins für niederdeutsche Sprachforschung 15 (1890), S. 53–60.

13 Zwei Beispiele seien zur Verdeutlichung zitiert (wie Anm. 12, hier S. 55): Ne besåpen Fru is he Engel im Bedd; Dei het dat hibsch Fell uk väre Oarsch kraege *Ein Mädchen, das Geld hat, aber hässlich ist.*

des Vereins für niederdeutsche Sprachforschung abdrucken ließ, kann aus heutiger Sicht als Kuriosum gelten. Der Aufbau der Sammlung unterscheidet sich nicht von der früheren Dokumentation. Auch der Unterschied zwischen Objektsprache (recte) und Erläuterungssprache (kursiv) wird erneut verdeutlicht, allerdings auf etwas andere Weise, weil in dieser Veröffentlichung ganz auf Frakturschrift verzichtet worden ist. Trotz der angesprochenen Schwächen in der Präsentation und Interpretation des Materials stellen die bislang vorgestellten Beiträge Knoops wichtige und umfangreiche Sammlungen des niederdeutschen Wortschatzes Hinterpommerns am Ende des 19. Jahrhunderts dar, auch wenn ihr Schwerpunkt im Bereich der Phraseologie und Sprichwortkunde der ostpommerschen Dialekte liegt.

Neben den genannten Arbeiten hat der unermüdliche Sammler Otto Knoop die pommersche Dialektlexikographie zudem durch Abhandlungen zur mundartlichen Lexik Hinterpommerns bereichert, die die Bedeutung des Einzelwortes in den Mittelpunkt stellen. Im Jahr 1888 veröffentlichte er eine alphabetisch geordnete Liste mit 378 Lemmata aus den Orten Carzin und Wusseken in den Kreisen Stolp und Bütow.[14] Diese Wortliste ist als Versuch zu werten, einen zwar sehr überschaubaren, aber doch relevanten Ausschnitt eines kleinräumigen Dialektwörterbuchs zu vermitteln. Aufbau und Struktur der Sammlung sind denkbar einfach gehalten und offenbaren nur geringes lexikographisches Fachwissen. In aller Regel besteht ein Wortartikel aus lediglich zwei Positionen, dem Lemma und der Bedeutungserläuterung. Bis auf gelegentliche Angaben des grammatischen Geschlechts fehlen nahezu grundsätzlich grammatische Informationen jeglicher Art, auch Belege für den konkreten Sprachgebrauch werden nur ausnahmsweise präsentiert (ein Beispiel dafür bietet der Artikel zum Stichwort *fuckse* ›ärgern‹ mit dem jedoch wenig aussagekräftigen Beleg: *dat fuckst mi*).[15] Präfigierte und zusammengesetzte Verben stehen alphabetisch in der Regel beim Grundwort (das gilt etwa für das Simplex *luckse* ›scharf sehen‹, dem die Nebenlemmata *beluckse* und *afluckse* zugeordnet werden).[16] Ähnliches gilt für Ableitungen, die häufig bloß den Status eines Nebenstichwortes innerhalb eines übergeordneten und durch Einrückung auch optisch abgesetzten Wortartikels besitzen (das trifft z. B. für das Verb *gipere* und das Adjektiv *giprig* zu, die dem Hauptstichwort *Giper* ›heftiges Verlangen‹ zugeordnet werden).[17] Bedauerlicherweise wird typographisch in dieser Publikation nicht zwischen Objekt- und Erläuterungssprache differenziert. Die Bedeutung dieser kleinen Sammlung besteht vor allem in zwei Aspekten. Einerseits handelt es sich hierbei um die erste dieser Art überhaupt für den ostpommerschen Sprachraum seit dem wichtigen, aber nie veröffentlichten Idiotikon (Mundartwörterbuch) des Pastors Homann aus Budow bei Stolp aus den zwanziger Jahren des 19. Jahrhunderts.[18] Auf der anderen

14 Otto *Knoop*, Plattdeutsche Wörter aus Hinterpommern, in: Korrespondenzblatt des Vereins für niederdeutsche Sprachforschung 13 (1888), S. 52–54, 69–72, 84–87.
15 Otto *Knoop*, Plattdeutsche Wörter (wie Anm. 14), S. 53.
16 Otto *Knoop*, Plattdeutsche Wörter (wie Anm. 14), S. 70.
17 Otto *Knoop*, Plattdeutsche Wörter (wie Anm. 14), hier S. 70.
18 Vgl. hierzu: Matthias *Vollmer*, Das ostpommersche Idiotikon (wie Anm. 4).

Seite wirkte der Beitrag auch als Anregung und Ansporn für die weitere Auseinandersetzung mit diesem Thema.

Zur selben Zeit kam eine weitere Initiative zur Sammlung dialektaler Lexik in Pommern aus dem Umfeld des noch jungen Vereins für niederdeutsche Sprachforschung, der 1874 in Hamburg gegründet worden war. Ziel war ein umfassendes, wissenschaftlich erarbeitetes Wörterbuch für die preußische Provinz Pommern, zu dessen Herausgeber und Bearbeiter der Greifswalder Germanist Alexander Reifferscheid (1847–1909) bestimmt wurde. Die Pläne wurden jedoch nicht realisiert, obwohl Reifferscheid zunächst intensiv dafür warb und deren Umsetzung zusagte.[19] Erfolgreicher aufgegriffen wurde die Anregung jedoch von volkskundlicher Seite, wobei sich wiederum Otto Knoop in besonderer Weise hervortat. Zusammen mit dem in Bergen auf Rügen geborenen Gymnasiallehrer und Volkskundler Alfred Haas (1860–1950) gründete er 1892 die Monatsschrift »Blätter für Pommersche Volkskunde«, die durch die Publikation verschiedener Beiträge die Dialektlexikographie Pommerns wesentlich befördert hat. Bereits im ersten Jahrgang der volkskundlichen Zeitschrift betonten die Herausgeber die enorme Bedeutung des in Aussicht gestellten Wörterbuchs, zu dessen Unterstützung sie mit regelmäßigen lexikalischen Mitteilungen sowie durch erbetene Einsendungen aus dem Leserkreis beitragen wollten. Sie erklärten in diesem Zusammenhang: *Wir sind von der hohen Wichtigkeit der Abfassung und Herausgabe eines pommerschen Wörterbuches überzeugt, wissen wir doch, daß sich jetzt noch manch interessantes Wort vorfindet, das in kurzem verschollen sein dürfte. Es ist darum Zeit, mit der Sammlung sofort den Anfang zu machen.*[20] In der Folge erschienen in der Zeitschrift tatsächlich immer wieder kleine Artikel, die die Bedeutung einzelner Dialektwörter erklärten und oftmals um enzyklopädische Informationen ergänzten. Einige Beiträge galten aber auch der Bezeichnungsvielfalt in den pommerschen Mundarten, waren also onomasiologisch orientiert.[21]

Im zehnten und gleichzeitig letzten Jahrgang der Zeitschrift erschienen 1902 schließlich die auf sieben Hefte verteilten »Beiträge zu einem pommerschen Wörterbuche«, die erneut von Otto Knoop verantwortet wurden.[22] Dabei handelt es sich um eine alphabetisch geordnete Wortliste mit insgesamt 323 Lemmata, die zwar die Buchstabenstrecke von *Ackerpromösel* bis *Wrump* umfaßt, aber eigentlich schon bei *M* abbricht, denn es folgen anschließend nur noch fünf Stichwörter mit dem Anfangsbuchstaben *W*. Die Sammlung, mit der Knoop inhaltlich und formal an die bereits 1888 von ihm veröffentlichte Wortliste aus Nordostpommern[23] anknüpft, ist also aus

---

19 Alexander *Reifferscheid*, Über Pommerns Anteil an der niederdeutschen Sprachforschung, in: Jahrbuch des Vereins für niederdeutsche Sprachforschung 13 (1887), S. 33–42, hier S. 33.

20 Blätter für Pommersche Volkskunde (wie Anm. 8), Jahrgang 1, S. 93.

21 So wurden z. B. die verschiedenen Bezeichnungen der Ameise, des Regenwurms und des Wacholders in Pommern angesprochen. Neben Heteronymen wurden allerdings auch lediglich Lautvarianten gebucht. Vgl. hierzu: Blätter für Pommersche Volkskunde (wie Anm. 8), Jahrgang 4 (1895/96), S. 29–31, 54–56 und 111.

22 Otto *Knoop*: Beiträge zu einem pommerschen Wörterbuche, in: Blätter für Pommersche Volkskunde 10 (1902), S. 43–46, 55–59, 68–73, 109–111, 122–127, 174–176, 188.

23 Otto *Knoop*, Plattdeutsche Wörter (wie Anm. 14).

unerfindlichen Gründen unvollständig geblieben. Die Schnittmenge zwischen beiden Sammlungen ist übrigens recht gering, nur ca. 6% aller Stichwörter der ersten Veröffentlichung sind auch in der von 1902 enthalten.

Bereits ein erster Blick auf den Ansatz der Stichwörter, der z. B. den für die ostpommerschen Dialekte charakteristischen Ausfall des auslautenden *–n* von Infinitiven zeigt, und auf die vermerkten Belege für den Sprachgebrauch deutet darauf hin, daß die Sammlung sich in erster Linie auf die ostpommerschen Dialekte bezieht, was Knoop zunächst jedoch nicht direkt anspricht. Ohne jegliche Vorrede oder Einleitung zu geben, beginnt er nach der Überschrift sofort mit dem Abdruck der Wortliste. Erst im vierten Teil seiner Beiträge merkt der Autor in einer Fußnote an, daß sein Material primär auf den Auskünften zweier Lehrer aus den Kreisen Rummelsburg und Bütow beruht.[24] Neben dem räumlichen Schwerpunkt im Nordosten Pommerns werden in der Sammlung allerdings auch einige Ortspunkte aus dem westlichen Hinterpommern berücksichtigt, Bezüge zum pommerschen Wortschatz westlich der Oder sind dagegen nur ausnahmsweise vorhanden.[25]

Die Mikrostruktur, d. h. die systematische Binnengliederung der einzelnen Wortartikel, gestaltet Knoop diesmal zwar deutlich differenzierter als in seiner ersten Wortliste von 1888, dennoch bleibt sie uneinheitlich und offenbart immer noch lexikographische Schwächen. Das Stichwort und auch die meisten Beispiele für den Sprachgebrauch werden typographisch durch lateinische Schrift vom restlichen Wortartikel abgegrenzt, der in Fraktur gesetzt wird. Grammatische Informationen werden nur spärlich vermittelt. Annähernd vollständig sind lediglich Angaben zum grammatischen Geschlecht der Substantive mit einer festen Position zwischen Lemma und Bedeutungsteil, die aber formal unterschiedlich ausfallen können. Manchmal werden sie durch eine Abkürzung repräsentiert, öfter aber durch Nennung des entsprechenden bestimmten Artikels im Hochdeutschen. Unabhängig davon werden diese Angaben ohne erkennbare Regularität häufig eingeklammert (z. B. *Fôb' (die) Tasche*).[26] Der Bedeutungsteil der Artikel besteht aus der obligatorischen Bedeutungserläuterung und einem fakultativen Teil, der vorwiegend mundartliche Belege, aber auch metasprachliche Passagen besonders mit enzyklopädischen Informationen bietet. In aller Regel trennt Knoop die Bedeutungserläuterung vom restlichen Bedeutungsteil durch ein Gliederungssignal ab. Bei den Beispielen für den Wortgebrauch handelt es sich ausschließlich um Kompetenzbeispiele des Verfassers, nicht aber um Nachweise aus zitierfähigen schriftlichen Quellen. Das Bemühen Knoops um Verdeutlichung der Wortbedeutung durch die Nennung solcher Beispiele ist prinzipiell positiv herauszuheben. In diesen Beispielangaben sind übrigens verschiedene Wörter enthalten, die nicht gleichzeitig auch als Stichwort in der Sammlung erscheinen. Die Anzahl der Stichwörter hätte also problemlos erheblich vergrößert werden können. Ohnehin bleiben die Kri-

24 Otto *Knoop*: Beiträge (wie Anm. 22), S. 109.
25 Explizit wird nur in einem einzigen Fall (beim Stichwort *bulstrig*) die Bedeutung eines vorpommerschen Lexems behandelt. Vgl. hierzu Otto *Knoop*, Beiträge (wie Anm. 22), S. 46.
26 Otto *Knoop*, Beiträge (wie Anm. 22), S. 58.

terien für die Auswahl der Lemmata unklar. Teilweise werden Bedeutungserläuterungen und die Beispiele für den Sprachgebrauch mit Ortsangaben versehen, die für den Zweck dieser auf größere Areale Hinterpommerns ausgerichteten Sammlung wichtig sind. Vereinzelt werden auch Lautvarianten gebucht, die zumeist unmittelbar vor der Bedeutungserläuterung stehen, in einigen Fällen aber erst am Schluß des Wortartikels vermerkt werden. Die Zugehörigkeit eines Lexems zu einer bestimmten Sprach- oder Stilschicht wird von Knoop gelegentlich durch pragmatische Angaben markiert, die sich aber fast ausnahmslos auf Schimpfwörter und ordinäre Ausdrücke beziehen.[27]

Die Makrostruktur der Wortliste stellt eine Mischung zwischen glatt- und nestalphabetischer Organisation dar.[28] So werden präfigierte und zusammengesetzte Verben überwiegend als Nebenstichwort unter dem jeweiligen Grundwort behandelt (z. B. *veråse, sik beåse* und *losåse* unter *åse*), andererseits können sie auch ein Hauptlemma bilden (z. B. *bemimple*).[29]

Seinen wohl wichtigsten Beitrag für die Dokumentation des ostpommerschen Wortschatzes hatte der umtriebige Knoop bereits ein Jahrzehnt früher publiziert. Diese Sammlung wurde jedoch zunächst von Wissenschaft und Öffentlichkeit kaum wahrgenommen, weil sie bedauerlicherweise an wenig prominenter Stelle publiziert wurde, nämlich als Beilage zu einem Schulprogramm des Gymnasiums von Rogasen (Provinz Posen), an dem Knoop damals tätig war.[30] Die in zwei Teilen erschienene Arbeit dokumentiert den fremdsprachlichen Einfluß auf die ostpommerschen Mundarten anhand einer 420 Lemmata umfassenden Wortliste, die vor allem slawische Lehnwörter verzeichnet, unter ihnen zahlreiche fachsprachliche Bezeichnungen aus der Arbeitswelt der Fischer. Bei diesen Slawismen handelt es sich vorwiegend um pomoranische Reliktwörter.[31] Räumlicher Schwerpunkt ist erneut der Nordosten Hinterpommerns. Das Thema des deutsch-slawischen Sprachkontakts in Pommern wurde zwar bereits in der ersten Hälfte des 19. Jahrhunderts als Desiderat der Forschung erkannt,[32] umfassende, auf den niederdeutschen Wortschatz bezogene Ergebnisse sind aber erst mit dieser Pionierarbeit zu konstatieren. Die Wortliste enthält aber keineswegs nur Lehnwörter. Knoop bucht nämlich auch Ekelnamen und Schimpfwörter, wobei er bewußt auch autochthone niederdeutsche Beispiele aufnimmt. Darüber hinaus enthält die Liste noch diverse Wörter, die für den Verfasser etymologisch undurchsichtig waren, aber zweifellos deutschen Ursprungs sind.[33] Zieht man zudem die Entlehnun-

27 Ein Beispiel dafür bietet der folgende Artikel: *Fus' ein Schimpfwort für ein Mädchen, welches in der Kleidung unordentlich ist.* Vgl. Otto *Knoop*, Beiträge (wie Anm. 22), S. 59.

28 Die Makrostruktur ist die Hauptorganisationsebene des Artikelteils. Ein lexikographisches Nest ist eine zusammenhängende Folge von Wörterbuchartikeln nach dem Wortfamilienprinzip mit einem Hauptstichwort und untergeordneten Nebenstichwörtern.

29 Otto *Knoop*, Beiträge (wie Anm. 22), S. 44.

30 Otto *Knoop*, Plattdeutsches aus Hinterpommern. Zweite Sammlung: Fremdsprachliches im Hinterpommerschen Platt nebst einer Anzahl von Fischerausdrücken und Ekelnamen, in: Wissenschaftliche Beilage zum Programm des Königlichen Gymnasiums zu Rogasen, 1890, S. 1–26 (Teil 1); 1891, S. 1–18 (Teil 2).

31 Hans-Holm *Bielfeldt*: Pomoranische Wörter in der deutschen Mundart Hinterpommerns im 19. Jahrhundert. in: Prace filologiczne 18,2 (1964), S. 171–184, hier S. 171–172.

32 Vgl. Wilhelm *Böhmer*, Sammlung (wie Anm. 5), hier S. 139.

33 Vgl. Hans-Holm *Bielfeldt*: Pomoranische Wörter (wie Anm. 31), S. 183–184.

gen aus anderen Sprachen ab, zu denen vorrangig das Französische gehört, bleiben schließlich immerhin noch 170 slawische Lehnwörter übrig, von denen die weitaus größte Zahl zum ersten Mal überhaupt in einer pommerschen Wortsammlung belegt wird. Allein diese Tatsache verdeutlicht den besonderen wissenschaftlichen Stellenwert dieser Veröffentlichung.

Der Aufbau und die Gliederung der Wortartikel ähneln den schon besprochenen Publikationen Knoops. Die durchgehend numerierten Artikel stellen das Lemma durch Sperrdruck heraus, verzichten weitgehend auf grammatische Angaben, illustrieren verschiedentlich den Wortgebrauch durch Kompetenzbeispielangaben und nennen gewöhnlich auch die Ortspunkte, in denen die jeweiligen Lexeme belegt sind. Knoop scheut auch nicht vor der Aufnahme etymologischer Angaben zurück, die *aus Unkenntnis der slavischen Sprachen*[34] natürlich nicht fehlerfrei sind. Das Verdienst Knoops bleibt davon unberührt, seine Materialsammlung stellt die bis dahin umfangreichste und wichtigste Quelle slawischer Entlehnungen dar, die in den ostpommerschen Mundarten nachzuweisen sind.

Mit der frühen Einstellung der »Blätter für pommersche Volkskunde« 1902 endet zugleich diese Phase der pommerschen Dialektlexikographie, die durch ihre Materialerhebungen wichtige Vorarbeiten für das angestrebte großlandschaftliche Wörterbuch der pommerschen Mundarten realisieren konnte.

3. Anschließende Forschungen zum Wortschatz Pommerns

Die anschließenden Forschungen zu den niederdeutschen Dialekten Pommerns und speziell zum dialektalen Wortschatz in der ersten Hälfte des 20. Jahrhunderts sind wesentlich stärker als vorher eingebettet in wissenschaftsgeschichtliche Entwicklungen innerhalb der deutschen Dialektologie. Parallel dazu bestimmten nun zunehmend ausgebildete Philologen den weiteren Gang der Entwicklung. Zu ihnen gehört zuvörderst der aus Langenhanshagen in Vorpommern stammende Sprachwissenschaftler und Volkskundler Robert Holsten (1862–1954), dessen Name eng mit der Etablierung wortgeographischer Forschungen in der deutschen Dialektologie verbunden ist.[35] Holstens wegweisende Arbeiten führten u. a. zu der Erkenntnis der dialektgeographischen Dreiteilung Pommerns in einen vorpommerschen, mittelpommerschen und ostpommerschen Dialektverband.[36]

Auch institutionelle Rahmenbedingungen änderten sich. Noch vor dem Ersten Weltkrieg hatte sich 1913 mit dem sogenannten »Wörterbuchkartell« eine zentrale Interessenvertretung der deutschen Dialektlexikographie gebildet, die u. a. die territori-

34 Otto *Knoop*, Plattdeutsches aus Hinterpommern (wie Anm. 30), Teil 1, S. 3.

35 Zur Würdigung des wissenschaftlichen Wirkens von Robert Holsten vgl. Renate *Herrmann-Winter*, Robert Holsten 1862–1954, in: Land am Meer. Pommern im Spiegel seiner Geschichte, hg. von Werner *Buchholz* und Günter *Mangelsdorf*, Köln-Weimar-Wien 1995, S. 787–799.

36 Vgl. hierzu vor allem: Robert *Holsten*, Sprachgrenzen im pommerschen Plattdeutsch, Leipzig 1928.

ale Zuständigkeit für die geplanten großlandschaftlichen Dialektwörterbücher festlegte.[37] Schon ein Jahr vorher hatte die Historische Kommission für die Provinz Pommern die Erstellung eines »Pommerschen Idiotikons« gefordert.[38] Letztlich führte die weitere Entwicklung zur Etablierung der 1925 von Wolfgang Stammler gegründeten Arbeitsstelle »Pommersches Wörterbuch« an der Universität Greifswald. Die wissenschaftliche Dialektlexikographie in Pommern erhielt damit eine zentrale Sammel- und Bearbeitungsstelle mit dem Ziel, ein Dialektwörterbuch für ganz Pommern zu erarbeiten. Die wechselvolle Geschichte dieses Projekts ist allerdings noch nicht abgeschlossen und zudem nicht Gegenstand dieses Beitrags.[39]

4. Fazit

Die vorgestellten Sammlungen zum Wortschatz der ostpommerschen Dialekte am Ende des 19. Jahrhunderts haben trotz der aufgezeigten Schwächen umfangreiches Material zusammentragen können, das für die Erforschung der historischen Sprachverhältnisse in Pommern und speziell für die Erarbeitung des großlandschaftlichen Pommerschen Wörterbuchs bis heute unentbehrlich ist. So dokumentieren diese Sammlungen z. B. einige Wörter (in erster Linie slawische Lehnwörter), die ausschließlich in diesem Kontext belegt sind, die also selbst durch die systematischen Fragebogenerhebungen für das Pommersche Wörterbuch nach 1925 nicht mehr nachgewiesen werden konnten. Otto Knoop und seinen Mitstreitern gebührt damit nicht zuletzt das Verdienst, durch ihre Bemühungen einen relevanten Teil des kulturellen Gedächtnisses einer ehemaligen niederdeutschen Sprachlandschaft vor dem Vergessen bewahrt zu haben.

37 Über die Konstituierung dieses Gremiums berichtete zeitnah Hermann *Teuchert* in der Zeitschrift für deutsche Mundarten 9 (1914), S. 187–188.

38 Vgl. Baltische Studien NF 16 (1912), S. 188.

39 Der erste Band des Pommerschen Wörterbuchs (A–K) konnte 2007 abgeschlossen werden. Mittlerweile liegen auch die ersten acht Lieferungen des zweiten Bandes vor, die die Buchstabenstrecke L–sörreher umfassen.

Übersicht zu den Rezensionen

REZENSIONEN

Dirk *Alvermann*, Nils *Jörn* (Hgg.), Biographisches Lexikon für Pommern, Bd. 1, (Veröffentlichungen der Historischen Kommission für Pommern, Reihe V: Forschungen zur Pommerschen Geschichte, Bd. 48,1), Köln Weimar Wien – Böhlau Verlag 2013, 277 S., zahlr. Abb., ISBN 978-3-412-20936-0.

Nach jahrelangen Vorbereitungen und Diskussionen zur Herausgabe eines Biographischen Lexikons für Pommern ist es zu einem Durchbruch gekommen. Der bereits seit fast 300 Jahren schmerzlich empfundene Mangel eines solchen Werkes wird jetzt endlich behoben. In einer erklärenden Einleitung gehen die Herausgeber der wechselvollen Genesis eines Personenlexikons für Pommern nach und erläutern ihr methodisches Herangehen. Ausdrücklich folgen sie formal den Vorbildern entsprechender Lexika in Schleswig-Holstein und Mecklenburg.

Die Mischung der aufgenommenen Personen folgt auch hier nur zum Teil den Wünschen der Herausgeber. Viel mehr bestimmen die zur Verfügung stehenden Autorinnen und Autoren die Auswahl. Da aber Mehrbändigkeit geplant ist, können Desiderata nach und nach aufgefüllt werden. Das belegen vergleichbare Projekte. Dass dabei »niemand vergessen« wird, ist den Herausgebern zu wünschen.

Dem Alphabet ist es geschuldet, dass er am Anfang steht, aber es ist kein Zufall, dass gerade Rudolf Baier in den ersten Band aufgenommen wurde. Der Volkskundler, Archäologe, Bibliothekar und Museumsgründer hat wie kaum ein anderer für die Bewahrung kulturgeschichtlicher Zeugnisse in Vorpommern Sorge getragen. Das Stralsund-Museum in seiner heutigen Gestalt ist ohne seinen Pioniergeist nicht denkbar. 60 Persönlichkeiten haben im ersten Band Platz und Würdigung gefunden. Die Autorinnen und Autoren sind durchweg ausgewiesene Wissenschaftler, deren Kenntnisse und Fähigkeiten nicht in Zweifel stehen. Zeitlich umfassen die einzelnen Biographien den Rahmen vom 15. Jahrhundert bis in das 21. Jahrhundert. Weiter zurück reichen mitunter die Familienbiographien, die für die Blixen-Finecke, Buggenhagen, Grüneberg, Neuenkirchen und etwas eingeschränkter auch Loitz entstanden sind. Der Nachteil dieser Familiengeschichten besteht allgemein darin, dass die Wirkungsgeschichte einzelner Personen kaum oder nur unzureichend dargestellt werden kann. In etlichen Fällen sind deshalb aus diesen Familien einige besonders wichtige Persönlichkeiten eigenständig behandelt worden.

Überwiegend handelt es sich bei den porträtierten Einzelpersonen um Wissenschaftler. Aber auch Künstler, Fürsten, Politiker und Beamte haben Aufnahme in den ersten Band gefunden. Dass mit der Schriftstellerin Ida Gräfin Hahn-Hahn nur eine einzige Frau vertreten ist, zeigt das generelle Dilemma dieser Lexika – es sind einfach zu wenige Frauen in den vergangenen Jahrhunderten in öffentlich, wissenschaftlich oder politisch wichtige Positionen gekommen. Jedoch fällt dieses Manko bei dem relativ hohen Anteil von Persönlichkeiten mit einer Wirkungszeit im 20. Jahrhundert (immerhin 19 von 60) besonders auf. Insofern war es natürlich eine kluge Entscheidung der Herausgeber, das Porträt der Gräfin mit auf die Titelseite zu setzen.

Interessante Wahrnehmungen sind immer wieder die regionalen Bezüge von Menschen mit nationaler oder internationaler Bedeutung. Darunter fallen ganz sicher die Schriftsteller Hans Fallada und Uwe Johnson (Gunnar *Müller-Waldeck*), der Maler und Grafiker Lyonel Feininger (Birte *Frenssen*), die Architekten David und Friedrich Gilly (Sabine *Bock*), der Lehrer und Publizist Friedrich Ludwig Jahn (Martin *Herzig*), sowie der Journalist, Historiker und Politiker Franz Mehring (Manfred *Menger*).

Besonders verdienstvoll ist es auch, dem Nestor der pommerschen Geschichte, Roderich Schmidt, gleich im ersten Band einen Platz einzuräumen. Ludwig *Biewer* hat es verstanden, die umfangreichen Meriten des Historikers in

der vorgegebenen Kürze zusammenzufassen und trotzdem zu würdigen.
Etwas unverständlich ist es aber, wenn Gunnar *Müller-Waldeck* in seiner Biographie für den »Theatergrafen« besonders dessen Vater, Friedrich II. Graf Hahn, und seinen Verdiensten um die Wissenschaft eine halbe Seite dieses so knapp bemessenen Platzes einräumt. Dem Sohn Karl Friedrich von Hahn als nimmermüder, selbstloser und wohl fast obsessiver Mäzen und Förderer des Theaters hätte dieser Platz durchaus zugestanden.
Die Biographien von Wissenschaftlern der Greifswalder alma mater und anderer Universitäten sind erwartungsgemäß zahlreich vertreten. Hier ist auch die Streuung über die Jahrhunderte bereits sehr gut gelungen. Bewegend ist das Schicksal von Erich Leick, dem Begründer der Biologischen Forschungsstation auf der Insel Hiddensee. Die Anpassung eines verdienstvollen Wissenschaftlers an die politischen Verhältnisse wird für die Zeit des Nationalsozialismus und in ihren daraus entstandenen Folgen nach 1945 geschildert. Allerdings hat der Autor Henry *Witt* die Liste der Schriften des Porträtierten mit nur drei Titeln unangemessen kurz gehalten, wie ein erster Blick in den Gemeinsamen Verbundkatalog (GVK) belegt.
Detlef *Witt* hat mit seinen Künstlerbiographien aus dem 20. Jahrhundert das schwierige Gebiet der Verwirklichung eigener Ideale, Anpassung an und kreative Umsetzung von politischen Erwartungen der Nationalsozialisten sowie deren Umdeutung nach 1945 akribisch nachvollzogen. Seine Porträts von Max Uecker, Joachim Utech und Walter Wadepuhl korrigieren besonders auch deren spätere Selbstdarstellungen. Dabei ordnet Witt die künstlerischen Leistungen in den politisch bedingten Schaffensperioden ein. Eine anzumerkende Formalie ist der unterschiedliche Satz der Werkverzeichnisse für den Druck.
Schon im Inhaltsverzeichnis fällt der Missionar Karl Gützlaff als ungewöhnlich auf. Seine Lebensgeschichte ist eines dieser unerwarteten Erlebnisse bei der Durchsicht derartiger Lexika. Dass sein Lebensweg sich dann auch wieder nach Pommern als Missionar in eigener Sache für seine missionarische Tätigkeit orientierte, macht seine Aufnahme in das Lexikon besonders wertvoll. Sylvia *Bräsel* hat das sehr gut zusammengefasst. Leider bleibt sie im Vorspann die Kinder dieses Mannes schuldig, aber das kann bei seinen Lebensumständen auch eine zu aufwändige Recherche bedeutet haben.
Die Corrigenda für das Inhaltsverzeichnis haben den Herausgebern sicherlich ärgerliche Stunden beschert. Allerdings wäre es gut gewesen, den Namen der Autorin Bettina *Vogel von* (nicht vom) *Frommannshausen* ebenfalls zu berichtigen. Auch fällt auf, dass im Inhaltsverzeichnis Ida von Hahn-Hahn mit ihrem Adelsprädikat genannt wird, aber ihrem Vater diese Ehre versagt bleibt. Dass das »Svenskt biografiskt lexikon« als »*Svenkst* biografiskt lexikon« erscheint, ist eher zum Schmunzeln.
Vermisst werden aber im ersten Band ein Abkürzungsverzeichnis und eine Liste mit weiterführenden Angaben zu den Autorinnen und Autoren.
Trotz der Monita ist der Auftakt für das Biographische Lexikon für Pommern gelungen. Dass den Herausgebern das bereits 1730 formulierte Credo »Wir sammeln zu anderer Nutzen und Vergnügung, zwar mit Mühe, doch aus Antrieb unserer Natur« erhalten bleiben möge, ist zu wünschen.

Wolf Karge, Schwerin

Dirk *Alvermann*, Nils *Jörn* (Hgg.), Biographisches Lexikon für Pommern, Bd. 2, (Veröffentlichungen der Historischen Kommission für Pommern, Reihe V: Forschungen zur Pommerschen Geschichte, Bd. 48,2), Köln Weimar Wien – Böhlau Verlag 2015, 292 S., zahlr. Abb., ISBN 978-3-412-22541-4.

Zwei Jahre nach dem ersten Band konnten die Herausgeber mit einem zweiten Band ihres Lexikons in die Öffentlichkeit treten. Das ist für ein derartiges Vorhaben eine schnelle Folge. 57 Porträts sind darin aufgenommen worden. Auffällig ist, dass neben die bewährten Autorinnen und Autoren des ersten Bandes nun auch immerhin für vier Beiträge eine internationale Beteiligung getreten ist. Bewundernswert ist der Fleiß von Lothar *Kämpfe*, der als Emeritus des Zoologischen Instituts der Ernst-

Moritz-Arndt-Universität allein mit 13 Beiträgen den Naturwissenschaftlern des 19. und 20. Jahrhunderts einen breiten Raum gibt. Dirk *Schleinert* widmet sich weiterhin in verdienstvoller und kenntnisreicher Weise dem pommerschen Fürstenhaus und Nils *Jörn* bleibt als Mitherausgeber den Juristen treu. Michael *Lissok* hat sich drei bekannter Malerinnen des 19. und 20. Jahrhunderts angenommen. Während Elisabeth Büchsel und Elisabeth von Eicken bereits monographische Biographien erhalten haben, liefert der Autor zu Antonie Biel mit der Zusammenfassung versprengter kleinerer Mitteilungen in Nachschlagewerken einen interessanten Überblick zum Leben dieser Künstlerin. Gunnar *Müller-Waldeck* steuert mit seiner Biographie von Alwine Wuthenow eine Lyrikerin bei. Besonders ist die Hervorhebung der Ausnahmefürstin Herzogin Sophia Hedwig von Pommern-Wolgast durch Dirk *Schleinert* zu nennen, die im 16. und 17. Jahrhundert selbstbewusst und klug besonders in der 40-jährigen Zeit ihres Witwenstandes agierte. Damit hat sich der Anteil der Frauen in diesem Band gegenüber dem ersten verfünffacht, was sich auf dem Titelbild widerspiegelt.

Mit 19 Vertretern der Zeitgeschichte ist der Anteil wieder etwa bei einem Drittel und damit erneut relativ hoch. Die Historikerzunft wird es mit Genugtuung erfüllen, dass die beiden verdienstvollen Kollegen Konrad Fritze (Evamaria *Engel*) und Johannes Schildhauer (Manfred *Menger*) ihren Platz gefunden haben. Die beiden Wissenschaftler einten nicht nur ihre gemeinsamen Wurzeln in Sachsen-Anhalt, sondern viel mehr ihr gemeinsames Forschungsgebiet – die Hanse. Beide haben der Greifswalder Universität erheblich zu ihrem Ruf als Zentrum der DDR für diesen Bereich und weit über die einengenden Staatsgrenzen hinaus verholfen. Sie vertraten die DDR-Geschichtsforschung auch im internationalen Rahmen, was entsprechend gewürdigt wird. Schildhauer war unbestritten der Nestor der Hanseforschung in der DDR. Interessant ist die unterschiedliche Wertung der beiden Wissenschaftler in ihrem Verhältnis zur Staatsmacht in der DDR. Während bei Fritze die Tätigkeit als Direktor des Historischen Instituts im Gegensatz zu seiner Forschungsarbeit nur kurz erwähnt wird, ist bei Schildhauer auch seine langjährige Tätigkeit für das Ministerium für Staatsicherheit thematisiert worden.

Zeitgeschichtlich mindestens ebenso interessant sind die Beiträge von Jan *Mittenzwei* über die NS-Gauleiter von Pommern, Wilhelm Karpenstein und Franz Schwede-Coburg. Die Lebenswege dieser Männer im Dienste des Nationalsozialismus durch die Weimarer Republik treffen schließlich 1934 in Stettin aufeinander. Karpenstein wird ab- und Schwede-Coburg als sein Nachfolger eingesetzt. Beide geraten nach 1945 in das Visier der Justiz, werden aber sehr unterschiedlich zur Verantwortung gezogen. Das Leben dieser Männer in einem Band nebeneinander beschrieben und gewertet zu sehen, ist ein Gewinn auch für das Verständnis von Machtstreben und Konkurrenz der NS-Protagonisten. Die Aufarbeitung dieser »Täterbiographien« scheint noch viel Potenzial besonders auch für das Verständnis der inneren Machtstrukturen des Nationalsozialismus zu bergen. Gleichzeitig belegt der Literaturanhang, dass die publizistische Aufarbeitung dieser Geschichte etwa zeitgleich in Polen und der Bundesrepublik begann, während aus der DDR keine Veröffentlichungen dazu genannt werden. Nach 1990 ist dagegen (besonders bei Schwede-Coburg) eine starke Fokussierung auf die Judenverfolgung zu konstatieren.

Besonders bei der Lektüre der beiden NS-Biographien wird das bereits für den ersten Band bemerkte Fehlen eines Abkürzungsverzeichnisses noch einmal sehr deutlich. Dagegen ist im zweiten Band auch ein Autorenverzeichnis angefügt.

Die interessierte Leserschaft darf neugierig sein auf den dritten Band.

Wolf Karge, Schwerin

Jörg *Ansorge* und Torsten *Rütz*, Quartier 17. Archäologische und bauhistorische Zeugnisse der Stralsunder Stadtgeschichte. – Schwerin (Landesamt für Kultur und Denkmalpflege Mecklenburg-Vorpommern) 2016. – 241 S., 246 Abb. – ISBN 978-3-935770-47-7

Seit 1991 wurden innerhalb der Altstadtinsel von Stralsund über 250 archäologische Maßnahmen durchgeführt. Dabei handelt es sich sowohl um kleinere Befundbeobachtungen und Fundbergungen als auch um umfangreiche Grabungen, die fast ausschließlich im Zusammenhang mit Baumaßnahmen zeitgleich oder im Vorfeld erfolgten.

Zu den größten archäologischen Bergungs- und Dokumentationsmaßnahmen nicht nur in der Hansestadt Stralsund sondern auch im Bundesland Mecklenburg-Vorpommern gehörte die Wiederbebauung des im Zweiten Weltkrieg zu großen Teilen zerstörten Quartiers 17. Es befindet sich südlich des Rathauses zwischen Baden-, Kleinschmied-, Heilgeist- und Ossenreyerstraße im Herzen der Altstadt. Ein Bomberabsturz und ein Bombardement im Jahr 1944 sowie massiver Verfall der Restgebäude einschließlich einer sogenannten »Warmsanierung« hatten eine gewaltige Lücke in der Stralsunder Innenstadt hinterlassen. Die Beseitigung dieses städtebaulichen Missstands, der auch nicht durch eine Freiflächengestaltung mit einem Springbrunnen zu DDR-Zeiten zu kaschieren war, stellte eine der vordergründigsten Aufgaben in der Revitalisierung der Altstadt am Strelasund dar. Nach intensiven stadtplanerischen Vorbereitungen auch unter Einbeziehung der Öffentlichkeit sowie der UNESCO Gremien (seit 2002 stehen die Stralsunder und Wismarer Altstadt auf der Liste des Welterbes der Menschheit) wurde ab Spätsommer 2007 nach der Findung eines Investors mit den vorbereitenden archäologischen Untersuchungen durch das Landesamt für Kultur und Denkmalpflege Mecklenburg-Vorpommern begonnen. Diese Voruntersuchungen haben die Vermutung, dass hier ein reichhaltiges archäologisches Erbe vorhanden ist, das es gilt vor der baubedingten Zerstörung zu bewahren, bestätigt. Für nachfolgende Generationen wurden im Bereich an der Badenstraße Teile der einstigen Bebauung im Boden belassen und bewahrt. Nach der Finanzkrise 2008 kamen sowohl die weiteren Planungen als auch Ausgrabungen für zwei Jahre zum Stillstand, bis 2010 die TLG Immobilien GmbH gemeinsam mit dem städtischen Sanierungsträger, der Stadterneuerungsgesellschaft Stralsund mbH, das Projekt übernahm und zu Ende entwickelte und ausführte.

Über 30 Parzellen, die, wie sich im Grabungsverlauf zeigte, bereits in der zweiten Hälfte des 13. Jahrhundert bis kurz nach 1300 entstanden, wurden bis zum Sommer 2011 untersucht. Auf einer Fläche von fast 4100 m² mussten infolge der Bauvorgaben 24 Grundstücke komplett ergraben und bis zur Baugrubensohle in 8 m Tiefe dokumentiert werden, denn viele ehemalige Brunnen, Holz- und Ziegellatrinen erreichten diese Tiefe, einige sogar noch darüber hinaus. Mehr als 30 Mitarbeiter des Landesamtes für Kultur und Denkmalpflege und studentische Praktikanten waren auf der Großgrabung tätig. Zwei dieser Praktikanten nutzten die Möglichkeit, ausgewähltes Fundmaterial in Bachelorarbeiten für ihren Studienabschluß zu verwenden. Einer der Grabungsleiter war der Autor Jörg Ansorge, während Torsten Rütz die bauhistorischen Dokumentationen der freigelegten Kellermauern vornahm.

Über 1500 dendrochronologische Proben von ergrabenen Holzbefunden ermöglichten präzise naturwissenschaftliche Datierungen der Grabungsbefunde.

Diese umfangreichen und nicht nur für die lokale Stadtgeschichte bedeutenden Befunde und Funde haben spätestens mit deren Vorstellungen im Rahmen der von der Stralsunder Bevölkerung mit Interesse verfolgten Öffentlichkeitsarbeit (Infotafeln, Flyer, Vorträge, Fundpräsentationen) den Wunsch nach einer möglichst zeitnahen Publikation geweckt. Dem kam das Landesamt für Kultur und Denkmalpflege mit Unterstützung der Hansestadt Stralsund und ihrem Sanierungsträger nach. Da solche Publikationen nicht zum täglichen Aufgabenspektrum von Sanierungsträgern gehören, sei hier nochmals würdigend darauf hingewiesen.

Das vorliegende Buch gliedert sich in folgende inhaltliche Abschnitte: einen vorangestellten Prolog, in dem der Frage nach der Keimzelle der Stadt nachgegangen wird, die Nennung der historischen Quellen (deren Auswertung mit Unterstützung des Stadtarchivs erfolgte)sowie die Vorstellung der geologischen, topografischen und hydrologischen Situation im Grabungsareal und übrigen Altstadtgebiet. Eine zusammenfassende Siedlungsgeschichte des Quartiers in Untergliederungen vom 13. bis zum 20. Jahrhundert und ein Grundstückskatalog schließen sich an. In dem Grundstückskatalog werden die einzelnen Parzellen nach einem einheitlichen Schema vorgestellt. So werden unter

Hinzuziehung der bereits vor einigen Jahren im Rahmen einer Diplomarbeit von Gabriele Aurich vorgelegten Auswertung historischer Quellen (Katasterbuch, Akten des Bauarchivs der Hansestadt Stralsund) die Besitzer und überlieferten baulichen Maßnahmen zwischen 1680 und der Gegenwart aufgeführt. Dem folgt der jeweilige Grundstücksauszug aus den detaillierten Hausbeschreibungen der Schwedischen Landesaufnahme (die sog. Schwedenmatrikel) von 1706. Eine Befundübersicht mit Baualtersplan ermöglicht jeweils die Zu- und Einordnung der nachfolgenden wichtigsten Funde von den Parzellen. Einzelne, herausragende Fundstücke werden in gesonderten Exkursen behandelt. Inhaltlich gestraffte Befundvorstellungen, Detailzeichnungen zu verschiedenen Befunden sowie großformatige Farbfotos von gegrabenen Baustrukturen und Funden machen die Abhandlungen auch für interessierte Laien gut lesbar und verständlich. Dem trägt ebenfalls das gewählte Format DIN A 4 Rechnung.

Etliche der vorgestellten Funde sind bisher im deutschsprachigen Raum und darüber hinaus selten oder einmalig ausgegraben worden. Dazu zählen beispielsweise eine spätmittelalterliche seidene Haarnetzhaube, ein Schiefertafelbüchlein aus der Mitte des 16. Jahrhunderts, zu dem nur ein museales Vergleichsexemplar aus dem Besitz des Kaisers Ferdinand I. existiert, ein bronzenes, pferdeförmiges Gewicht aus dem mittelalterlichen Norwegen oder eine kleine bocksbeinige spätmittelalterliche Bleifigur, die in das Umfeld von weißer bzw. schwarzer Magie gehört. Ungewöhnlich ist auch eine Bleibulle von Papst Innocenz III. (1198–1216), da selbige ja noch in die Zeit vor der Stadtgründung Stralsunds (1234) gehört. Wie sie in einen im späten 14. Jahrhundert verfüllten Brunnen geriet, bleibt unbekannt. Mehrere Siegelstempel, die sich teilweise historisch überlieferten Personen zuweisen lassen, diverse Handwerksbefunde und –funde zu metallverarbeitenden Gewerken und Büchsenmachern oder der weitere Fund von Scherben eines emailbemalten (venezianischen) Glasbechers aus dem 14. Jahrhundert runden das Fundspektrum ab. Zahlreiche einheimische und importierte Keramikfunde, darunter auch norditalienische und portugiesische Fayence des 17. Jahrhunderts, geben nicht nur ein verlässliches chronologisches Gerüst sondern auch Hinweise auf Importbeziehungen.

Ein archäobotanischer Beitrag geht auf den Nachweis von Schwarzem Holunder als Sammelfrucht aus dem 15. Jahrhundert ein. Nachweise zum Handwerk ließen sich vor allem auf den vielfach traufständig und mit kleineren Giebelhäusern bebauten Grundstücken an der Kleinschmiedestraße, wo sie auch in den schriftlichen Quellen erwähnt werden, erbringen. Dem gegenüber fallen die deutlich größeren und überwiegend mit einst mehrgeschossigen Giebelhäusern ausgestatteten Parzellen an der Baden- und Ossenreyerstraße durch tendenziell kostspieligere bauliche Anlagen, frühere backsteinere Bebauung (ab um 1280/90) und Funde aus eher wohlhabenden Haushalten auf. Dies deckt sich mit ausgewählten bezeugten historischen Überlieferungen, wie dem im 17. Jahrhundert in der Badenstraße 5 verorteten Kaufmann und Weinhändler Berchmeyer, aus dessen Haushalt zahlreiche Trinkgläser in eine Latrine gelangten. Im Bereich der Ossenreyerstraße 54 wurde nicht nur der erste archäologisch eindeutig dokumentierte Kemenaten- oder »Steinwerk«bau des 13. Jahrhunderts in Stralsund freigelegt, sondern auch ein besonderer tresorartiger Schrankeinbau im Keller, in dessen Verfüllung sich mehrere Münzen, darunter ein florentinischer Goldgulden von 1304, fanden.

Mit der vorliegenden Publikation wurde »eine wichtige Handreichung für die weitere Stralsunder Stadtgeschichtsforschung« vorgelegt, wie der Landesarchäologe Dr. Detlef Jantzen in der Einleitung betonte. Sie gibt eine erste überblicksartige Zusammenstellung der Grabungsergebnisse. Bedauerlich ist, dass eine abschließende Zusammenfassung fehlt. Ausbaufähig ist auch zukünftig das Verzeichnis der Bewohner an Hand der existierenden Haussteuer- und Schoßregister sowie Stadtbücher und damit mögliche sozialgeschichtliche Aussagen. Das vorliegende umfangreiche Literaturverzeichnis spiegelt die Einarbeitung der Autoren in die einzelnen behandelten thematischen Felder wieder. Auch wenn sicherlich noch vertiefende Forschungen folgen werden, kann bereits jetzt ein wichtiges Fazit für die frühe Genese Stralsunds gezogen werden: mit dem Nachweis der frühesten Bautätigkeit erst ab den 1260er

Jahren hat sich die These, dass das Quartier südlich des Rathauses zum ältesten Siedlungskern der Stadt gehörte, überholt. Die städtische Keimzelle ist wohl nach ersten archäologischen Hinweisen eher am westlichen und nördlichen Altstadtrand zu suchen. Die bisher vorgelegten archäologischen Belege und geologisch-limnischen Untersuchungen sind allerdings für eine so weitgefasste These wie der nach einem angenommenen frühen Hafen im Bereich des späteren Knieperteichs oder gar einer ersten Stadtkirche an Stelle der heutigen Katharinenkirche viel zu spärlich.
Den beiden Autoren und ihren Koautoren kommt der zu würdigende Verdienst zu, einen lesens- und sehenswerten Band in der norddeutschen Stadtarchäologie vorgelegt zu haben, der seinen griffbereiten Platz zwischen den Fachbüchern der entsprechenden KollegInnen der hiesigen und angrenzenden Regionen haben wird. Die Wichtigkeit der Rettung unseres archäologischen Erbes und die der zeitnahen Veröffentlichung der Grabungsergebnisse, die maßgeblich zum breiten Verständnis in der Öffentlichkeit beiträgt, werden mit der Publikation mehr als deutlich.

Gunnar Möller, Stralsund

Staat – Militär – Gesellschaft. Festschrift für Jens E. Olesen zum 65. Geburtstag, hg. v. Robert *Oldach* & Thomas Wegener *Friis* (Publikationen des Lehrstuhls für Nordische Geschichte, Bd. 20), Greifswald – Druckhaus Panzig 2015. 485 S. ISBN 978–3–86006–437–5

Festschriften sind für Rezensionen in der Regel ein eher schwieriger bis undankbarer Gegenstand, in erster Linie wegen der thematischen Vielfalt, die sich aus dem Beziehungsgeflecht des oder der zu Ehrenden und der sich daraus zusammensetzenden Autorenschaft ergibt. Umso beliebter der Jubilar, umso vielfältiger die Themen, könnte man als Faustregel annehmen, es sei denn, die Herausgeber geben einen gewissen thematischen Rahmen vor, wie in vorliegendem Fall. Wobei das begriffliche Trio Staat, Militär und Gesellschaft zweifellos noch genügend Spielraum für ein breites thematisches Spektrum bietet.
Eine berufliche Karriere, zumindest im dienstrechtlichen Sinne, nähert sich ihrem Ende. Jens E. Olesen, seit 1996 Inhaber des Lehrstuhls für Nordische Geschichte an der Ernst-Moritz-Arndt Universität Greifswald, vollendete am 18. Dezember 2015 sein 65. Lebensjahr. Es spricht für seine außergewöhnliche Beliebtheit, dass ihm aus diesem Anlass nun schon eine zweite Festschrift gewidmet wurde, nachdem er eine erste bereits zum 60. Geburtstag erhielt. Und von seinem ungemein guten Ruf unter den Studierenden zeugt ein eigens vom Fachschaftsrat für Geschichte beigesteuerter Text. Spiegelbildlich zu seiner breiten Vernetzung, insbesondere im Ostseeraum, stehen die Beiträge dieses Bandes. Entsprechend des Charakters dieser Zeitschrift sollen aber nur die Berücksichtigung finden, die einen Bezug zur pommerschen Landesgeschichte aufweisen.
Den Reigen dieser Beiträge eröffnet Haik Thomas *Porada*, der mit Capurg das Projekt einer schwedischen Stadtgründung im Baltikum aufgrund von archivalischen Quellenfunden vorstellt und davon ausgehend auf weitere Quellenbestände zu den pommersch-baltischen Beziehungen im 16. und frühen 17. Jahrhundert hinweist. Eigentlich hätte der Beitrag auch so bezeichnet werden müssen, denn über die Gründung von Capurg erfährt man erst im Quellenanhang etwas, dafür aber umso mehr über Quellenbestände in verschiedenen pommerschen Archiven. Vollständig ist die Aufzählung keinesfalls. Beim Stadtarchiv Stralsund fehlt z. B. die 2015 unter der Bezeichnung »Rep. 2 Stralsund in der Hanse« in die Bestandstektonik des Archivs eingeordnete Überlieferung, die auf die seit Ende des 16. Jahrhunderts in den Registraturen der Stadt unter den Bezeichnungen »Hansische und Wendische Rezesse« sowie »Acta Hanseatica« nachweisbaren Sonderregistraturen zurückgeht. Während die Serie der Hanserezesse mit dem Jahr 1628, als Stralsund das letzte Mal einen Hansetag besuchte, endet, laufen die Akten noch bis ins späte 17. Jahrhundert weiter. Die Gesandtschaften nach Schweden, Dänemark und Russland im 16. und 17. Jahrhundert sind natürlich auch für das Baltikum von Belang.
Nils *Jörn* tut das, was er seit vielen Jahren tut, er stellt den Lebenslauf eines pommerschen Juristen der frühen Neuzeit, in diesem Fall des aus Stettin stammenden Peter Anton Lofelt, vor.

Der biographische Zugriff auf die Geschichte hat sich in den letzten Jahren immer mehr als ein lohnender und neue Einsichten gewährender erwiesen. Etwas Widerspruch oder besser Missfallen erregte aber der erste Absatz des Beitrages. Natürlich ermöglichte der Dreißigjährige Krieg und die damit einhergehende Etablierung der schwedischen Großmacht, zahlreiche Karrieren. Aber für die meisten Zeitgenossen bedeutete diese Zeit doch eher das Umgekehrte. Die Periode der schwedischen Großmacht lastete bildlich gesprochen außerordentlich auf dem Pommerland und erst in der Zeit danach begann ein allgemeiner Aufschwung, an dem breitere Bevölkerungsschichten und nicht nur einige wenige Karrieristen partizipierten.

Andreas *Önnerfors* reflektiert die philosophischen Ansichten von Thomas Thorild anhand des von jenem 1799/1800 herausgegebenen Periodikums »Gelehrtenwelt« und eines 2014 in Schweden veröffentlichten Romans mit dem Titel »Alkemistens dotter. Slutet på universum (Die Tochter des Alchimisten. Das Ende des Universums)«. Die Grundfrage Thorilds in allen Dingen war diejenige nach dem richtigen Maß, wie wahr!

Paweł *Migdalski* und Stefan *Kroll* beschäftigen sich mit dem Thema Erinnerungskultur. *Migdalski* weist auf eine in der Geschichtsschreibung nahezu vergessene Episode, die drei Feldzüge des Hetmans Stefan Czarnecki nach und durch Pommern in den Jahren 1657–59, hin und beschäftigt sich v. a. mit der Frage, wie diese und Czarnecki selbst nach 1945 im polnisch gewordenen Teil Pommerns für die Etablierung einer neuen Erinnerungskultur genutzt wurden. Nach Czarnecki wurden z. B. Straßen benannt und die polnische Historiographie widmete seinen eher unbedeutenden militärischen Aktionen eingehende Studien. *Kroll* geht auf das bis heute in Anklam zelebrierte Gedenken an die Verhinderung der von Zar Peter I. 1713 befohlenen Einäscherung der Stadt ein. Er untersucht insbesondere die Entstehung des Mythos von der wundersamen Errettung der Stadt, für die er die 1731 veröffentlichten Festlegungen zur Begehung des Gedenkens von Georg Nikolaus Blocksdorff, Pastor an St. Marien in Anklam, und einen 1754 veröffentlichten Aufsatz von Joachim Friedrich Sprengel, Rektor der Anklamer Stadtschule, als erste und wichtigste Bausteine ansieht.

Weitere Beiträge des Bandes können natürlich auch mit Pommern in Bezug gesetzt werden, etwa das von Thomas *Eisentraut* vorgestellte Tagebuch des nowegischen Matrosen Nils Trosner aus den Jahren 1710 bis 1714, der Beitrag von Gunnar *Lind* über die deutschen Offiziere im dänischen Heer zwischen 1660 und 1648 oder Sverker *Oredssons* Reflektionen über Fortschritt und Rückgang in der Geschichtswissenschaft am Beispiel Karls XII.

Beiträge in Festschriften gehen aufgrund der eingangs erwähnten thematischen Vielfalt und der deshalb schwierigen Einordnung des Bandes selbst häufig unter. Umso wichtiger ist es, dass auf sie in geeigneter Weise hingewiesen wird. Nicht mehr sollte mit dieser Anzeige geleistet werden.

Dirk Schleinert, Stralsund

Radosław *Gaziński* und Edward *Włodarczyk* (Red.), *Dzieje Koszalina.* Tom I: *do 1945 roku.* (Geschichte von Köslin, Bd. I: bis 1945) – Koszalin: Koszalińska Biblioteka Publiczna im. Joachima Lelewela 2016. 584 S. mit 122 Tafeln und zahlr. weiteren s/w und farbigen Abb. ISBN 978-83-87317-92-8.

Die Verleihung des lübischen Rechts durch den Camminer Bischof Hermann von Gleichen an das zentral im Camminer Hochstift gelegene Köslin im Jahre 1266 hat die heutige polnische Stadtverwaltung von Köslin zum Anlaß genommen, um die 750-Jahrfeier angemessen zu begehen. Namhafte polnische Wissenschaftler haben bei dieser Gelegenheit unter der Ägide des Stettiner Archivars Radosław *Gaziński* und des Rektors der Stettiner Universität Edward *Włodarczyk* die Geschichte Köslins bis zur Vertreibung der pommerschen Einwohner nach dem Ende des Zweiten Weltkrieges aufgearbeitet und in einem opulenten Band zusammengetragen. Marian Rębkowski hat die Siedlungsentwicklung vor der deutschrechtlichen Stadtgründung rekonstruiert (S. 17–60). Der mittelalterlichen Geschichte der Dauerkonkurrentin Kolbergs widmet sich Rafał *Simiński* (S. 61–116). Radosław *Gaziński* beschreibt den Zeitraum vom Tode Herzog Bogislaws X. 1523 bis zum Abzug der schwedischen

Truppen aus Hinterpommern und dem Hochstift Cammin sowie der Übernahme der Regierungsgewalt durch den Großen Kurfürsten 1653 (S. 117–165). Seit der zweiten Hälfte des 16. Jahrhunderts hatte Köslin für einige Jahrzehnte die Funktion einer Hauptresidenz im nunmehr von den letzten beiden Generationen des Greifenhauses als Sekundogenitur genutzten Hochstift Cammin. Den ersten anderthalb Jahrhunderten unter brandenburgisch-preußischer Verwaltung spürt Paweł Gut in seinem Beitrag nach (S. 167—232). Nach dem verheerenden Stadtbrand von 1718 erfolgte auf Initiative von Friedrich Wilhelm I. der planmäßige Aufbau der Stadt, die in den folgenden Jahrzehnten eine Reihe von administrativen Funktionen für den östlichen Teil Hinterpommerns übernahm, da die Entfernung von Stettin zu groß war, das seit 1720 schrittweise das Zentrum der preußischen Verwaltung in Pommern wurde. Edward *Włodarczyk* hat die Zeitspanne von 1807 bis 1918 bearbeitet, in der Köslin seit 1815 als Sitz des Regierungspräsidenten für das östliche Pommern eine dynamische Entwicklung nahm (S. 233–285). Vor allem mit dem Anschluß an die Linie Stargard–Köslin–Kolberg 1855 und dem schrittweisen Ausbau des in der zweiten Hälfte des 19. Jahrhunderts immer komplexer werdenden Bahnnetzes in Hinterpommern erlangte Köslin auch in wirtschaftlicher Hinsicht eine zentralörtliche Funktion, die sich bald deutlich in der Stadtentwicklung abzeichnete. Die Zeit vom Ende der Monarchie bis zum Zusammenbruch des Deutschen Reiches 1945 hat Kacper *Pencarski* bearbeitet (S. 287–349). Anders als Stralsund, das 1932 als eigenständiger Regierungsbezirk aufgehoben und in den Stettiner Regierungsbezirk integriert wurde, konnte Köslin seine Funktion behaupten, auch wenn es im Laufe der 1930er Jahre hinsichtlich des Zuschnitts des Kösliner Regierungsbezirks zu Änderungen kam, die in erster Linie mit der Integration des nördlichen Teils der Provinz Grenzmark Posen-Westpreußen als Regierungsbezirk mit Schneidemühl als Regierungssitz in die Provinz Pommern zusammenhingen. Ewa *Gwiazdowska* hat für diesen Band in bewährter Weise die ikonographischen Quellen für Köslin ausgewertet und von den ältesten frühneuzeitlichen Veduten bis hin zu Bauzeichnungen und Photographien des 19. und frühen 20. Jahrhunderts in einem ansprechenden Tafelteil dokumentiert (S. 351–539). Den Band beschließt eine Bibliographie (S. 547–567), je eine polnisch-deutsche sowie eine deutsch-polnische Ortsnamenkonkordanz und ebensolche der Straßennamen für das Kösliner Stadtgebiet (S. 569–582).

Haik Thomas Porada, Leipzig

Maria *Frankel* (Red.), Szczeciński Infromator Archiwalny, Nr 23/2014. Dedykowany prof. Zygmuntowi Szultce w siedemdziesiąte urodziny. – Szczecin: Archiwum Państwowe w Szczecinie 2014. 157 S. mit sieben s/w und einer farbigen Abb. ISBN 978–83–64642–06–7.

Das seit mehr als zwei Jahrzehnten erscheinende Jahrbuch des Stettiner Staatsarchivs hat seine 23. Ausgabe als Festschrift dem in Stolp lebenden und forschenden Historiker Zygmunt Szultka aus Anlaß seines 70. Geburtstages gewidmet. Nach Laudationes und Grußworten aus dem Kollegenkreis wird auf den S. 33–54 die Bibliographie des namhaften Frühneuzeithistorikers für die Jahre 1968–2014 geboten, dessen Foschungen einen räumlichen Schwerpunkt im östlichen Pommern und angrenzenden Westpreußen haben.
Die Beiträge der Festschrift umreißen die Themenfelder, denen sich der Jubilar in den vergangenen knapp fünf Jahrzehnten immer wieder zugewandt hat. So geht Bogdan *Wachowiak* auf den Forschungsstand zur Agrar- und Verfassungsgeschichte der preußischen Monarchie für das ausgehende 18. und frühe 19. Jahrhundert ein (S. 57–71). Edward *Rymar* folgt den Spuren eines Beitrags von Martin Wehrmann in den Monatsblättern von 1929 und schildert den Verlauf der Reise einer polnischen Königin durch Pommern 1645 (S. 73–78). Es handelte sich um die zweite Gemahlin König Władysław IV. Wasa, Luisa Maria aus dem Hause Gonzaga (1611–1667), vor der Hochzeit am 5. November 1645 mußte sie den Namen Ludowika annehmen), die von Paris auf dem Weg zum polnischen Königshof war, und dabei in Pommern u. a. Demmin, Stettin, Gollnow, Kolberg, Köslin, Schlawe, Stolp und Lauenburg passierte. Joachim *Zdrenka* widmet sich der Entschlüs-

selung und damit der Datierung der Inschriften auf dem kürzlich restaurierten Sarkophag des Juristen Johann Schaper, der am 8. Mai 1688 verstarb und am 23. Mai jenes Jahres in der Küstriner Marienkirche beigesetzt wurde (S. 79–86). Schaper war Syndikus der neumärkischen Städte, sein Sohn Johann Ernst Rat und Leibarzt am mecklenburgischen Hof, der andere Sohn Johann Friedrich preußischer Regierungsrat. Paweł *Gut* beschreibt die Organisation der Kriegs- und Domänenkammern in Preußen 1723–1809 (S. 87–100). Als Archivar legt er dabei ein besonderes Augenmerk auf die Überlieferung der Registratur dieser für das 18. Jahrhundert zentralen Verwaltungsbehörde in den einzelnen preußischen Territorien. Maciej *Szukała* geht auf politische Aspekte der Kaschubenfrage in der deutschen Ostforschung der Zwischenkriegszeit ein (S. 101–118). Kazimierz *Kallaur* rekonstruiert in seinem Beitrag die ersten Jahre der Sektion Stolp der Polnischen Gesellschaft der Wissenschaften 1946–1949, die in der Folgezeit eine zentrale Rolle bei der Erforschung der Geschichte des östlichen Pommern aus polnischer Perspektive spielen sollte (S. 119–138). Radosław *Pawlik* ediert und kommentiert das Inventar der Kleinodien der Kartause Marienkron vor Rügenwalde aus dem Jahre 1525 (S. 139–145). Kacper *Pencarski* schließlich widmet sich der Quellenüberlieferung zum Postgebäude in Stolp 1858–1929 in den Akten der Oberpostdirektion Köslin (S. 147–157).

Haik Thomas Porada, Leipzig

Barbara *Roggow*, Die Kapelle St. Gertrud Wolgast im Kontext der städtischen Kirchengeschichte. Ihr Funktionswandel und die Ausstattung (Beiträge zur Architekturgeschichte und Denkmalpflege in Mecklenburg und Vorpommern, Bd. 9). Schwerin – Thomas Helms Verlag 2015, 189 Seiten, 188 Abb.
ISBN 978-3-940207-83-8

Diese Publikation ist die erste umfassende monographische Darstellung über ein sakrales Bauwerk, das zu den exklusiven Architekturen der Spätgotik in Pommern zählt. Unter den Denkmälern der Backsteingotik nimmt die Wolgaster St. Gertrud-Kapelle schon deshalb eine Sonderstellung ein, weil sie eine der wenigen wohlerhaltenen Repräsentantinnen des Zentralbau-Typs im Bereich der Kirchen- und Hospital-Architektur ist. Somit kann nur begrüßt werden, dass seit 2015 Barbara *Roggows* Veröffentlichung vorliegt, deren Inhalt unser Wissen um und über den Wolgaster Kapellenbau und dessen historischer Ausstattung enorm bereichert. Die Kulturwissenschaftlerin, Museologin und langjährige Leiterin des Stadtmuseums Wolgast beschäftigen jene Fragen, zu denen seit nunmehr fast 200 Jahren unterschiedliche bzw. gegensätzliche Antworten gegeben wurden, die aber bis dato dennoch als offen gelten mussten. Dabei handelt es sich um Fragen von essentieller Bedeutung, betreffen sie doch die konkreten Umstände, die zur Stiftung und Errichtung einer solchen Kapelle von derart außergewöhnlicher Gestalt führten, wer ihre Bauherrn respektive Bauträger gewesen sind und was ihre ursprüngliche Bestimmung war. Hier hat B. *Roggow* durch Auswertung neuer Untersuchungsergebnisse und bisher nicht herangezogener oder nur unzureichend erschlossener Schrift- und Bildquellen so weit wie möglich Klarheit geschaffen. Dazu entwickelte und formulierte die Autorin eine Reihe überzeugender bzw. interessanter Thesen, bietet sie Interpretationen und Lösungsansätze an, aus denen sich Perspektiven für die weitere Forschung ergeben. Ebenfalls wurde von ihr die Geschichte des St. Gertrud-Hospitals in seiner komplexen Verfasstheit als religiöse und soziale Institution mit Kapelle und dazugehörigem Friedhof dokumentiert. Wie schon der Buchtitel besagt, sind damit die Wandlungen bei der Funktion und Ausstattung des Kapellenbaus im Verlauf von rund fünf Jahrhunderten erfasst und konnten hier manche Informationslücken geschlossen werden. So enthält die Publikation zum Beispiel ein Hauptkapitel, in dem erstmals ausführlich über die Gestaltung der Kapelle im 19. Jahrhundert berichtet wird. In diesem Zusammenhang ist dann auch von den am Bauwerk durchgeführten frühen Maßnahmen praktizierter Denkmalpflege die Rede.
Da es quasi universale, d. h. Themen und Wissenschaftszweige übergreifende bzw. zusammenführende und nicht fachspezifische Gesichtspunkte und Zielstellungen sind, welche

die Beschäftigung der Vf. mit ihrem Gegenstand bestimmten, wird die Kapelle im Buch in einem weit gefassten Kontext vorgestellt, der gleichermaßen die Bau-, Kirchen-, Religions-, Lokal- und Landesgeschichte einschließt. Selbstverständlich erfährt dabei die Ikonographie der Architektur von St. Gertrud als Nachbildung der Rotunde über dem Hl. Grab Jesu in Jerusalem eine gründliche Würdigung; doch sind beispielsweise den Reisebedingungen und dem Pilgerwesen während des späten Mittelalters ebenfalls größere Abschnitte des Buches gewidmet, weil das Wolgaster St. Gertrud-Hospital als Fremden-Quartier fungierte sowie Zwischenstation für Pilger war.

Bei ihren Nachforschungen konnte sich B. *Roggow* auf Resultate einer dendrochronologischen Untersuchung stützen, die eine genaue und verlässliche Datierung des Kapellenbaus um 1420 bzw. 1420/21 ergaben. Davon ausgehend, hat sich die Vf. darum bemüht, die schon seit längerem bestehende Vermutung, bei dem Stifter und Bauherrn müsse es sich um den Herzog Wartislaw IX. von Pommern-Wolgast handeln (reg. 1415 – 1457), mit einer Reihe von stichhaltigen Argumenten eindeutig zu belegen. Dass dafür auch andere bzw. weitere Mitglieder des pommerschen Herrscherhauses in Frage kämen, was bisher ebenso zur Diskussion stand, wurde von ihr durch eine Art von Ausschlussverfahren auf überzeugende Weise widerlegt. Dies trifft vor allem für jene Vertreter des Greifengeschlechts zu, welche nachweislich eine Jerusalemfahrt unternommen hatten, voran Herzog Wartislaw VIII., der von 1405 bis 1415 auch Vormund seines dann als Wartislaw IX. regierenden Neffen war. Indem B. *Roggow* davon ausgeht, dass für die Errichtung der Wolgaster St. Gertrud-Kapelle das persönliche Jerusalemerlebnis ihres Stifters und dessen Besuch der Grabeskirche von entscheidender Bedeutung waren, hat sie eine lange Argumentations- und Interpretationskette aneinandergefügt, die den Besuch der Hl. Stätten Jerusalems durch den jungen Wartislaw IX. plausibel machen soll. Den entscheidenden Beweis mittels einer Schriftquelle zu erbringen, blieb der Vf., trotz intensiver Recherchen, jedoch versagt. Generell hatte sie sich bei ihren Untersuchungen mit einer mehr als dürftigen Quellenlage auseinanderzusetzen. Zeitgenössische schriftliche Dokumente aus dem 15. und 16. Jh., die konkrete Informationen zur Kapelle enthalten, sind praktisch kaum vorhanden. Trotz dieses Mankos durch Heranziehung anderer Informationsträger und -quellen effektiv und weitgehend prägnant argumentiert zu haben, darin besteht eine der wesentlichen Stärken von B. *Roggows* Studie. Diese Ausgangslage hat aber auch zu mancher Über- bzw. Fehlinterpretation und Überbewertung von vagen Indizien und schriftlichen Notaten geführt, die mit großer Vorsicht bestenfalls als Sekundärquellen aufzufassen sind. Das ist etwa bei der Darstellung der Bedeutung der Rolle des Ritters Rolof von Neuenkirchen geschehen. Als Geld- und Ratgeber des Wolgaster Herzoghauses wird diesem von der Vf. im Fall der Pilgerreise Wartislaws IX., die der Kapellenstiftung vorangegangen sein soll, schon eine Kronzeugenfunktion zugewiesen. Auf das ehemalige Dorf Vorwerk, das 1415 als herzogliches Geschenk in den Besitz der Neuenkirchens überging, wird dabei ebenso hingewiesen, vor allem wegen des Kapellenbaus, der dort bis zum frühen 19. Jahrhundert stand und große Ähnlichkeit mit der Wolgaster St. Gertrud-Kapelle zeigte. Dass nun dieses höchst merkwürdige Bauwerk zusammen mit dem Herrensitz (Schloss) Vorwerk besagter Rolof von Neuenkirchen errichten ließ, kann aber nur auf einer irrigen Überlieferung beruhen. »Schloss« und Kapelle Vorwerk, wie sie beschädigt vom schwedischen Generalgouverneur K. G. Wrangel übernommen wurden, der dann den Ort in »Wrangelsburg« umbenannte, sind »erst« im ersten Viertel des 17. Jhs. entstanden. Als Beleg dafür, dass die Kapelle schon rund zwei Jahrhunderte zuvor erbaut wurde, zitiert die Vf. lediglich eine Notiz aus der Schwedischen Landvermessung von 1694 (S. 49). Dem widersprechen aber mehrere andere Sekundärquellen und architekturhistorische Indizien. Es ist und bleibt darum (weiterhin) kaum glaubhaft, dass Schloss und Kapelle in Vorwerk / Wrangelsburg, wie sie noch auf dem im Buch mit abgebildetem Kupferstich von 1792 zu sehen sind (Abb. 49.2), Bauwerke des Spätmittelalters waren.

Zu den neuen wichtigen Erkenntnissen der Autorin gehört, dass die Kapelle St. Gertrud ursprünglich auch als Endstation eines städtischen Kreuzweges fungierte, der durch Teile Wolgasts und der Ortsperipherie verlief. Die Kapelle bildete den Höhe- und Abschlusspunkt eines von der Vf. rekonstruierten Prozessionsweges nach Vorbild der Via Dolorosa in Jerusalem. Ebenso wird die Bedeutung des Hospitals als Anlaufstelle und Quartier für Pilger ausdrücklich hervorgehoben und dargelegt. Die Erinnerung daran war noch im 17. Jahrhundert lebendig und hinterließ deutliche Zeichen. Diese erkennt B. *Roggow* auch auf einer Darstellung der Stadt Wolgast von M. Merian d. J. (dat. 1652, S. 75, Abb. 75.1 u. 75.2). Auf Merians Kupferstich hat sie im Portalbereich der Kapelle ein Detail ausgemacht, das von ihr als stilisierte Darstellung einer Jakobsmuschel identifiziert wurde, dem wohl populärsten christlichen Pilgersymbol. Doch ist dies augenscheinlich eine Fehlinterpretation. Vielmehr handelt es sich hier um nicht mehr als eine stereotype Darstellungsweise von Fensteröffnungen, wie sie auf etlichen anderen Merianschen Veduten ebenso zu sehen ist und dass gerade bei mittelalterlichen Sakralbauten, indem deren gotische, mit Stab- und Maßwerk ausgestattete Spitzbogenfenster formal in die Entstehungszeit dieser Stadtansichten transformiert wurden. Solche schematisierten Fensterformen zeigt beispielsweise die auf dem gleichen Merianstich abgebildete Katharinenkapelle nahe Wolgast (als vergrößerter Ausschnitt erscheint deren Ansicht auch in der Publikation, S. 80, Abb. 80.1).

Erhellend in vielerlei Hinsicht sind die Ausführungen der Vf. zum Wolgaster Totentanz, speziell die zu den Rätseln seiner Aufraggeber- und Autorenschaft. Der bekannte frühbarocke Bilderzyklus gehörte ja lange Zeit zur Ausstattung der Gertrudenkapelle. Quintessenz von B. *Roggows* Recherchen ist die These, dass diese Reihe von Gemälden nicht, wie bisher stets angenommen, »um 1700« entstanden ist, sondern bereits in den 1660er Jahren und zwar für das Wolgaster Schloss im Auftrag vom Generalgouverneur Carl Gustav Wrangel. Auch einen konkreten Künstlernamen führt sie in die Diskussion um den Schöpfer des Zyklus ein. Ihre Argumentation, dass die auf den Gemälden dargestellten Personen modische Kleidung »des 17. Jahrhunderts« tragen, kann aber für die Wrangel-und Schlossthese sowie für die vorgeschlagene Entstehungszeit nur bedingt angeführt werden bzw. relativ gelten (S. 118f.). Die meisten Personen auf den Bildern sind nämlich keineswegs im modischen Stil der 1660er Jahre gekleidet und auch ihre Haar- und Barttrachten respektive Frisuren müssen für dieses Dezennium schon als recht antiquiert gelten, denn es sind jene, die in den Oberschichten im ersten Drittel des 17. Jahrhunderts getragen wurden, dann aber bis spätestens zur Jahrhundertmitte völlig außer Mode kamen. Ebenso kritisch zu sehen sind die Angaben der Vf. zu einer von ihr vorgenommenen vergleichenden Betrachtung von Kirchenraumdarstellungen auf einem der Totentanzbilder und auf einem Kupferstich, der die Aufbahrung des Leichnams von König Gustav II. Adolf 1633 in der Wolgaster Schlosskapelle zeigt (S. 76f., S. 118f.). Natürlich geben diese Bildwerke ein idealtypisches Sakralraumsschema wider, das nicht im geringsten Rückschlüsse zur realen Bau- und Raumgestalt der einstigen Schlosskapelle zulässt.

Die Publikation ist hervorragend bebildert. Zwecks optimaler Information sind im Buch Abbildungsblocks und Bildsequenzen zusammengestellt, die sorgfältig platziert wurden, d. h. stets in Kongruenz mit den dazugehörigen Textpassagen. Der Wunsch, dass diese Veröffentlichung auf breite Resonanz stoßen und eine große Leserschaft finden möge, geht nicht allein in Richtung der Fach- und Berufskreise, die etwa mit der Bauarchäologie, Baurestaurierung oder Denkmalpflege beschäftigt sind; zugleich ist dieser Wunsch als eine Empfehlung an all diejenigen gerichtet, welche generell Interesse an der Geschichte Pommerns haben und über sie im Rahmen von rund 600 Jahren regionaler Kirchen- und Architekturhistorie viel Neues und Anregendes erfahren wollen.

Michael Lissok, Greifswald

Klaus Neitmann (Hg.), Landesherr, Adel und Städte in der mittelalterlichen und frühneuzeitlichen Neumark (Bibliothek der Brandenburgischen und Preußischen Geschichte, Bd. 14), Berlin – Berliner Wissenschaftsverlag 2015, 411 S. s/w und farb. Abb.
ISBN 978-3-8305-3029-9

Dass die Neumark als die südlich an Hinterpommern grenzende Nachbarlandschaft zahlreiche Verbindungen zum Land am Meer aufweist und viele gesellschaftliche Erscheinungen und Strukturen ähnlich, ja mitunter identisch waren, braucht hier eigentlich nicht besonders hervorgehoben zu werden. Von daher sind historische Forschungen zur Neumark, insbesondere im Mittelalter und früher Neuzeit auch für den pommerschen Landeshistoriker immer von Interesse. Der vorliegende Band ist die Druckfassung der meisten Vorträge einer zweigeteilten Tagung »Adel, Städte und Landesherr in der Neumark in Mittelalter und Früher Neuzeit«, die im Oktober 2003 und Mai 2004 in Fürstenwalde durchgeführt worden ist. Der Herausgeber nimmt im Vorwort die Verantwortung für die ungewöhnlich lange Verzögerung der Drucklegung auf sich. Dennoch, das darf hier gleich vorweggenommen werden, ist die Veröffentlichung der meisten Beiträge auch so lange nach den Veranstaltungen gerechtfertigt.

Klaus *Neitmann* als Herausgeber eröffnet den Band dann auch mit einer erweiterten Zusammenfassung der anderen Beiträge unter dem Titel »Zur Einführung: der ständische Regionalismus der brandenburgischen Neumark«. Darin arbeitet er in einer Zusammenführung der Ergebnisse der anderen Beiträge mit eigenen Überlegungen die geschichtlich bedingte Sonderstellung der Neumark innerhalb der Mark Brandenburg heraus. Als einen bestimmenden Faktor für den neumärkischen Regionalismus erkennt er die Landstände, die sich auch bei wechselnden Landesherrschaften und politisch-administrativen Konstellationen als der Verteidiger und Garant der bestehenden Rechtsordnung erwiesen. Eine Konstellation, die dem pommerschen Landeshistoriker bestens bekannt sein dürfte, aus Vorpommern noch mehr als aus Hinterpommern.

Die nachfolgenden Beiträge sind einerseits chronologisch, andererseits auch in thematischen Blöcken geordnet. Etwas einsam stehend beginnt Armin *Volkmann* mit einer Betrachtung der mittelalterlichen Besiedlung der unteren Wartheregion, sprich der Neumark – Archäologen haben ja mitunter ihre eigene Fachsprache – , unter Einbeziehung der noch nicht publizierten archäologischen Funde auf deutscher und polnischer Seite. Er konstatiert neben verschiedenen Perioden der slawischen Besiedlung eine Verdichtung von 77 offenen Siedlungen der spätslawischen Zeit auf 239 planmäßig angelegte Dörfer aus der Zeit der deutschrechtlichen Kolonisation, die im Vergleich zu den westlichen Nachbargebieten etwas später einsetzte – um 1230, Hochphase um 1250 – , aber ebenso wie dort im Wesentlichen das bis heute bestehende Siedlungsnetz schuf. Bei diesem Beitrag wird der zeitliche Abstand besonders deutlich, denn er gibt im Prinzip den Forschungsstand zur Zeit der Tagung wieder. Es ist insbesondere durch die rege Bautätigkeit in Polen nach dessen EU-Beitritt 2007 mit einem signifikanten Anstieg der Fundmengen in den letzten zehn Jahren zu rechnen. Dennoch ist der Beitrag eine gute Zusammenschau, wofür wohl nicht zuletzt die Betreuung der ihm zugrundeliegenden Magisterarbeit durch Eike Gringmuth-Dallmer spricht.

Der folgende Beitrag von Peter *Neumeister* zur neumärkischen Adelsgesellschaft im späteren Mittelalter lässt den Rezensenten etwas ratlos zurück. Es ist immer zu begrüßen, wenn der Forschungsstand zu einem Thema kritisch hinterfragt wird. Wenn aber nur Fragen gestellt und keine Konzepte zu deren Beantwortung vorgelegt werden, ist damit auch wenig geholfen. Hinzu kommt, dass auch hier offenbar der Zustand zum Zeitpunkt der Tagung diskutiert wird. Inwieweit sich etwas seitdem geändert hat, ist nicht klar ersichtlich. Eine zwölf Jahre alte Forschungsdiskussion ohne erkennbare Aktualisierung zu veröffentlichen hält der Rezensent jedenfalls für keine sonderlich zielführende Aktion.

Ganz anders der folgende Beitrag von Christian *Gahlbeck* zu Herkunft und Zusammensetzung des neumärkischen Adels bis zur Mitte des 14. Jahrhunderts. In der von ihm gewohnten quellengesättigten Arbeitsweise kann er u. a. nachweisen, dass die allermeisten der von ihm untersuchten adligen Familien über Pommern in die Neumark einwanderten.

Winfried *Schich* widmet sich anhand der Beispiele Frankfurt an der Oder und Landsberg an der Warthe dem Beginn der askanischen Stadtgründungen in der Neumark im zweiten Drittel des 13. Jahrhunderts. Sich über die Substanz seiner Beiträge weiter zu äußern, hieße Eulen nach Athen tragen. Während Frankfurt als Konkurrent zum älteren Zentralort Lebus gegründet wurde und von Anfang an als eine kommunal verfasste Marktstadt geplant war, für deren

Gründung und Ausbau offensichtlich kapitalkräftige Bürger zur Verfügung standen, sollte Landsberg der polnischen Burgsiedlung Zantoch Konkurrenz machen und zugleich dem zunehmenden Landhandel Rechnung tragen. Hier wurde mit Albert von Luge ein einzelner Lokator beauftragt, der zudem zusätzlich noch 64 Hufen für die Anlegung eines gesonderten Kirchdorfes erhielt.

Felix *Escher* behandelt die Stadt Königsberg in der Neumark als agrarisches Zentrum im späten Mittelalter. Auch wenn seine Studie quellengesättigt ist und detailliert den Erwerb von Grundbesitz und den im Spätmittelalter wichtigen Mühlen nachweist, die Frage, warum denn nun Königsberg ein agrarisches Zentrum gewesen sei, fand der Rezensent nicht überzeugend beantwortet. Irgendwie hat er den roten Faden nicht gefunden.

Ewa *Syska* untersucht anhand von heraldischen Zeichen auf den Stadtsiegeln von Bernstein und Bärwalde den möglichen Einfluss der adligen Familie von Behr auf die Gründungsvorgänge dieser beiden städtischen Siedlungen, kann aber wegen der schlechten Quellenlage keine eindeutigen Antworten geben.

Die folgenden drei Beiträge behandeln die Zeit der Pfandherrschaft des Deutschen Ordens über die Neumark von 1402 bis 1454. Roman *Czaja* untersucht das Verhältnis des Deutschen Ordens zu den Städten in der Neumark und in Preußen. Die neumärkischen Städte hatten insbesondere während der Herrschaft der Wittelsbacher und der Luxemburger in Brandenburg erhebliche Besitz- und Privilegienerweiterungen erfahren. Diese Rechte blieben zunächst unangetastet. Erst in den 1440er Jahren kam es zu Konflikten zwischen dem Orden und den Städten der Neumark, die sich in Burgenbau und Beschränkung der verfassungsrechtlichen Selbstständigkeit äußerten.

Klaus *Neitmann* behandelt im mit 72 Seiten – bedingt durch einen umfangreichen Quellenanhang – längsten Beitrag des Bandes die Ausbildung einer landständischen Verfassung der Neumark in der Zeit der Herrschaft des Deutschen Ordens und der frühen Hohenzollern. Ähnlich wie in Pommern formierten sich auch in der Neumark im 15. Jahrhundert die Landstände, die aber hier lediglich aus Ritterschaft und Städten bestanden. Die Geistlichkeit spielte dagegen keine Rolle. Konstitutiv für das Verhältnis zur Landesherrschaft wurde das symbolische Doppelritual von Huldigung und Privilegienbestätigung, auch dies ein zu den gleichzeitigen Vorgängen in Pommern analoger Vorgang. Es gab aber nicht per se die Landstände, sondern zunächst die Vertreter der Ritterschaft und der Städte, die nur dann geschlossen als Landstände dem Landesherrn gegenüber auftreten konnten, wenn sie vorher zu einer gemeinsamen Linie gefunden hatte, was selten genug der Fall war. Wichtigster Verhandlungspunkt zwischen Landesherrn und Ständen im 15. Jahrhundert war die Leistung von militärischen Diensten.

Bernhard *Jähnig* untersucht die Tätigkeit der Vögte des Deutschen Ordens in der Neumark. Die Einrichtung von Vogteien anstelle von Balleien war in den Gebieten des Deutschen Ordens schon seit dem zweiten Viertel des 14. Jahrhunderts Praxis, die insbesondere bei der letztmaligen Gebietserweiterung am Ende des 14. und zu Beginn des 15. Jahrhunderts in den neu erworbenen Gebieten angewendet wurde, so auch ab 1402 in der Neumark. Die insgesamt 15 Vögte als Vertreter des Ordens im Land stammten nicht aus den einheimischen Familien und sie waren Ritterbrüder des Ordens, für die das Vogteiamt zumeist nur eine Karrierestation darstellte. Die längste Amtszeit war siebeneinhalb Jahre, die kürzeste fünf Monate.

Die nächsten drei Beiträge des Bandes behandeln das 16. bis 18. Jahrhunderts. Ralf *Gebuhr* nimmt die Zeit der eigenständigen Herrschaft Markgraf Johanns von Küstrin, Bruder des Kurfürsten Joachim II., in den Blick und untersucht das Verhältnis von Festungsbau und Herrschaftspraxis in dessen Regierungszeit. Dass die Neumark als Herrschaftsgebiet Markgraf Johanns zu dessen Lebzeiten eine Art »Musterländle« darstellte, ist lange bekannt. *Gebuhr* stellt dies mit dem Fokus auf den Festungsbau noch einmal deutlich vor Augen. Immerhin sind die unter Markgraf Johann errichteten bastionierten Anlagen zeitlich vor ihrer allgemeinen Einführung in Deutschland entstanden, was mit der Beschäftigung italienischer Baumeister und Ingenieure erklärt wird. Frank *Göse*, zweifellos der beste Kenner des brandenburgischen Adels in der Frühen Neuzeit, führt die Beiträge von *Neumeister*, *Gahlbeck* und *Neitmann* weiter, wenn er die neumärkische Adelsgesellschaft des 16. bis zum frühen 18. Jahrhundert behandelt. Er arbeitet vier charakterisierende Punkte heraus: im Vergleich zu den weiter westlich gelegenen brandenburgischen Teillandschaften waren die wirtschaftlichen Grundlagen des neumärkischen Adels eher bescheiden, ein Ost-West-Gefälle gab es also schon damals. Der Adel der Neumark hatte einen schlechteren Zugang zum kurfürstlichen Hof als der Adel der anderen Teillandschaften. Durch die größere Eigenständigkeit der Neumark entzog sich diese länger und erfolgreicher den Zentralisierungsbestrebungen des frühmodernen Staates. Die neumärkische Adelslandschaft gehört zum residenzfernen Typ, aber mit einem gewissen, mitunter subtilen Anpassungspotential. Rolf *Straubel* beschäftigt sich mit Handel und Gewerbe in der Neumark in friderizianischer Zeit. Das Hauptprodukt war das Tuch, das dort sowohl hergestellt als auch gehandelt wurde.

Joachim *Zdrenka*, in Pommern zu dem von ihm behandelten Thema auch kein Unbekannter, stellt das Projekt einer Edition der Inschriften der Neumark vor. Hier scheint erfreulicherweise eine Aktualisierung des Beitrages vorgenommen worden zu sein, denn im abschließenden fünften Abschnitt seines Beitrages werden die seit 2006 von polnischer Seite veröffentlichen Inventarbände vorgestellt.

Etwas einsam steht ganz am Ende ein Text von Werner *Vogel*, in dem er das Haus Brandenburg, den Veranstaltungsort von 2003 und 2004, in Fürstenwalde vorstellt. Beim Lesen dieser Zeilen zieht man unwillkürlich Vergleiche zur Organisation landesgeschichtlicher Forschung in Mecklenburg-Vorpommern und wünschte sich auch so potente nichtstaatliche Förderer.

Fazit: Rezensent hat den Sammelband mit großem Gewinn gelesen und auch manche Anregung für eigene Forschungen erhalten. Auch wenn der lange Abstand zwischen den zugrunde liegenden Veranstaltungen und der Veröffentlichung des Bandes zu bedauern ist, ist sie dennoch, wie schon eingangs bemerkt, für die allermeisten Fälle gerechtfertigt. Der Band ist handwerklich solide hergestellt, aber an der Reproduktion der Abbildungen sollte der Verlag künftig noch arbeiten. Die Karte der Neumark auf S. 332 ist z. B. völlig unbrauchbar, weil die in der Bildunterschrift extra markierten Orte gar nicht erkennbar sind. Auch einige der zum Beitrag von Armin *Volkmann* gehörenden Farbabbildungen sind ziemlich unscharf wiedergegeben. Die an sich zu begrüßende Verwendung der historischen deutschen und der aktuellen polnischen Ortsnamen hätte mit einer für den gesamten Band erstellten Konkordanz sicherlich eine elegantere und nutzerfreundlichere Gestaltung gefunden.

Den Gesamteindruck des Bandes schmälert dies aber nur unwesentlich.

Dirk Schleinert, Stralsund

De Bibel un de Plattdüütschen. Beiträge aus dem Niederdeutschen Bibelzentrum Barth, hg. von Heinrich *Kröger* und Johannes *Pilgrim* (Dialekt und Religion / Religion und Dialekt, Band 3). Münster / Berlin – Lit Verlag 2015. 118 S., zahlr. Abb. ISBN 978-3-643-12635-1

Der von Heinrich *Kröger* und Johannes *Pilgrim* herausgegebene Sammelband, der allen Lesern empfohlen sei, die sich für die niederdeutsche Bibeltradition in Mecklenburg-Vorpommern interessieren, vereinigt zehn Beiträge aus dem Umfeld des Niederdeutschen Bibelzentrums in Barth. Hintergrund ist ein Jubiläumskolloquium, das 2013 unter dem Titel stattfand, den nun auch die Buchveröffentlichung trägt. Die Veranstaltung sollte an ein Symposium erinnern, das 25 Jahre zuvor in Zingst zum Thema »400 Jahre Barther Bibel« abgehalten wurde und als Initialzündung für das 2001 eingeweihte Zentrum gelten kann.

Der Sammelband beginnt mit zwei Beiträgen, die das Symposium von 1988 ansprechen. Man hätte dabei m. E. durchaus auf den bereits damals geschriebenen, aber nicht publizierten Tagungsbericht von Hanna *Löhmannsröben* (S. 7–14) verzichten können, zumal der dann folgende Rückblick auf die Veranstaltung von Heinrich *Kröger* in nordniederdeutscher Mundart (S. 15–21) ebenfalls alle wesentlichen Informationen zum Tagungsablauf enthält.

Die nächsten drei Aufsätze beschäftigen sich mit der Vorgeschichte und der Gegenwart des Niederdeutschen Bibelzentrums. Ekkehard

Runge beschreibt zunächst den langen Weg zu einem Bibelhaus im Nordosten (S. 27–35). Anschließend nimmt Ulrich *Hojczyk* staatliche, gesellschaftliche und kirchliche Interessen in den Blick, die zur Gründung des Zentrums geführt haben (S. 37–44). Schließlich kommt der Leiter des Bibelzentrums selbst zu Wort. Johannes *Pilgrim* konzentriert sich dabei auf den Zeitraum nach der Eröffnung im Jahr 2001, wobei Ausstellungskonzept und Bildungsarbeit besondere Berücksichtigung finden, aber auch die Trägerschaft und Kooperationspartner genannt werden (S. 45–51).
Im Anschluss folgen vier Beiträge, die auf dem Barther Kolloquium 2013 präsentiert wurden. Den Anfang macht Jürgen *Geiß-Wunderlich* mit neuen Erkenntnissen zu bibliographischen und buchkundlichen Aspekten der Barther Bibel (S. 57–69), die auch für die niederdeutsche Philologie von großem Interesse sind. Hinzuweisen ist jedoch darauf, dass der Text bereits an anderer Stelle veröffentlicht und für den Sammelband geringfügig überarbeitet worden ist.[1]
Eher verwundert hat der Rezensent den Bericht über die restaurierte Kirchenbibliothek der St. Marien Kirche von Hiltrud *Uphues* zur Kenntnis genommen, denn die Bibliothek hätte sicherlich eine umfangreichere und informativere Berichterstattung als diejenige verdient, die hier auf anderthalb Seiten (sic!) abgedruckt worden ist.
Christian *Bunners*, der durch zahlreiche Veröffentlichungen zu religionsästhetischen Aspekten in Reuters Werk ausgewiesen ist, stellt danach die besondere Bedeutung der Bibel im Werk Fritz Reuters dar (S. 77–93). Der flüssig geschriebene niederdeutsche Text verdeutlicht zweifellos die Bibelfestigkeit Reuters und offenbart eine Vielzahl literarischer Bezüge auf die Heilige Schrift. Daraus allerdings auf eine »Leidenschaft« Reuters zu schließen, damit die Bibel »ümsett't ward in't Läben un Dauhn«, ist zumindest nicht unproblematisch. Sinnvoller erscheint mir eine vorsichtigere Interpretation zu sein, die der Verfasser an anderer Stelle selbst formuliert hat: »Reuter hat die Bibel als ein Trostbuch gelesen, gewiss, aber auch als eines mit sozialer Befreiungsbotschaft [...].«[2] Unglücklich ist m. E. zudem eine auf das Wirken Reuters bezogene These, die auch von einem Vertreter der niederdeutschen Heimatkunstbewegung vergangener Zeiten stammen könnte: »Du hest de Bibel ümsett't in plattdütsches Läben un Gefäuhl un in nedderdütsche Eigenort.«
Johannes *Pfeifer* setzt sich schließlich in seinem ebenfalls niederdeutsch geschriebenen Aufsatz (S. 97–106) weniger mit der Zukunft des Plattdeutschen in der Nordkirche auseinander (wie es der Titel suggeriert), sondern beschreibt primär die historischen Rolle des Niederdeutschen als Predigt- und Kirchensprache in Norddeutschland. Erst ganz am Schluss seines Aufsatzes spricht der Autor über Perspektiven, organisatorische Aufgaben und die administrative Verankerung plattdeutscher Gemeindearbeit in der noch jungen Nordkirche.
Den abschließenden Beitrag unter dem Motto »Bilanz und Perspektive« (S. 109–118) liefert Bischof Hans-Jürgen *Abromeit*, der einerseits auf die schwierige Rolle der Bibel und des Glaubens im Osten Deutschlands hinweist, auf der anderen Seite jedoch auch Möglichkeiten skizziert, diese Situation in kleinen Schritten zu verbessern.

Matthias Vollmer, Greifswald

Polonia pontificia sive repertorivm privilegiorvm et litterarvm a Romanis pontificibvs ante annvm MCLXXXXVIII Poloniae ecclesiis monasteriis civitatibvs singvlisque personis concessorvm. Provincia Gnesnensis. Archidioecesis Gnesnensis. Dioeceses Posnaniensis, Cracoviensis, Wratislaviensis, Plocensis, Wladislaviensis et Lvbvcensis. Pomerania. Dioecesis Caminensis exempta. Congessit

1 Der Aufsatz ist erschienen in: Christi Ehr vnd gemeinen Nutzen Willig zu fodern vnd zu schützen. Beiträge zur Kirchen-, Kunst- und Landesgeschichte Pommerns und des Ostseeraums, hg. von Michael *Lissok* und Haik Thomas *Porada*. Schwerin 2014. Band II, S. 721–733.

2 Christian *Bunners*, Fritz Reuter – Religion zwischen Tradition und Moderne, in: Fritz Reuter – in seiner und in unserer Zeit, hg. im Auftrag der Fritz Reuter Gesellschaft von Christian *Bunners*, Ulf *Bichel* und Jürgen *Grote*. Rostock 2011, hier S. 67.

Waldemarvs *Könighavs* (Regesta Pontificvm Romanorvm), Goettingae [Göttingen] (Vandenhoeck & Ruprecht) 2014. – 227 Seiten. – (ISBN 978-3-525-30052-7).

Das Buch stellt in der aus den bisherigen Bänden der »Regesta Pontificum Romanorum« bekannten Art und Weise die Beziehungen des Papsttums zu den Bistümern und den Bischöfen der Gnesener Kirchenprovinz und zu den in diesen Bistümern gelegenen Klöstern und Stiften sowie zum Bistum Kammin und zwei darin gelegenen geistlichen Instituten dar. Zeitlich umfaßt die Bearbeitung die Spanne von der Gründung des jeweiligen Bistums bzw. Klosters bis zum Jahr 1198, dem Jahr des Beginns des Pontifikats von Innozenz III., auch dem Endjahr des von Philipp Jaffé begründeten Regestenwerks »Regesta pontificum Romanorum«. Laut den – hier in deutscher Übersetzung gegebenen – Ausführungen, die der Bearbeiter, Waldemar Könighaus, in seinem Vorwort macht (S. IX), umfaßt der Band »nicht nur alle Polen betreffenden Urkunden der Päpste, der Legaten und der delegierten Richter der Päpste, sondern auch andere Erscheinungen (»monumenta«), die vor dem Jahr 1198 erfolgte Verwaltungsbeziehungen (»negotia«) was für einer Art auch immer zwischen dem Heiligen Stuhl und öffentlichen Einrichtungen und Privatpersonen jener Landschaft betreffen« (S. X).

Daß die Diözese Kammin in ein »Polonia pontificia« betiteltes Buch einbezogen ist, wird mit der Begründung gerechtfertigt, daß das Gebiet, in dem die Diözese Kammin lag, ursprünglich ein Teil der Gnesener Kirchenprovinz gewesen sei. Das ist nun schon sachlich eindeutig falsch, insofern als das 999 errichtete, doch niemals tatsächlich ins Leben getretene Bistum Salz-Kolberg gebietlich nicht umschrieben war und sich seine ohnehin völlig fiktive Jurisdiktion auf die westlich der Oder gelegenen Teile des fast anderthalb Jahrhunderte später ohne jegliche Bezugnahme auf das seinerzeitige, schon nach wenigen Jahren untergegangene Bistum Salz-Kolberg entstandenen Bistums Kammin jedenfalls nicht bezogen hat.

Daß die Bezeichnung der Bistümer Breslau und Lebus als polnischer Diözesen für den Zeitraum bis 1198 zutreffend ist, für die danach liegende Zeit jedoch mit einem großen Fragezeichen versehen werden muß, sei hier deshalb angemerkt, weil die Formulierungen dies nicht durchweg mit Klarheit erkennen lassen (z. B. S. 181).

In dem Göttinger Institut »Papsturkunden der frühen und hohen Mittelalters« ist mit den ersten Vorarbeiten zu dieser »Polonia pontificia« bereits in den 70er Jahren des vergangenen Jahrhunderts begonnen worden; damit waren vor allem polnische Historiker betraut (es werden neun Namen genannt). Es erstaunt schon, daß der Bearbeiter, offenbar zu Recht, in seinem Vorwort schreiben kann – wieder in deutscher Übersetzung –, daß, als ihm 2011 aufgetragen worden sei, den Band auf der Grundlage der vierzigjährigen Studien und Arbeiten der ihm vorausgegangenen Gelehrten (denen er dankt) fertigzustellen, dennoch »maiores labores nobis absolvendi relinquebantur«, also die meiste Arbeit ihm zu erledigen hinterlassen worden sei. Seltsam langwierige Wege der Wissenschaftsgeschichte!

Das Buch gliedert sich in neun Abschnitte. Im ersten werden die Beziehungen zwischen dem Papsttum einerseits und den polnischen Herzögen (bzw. Königen: Bolesław I. Chrobry, Mieszko II., Bolesław II.) (64 Regesten) sowie polnischen Großen, Klerikern wie Laien, andererseits dargestellt (10 Regesten), im zweiten die entsprechenden Beziehungen der Erzdiözese Gnesen (23 Regesten) und die des in diesem Bistum liegenden Stifts Tremessen (3 Regesten) sowie die des Klosters Mogilno (1 Regest), im dritten wird gleiches in bezug aufs Bistum Posen (10 Regesten), auf das Johanniterhaus (Michaelsspital) in Posen (2 Regesten) und das nur kurze Zeit bestehende Kloster der Eremiten des hl. Romuald (7 Regesten), im vierten in bezug aufs Bistum Krakau (30 Regesten) und auf das Kloster Tyniec (3 Regesten), im fünften in bezug aufs Bistum Breslau (11 Regesten), auf das Sandstift zu Breslau (2 Regesten) und das Kloster, dann Stift St. Vinzenz auf dem Breslauer Elbing (6 Regesten), im sechsten in bezug aufs Bistum Płock (8 Regesten) und auf das Stift Czerwińsk (1 Regest), im siebenten in bezug aufs Bistum Włocławek (9 Regesten) und auf das Prämonstratenserstift in Strzelno (1 Regest), im achten in bezug aufs Bistum Lebus (8 Regesten) geleistet. Im neunten werden das mehr fiktive als wirkliche Bistum Salz-Kolberg und das Bistum Kammin behandelt.

Wie man sieht, waren die Beziehungen der Bistümer und der darin gelegenen Klöster und Stifte zur römischen Zentrale recht spärlich. Für die polnischen Institute sind 199 »necessitudines« nachgewiesen. Doch die Zahl der Verbindungen verringert sich in Wirklichkeit noch erheblich; zahlreiche Beziehungsereignisse werden nämlich in mehreren Regesten wiedergegeben, wenn z. B. eine Papsturkunde für mehrere Bischöfe bestimmt war oder eine Papsturkunde, wie die berühmte Urkunde Innozenz' II. von 1133 für Erzbischof Norbert von Magdeburg, mehrere Bistümer betraf. Überdies sind viele Ereignisse nicht durch gleichzeitige Urkunden oder Briefe untersetzt, vielmehr nur durch teilweise viel spätere Hinweise in Chroniken, Annalen, Heiligenbiographien (Thietmar, Gallus Anonymus, Kadłubek, Annales Hildesheimenses, Annales capituli Cracoviensis usw.) und anderen, späteren Urkunden bekannt, ist die Ausstellung einer Urkunde – die dann verloren wäre – allenfalls in manchen Fällen vermutungsweise erschließbar. Der Bearbeiter macht jeweils deutlich, wenn die Geschichtlichkeit eines Ereignisses nur aus einer erzählenden Quelle oder aus einer Erwähnung in einer späteren Urkunde hervorgeht.[3] Ebenso werden Spuria, also offenkundige und mutmaßliche Fälschungen von Urkunden oder Erfindungen von Ereignissen, kenntlich gemacht. Die Zahl der echten Urkunden, die in der Ausfertigung oder abschriftlich noch vorhanden sind oder deren einstiges Vorhandensein zumindest mit Sicherheit unterstellt werden kann, unterschreitet die Zahl 199 also erheblich.

Aus dem einleitenden Überblick eines »Elenchus pontificum Romanorum cardinalium iudicumque delegatorum S. R. E. quorum litterae et acta in hoc volumine continentur« (S. XIII–XIX) geht zum Beispiel augenfällig hervor, daß drei – hinsichtlich ihrer Geschichtlichkeit völlig unsichere – Papsturkunden, eine Urkunde Johannes' XVIII., eine solche Benedikts IX. und eine solche Leos IX., weil diese Urkunden, die in der Urkunde Innozenz' II. für Erzbischof Norbert von Magdeburg von 1133 erwähnt werden, das Gebiet der gesamten Gnesener Kirchenprovinz, also acht Bistümer (neun bei der ursprünglich vorgesehenen Teilung des Greifenherzogtums in ein Bistum Stettin und ein Bistum Pommern), betroffen haben müßten, drei mal acht, also 24, Regesten verursacht haben.[4] Dieser Elenchus und ein »Elenchus personarum quae Romanis pontificibus litteras miserunt aut limina apostolorum visitaverunt (S. XX–XXII) weisen insgesamt 130 Nummern auf. Diese Zahl ist dann auch die Zahl der Dokumente (Urkunden, Briefe), die es einmal gegeben haben müßte bzw. könnte. In der Ausfertigung sind nur noch 15 bzw. 12 Urkunden vorhanden (Tremessen Nr. 2 [1145] und Tremessen Nr. 3 [1147], Włocławek Nr. 9 [1148], Czerwińsk Nr. 1 [1155], Breslau Nr. 10 [1155] derzeit vermißt, Mogilno Nr. 1 [1179], Duces ac reges Poloniae Nr. 56 [1181], Krakau Nr. 23 [1168–1185] = Breslau, Sandstift Nr. 2, Krakau Nr. 25 [1186], Breslau, Vinzenzstift Nr. 4 [1193] derzeit vermißt, Breslau, Vinzenzstift Nr. 5 [1193], Posen, Johanniterhaus Nr. 2 [1193], Włocławek, Stift Strzelno Nr. 1 [1193], Kammin, Stift Grobe Nr. 2 [1195], Płock Nr. 8 [1196] derzeit vermißt. Jeden Abschnitt leitet ein umfangreiches Verzeichnis der gedruckten Quellen und der Sekundärliteratur ein – im Falle des Bistums Kammin umfaßt es fast sechs Druckseiten –,[5] worauf eine Darstellung der Geschichte des jeweiligen geistlichen Instituts folgt,[6] wobei die

3 Bei Duces ac reges Poloniae, Nr. 11, müßte doch wohl angegeben werden, daß eine Urkunde nicht vorliege.

4 Zwischen dem Regest Duces ac reges Poloniae Nr. 8 und dem Regest Gnesen Nr. 9 besteht insofern ein Widerspruch, als Könighof im ersteren die älteste der mutmaßlichen Urkunden Johannes XIII. oder Johannes XV. zuschreibt, sie im zweiten jedoch Johannes XVIII. zuweist und die zweite der Urkunden im ersten Regest Benedikt VII. oder Benedikt VIII. zuschreibt, im zweiten jedoch nur Benedikt VIII.

5 Weshalb unter dem vor »Polonia« angegebenen Schrifttum die beiden in jeder Hinsicht gewichtigen Bände von Oskar *Kossmann*, Polen im Mittelalter, Marburg/Lahn 1971 und 1984, 458 und 556 Seiten, fehlen, ist mir nicht einsichtig. Es werden eine Reihe von Aufsätze, die 20 Seiten und weniger umfassen, aufgeführt.

6 Vor dem Abschnitt »Duces ac reges Poloniae« steht entsprechend ein bis ins 20. Jahrhundert führender Überblick über die Geschichte Polens, der sehr »polnisch-patriotisch« gehalten ist. Falsch ist, was Könighaus über die durch Władysław II. Łokietek (Ellenlang) vereinigten Gebiete schreibt. Er hat

Darstellung über das Jahr 1198 hinausgeführt wird. Diese Darstellung enthält auch Angaben über die Geschichte des Archivs und der Bibliothek des Instituts und die jetzigen Verwahrorte der noch vorhandenen Archivalien bzw. des Buchgutes. Die den Sachverhalt jeweils kurz wiedergebenden Regesten bieten Angaben zu der Quelle, auf die sie sich zurückführen. Es versteht sich bei hochmittelalterlichen Ereignissen, daß es sich ausschließlich um bereits edierte Quellen handelt. Die Editionen werden von der ersten, ältesten bis zur jüngsten lückenlos angegeben (beim Dagome-iudex-Regest [Duces ac reges Poloniae Nr. 3] fehlt der Hinweis auf die sorgfältige Edition im Band I des »Schlesischen Urkundenbuchs«). Bei den sei's in der Ausfertigung, sei's abschriftlich noch vorhandenen Urkunden vermerkt der Bearbeiter auch die verwahrende Einrichtung (Archiv, Bibliothek). Fragen der Datierung und der Echtheit werden unter Heranziehung der Sekundärliteratur diskutiert.

Was das Buch über die Rom-Beziehungen des pommerschen Bistums aussagt, das interessiert die Leser der »Baltischen Studien« wohl am meisten: Pomorze (Pommern) (S. 155–180). Von den 23 Regesten zum Bistum beziehen sich die ersten zwei auf das vorübergehende Bistum Kolberg (Salz-Kolberg). Diese eine Kontinuität vorspiegelnde Vermischung ist nicht angängig. Das pommersche Bistum Wollin, dann Kammin ist 140 Jahre später ohne jegliche Erinnerung an das vormalige Bistum Salz-Kolberg errichtet worden. Es ist ferner keinesfalls »procul dubio«, daß Bolesław Krzywousty (Schiefmund) und Bischof Otto von Bamberg das neugegründete Bistum der Gnesener Kirchenprovinz unterstellt sehen wollten. Für den Polenherzog mag das zutreffen, nicht für den Bischof. Der wahre Gründer des Bistums war ohnehin der Pommernherzog Wartislaw, und tatsächlich ist bei der Gründung keine Zuweisung an eine Kirchenprovinz erfolgt. Und was soll bedeuten, daß Bischof Otto »a duce [sc. Boleslao] vocatus tertio in Pomeraniam venerat«? Will Könighaus damit sagen, daß Bischof Otto ein drittes Mal, wiederum von Bolesław gerufen, nach Pommern gezogen sei? Bischof Otto war dort nur zweimal: 1124/25 und 1128. Die Endzeit des Bistums, das im Gefolge der Reformation unterging, wird falsch dargestellt. Bischof Martin Karith ist nicht 1536, sondern schon 1521 gestorben. Ihm folgte Erasmus von Manteuffel, den wie auch seine Nachfolger, Bartholomäus Suawe und Martin von Weiher, Könighaus nicht erwähnt und der wahrscheinlich der letzte zum Bischof konsekrierte und in der apostolischen Sukzession stehende Kamminer Bischof war. Wo vom ersten Bischofssitz die Rede ist (S. 164), fehlt der Name von Wollin.

Zum Stift Grobe gibt es zwei Regesten; die zwei Papsturkunden sind im Band I des Pommerschen Urkundenbuchs ediert. Zum Kloster Kolbatz gibt es drei Regesten. Letztlich liegt hier eine einzige – abschriftlich erhaltene und natürlich ebenfalls im Band I des Pommerschen Urkundenbuchs edierte – Urkunde zugrunde, eine Urkunde Papst Gregors VIII. von 1187, in der eine Urkunde Alexanders III. und eine Urkunde Lucius' III. für Kolbatz erwähnt werden; beide Urkunden sind verloren. Für die anderen vor 1198 innerhalb des Bistums Kammin gegründeten Klöster und Stifte (Kloster Stolpe, Stift Gramzow, Kloster Dargun, Stift Belbuck, Kloster Altentreptow/Verchen, Kloster Eldena, Johanniter in Schlawe – sofern Schlawe damals schon zum Bistum Kammin gehörte – und in Stargard an der Ihna) sind für die Zeit bis 1198 keine Beziehungen zu Papsttum und Kurie nachweisbar.

Auf einige Fehler sei hingewiesen: S. 58: nicht Großfürstentum, sondern Großherzogtum Posen. S. 67: Soll mit der Formulierung » Polo-

weder »Pomeraniam Occidentalem«, also Greifen-Pommern, noch das östliche Pommern, Pommerellen, in seiner Hand vereinigt. Ferner war die Union zwischen Polen und Litauen bis 1569 nur eine Personalunion. Könighaus stellt das anders dar und übergeht folglich die Union von Lublin, die erst eine Realunion herstellte, mit Schweigen. Der Begriff »antemurale« bezieht sich wohl mehr auf die Stellung gegenüber der ostslawischen Orthodoxie als auf die Türkenkämpfe Polens, deren es gar nicht so viele gegeben hat (der Begriff wäre für Ungarn und das Römisch-Deutsche Reich noch eher angebracht). Es werden alle polnischen Könige aufgeführt, doch ist Michael Wiśniowiecki vergessen. Die Rolle von Johannes Paul II. beim Zusammenbruch der Sowjetunion wird gewaltig übertrieben. Und daß »Res Publica Polona [...] hodie in finibus fere saec. X ex./XI. in. exsistit«, ist eine beim Blick auf die 1000 Jahre zurückliegende Zeit wohl sehr anfechtbare Behauptung.

nia paganis Bretislao duce oppressa« etwa gesagt werden, daß die »heidnische« Reaktion, die nach 1034 in Polen stattfand, vom Böhmenherzog Břetislav angeführt gewesen sei? S. 85: Durch die erste Teilung Polen-Litauens ist die Diözese Krakau nicht ans Deutsche Reich gefallen (reichszugehörig, doch nicht aufgrund der Teilung, war nur ein ganz kleiner um das oberschlesische Beuthen gelegener Teil der Diözese). S. 107: Eine Kirchenreduktion, das heißt: die Wegnahme evangelischer Kirchen, in großem Ausmaße begann in Schlesien nicht erst nach dem Tode Georg Wilhelms von Liegnitz-Brieg, sondern schon 1653. S. 152: Das Patrozinium der Berliner Hedwigskirche (»Hedwigskathedrale«) führt sich nicht aufs Bistum Lebus zurück, sondern auf die Tatsache, daß die Kirche in erster Linie für die in Berlin anwesenden schlesischen katholischen Adligen bestimmt war und dafür mit Beihilfe Friedrichs des Großen auch Reliquien der hl. Hedwig beschafft wurden.

In lateinischer Sprache verfaßte Bücher sind heute in der Wissenschaftslandschaft eine große Seltenheit. Die Sprache lebt selbst innerhalb der römischen Kirche, etwa an der Kurie und innerhalb des Kardinalskollegiums, nicht mehr durch alltäglichen oder zumindest einigermaßen häufigen Gebrauch und durch Übung. Um so weniger ist von außerhalb dieser Sphäre Lebenden vollkommene Beherrschung zu erwarten. Trotzdem seien auf nicht wenige Seltsamkeiten, ja sprachliche Fehler hingewiesen, die sich in dem Buch befinden. Eine zweite Auflage des Buches, in dem sie berichtigt werden könnten, ist zwar nicht zu erwarten. Aber eine künftige Netzausgabe ist nicht auszuschließen, und darin könnten die Fehler bereits ausgemerzt sein.

S. 18: Auf das Verb queri folgt nicht ut, sondern richtig ein AcI oder ein faktisches quod. S. 27: obtinere kann keinen Infinitiv nach sich ziehen; der mit »Potius« beginnende Satz ist wohl völlig verunglückt. S. 28: Richtig wäre: quod obsidionem Posnaniae adiuverat. S. 30, Zeile 2: richtig: quas; praesto kann nicht mit habere verbunden werden. S. 33: statt suscipit doch wohl eher tradit erforderlich. S. 34: auch bei Änderung von potest in posse ergäbe sich noch kein »elegantes« Latein. S. 58: uti ist Deponens, deshalb kann es nicht in passivischer Bedeutung verwendet werden. S. 59: Der mit »Unde« beginnende Satz ist völlig verunglückt. S. 68: Das et in dem mit »Pauca« beginnenden Satz ist zu streichen. S. 85: Richtig müßte es heißen: De archivo episcopatus capitulique permulta diplomata actaque continente. S. 106, Zeile 3: nicht: facta, sondern: factae. S. 108, Zeile 11: uti regiert den Ablativ, also: pontificalibus utendi. S. 116: statt suppressissent richtig: suppressa sunt. S. 121, Zeile 7 von unten: nach una muß die Präposition e eingefügt werden. S. 122, Zeile 1: carere regiert den Ablativ, es muß also heißen: tectis. S. 143, Zeile 3: richtig: praestet (Konjunktiv). S. 143, Zeile 4: richtig: concilio Remensi (Dativ). S. 151, Zeile 5: richtig: neque Iohanni episcopo Lubucensi. S. 182: richtig: adhibeantur und perturbentur.

Unter »Addenda« werden die »Ficta Iohannis Dlugossii« aufgeführt (S. 181–207), also die von Jan Długosz, dem berühmtesten der polnischen Geschichtsschreiber des Mittelalters, der im 15. Jahrhundert gelebt hat, erfundenen Beziehungen zwischen dem römischen Stuhl und der polnischen Kirche. Bezeichnenderweise ergibt sich hier die Spitzenzahl von 115 Regesten. Kammin kommt nur einmal vor, im Regest 2. Es ist erstaunlich, daß Długosz seine Leser für so leichtgläubig und unwissend halten konnte, daß sie ihm abnähmen, Johannes XIII. habe 966 einen Legaten nach Polen gesandt, damit dieser dort zwei Kirchenprovinzen mit insgesamt neun Diözesen, darunter die Diözesen Cholm (Chełm), Lebus und Kammin bestätige. Waldemar Könighaus hat ein sehr nützliches, eine Fülle von Angaben enthaltendes Werk vorgelegt, das für die Mittelalterhistoriker, die sich mit der Geschichte Polens und Ostdeutschlands befassen, lange Zeit ein wertvolles Hilfsmittel darstellen wird.

Rudolf Benl, Erfurt

Die Münzen der pommerschen Herzöge, hg. von Manfred *Olding*. – Regenstauf (Battenberg Gietl Verlag) 2016. – 240 Seiten, durchgehend farbige Abbildungen. – ISBN 978-3-86646-129-1.

Bei der Bestimmung von Münzen geht es zuerst um die Feststellung des Münzherrn und des Münzstandes. Weiterhin werden die Entstehungszeit und der Entstehungsort (Münzstätte) ermittelt. Genauso wichtig ist der Münzwert (Nominal), das heißt, die Frage nach dem zeitgenössischen Nennwert ist zu beantworten. Die Münzbestimmung ist aber erst dann komplett, wenn das Stück mit einem Literaturzitat versehen wurde. Mit dem Zitat erhält es schließlich seinen Platz innerhalb des Bezugssystems, das ihrer Entstehung zugrunde liegt. Dabei fungieren als Hauptgattungen der deskriptiven Numismatik der Typenkatalog, der Variantenkatalog und das Corpus. Wer bisher eine Münze der pommerschen Herzöge in der Frühen Neuzeit bestimmen wollte, griff im deutschen Sprachraum wie selbstverständlich zum »Hildisch«.[7]

Johannes Hildisch (1922–2001) hatte 1980 ein Buch vorgelegt, das seitdem als das Zitierwerk für Münzen fungierte, die von den Herzögen von Pommern in der Zeit von 1569 bis 1637 (1654) geprägt worden waren. Auch wenn die dem Band zugrunde liegende Systematik »etwas gewöhnungsbedürftig«[8] war, so ließen sich die betreffenden Gepräge doch zumeist eindeutig bestimmen. Fortan genügte das Hildisch-Zitat, um bei jedem Numismatiker (insbesondere bei den Sammlern) sofort Klarheit über das interessierende (bzw. in der Sammlung noch fehlende) Stück zu erlangen. Als Randnotiz sei Folgendes vermerkt: Nach dem Zweiten Weltkrieg war der aus Pommern stammende Autor nach Mecklenburg gekommen. Als Hochbautechniker sollte er 1947/48 Entwürfe für den Umbau des Schweriner Schlosses zum Landtag liefern.[9] Heute residiert der Landtag des Bundeslandes Mecklenburg-Vorpommern im Schloss – ganz aktuell ist die Bewerbung des Schweriner Residenzensembles als UNESCO-Welterbe. Irgendwie steht damit Johannes Hildisch auch für die Verbindung der beiden Landesteile Mecklenburg und Vorpommern (ganz im Sinne der von Dirk Schleinert angemahnten gemeinsamen Landesidentität).[10]

In einem dem Andenken Johannes Hildischs gewidmeten Aufsatz drückte im Jahr 2002 Helmut Hahn die Hoffnung aus, dass es eine zweite Auflage des »Hildisch« geben sollte.[11] Hahn hatte ein Jahr zuvor das Amt eines Kurators für Numismatik in der Gesellschaft für pommersche Geschichte, Altertumskunde und Kunst von seinem Vorgänger Hildisch übernommen. Auch dessen numismatischer Nachlass wurde von seinem Nachfolger gesichert. Als passionierter Münzsammler war es Helmut Hahn gelungen, eine Sammlung pommerscher Gepräge zusammenzutragen, die ihresgleichen suchen sollte. Sie wurde von dem renommierten Auktionshaus Fritz Rudolf Künker im Januar 2013 in Berlin versteigert (Auktion 224). Nun konnte auf einer ungleich größeren Materialgrundlage die Neubearbeitung der pommerschen Münzen in Angriff genommen werden. Manfred Olding, bisher mit fundierten Bestandskatalogen über preußische Münzen und Medaillen hervorgetreten, widmete sich dieser Aufgabe mit großem Engagement.

Das neue Buch sollte aber nicht allein als Zitierwerk dienen. Schließlich hatte 2004 Joachim Krüger an der Greifswalder Ernst-Moritz-Arndt-Universität eine Dissertation vorgelegt, die aufgrund der schriftlichen Überlieferung die pommerschen Münz- und Geldgeschichte völlig neu beleuchtete.[12] So verwies auch Hel-

7 Johannes *Hildisch*, Die Münzen der pommerschen Herzöge von 1569 bis zum Erlöschen des Greifengeschlechtes (Veröffentlichungen der Historischen Kommission für Pommern. Reihe IV: Quellen zur pommerschen Geschichte 9), Köln/Wien 1980. Von polnischer Seite vgl. Edmund *Kopicki*, Katalog podstawowych Typów Monet i Banknotów Polski oraz ziem historycznie z Polską związanych, Tom VII: Monety Pomoskie XVI–XIX w. [Katalog der Standarttypen der Münzen und Geldscheine Polens sowie der Länder, die mit Polen geschichtlich verbunden waren, Bd. 7: Pommersche Münzen des 16.–19. Jahrhunderts], Warszawa 1981.

8 Joachim *Krüger*, Zwischen dem Reich und Schweden. Die landesherrliche Münzprägung im Herzogtum Pommern und in Schwedisch-Pommern in der frühen Neuzeit (ca. 1580–1715) (Nordische Geschichte 3), Berlin 2006, S. 20.

9 Ludwig *Biewer*, In memoriam Johannes Hildisch, in: Baltische Studien NF 88 (2002), S. 141–143.

10 Dirk *Schleinert*, Mecklenburg und Vorpommern – Grenzen und Perspektiven einer historischen Annäherung, in: Mecklenburgische Jahrbücher 130 (2015), S. 343–357.

11 Helmut *Hahn*, Ein unpublizierter Doppeltaler von 1609 des Herzogs Philipp Julius von Pommern-Wolgast (1592–1625) aus der Münzstätte Franzburg, in: Baltische Studien NF 88 (2002), S. 129f.

12 Siehe oben Anmerkung 2.

mut Hahn im Vorwort »seines« Versteigerungskatalogs auf verschiedene neue Zuweisungen pommerscher Münzen. Deshalb war es nur folgerichtig, dass Krüger in der jetzt vorliegenden Publikation mit einer Darstellung der Münzgeschichte Pommerns in der Frühen Neuzeit vertreten ist (unter Einschluss neuer Erkenntnisse gegenüber seiner Dissertation). Dabei gelingt es dem Autor mit großer Souveränität, die münzgeschichtliche Entwicklung in diesem Herzogtum aufzuzeigen; dabei die historischen Zusammenhänge immer im Blick. Wieder wird einem deutlich vor Augen geführt, dass die Beantwortung numismatischer Fragen nicht allein durch das Münzmaterial möglich ist – stets sind auch die Schriftquellen heranzuziehen.

Aufgrund von Vorgaben des Verlages konnte seinerzeit Johannes Hildisch das von ihm zusammengetragene Material nicht in Gänze ausbreiten. Dass Manfred Olding Zugriff auf das Urmanuskript von 1972 bekam, erwies sich deshalb als Glücksfall. Damit konnte manche Zuordnung geklärt werden, so beispielweise bei den in St. Petersburg befindlichen Münzen. Als Einschub sei an dieser Stelle erwähnt, dass Olding den Betrachtungszeitraum erweitert. Während Hildisch die Gepräge ab 1569 verzeichnete, beginnt man bei der Neubearbeitung schon mit den von Herzog Bogislaw X. (1474–1523) emittierten Stücken. Damit gerät ein weiteres Standardwerk zur pommerschen Münzkunde in den Fokus, dessen Autor kein geringerer als der bekannte Berliner Numismatiker Hermann Dannenberg (1824–1905) war.[13]

Um es gleich vorweg zu sagen: Der neue Katalog erfüllt alle Anforderungen, die heute an eine solche Quellenpublikation gestellt werden. Es ist ein mustergültiger Variantenkatalog entstanden, in dem alle relevanten Angaben über das jeweilige Stück enthalten sind. Die Beschreibungen der Vorder- und Rückseiten mit den jeweiligen Umschriften (bzw. anderen Aufschriften) sind detailliert und exakt; die Abbildungen entsprechen heutigem Standard. Sofern nicht anders vermerkt, wird auf Dannenberg und Hildisch verwiesen; es folgen die drei größten Privatsammlungen Pogge (1903), Bratring (1912) und Hahn (2013). Ganz aktuell: Man erfährt, dass Münzen aus der Sammlung Hahn jetzt unter anderem zum Bestand des Stettiner Münzkabinetts gehören.

Sollte sich von nun an jemand mit den Münzen der pommerschen Herzöge in der Frühen Neuzeit beschäftigen, so dürfte das von Manfred Olding herausgegebene Werk auf lange Zeit als das Standardwerk gelten. Die Entstehungsgeschichte des Buches schlägt sich nicht zuletzt im Titel mit den dort aufgeführten Personen nieder, nur einer fehlt: Johannes Hildisch. Bei der Edition mittelalterlicher Quellen ist es durchaus übliche Praxis, dass der erste Bearbeiter auch genannt wird (man denke nur an die ehrwürdige Monumenta Germaniae Historica). Es hätte Johannes Hildisch aber auf jeden Fall gefreut, dass nun eine umfassende Neubearbeitung seines Werkes vorliegt.

Torsten Fried, Schwerin/Greifswald

13 Hermann *Dannenberg*, Münzgeschichte Pommerns im Mittelalter, Berlin 1893, Nachtrag 1896f., Neudruck 1976.

Dörte *Buchhester*, Die Familie der Fürstin. Die herzoglichen Häuser der Pommern und Sachsen im 16. Jahrhundert: Erziehung, Bücher, Briefe. (Mediaval to early modern culture / Kultureller Wandel vom Mittelalter bis zur Frühen Neuzeit, Bd. 15). Frankfurt a. Main – Peter Lang Edition 2015. 341 S. ISBN 978-3-631-66083-6.

Dörte Buchhester fokussiert in ihrer aus einer Dissertation (Greifswald 2012) hervorgegangenen Studie auf die »Familie der Fürstin« Maria von Sachsen, Herzogin von Pommern (1515–1583), seit 1536 Gemahlin Philipps I. von Pommern. Damit lässt sich ihre Arbeit den in der jüngsten Zeit zahlreich erschienenen Untersuchungen zu Fragen des fürstlichen Familienlebens, zu den Handlungsmöglichkeiten von Frauen fürstlichen Standes sowie ihren sozialkommunikativen Netzwerkbildungen zuordnen. Basis dieser Fragestellungen, zentriert um Erziehung, Aus/Bildung der Kinder des Fürstenpaares und inner-und außerhöfischer Kommunikation sind »die nachweisbar rezipierten und produzierten Quellen« der Familie »wie Korrespondenzen, Hofordnungen, Gutachten, Instruktionen, Inventare, Leichenpredigten und materielle Dinge wie Bücher«(25). In nicht unbeträchtlichem Maße erschließt die Verfn. bisher nicht edierte Quellen. Damit erweist sich die Fruchtbarkeit der gefundenen Fragestellungen. Anzuführen sind hier vor allem Hofordnungen, besonders diejenigen für den Wolgaster Hof Philipps I., die sich für die Analyse der Erziehung im Frauenzimmer Marias, der »erste(n) Sozialisationsinstanz für beide Geschlechter« (26), als ergiebig erweisen. Desweiteren arbeitet Verfn. mit »weiblichen und autographen Korrespondenzen« (42), mit 106 Briefen Marias[14], mehr als 70 Briefen Georgias von Pommern (1531–1573), für deren Auswertung die Verfn. auf eine gründliche (Vor)Arbeit Dirk Schleinerts zurückgreifen konnte[15], sowie mit Korrespondenzen Margarethes und Amalies von Pommern. Erstmalig analysiert wird ein um 1549 verfasstes Memorial zum Erziehungsaufenthalt des jungen sächsischen Herzog Johann Wilhelms von Sachsen in Wolgast, der sowohl über das Erziehungsprogramm der Wettiner informiert als auch – in einer Fremdperspektive – über das Wolgaster Hofleben des Reformationsfürstenpaares. In Hinsicht auf den Komplex Buch als Wissensspeicher ermöglichten die neu aufgefundenen Quellen, hier besonders die Briefe, eine Neuinterpretation des Bücherverzeichnisses Herzog Philipps I., »erstmalig (konnte) die Existenz einer Hofbibliothek in Wolgast sowie das Entstehen privater fürstlicher Bibliotheken festgestellt werden«. (45).

Auf den Entstehungskontext der Arbeit, ein DFG-Projekt an der Universität Greifswald zu »Kulturtransfer an deutschen Fürstenhöfen in der Umbruchszeit vom späten Mittelalter zur Frühen Neuzeit« zurückzuführen ist die »interdisziplinäre Öffnung« der landesgeschichtlich angelegten Hofforschung, so dass zwar der »landesgeschichtliche Zuschnitt« vom Material her vorgegeben war, die gewählten Fragestellungen Erziehung und (Aus-)Bildung, Bücher als Medien der Erziehung und Bildung sowie inner- und außerhöfische Sozialkontakte recht heterogene fachwissenschaftliche Zugänge erforderten. Verfn. bearbeitet ihre Themen »im Schnittpunkt von Kommunikationsforschung, historischer Familienforschung, Frauen- und Geschlechterforschung, Bildungsforschung und Medienforschung« (25). »Wer Vieles bringt, wird manchem etwas bringen«, mag man hier durchaus kritisch anmerken. Neben den Einbußen in der systematischen Entwicklung der Problemkomplexe fällt auf, dass die theoretischen und methodischen Grundlagen der aufgerufenen einzeldisziplinären Zugänge unterschiedlich ausführlich entwickelt und mit dem Material verbunden sind. Kritisch sei angemerkt, dass die feldtheoretischen Umformulierungen der Untersuchungsergebnisse, mit denen die Verfn. ihre Ausführungen über die geschlechtsspezifische Erziehung und Ausbildung jeweils abschließt, keinen Erkenntnisgewinn bringen, ganz abgesehen davon, dass die Feldtheorie kein dem Gegenstand angemessenes Theoriekonzept aufgrund völlig anderer Prämissen (funktional ausdifferenzierte Gesellschaft) darstellt.[16] Nichtsdestotrotz bleibt das Verdienst, Defizite der pommerschen Landeshistoriographie in Angriff genommen zu haben: durch die Erforschung der sich seit dem Ende des 15. Jahrhundert herausbildenden fürstlichen »Kernfamilie als besonderes emotionales Bezugssystem zwischen Eltern und Kindern«[17]. Pionierarbeit stellt die Analyse der »kulturellen Doppelkompetenz« (37) Marias von Sachsen dar. Die Verbindung der pommerschen Greifen mit den sächsischen Ernestinern, wie sie das Bildprogramm des Croy-Teppichs anbietet, worauf die Verfn. geschickt und lesenswert ihre Einleitung aufbaut, diese dynastische und konfessionspolitisch folgenreiche Verbindung hat

14 Wie so oft, stellen auch hier die Arbeiten Martin Wehrmanns, speziell seine Edition von 40 Briefen Marias von Sachsen, das Material zur Verfügung, was einerseits die landeshistoriographische Leistung Wehrmanns nachdrücklich belegt, andererseits jedoch auch die Defizite in der Geschichte der Landeshistoriographieforschung um so deutlicher hervortreten lässt.

15 Dirk *Schleinert,* Georgia von Pommern (1531–1573). Studien zum Leben einer Fürstin des 16. Jahrhunderts, in: Jahrbuch für die Geschichte Mittel- und Ostdeutschlands 55 (2009), S. 71–120.

16 Die Feldtheorie (Bourdieu) setzt für ihre Anwendung gesellschaftliche Strukturen voraus, die sich (im Alten Reich) frühestens in der 2. Hälfte des 18. Jhds. Herauszubilden begannen.

17 Vgl. Karl Heinz *Spieß,* Zur Einführung, in: Die Familie in der Gesellschaft des Mittelalters (Vorträge und Forschungen, 71), Ostfildern 2009, S. 14.

ihr ganz reales Fundament in der Person und der Persönlichkeit Marias – was mit und durch Buchhesters Studie erstmalig ernst genommen und aspektreich nachgewiesen wird.
Die Studie gliedert sich in die Einführung (Zielstellung, Theoriekonzepte, Begriffe und Quellen), zwei Hauptkapitel mit Fazit und den Anhang. Dieser bringt das Quellen- und Literaturverzeichnis, ein Personenregister und die Edition zweier Quellen: des genannten Memorials und eines Autographs Herzog Bogislaws X. von Pommern von ca. 1503. Das erste Hauptkapitel »Die fürstliche Familie am Hof« (171 S.) untersucht Erziehungsprogrammatik und Erziehungspraktiken am pommerschen Hof unter der Regierung Philipps I. und Marias von Sachsen in geschlechterspezifischer Perspektive. Besonders ausführlich kennzeichnet Verfn. das Frauenzimmer als erste Bildungs- und Sozialisationsinstanz im Leben der Fürstenkinder beiderlei Geschlechts. Ob man diese Phase der von der (Herzogin)Mutter verantworteten gemeinsamen Ausbildung in den Schlüsselkompetenzen Lesen, Schreiben, Beten, Singen, Katechismuswissen, habituelles höfisches Verhalten mit dem recht modernen Begriff der Koedukation bezeichnen muss, sei dahingestellt – zumal keine Argumentation für den Vorteil bzw. die Relevanz dieser Begriffsverwendung angeboten wird. Zwei Aspekte sollen herausgegriffen und problematisiert werden:
1. Maria von Sachsen behielt ihren Einfluss auf die Söhne auch nach deren Übergang in die Präzeptorenerziehung bei, sie »hat ihre Rolle als Erzieherin weder durch das Erreichen höherer Lebensalterstufen noch durch räumliche Entfernung aufgegeben«. (78). Eine ähnlich enge Bindung zeigt sich zwischen der Herzoginwitwe Sophia Hedwig von Pommern und ihrem Sohn Philipp Julius, dem Enkel Marias, was Joachim von Wedel zur Kritik veranlasst » in seiner jugend (sei der Erbprinz) zärtlich erzogen [...] der leib (werde) in der Kindheit durch weibliche institution [...] verderbt.«.[18] Im europäischen hochadligen Erziehungsdiskurs wird die frühzeitige Herauslösung der jungen (Erb)Prinzen aus der mütterlichen Obhut im Frauenzimmer gefordert.
2. Buchhester kommt zu dem Ergebnis, dass die Wolgaster Fürstenkinder im Gegensatz zur Praxis an anderen Fürstenhöfen recht lange zusammen bleiben. (78) Wie ist dann der Sachverhalt zu bewerten, dass einer der Söhne Marias, Ernst Ludwig, seine erstgeborene Tochter Hedwig Maria (1579–1606) als Dreijährige zur Erziehung an den Hof seiner Schwiegereltern nach Wolfenbüttel gab, wo sie bis zu ihrem 18. Lebensjahr blieb?[19] Prinzipien ihrer Erziehung sind in ihrer Leichenpredigt dargelegt, die Verfn. als Quellengruppe zum Gewinn von Aussagen zur Erziehung zwar anführt, jedoch bei ihrer Behauptung bleibt, dass »die schlechte Überlieferungslage und das fast komplette Fehlen normativer Quellen [...] die Annahme nahe (legen), dass Frauenerziehung als nicht verschriftungswürdig befunden wurde« (99). Leichenpredigten sind durchaus als normative Quellen zu behandeln, in der Regel enthalten sie Aussagen zur Mädchenerziehung, deren Stereotypie gerade auf ihre normative Funktion zurückzuführen ist. Korrespondenzen dagegen ermöglichen Aussagen zur Erziehungspraxis, so wie sie die Verfn aus dem Briefwechsel um die Rückführung von Philipps Halbschwester Georgia von Pommern aus Anhalt an den Wolgaster Hof und die Absicherung ihrer standesgemäßen Erziehung im Frauenzimmer Marias rekonstruiert. Dieser Briefwechsel (ebenso wie der Marias von Sachsen) erweist sich als ausgesprochen ergiebig, er wird in diversen thematischen Zusammenhängen benutzt, so dass zu fragen ist, warum sich die Arbeit nicht in Richtung einer kommentierten Edition hat entwikkeln lassen (können). – In dieses Hauptkapitel gehören als eher germanistisch-literaturwissenschaftlich ausgerichtete Themen Buchnutzung und Buchbesitz. In den letzten Jahren erschien eine Reihe von Untersuchungen zur »Fürstin

18 Hausbuch des Herrn Joachim von Wedel Auf Krempzow Schloss und Blumenberg erbgesessen, hg. v. Julius Freiherrn von Bohlen Bohlendorff (Bibliothek des Litterarischen Vereins in Stuttgart; 161), Tübingen 1882, S. 402f..

19 Vgl. dazu Britta-Juliane *Kruse*, Adelige Witwen im Netz frühneuzeitlicher Verhaltensdiskurse. Standesgrenzen und Aktionsradien, in: Zwischen Thron-Saal und FrawenZimmer.Handlungsfelder pommerscher Fürstiunnen um 1600 im Vergleich, hg. v. Dirk *Schleinert*, Monika *Schneikart*. (erscheint 2017 im Böhlau-Verlag).

als Sammlerin, Leserin und Übersetzerin«[20], einige führt die Verfn. an, andere hätten in der Überarbeitungsphase der Dissertation für den Druck zumindest verzeichnet werden können.[21] Erwartungsgemäß enthalten die beiden ausgewerteten Nachlassinventare Marias von 1583 keine Titel, dagegen ermöglichen die angegebenen Aufbewahrungsorte »in fast allen Räumen« (169) Rückschlüsse auf den Gebrauch und auf Lesetechniken. Verfn. stellt das »stille Lesen« in der Schlafkammer (wo Luthers Hauspostille griffbereit lag) dem »gemeinsamen Lesen als geselliger und gemeinschaftsstiftender Akt« (171) oder dem Vorlesen im Frauenzimmer gegenüber. Besser sollte man vom (wahrscheinlich eher lauten) Lesen für sich sprechen, das stille Lesen ist eine Technik des 18. Jahrhunderts. Noch dominieren Mündlichkeit und Handschriftlichkeit die kulturellen Kommunikationstechniken. Für den engen Zusammenhang zwischen der lesenden und schreibenden Fürstin steht folgender Befund: In einem Brief an ihren in Greifswald studierenden Sohn Johann Friedrich bittet Maria um ein Buch mit »gut Papier [...] das nit durchschläget, wenn man drein schreibt«, sie wolle »etliche geistliche Gesänge darein schreiben, als Du wohl weißt, wir vorhin eins hatten, das im Brande mitblieben ist [...]«.[22] Mehrfach in der Forschung ist belegt, dass die lesenden Fürstinnen Gebetsbücher schrieben, so auch ihre Schwiegertochter Erdmuthe von Brandenburg (seit 1577 Johann Friedrichs Gemahlin). Insofern ist es müßig zu spekulieren, ob Maria selbst dichtete.[23], das ist nicht der Maßstab für diese Schreib- und Frömmigkeitskultur.

Mit der Beschreibung der »herzoglichen Bibliotheken«, die erste wird für Mitte des 16. Jahrhundert angenommen, schwenkt die Verfn. wieder auf das Familienthema zurück. Bei dieser handelt es sich um eine »auf Ausbildung ausgerichtete Bibliothek mit einem »allgemeinen Bildungs- und Erziehungsanspruch«. Das werde fassbar im »großen volkssprachlichen Bestand«, der » von beiden Geschlechtern genutzt werden kann.«(S. 214). Der offensichtlich von Maria zusammengehaltene Familienverband drückt sich nach Buchhester »in der gemeinsamen Hofbibliothek aus, unter anderem im gemeinsamen Exlibris der fünf Brüder [...]«. (214). Parallel dazu entstanden private Sammlungen (Maria, Amalie, Johann Friedrich).

Im zweiten Hauptkapitel (62 S.) untersucht Verfn. die Briefkommunikation Georgias von Pommern und Marias von Sachsen. Der Schwerpunkt liegt auf den Kommunikationsnetzen, im Fall Georgias wird die auffallend affektive Verbindung der am Wolgaster Hof lebenden Tochter zur Mutter Margarethe von Brandenburg in Dessau analysiert. Ausgehend von der Pionierstudie D. Schleinerts, der erstmalig Dokumente zu Georgia edierte und wohl mehr als nur einen »biographischen Abriss« (43) vorlegte, ermittelte Buchhester weitere Briefe (Dessau, Weimar, Greifswald).[24] In wiederholter Polemik grenzt sie sich von Schleinerts Gruppierung des Konvoluts nach Schriftbild, Informationsgehalt und Grad der Formelhaftigkeit ab[25]. Dagegen bringt sie ein theore-

---

20 Jill *Bepler*, Helga *Meise*, Sammeln, Lesen, Übersetzen als höfische Praxis der Frühen Neuzeit. Die böhmische Bibliothek der Fürsten Eggenberg im Kontext der Fürsten- und Fürstinnenbibliotheken der Zeit, Wiesbaden 2010.

21 Dazu zählt auf alle Fälle der eben zitierte Sammelband von *Bepler* und *Meise*, in dem mindestens 7 Privatbibliotheken und/oder Büchersammlungen von Fürstinnen aus dem 16.-18. Jahrhundert Untersuchungsgegenstand sind.

22 Schreiben Marias an Johann Friedrich von Pommern vom 16. Januar 1559. LAGw, Rep. 5, Tit.8, Nr. 41, fol.3r-v., zit. nach *Buchhester*, Die Familie der Fürstin, S. 76. Das Zitat wird von Buchhester erneut eingesetzt auf S. 173, nachgewiesen aber mit dem Datum 6. Juli 1559 und *Wehrmann*, Die Söhne des Herzogs Philipp I. von Pommern, in: Baltische Studien NF 10 (1906), S. 35–66, hier S. 57 als Quelle.

23 Vgl. *Buchhester*, Die Familie der Fürstin, S. 76f.: »Ob Maria selbst geistliche Lieder verfasst hat, ob sich hinter der pommerschen Herzogin eventuell eine schreibende Frau der Frühen Neuzeit [...] verbirgt [...] kann nicht geklärt werden.«

24 Wie viele das sind und wie sich der Fund zu den von Schleinert genannten 68 Briefen verhält, wird nicht ausgeführt

25 Schleinert in die methodische Nachfolge Wehrmanns zu stellen, der Briefe Marias wegen des ›dürftigen‹ Inhalts und der starken Formelhaftigkeit abwertet, schießt über das Ziel hinaus. Schleinert erklärt den Typ des sauber geschriebenen, formelhaften, ›inhaltsarmen‹ Briefes (Georgias) mit den rhetorischen Regeln der zeitgenössischen ars

tisch-methodisch »schweres Geschütz« in Stellung, Luhmanns Kommunikationssoziologie. Mit diesem Modell lassen sich die scheinbar ›inhaltslosen‹ sogen. Kontaktbriefe gut erklären, ihre Funktion besteht darin, die Anschlusskommunikation zu gewährleisten. »Somit macht jeder Brief einen weiteren Brief wahrscheinlich und stabilisiert damit ein eigenes Kommunikationssystem« (230) Das ist plausibel hergeleitet und überzeugt.

Im Fall der Korrespondenz der nach Pommern eingeheirateten kursächsischen Prinzessin Maria zeigen sich die verwandtschaftsbedingten Kommunikationsachsen von Pommern nach Sachsen und Anhalt, deren Leistung nicht nur in der Pflege der verwandtschaftlichen Beziehungen besteht, sondern auch in der Stabilisierung des protestantischen Lagers. Die Korrespondenzpartner Johann Friedrich von Sachsen und Wolfgang und Georg III. von Anhalt wurden bereits von den Zeitgenossen als Reformationsfürsten wahrgenommen.[26] Damit wird deutlich, welches Gewicht der sowohl in der ernestinischen wie auch pommerschen Familie verankerten Fürstin Maria zukam und zukommt. Dieses herausgearbeitet zu haben verleiht der Studie von D. Buchhester ihren Wert.

Monika Schneikart, Greifswald

Inken *Schmidt-Voges*, Nils *Jörn* (Hgg.), Mit Schweden verbündet – von Schweden besetzt. Akteure, Praktiken und Wahrnehmungen schwedischer Herrschaft im Alten Reich während des Dreißigjährigen Krieges. (Schriftenreihe der David-Mevius-Gesellschaft Bd. 10). Hamburg – Kovač 2015. 334 S. ISBN 978-3-8300-8818-9. 98,80 €

Der Auftritt der Schweden auf der deutschen Kriegsbühne im Jahre 1630 bot bis dato Nährstoff für zahlreiche geschichtswissenschaftliche Untersuchungen unterschiedlichster Schwerpunktsetzungen. Nicht selten stand dabei die illustre Gestalt Gustav II. Adolfs im Fokus. Keine Aufmerksamkeit erfuhren hingegen bislang diejenigen Reichsstände, die als Bündnispartner oder durch Eroberung an die schwedische Direktion gebunden waren. Der von Inken *Schmidt-Voges* und Nils *Jörn* herausgegebene Band darf daher besondere Aufmerksamkeit beanspruchen, stellt er sich doch der Herausforderung, erstmals die »Akteure, Praktiken und Wahrnehmungen schwedischer Herrschaft im Alten Reich während des Dreißigjährigen Krieges« beleuchten zu wollen und damit diese Forschungslücke zu schließen. Die Publikation »Mit Schweden verbündet – von Schweden besetzt« ist der zehnte Band der Schriftenreihe der David-Mevius-Gesellschaft und vereint die auf der Tagung im August 2013 in Wismar vorgestellten, zumeist auf regionalhistorischen Kontexten fußenden Studien zu 13 Regionen und Städten.

Zu Beginn des Bandes steht der Beitrag von Dorothée *Goetze*, der sich der »Last der Besatzung« widmet und die »Funktion der festen Plätze in der schwedischen Kriegsstrategie im Reich« in den Blick nimmt. Entgegen der übrigen Autoren eröffnet Goetze damit eine übergeordnete Perspektive, die im Wechselspiel mit der Einleitung von Inken *Schmidt-Voges* einen wunderbaren Einstieg in die Thematik bietet.

Wenngleich der Sammelband die Ausprägung der schwedischen Herrschaft im gesamten Alten Reich im Blickfeld hat, soll sich im Folgenden doch konsequenterweise auf die Beiträge zu Pommern fokussiert werden.

Mit der Stettiner Allianz wurde Pommern als erster Reichsstand an das schwedische Königreich gebunden. Vor allem in der deutschen Geschichtsschreibung haftete der Allianz aufgrund des militärischen Ungleichgewichts zwischen Schweden und Pommern bislang der Makel eines Zwangsbündnisses an. Dirk *Schleinert* trat nun an, diese negative Konnotation durch eine Neuinterpretation der vertraglichen Vereinbarungen zu beheben. In das Zentrum seiner Überlegungen rückt er daher die Frage, inwiefern es gerechtfertigt erscheint, Pommern als natürlichen Verbündeten der Schweden respektive als deren leichte Beute anzusehen. Um sich

dictaminis, nach der auch Fürstenkinder das Briefeschreiben lernten. Vgl. *Schleinert*, Georgia (wie Anm. 2), S. 74 (methodische Diskussion); S. 87 (Gruppierung).

26 So bezeichnet vom Wolgaster Hofprediger Jakob Runge in seiner Leichenpredigt auf Maria von Sachsen.

der Frage anzunähern gliedert der Verfasser seinen Aufsatz in vier Abschnitte, die jedoch nicht extra als Unterkapitel hervorgehoben werden. Vielmehr folgt *Schleinert* dem Vortragsstil seiner Studie, was anhand der klaren Strukturierung und Kürze des Fließtextes, der lediglich 14 Seiten umfasst, keinerlei Schwierigkeiten bereitet. An den Eingang seiner Ausführungen stellt er sinnfällig die überblickartige Darstellung der Urteile früherer Landeshistoriker – ausgehend vom 17. Jahrhundert mit Johann Micraelius[27] bis zu Herbert Langer[28] als Vertreter der zeitgenössischen Geschichtsschreibung. Jene entwarfen dem Autor zufolge bis in das 19. Jahrhundert hinein ein zu großen Teilen von nationalstaatlichem Gedankengut getragenes Bild der Geschehnisse und erst der Untersuchung der Politik Pommerns während des Dreißigjährigen Krieges von Max Bär[29] aus dem Jahr 1896 billigt der Verfasser die Bemühung um ein erstmals abgewogenes Urteil zu. So tritt er einzelnen Interpretationen rigoros entgegen oder relativiert selbige wie beispielsweise die Deutung Martin Wehrmanns, demzufolge »Pommern [...] den Schweden ausgeliefert [wurde], und der Herzog [...] seine Macht an den fremden König ab[getreten hätte]«[30] (S.61).

Anschließend skizziert *Schleinert* zunächst die Geschehnisse des Sommers 1630 einschließlich ihrer Vorgeschichte unter der Fragestellung, ob den Pommern angesichts der bereits im Land stehenden schwedischen Truppen die Möglichkeit einer selbstbestimmten Entscheidung überhaupt offenstand oder ob nicht gerade die schwedische Militärpräsenz zu einem Bündnis mit dem Königreich zwang. In diesem Zusammenhang thematisiert der Verfasser auch das große Überlieferungsproblem, da neben den sonstigen Überlieferungsverlusten die »bewußte Vernichtung von Dokumenten und Maßnahmen der Geheimhaltung von Informationen« (S. 65) sehr stark ins Gewicht fiele. In einem dritten Punkt wird der Allianzvertrag detailliert vorgestellt und schließlich im letzten Abschnitt einer Neuinterpretation und Wertung unterzogen. Über eine differenzierte Auseinandersetzung mit den vertraglichen Vereinbarungen hat der Autor klar eine Kompromißbereitschaft der beiden Vertragsparteien ausmachen können. Basierend auf dem Vorbildcharakter, welcher diesem ersten Bündnisschluß mit einem Reichsstand zugekommen sei, hätte eine rein militärische Inbesitznahme Pommerns demnach völlig außer Frage gestanden (S. 69). Auch seien die Pommern keinesfalls unterwürfig in die Verhandlungen gegangen und wären stets darum bemüht gewesen, ihre eigenen Interessen bestmöglich verwirklicht zu sehen.

Es gelingt *Schleinert* aus der Kenntnis des bisherigen Forschungsstandes und unter Einbeziehung einer neuen Perspektive eindeutig Stellung zu beziehen. Ob man ihm darin in allen Punkten folgen mag, muss jeder für sich entscheiden, doch liefert der Verfasser eine gut nachvollziehbare Argumentationslinie, die künftigen Auseinandersetzungen mit der Thematik hilfreiche Anknüpfungspunkte bietet. Als Beispiel sei die vom Autor selbst benannte Anregung einer eingehenden Analyse der wirtschaftlichen Verflechtungen für ein besseres Verständnis des Verhältnisses der Pommern zu Schweden genannt. Da *Schleinert* bei seiner Analyse einen Schwerpunkt auf die Vorbildfunktion Pommerns als erstem Bündnispartner der Schweden legt, hätte man sich in diesem Bereich eine inhaltliche Verknüpfung mit dem Beitrag von Kerstin *Weiand* gewünscht. Diese glaubt immerhin in Hessen-Kassel den »älteste[n] reichsständische[n] Bündnispartner Schwedens im Reich« (S.33) identifizieren zu können und misst dieser Verbindung eine herausragende Stellung bei.

Mit der Landung der Schweden in Pommern und den darauf folgenden Bündnisverhandlungen gerieten die kurbrandenburgischen Erban-

27 Johann *Micraelius*, Altes Pommernland. Nebenst historischer Erzehlung, dero in Nähisten Dreißig Iahren, biß auff des Letzten Hertzogen Bogißlai XIV. Todt, in Pommern Vorgegangenen Geschichten, Alt-Stettin 1639 (ND 2009), Viertes bis Sechstes Buch.

28 Herbert *Langer*, Die Entwicklung der Pommernfrage bis zum Friedensschluß von Münster und Osnabrück 1648, in: Der Westfälische Frieden von 1648 – Wende in der Geschichte des Ostseeraumes, hg. v. Horst *Wernicke* , Hans-Joachim *Hacker*, Hamburg 2001, S. 65–84.

29 Max *Bär*, Die Politik Pommerns während des dreißigjährigen Krieges, (Publicationen aus den k. Preußischen Staatsarchiven, Bd. 64), Leipzig 1896, passim.

30 Martin *Wehrmann*, Geschichte von Pommern, 2. Bd., Gotha 1906 (ND 1981).

wartschaftsrechte auf das pommersche Herzogtum, wie sie im Grimnitzer Vertrag von 1529 festgeschrieben waren und deren Verwirklichung mit dem bald zu erwartenden Tod des kinderlosen Bogislaw XIV. in greifbare Nähe gerückt war, in Gefahr. Hier setzt die Untersuchung zur schwedischen Besetzung des kurbrandenburgischen Territoriums von Maria-Elisabeth *Brunert* an, die die Bestrebungen von Kurfürst Georg Wilhelm, Pommern doch noch für Brandenburg zu sichern, in den Fokus ihrer Analyse der schwedisch-kurbrandenburgischen Beziehungen in den folgenden Jahrzehnten bis zum Westfälischen Friedensschluss rückt.

An den Anfang ihres ersten der insgesamt fünf Abschnitte stellt die Autorin dann auch folgerichtig einen kurzen Rückblick auf die kurbrandenburgisch-pommerschen Beziehungen, bevor summarisch der für Kurbrandenburg relevante Teil des Stettiner Vertrages, insbesondere Artikel 14 desselben, dargelegt wird. *Brunert* zieht an dieser Stelle einen Vergleich der politischen Positionen Herzog Bogislaws XIV. und Kurfürst Georg Wilhelms, welche von ihr, in ihrem Bestreben Neutralität zwischen Kaiser und Schweden zu wahren, als gleichgesinnt eingestuft werden. Entgegen der Einschätzung *Schleinerts* zeichnet die Autorin ein negativ belastetes Bild des schwedisch-pommerschen Bündnisvertrages und erkennt in der Ausübung von »massiven militärischem Druck« (S. 84) die Grundlage der schwedischen Verhandlungstaktik. Jene sei in vergleichbarer Form auch beim Zustandekommen des schwedisch-kurbrandenburgischen Abkommens vom Juli 1631 zum Tragen gekommen, welches im nachfolgenden Punkt ausführlich behandelt wird. Als einen, möglicherweise die Bündnisverhandlungen verschärfenden Aspekt deutet die Verfasserin die gegenseitige Antipathie der beiden Herrscher, die zudem mittels der Heirat Gustav II. Adolfs mit Marie Eleonore, einer Schwester Georg Wilhelms, verwandtschaftlich verbunden waren (S. 78), bleibt jedoch belegbare Zeugnisse schuldig, inwiefern die persönliche Ebene tatsächlich von Relevanz für die Entscheidungen war. Eine eingehende Beschäftigung mit der Korrespondenz Marie Eleonores mit ihrem Gemahl, ihrem Bruder und auch ihrer Schwägerin könnte in dieser Hinsicht neue Erkenntnisse liefern. Dankenswerter Weise bietet *Brunert* hingegen einen ersten Einblick in die Rolle der kurfürstlichen Frauen als Protagonistinnen in den Bündnisverhandlungen und streicht die Notwendigkeit, ebendiese zum Gegenstand einer separaten Studie zu machen, überzeugend heraus.

Die beiden nächsten Kapitel widmen sich dem letztendlich fruchtlosen Versuch Georg Wilhelms, durch einen Wechsel auf die Seite des Kaisers die Schweden des pommerschen Landes zu verweisen und den anschließenden Waffenstillstand von 1641 zwischen Schweden und Kurbrandenburg. Ein Resümee fasst schließlich die einzelnen Untersuchungsergebnisse klar und gut nachvollziehbar zusammen und deckt dabei eine deutliche Schwäche des Beitrages auf. So erscheint es als Manko der Studie, dass sämtliche Ausführungen zur kurfürstlichen Politik vorwiegend auf den Erwerb Pommerns ausgerichtet sind, aber gerade die Frage nach den Bemühungen Georg Wilhelms für das eigene kurbrandenburgische Territorium nicht ausreichend Berücksichtigung fand. Vor allem angesichts der Auswirkungen der langen Besetzungszeit auf die einfache Bevölkerung, die von der Autorin ja explizit hinterfragt werden (S. 93), wäre eine diesbezügliche Betrachtung mehr als wünschenswert, ja sogar notwendig gewesen. Damit bleibt beim Leser das leichte Gefühl, gerade einmal an der Oberfläche gekratzt zu haben. Nichtsdestotrotz ist es das Verdienst der Autorin für diese Problematik sensibilisiert und einen guten Ausgangspunkt für weitergehende Forschungen gelegt zu haben.

Während es sowohl Pommern als auch Kurbrandenburg gelang, zumindest einen Teil ihrer Forderungen in den Bündnisverträgen umgesetzt zu sehen, gestaltete sich die Situation in Mecklenburg ganz anders, weshalb es hier in aller Kürze zu Vergleichszwecken Erwähnung finden soll. Nils *Jörn* legt in seiner umfassenden und anregenden Studie überzeugend dar, dass in dem »konzeptions- und glücklos[en]« (S. 162) Agieren der beiden Herzöge Adolf Friedrich I. und Johann Albrecht II. und in ihrem Unvermögen, klar zugunsten Schwedens oder des Kaisers als Bündnispartner zu entscheiden, die Ursache dafür zu finden sei, dass eine auf Gleichberechtigung basierende vertragliche Regelung für Mecklenburg völlig ausgeschlossen war. Die von den mecklenburgischen Herzögen geschlossenen Allianzen konnten sich aufgrund ihres hinhaltenden Taktierens nicht als tragfähig erweisen und das Herzogtum wurde auf die Stellung einer reinen Verhandlungsmasse im Frieden herabgewürdigt.

An dieser Stelle sei ein kleiner Blick auf den Gesamtband gestattet. Bedauerlich ist das Fehlen von Kartenmaterial und die wenigen vorhandenen Abbildungen verlieren aufgrund ihrer geringen Größe an Aussagekraft. Besonders im Hinblick auf das ungeschickte Taktieren der mecklenburgischen Herzöge und die in diesem Zusammenhang häufigen Truppenbewegungen der verschiedenen Kriegsparteien im Land wäre eine kartographische Darstellung der Problematik mehr als wünschenswert gewesen. Und auch ein Personen- und Sachregister hätte zur Abrundung des Bandes ein Wesentliches beigetragen.
Trotz der punktuell angesprochenen Schwächen ist den beiden Herausgebern eine inhaltlich anspruchsvolle und facettenreiche Darstellung der Bündnis- respektive Besatzungspolitik der Schweden zur Zeit des Dreißigjährigen Krieges gelungen, die längst überfällig war. Daher seien auch die übrigen Aufsätze des Bandes dringend zur Lektüre empfohlen. Sie alle liefern eine zuverlässige Basis, an die weitere Forschungen gut anknüpfen können. In diesem Zusammenhang wäre es sicherlich förderlich, wenn eine Übersetzung ins Englische und/oder Schwedische erfolgen würde.

Katja Jensch, Osnabrück

Die kaiserlichen Korrespondenzen, Bd. 10: 1648–1649, bearb. v. Dorothée *Goetze*, (Acta Pacis Westphalicae, Serie II, Abt. A). Münster – Aschendorff Verlag 2015, 751 S. ISBN 978–3–402–13781–9

Fast kommt etwas Wehmut auf, wenn man den ersten Satz des Vorwortes liest, der ankündigt, dass der vorliegende Band 10 der letzte in der Serie der Kaiserlichen Korrespondenzen sei. Eine große Fangemeinde hat seit 1969 das Erscheinen jedes Bandes dieses Monumentalprojektes mit Vorfreude erwartet, wusste sie doch, dass sie mit Sicherheit neue Erkenntnisse aus den sorgfältig zusammengestellten und hervorragend edierten Quellen gewinnen würde. Bei einem derart gründlich erforschten Anlass wie dem Westfälischen Frieden, der die Grundlage für die Weiterentwicklung des Alten Reiches bis zu dessen Untergang bildete und der bereits unter den verschiedensten Aspekten in ungezählten Büchern dargestellt wurde, schien es fast unmöglich, immer noch neues Material zutage zu fördern. Und doch wurde man Band für Band eines Besseren belehrt. Für den vorliegenden Abschlussband wurden aus 13 Archiven Deutschlands, Frankreichs, der Niederlande, Österreichs und Schwedens in den verschiedensten Beständen Akten ausgewertet, die die Unterfertigung der Friedensverträge zwischen dem Kaiser und den Reichsständen mit Schweden bzw. Frankreich am 24. Oktober 1648 illustrieren und den Weg zur Ratifizierung im Januar / Februar 1649 zeigen.
In einer ausführlichen Einleitung stellt Bearb. das vorliegende Material kurz und prägnant vor. Sie unterteilt ihre Ausführungen in die Darstellung des Kongressgeschehens bis zur Unterzeichnung der Friedensverträge am 24. Oktober 1648 und von da bis zur Ratifizierung derselben am 18. Februar 1649. Danach widmet sie sich den spanisch-französischen Friedensverhandlungen, erklärt die Quellengrundlage und die Einrichtung der Edition.
Pommernbetreffe finden sich naturgemäß zahlreich in den schwedischen Zusammenhängen und sind durch das Register zuverlässig erschlossen. Das reicht von der Benennung von Delegierten auf dem Kongress über militärische Ereignisse im Krieg, der Satisfaktion Schwedens mit Reichsterritorien, dem Grenzverlauf zu Hinterpommern und der Einräumung pommerscher, von Brandenburg besetzter Gebiete an die Schweden bis zum Aufbau einer schwedischen Verwaltung in seiner neuen Provinz. Keiner dieser Betreffe birgt Überraschungen, man wird aber im größeren schwedischen Zusammenhang immer wieder daran erinnert, wie sehr der Triumph der schwedischen Truppen bei der Erstürmung der Prager Kleinseite die Verhandlungen beeinflusste und wie sehr der Kaiser von diesem Erfolg geschockt war. Allein zum Raub der kaiserlichen Kunstschätze und Akten aus der kaiserlichen Kanzlei in Prag

gibt es zahlreiche Nummern, die die Aufregung am Kaiserhof und die erfolglosen Bemühungen der Gesandten zeigen, die Schweden zur Rückgabe der reichen Beute zu bewegen. Sehr umfangreiche Betreffe gibt es sowohl zur schwedischen Armee als auch zur Abdankung der schwedischen Truppen und deren Abfindung, eine der schwedischen Hauptforderungen auf dem Friedenskongress. Aus den Korrespondenzen der kaiserlichen Gesandten erfahren wir ihre Reflexionen zu Gesprächen mit der schwedischen Seite, die Reaktion der schwedischen Königin auf den Friedensschluss (sie »hette die stückh loß brennen laßen«) und die Befürchtung der kaiserlichen Gesandten, dass Schweden und Franzosen es mit der Ratifizierung sicher nicht so eilig haben würden.

Dank der Förderung durch die DFG und der Kooperation zwischen den Mitarbeitern der Bonner Forschungsstelle und der Bayerischen Staatsbibliothek gibt es die mehrere Meter Regalreihe umfassende Edition seit Sommer 2014 auch digital, was nicht nur der jüngeren Generation angesichts der guten Recherchemöglichkeiten viel Freude bereiten dürfte. Und so wird das, was vor dreieinhalb Jahrzehnten mit Band I unter der Leitung von Konrad Repgen begann und von Maximilian Lanzinner seit 2003 fortgesetzt wurde, auch von der jungen Historikergeneration ganz selbstverständlich in den kommenden Jahrzehnten mit Gewinn genutzt werden. Die Bearbeiterin und ihre KollegInnen haben mit den vorliegenden Bänden, in deren Einleitungen, Kommentaren und Fußnoten Zusammenhänge für ganz Europa hergestellt und außerordentlich kundige Erläuterungen zu einzelnen historischen Ereignissen geliefert werden, ihren Ritterschlag empfangen und wahrhaft Bleibendes für die Frühneuzeitforschung geschaffen.

Nils Jörn, Wismar

Siegrid *Westphal*, Der Westfälische Frieden, München. – Verlag C. H. Beck 2015, 127 S., 3 Karten. ISBN 978-3-406-68302-2

In der kompakten Reihe »Beck Wissen« legt die Lehrstuhlinhaberin für die Geschichte der Frühen Neuzeit an der Universität Osnabrück und Direktorin des dortigen Interdisziplinären Instituts für Kulturgeschichte der Frühen Neuzeit einen Band zum wichtigsten Friedenswerk dieser Epoche vor. Sie ist eine ausgewiesene Expertin für diese Zeit. Seit Jahrzehnten forscht sie zum Heiligen Römischen Reich, insbesondere zur Höchsten Gerichtsbarkeit, wobei ihr Schwerpunkt verdienstvollerweise auf dem lange stiefmütterlich behandelten Reichshofrat liegt, dessen Quellen sie bestens kennt und schon manchen Schatz gehoben hat. Aber auch in der kulturhistorischen Friedensforschung ist sie gut verortet, hat Projekte betreut und umfangreich und innovativ publiziert.

Von Zeitzeugen wurde dieser Frieden als »Weltwunder« gesehen, nach den jahrelangen Verhandlungen und den verhärteten Fronten glaubten viele nicht mehr an eine friedliche Lösung dieses wahrhaft europäischen Konflikts. Weiter verkompliziert wurde der Friedensschluss durch die Tatsache, dass neben dem Dreißigjährigen Krieg verschiedene regionale Kriege tobten, der zwischen 1566 und 1648 andauernde 80jährige Krieg zwischen den Niederlanden und Spanien, der spanisch-französische Krieg (1635–1659), der Mantuanische Krieg (1628–1631) sowie der sogenannte Torstensson-Krieg zwischen Dänemark und Schweden (1643–1645) um bedeutende Gebiete im Ostseeraum. Die Vf.in kennzeichnet zwar knapp die Konflikte zwischen Habsburgern und Bourbonen um die Dominanz in Europa, setzt aber ein enormes Grundwissen um die anderen europäischen Konflikte voraus, die den einen oder anderen Leser deutlich überfordern dürften. Ist man jedoch über Konfliktpartner und Kriegsziele dieser flankierenden Kriege nicht informiert, erschließt sich einem auch nicht im vollen Maße die Bedeutung des Friedens, den die Vf.in vorstellt, was schade wäre.

Die Vf.in beginnt zunächst mit einem Prolog, in dem sie das Procedere des »Osnabrükker Handschlags« schildert. Es folgt das Kapitel »Krieg und Frieden von 1618 bis 1645«, in dem sie einerseits den Kriegsverlauf darstellt, andererseits immer wieder die Bemühungen aller Seiten für einen Frieden. Dabei benennt sie die verschiedenen Motive, verfolgt sehr genau die wechselnden Konstellationen für alle Kriegs- und Friedensparteien und die Forderungen und Hoffnungen, die sich daraus ableiten. In einem kurzen, sehr lebendigen 3. Kapitel stellt sie Münster und Osnabrück als Verhandlungsstädte vor, charakterisiert die Gesandtschaften, den Verhandlungsmodus und benennt noch einmal Kriegsziele und Friedensvorstellungen. Es gelingt ihr dabei, ein ebenso plastisches wie differenziertes Bild von beiden Verhandlungsorten zu zeichnen: das Fehlen einer Druckerei in Osnabrück, mangelnde Unterbringungsmöglichkeiten für die hochrangigen Gesandten, katastrophale hygienische Verhältnisse und unzureichende Postverbindungen sind nur Facetten. Einen Schwerpunkt der Darstellung legt sie auf die wichtige Verhandlungsphase 1645 bis 1648, verfolgt erneut die kriegerischen Ereignisse dieser Jahre und ihre Wirkung auf die Verhandlungsparteien. Abschließend legt sie in kurzen Abschnitten die Friedensinstrumente sowie »Reaktionen, Wirkungen und Wahrnehmungen« des Friedens dar. In diesen Kapiteln stellt sie souverän die wichtigsten Ergebnisse des Friedens vor (Gebietsveränderungen, Neufassung der Kurwürden, Ergebnisse für Frankreich, Schweden und die großen Reichsstände, Entlassung der Schweiz aus dem Reichsverband). Die eigentliche Stärke des Buches, kompakt und zuverlässig Wissen darzustellen, wird hier manchmal zum Problem, wenn es z. B. heißt »Entscheidende Teile der Reichsverfassung blieben ungeregelt, was zum einen neue Konflikte hervorrufen konnte, aber auch die traditionelle Flexibilität der Reichsverfassung bewahrte.« (106). Hier hätte man schon gern Genaueres erfahren, Forschungsfragen zumindest angerissen gesehen, doch dafür bleibt konzeptionsbedingt kein Platz.

Für Pommern und den Reichsnorden weist das Buch leider einige bedauerliche Schwächen auf. So sehr man sich auf der hinteren Umschlagkarte darüber freut, Greifswald als einzige Stadt Pommerns zu entdecken, die für das Reich um 1547 wichtig war, so sehr muss man zugeben, dass Wolgast und Stettin als Herzogssitze die logischere Wahl gewesen wären. Aber auch in Mecklenburg ist nur Wismar bezeichnet, nicht aber die Herzogssitze oder das wirtschaftlich wichtigere und größere Rostock. Das Auswahlkriterium erhellt also nicht. Auf der vorderen Umschlagklappe finden wir ein Herzogtum »Vorderpommern«. Bremen-Verden ist als an Schweden gefallen gekennzeichnet, die Herrschaft Wismar existiert hingegen nicht. Dies wiederholt sich auf der hinteren Umschlagklappe, nur dass die Territorien dort nicht beschriftet sind. Glaubt man bei den Karten noch an redaktionelle Probleme, setzen sich im Text die Fragen fort. Auch hier gibt es kleinere (Hamburg war kein Stift, sondern ein Domkapitel, Bremen ein Erzstift) und größere Fragen: Schweden war nicht nur auf dem Kreistag Niedersachsens, sondern auch auf denen Obersachsens und Niederrhein-Westfalens vertreten. War es in ersterem sehr prominent für Bremen präsent, war sein Stand mit Pommern gegen die Kurfürsten von Brandenburg und Sachsen eher schwierig. Die niederrheinisch-westfälischen Kreistagsaktivitäten, in denen Schweden für Verden saß, sind nicht sehr gut erforscht, kreis- und reichstagsfähig war Schweden aber auch für dieses Territorium. Stirnrunzeln verursacht die »Bestandsgarantie für die Stadt Stralsund« (als was? wer wollte sie auflösen?) und das Recht, in Pommern »eine neue Universität zu gründen«. Ist da etwas falsch verstanden worden? Die bisherigen jahrzehntelangen, sehr qualitätsvollen Forschungen z. B. Herbert Langers zum Friedenswerk haben diese Ergebnisse für Pommern bisher jedenfalls nicht hervorgehoben, der Vertrag gibt sie nicht her. Auch das angesprochene »Privilegium de non appellando« gewinnt seine Qualität erst durch den Zusatz »illimitatum«, also unbegrenzt, denn Appellationsprivilegien hatten zu der Zeit eigentlich alle Territorien des Reiches. Es kam nur darauf an, bis zu welchem Streitwert die Fälle vor den einheimischen Gerichten verhandelt werden sollten und ab wann sie an die Reichsgerichte gediehen. Ein unbegrenztes Privileg wie im Falle Schwedens zog zwingend die Gründung eines eigenen obersten Gerichts nach sich, für die schwedischen Territorien war das, wie von der Vf.in erwähnt, das Wismarer Tribunal.

Es bleibt also ein zwiespältiger Eindruck von diesem Buch. Einerseits eine große Idee, die es trägt, das Zustandekommen des wichtigsten Friedens der Neuzeit, der von zahlreichen Nebenkonflikten beeinflusst wurde, auf knappem Raum darzustellen, andererseits zahlreiche kleinere und größere Schwächen in Bezug auf einzelne Territorien. Schade, denn ein zuverlässiges Buch dieses Formats wäre sicher vor allem bei Studierenden sehr beliebt gewesen und hätte auch die Diskussion im Kollegenkreis bereichern können. Es bleibt die Hoffnung auf eine bald erscheinende, verbesserte zweite Auflage.

Nils Jörn, Wismar

Erich *Müller*, Jüdisches Leben in Greifenberg und Treptow an der Rega in Hinterpommern. Von der Zeit nach dem Dreißigjährigen Krieg bis zum Holocaust. Kiel – Verlag Ludwig 2016, 132 Seiten, zahlr. s/w u. farb. Abb. ISBN 978-3-86935-275-6. 23,80 €.

Der zumeist von Heimatforschern betriebenen Lokalgeschichte kommt in Erwerb und Vermittlung des historischen Wissens eine nicht unbedeutende Rolle zu. Sie liefert eine Vielzahl von Details über lokale Begebenheiten, die eine unentbehrliche Basis für breiter aufgestellte analytische Studien darstellen. Im Idealfall nutzt und vermittelt sie Ergebnisse solcher Studien, um lokale Geschehnisse zu kontextualisieren und eine eigene Erzählweise zu konstruieren. Diese Ansprüche zu befriedigen, ist Erich *Müller* im rezensierten Buch leider nicht ganz gelungen.

Der Verfasser beabsichtigte, eine Lokalgeschichte der jüdischen Gemeinschaften in Greifenberg und Treptow an der Rega (heute Gryfice und Trzebiatów in Nordwestpolen) zu skizzieren. Dass dies keine einfache Aufgabe sei, weiß jeder, der versucht hat, das Leben einer Minderheit in einer Kleinstadt zu rekonstruieren: Die Informationslücken sind meistens so groß, dass Vergleichsmaterial aus anderen Städten einzubringen ist, um eine fließende Erzählweise entwickeln zu können. Das Ziel des rezensierten Buchs sei es, »den Lebens- und Leidensweg der jüdischen Menschen« der beiden Städte »nachzuzeichnen und ihrem Vergessen entgegenzuwirken« (S. 11). Der Verfasser, pensionierter Arzt, hat einen biographischen Bezug zur untersuchten Materie: Geboren in Treptow an der Rega im Jahr 1934 wurde er nach dem Zweiten Weltkrieg samt Familie aus der Heimatstadt vertrieben. Was ihn von den meisten Lokalforschern unterscheidet, ist die Tatsache, dass er anscheinend keine Kontakte zu den heutigen Bewohnern der beiden Städte oder zu dortigen Historikern und Geschichtsbegeisterten pflegt. Leider beeinträchtigt das seine Recherche. Dem Verfasser fiel z. B. auf, dass die jüdische Vergangenheit der beiden Städte bisher »keinerlei Beachtung gefunden hat« (S. 11). Ein schneller Blick auf die Information über Gryfice und Trzebiatów im »Virtuellen Schtetl«, dem Internetportal des Warschauer Museums der Geschichte der polnischen Juden, ergibt zumindest ein paar Literaturhinweise (in polnischer Sprache), die im rezensierten Buch nicht berücksichtigt worden sind.

Grundsätzlich ist die fehlende Fachliteratur eines der größten Probleme dieser Lokalstudie. Sogar die Standardwerke zur jüdischen Geschichte in Preußen und Deutschland von Reinhard *Rürup*, Jacob *Toury* oder Albrecht *Bruer* wurden nicht verwertet. Dies führt zu vielen groben Vereinfachungen oder gar irrtümlichen Aussagen. Es ist beispielsweise eigenartig zu behaupten, dass »die Jahrhunderte nach dem Dreißigjährigen Krieg [...] in Preußen eine Zeit eines in der Regel meist friedlichen Zusammenlebens zwischen Christen und Juden gewesen« seien (S. 111), wenn man die friderizianische Ausbeutungs- und Vertreibungspolitik (jüngst von Tobias *Schenk* ausführlich behandelt) neben der reglementierten jüdischen Paria-Existenz (Werner *Cahnman*) in Betracht nimmt. Moses Mendelssohns Aussage, er sei glücklich gewesen, unter Friedrich II. zu leben, als Argument für das friedliche Zusammenleben zu verwenden, ist etwas naiv (S. 55).

Aus Sicht der heutigen Geschichtsschreibung stimmen auch die Aussagen über die Einschränkungen des Emanzipationsedikts von 1812 nicht (S. 36–39). Anstatt die Studie von Annegret *Brammer* oder den von Irene A. *Diekmann* kürzlich herausgegebenen Band zu zitieren, beruft sich der Verfasser auf die völlig unbekannte Dissertation von Baruch Zwi *Ophir* (Benno *Offenburg*) aus dem Jahr 1933, und behauptet irrtümlich, es sei »von den gesetzlichen Errungenschaften der Emanzipation [bis 1847; Anm. MS] [...] kaum etwas übrig geblieben« (S. 38). Im Gegenteil: Es waren z. B. die Freizügigkeit, die Gewerbefreiheit oder das Wahlrecht (nach der Städteordnung 1808), die weiterhin in Kraft blieben.

Der historischen Realität entspricht auch die Aussage nicht, die Hauptaufgabe des Deutsch-Israelitischen Gemeindebunds sei der »Kampf für die rechtliche Gleichstellung« gewesen (S. 58). Faktisch befasste sich der Bund hauptsächlich mit praktischen und alltäglichen Angelegenheiten jüdischer Gemeinden, wie die Wohlfahrtspflege oder das religiöse Schulwesen. Dieses Wissen konnte der Verfasser zum Teil sogar bei der Wikipedia einholen, die er an zwei anderen Stellen als Beleg zitiert; in einem Fall kopiert er fast ohne Änderungen einen Wiki-Beitrag, ohne die ursprüngliche Autorin Kirsten *Heinsohn* zu nennen (S. 38–39; Originaltext abrufbar unter http://www.dasjuedischehamburg.de/inhalt/ophir-baruch-zwi).

Leider fehlt diesem Buch nicht nur Fachliteratur. Auch die Archivrecherche ist bestenfalls als befriedigend zu bezeichnen. Der Verfasser stellt fest, dass wir »wenig über das Gemeindeleben innerhalb der Synagogengemeinde« wissen (S. 42), das liegt aber teilweise daran, dass er nicht mal die von Stefi *Jersch-Wenzel* herausgegebenen archivalischen Register zur jüdischen Geschichte konsultiert hat. Anhand dieser Register lassen sich allein im Staatsarchiv Stettin folgende potenziell nützliche Archivalien identifizieren: den Bestand der Stadt Greifenberg mit zumindest acht Aktenbänden zu jüdischen Angelegenheiten (Signaturen 198 / 103, 266–273) oder die Akten der Regierung Stettin zum jüdischen Schulwesen (Signatur 92 / II / 2056) und Synagogen in Greifenberg (Signatur 92 / 10734).

Grundsätzlich ist zu bemerken, dass das Buch keine strukturierte Erzählweise anbietet und es vielmehr eine Ansammlung von Fakten und Ereignissen ist. Neben den ausführlichen Zitaten aus dem wohlbekannten Standardwerk von Selma *Stern* sind auch wertvolle und bisher unbekannten Daten zu finden, wie etwa zu den Finanzen der beiden Gemeinden (z. B. S. 71–73) oder zur jüdischen Berufsstruktur im Greifenberger Kreis (S. 35). Der eindeutig wertvollste Teil des Buchs bezieht sich auf die Jahre von 1933 bis 1945 (S. 71–111). Der Autor bringt hier unbekannte Aussagen aus Verwaltungsakten und Berichte von Zeitzeugen, deren Wert für künftige Lokalstudien von Bedeutung sein kann. Im Allgemeinen bietet das Buch einen guten Ausgangspunkt für solche lokalhistorische Forschungen und dafür ist dem Verfasser zu danken. In dieser Form stellt sie aber noch keinen Schlusspunkt in der Erforschung der jüdischen Geschichte im Greifenberger Kreis dar.

Michał Szulc, Potsdam

Die schwedische Landesaufnahme von Vorpommern 1692–1709. Texte, hg. v. d. Historischen Kommission für Pommern in Verbindung mit dem Landesarchiv Greifswald, dem Pommerschen Landesmuseum Greifswald und der Gesellschaft für pommersche Geschichte, Altertumskunde und Kunst, Ortsbeschreibungen, Bd. 2: Insel Rügen; Teil 4: Wittow, bearb. v. Heiko *Wartenberg*. Kiel – Verlag Ludwig 2016. 192 S. ISBN 978-3-86935-276-3

Buch aufgeschlagen und festgelesen. Damit könnte die Rezension enden, denn über die Edition der Quellen der schwedischen Landesaufnahme ist schon viel geschrieben worden.

Aber es ist noch nicht alles gesagt, und hier ist Grundsätzliches zu sagen. Kommen wir zum vorliegenden Buch. Joachim *Krüger* hat dem Band eine instruktive Einleitung vorangestellt. Der Bearbeiter, Heiko *Wartenberg*, gibt ein Verzeichnis der Abkürzungen, Maße, Gewichte und Münzen, wobei die in der Quelle auftauchende Ritterhufe nicht erwähnt wird. Ob die Angaben zu den Hufengrößen der Wirklichkeit entsprechen oder lediglich eine Scheingenauigkeit vorgespiegelt wird, ist offen. Münch hält die Hufengröße des 18. Jahrhunderts für ein ungelöstes Problem.[31] 164 Seiten Quellen in Übersetzung aus dem Altschwedischen, angenehm spärlich mit Anmerkungen versehen. Die lateinischen Passagen, darunter sogar ein Gedicht, wurden übersetzt durch Immanuel *Musäus* und Boris *Dunsch*. Der Übertragung »Hög-

31 Ernst *Münch*, Die Hufengröße – ein ungelöstes Problem mecklenburgischer Agrargeschichte. Untersuchungen und Überlegungen für den Rostocker Raum im 18. Jahrhundert, in: Festschrift für Christa Cordshagen zum 80. Geburtstag, Schwerin 1999, S. 217–244.

balln vox antiqua gothi(c)a« (S. 128) in »Högballn ist ein altes schwedisches Wort« folgt Rez. nicht, sondern beharrt auf »gotisches Wort«. Der zeitgenössische Götizismus feiert darin seine kleinen Triumphe, zumal auf S. 69 einer seiner wichtigen Vertreter genannt wird. Die dort erwähnten drei Hünengräber »scheinen nach Olof Rudbeks Prinzipien über Humusboden 900 oder 1000 Jahre alt zu sein.« Es sind diese Passagen das Salz in der Suppe. Bei aller Freude darüber schiebt sich immer wieder die Frage in den Vordergrund, warum diese Quellenübersetzung nicht einfach online gestellt wurde. Das Vorwort streift das Thema hörbar, verweist sogar auf die Projekte GeoGREIF sowie auf SVEA-Pommern, gibt aber keine befriedigende Antwort. Schon Stefan *Kroll* hat in seiner Rezension des Vorläuferbandes diese Parallelität angeschnitten und eine digitale Publikation empfohlen.[32] Theoretisch stimmt der Rez. Krolls Argument spontan zu, stutzt dann aber, wenn dieser Textpublikation die Wissenschaftlichkeit abgesprochen wird, garniert mit dem süffisanten Hinweis, dass sie »ehrenamtlich entstanden« sei, um ihr dann im gönnerhaften Ton das Prädikat »durchaus nützlich« zuzusprechen. Ein Kritikpunkt sind die mangelhaften editorischen Standards. Jetzt ist dem Bearbeiter Heiko Wartenberg durchaus zuzumuten, als Mitglied im wissenschaftlichen Beirat von SVEA-Pommern die Editionsrichtlinien zu beherzigen, die ja wohl nicht ohne sein Zutun ausgearbeitet wurden. Diese wollte Rez. auf der Interneteseite von SVEA-Pommern konsultieren und bekam die Meldung: »Datei nicht gefunden«. Dasselbe Resultat, wenn man sich über Maße etc. informieren möchte. Das sind Randthemen, gehen wir medias res. Die technische Voraussetzung zum Betrachten der Quellen ist ein Browser-Plugin. Wer schon hier Verständnisschwierigkeiten hat, wird den nächsten Schritt nicht überleben. GeoGREIF schickt den Interessenten allen Ernstes auf www.celartem.com. SVEA-Pommern ist wesentlich nutzerfreundlicher und fast punktgenau. Die Quellen lassen sich über SVEA-Pommern auch bequem finden, GeoGreif ist da eine echte Herausforderung. Bleiben wir bei SVEA-Pommern: Entweder kann man sich die Transkription oder die Übersetzung anschauen, das parallele Öffnen landet immer wieder bei »was not found on this server«. Der Bearbeiter Heiko Wartenberg schreibt in seinem Vorwort zu dieser Online-Textedition, dass »diese Form der Edition an die Grenze des zur Zeit Erreichbaren« komme. Hier widerspricht Rez. und schließt das WebGis gleich mit ein. Die Karte, beim WebGis das Zentrum des Interesses, nimmt maximal die Hälfte des Bildschirmes ein, die Navigation ist frickelig, der rudimentäre Informationsgehalt »durchaus nützlich«. Fazit: Rez. bleibt dabei, dass solche Texte online gehören, aber bitte nicht so, wie vorexerziert. Dann schlägt man eben das rezensierte Buch auf, dankt still Heiko Wartenberg für dessen schöne Bearbeitung und liest sich fest.

Sven Wichert, Lancken-Granitz

32 Stefan Kroll, Rez. Südostrügen, in: Baltische Studien NF 99 (2013) S. 141f.

Von Degen, Segeln und Kanonen. Der Untergang der »Prinzessin Hedvig Sofia«, hg. v. Kirsten *Baumann*, Ralf *Bleile*. Dresden – Sandstein Verlag 2015, 291 S., zahlreiche Farbabb. ISBN 978–3–95498–167–0

›Princess Hedvig Sofia‹ and the Great Northern War, ed. by Ralf *Bleile*, Joachim *Krüger*. Dresden – Sandstein Verlag 2015, 415 S., zahlreiche Farbabb. ISBN 978–3–95498–166–3

Mit einem sehr schön gestalteten und aufwändig bebilderten Katalog in deutscher und einem ebenfalls opulent ausgestatteten Begleitband in englischer Sprache wird eine Ausstellung in Schloß Gottorf in Erinnerung bleiben, die den Wrackfund des schwedischen Flaggschiffes »Prinzessin Hedvig Sofia« in der Kieler Förde im Jahre 2008 zum Ausgangspunkt hatte. Dieses Schiff war 1715 von seinem Kapitän auf Grund gesetzt worden, damit es nicht in die Hände der überlegenen Gegner fallen und fürderhin gegen die Schweden verwendet werden konnte. Anhand dieses Schiffes wird in einem nordeuropäischen Großprojekt ein internationaler Konflikt in allen Facetten beleuchtet. Mit hochrangigen Leihgebern aus Dänemark (5),

Deutschland (11), Finnland (1), Norwegen (2) und Schweden (8) gelingt es, weit über das beeindruckende Schiff hinaus die Konflikte, die zum Großen Nordischen Krieg führten, ebenso anschaulich darzustellen wie die Person der schwedischen Kronprinzessin, die dem Schiff ihren Namen gab, ihr familiäres Umfeld, den Schiffbau an der Wende zum 18. Jahrhundert und das Leben an Bord. Diesen und vielen weiteren Fragen wird im Katalog von Thomas *Eisentraut* in seinen Artikeln »Das schwedische Kriegsschiff *Prinsessan Hedvig Sofia* (1692–1715)«, »Schiffbau und Schiffahrt zur Zeit des Großen Nordischen Krieges (1700–1721)« und »Leben an Bord um 1700«, von Joachim *Krüger* in seinen Aufsätzen »Hedvig Sofia von Schweden, Herzogin von Schleswig-Holstein-Gottorf«, »Der Große Nordische Krieg – Eine Zeit des Umbruchs« und »Die Erbfolgefrage Herzog Karl Friedrichs von Schleswig-Holstein-Gottorf« sowie von Uta *Kuhl*, die für den letztgenannten Beitrag mit Krüger gemeinsam verantwortlich zeichnet und zudem ihre Forschungen zu »Krieg und Spiele – Herrschaftliche Repräsentation als Mittel der Politik« vorstellt. Der Band wird durch Überlegungen von Ralf *Bleile* über »Unser gemeinsames Kulturerbe in der Ostsee« beschlossen. Die reich bebilderten Aufsätze werden manchmal unterbrochen von Begriffserklärungen und Exkursen, die nicht in die Fußnoten verbannt wurden wie Ausführungen zum Namen des Kriegsschiffes, zum Begriff »Linienschiff« oder zur Datierung nach 1700. An die Aufsätze, die sich durchweg auf der Höhe der wissenschaftlichen Diskussion bewegen und diese prägen werden, schließen sich kurze Katalogtexte zu einzelnen Exponaten an. In beiden Bänden gibt es viel zu entdecken. So werden sich Leser von Chroniken aus der Zeit immer wieder gefragt haben, wie die immer wieder beschriebenen Feuerwerke und Illuminationen aussahen, die von Zeitgenossen sehr plastisch beschrieben werden, die Schlachten oder Triumphzüge nachstellten. Im Katalogband wird u. a. ein Feuerwerk auf der Elbe anlässlich des Besuches des dänischen Königs am 6. Juni 1709 wiedergegeben, die höfische Festkultur entsprechend erläutert. Den Alltag der Matrosen stellt hingegen das umfangreiche, bisher nur in Auszügen publizierte Tagebuch von Nils Trosner, eines norwegischen Matrosen in der dänischen Flotte, dar. Auf 870 illustrierten Seiten beschreibt er neben dem Alltag an Bord den Schiffbau und die Schifffahrt, Strafen für Vergehen, aber auch Kriegsnachrichten aus ganz Europa und liefert damit einen Einblick in die Lebenswelt und den Vorstellungshorizont eines einfachen, aber gut gebildeten Matrosen.
Der durchgehend englischsprachige Begleitband ordnet die Ausstellung in größere Zusammenhänge ein und stellt sie in den großen europäischen Kontext. Nachdem Jens E. *Olesen* den Kampf um das Dominium Maris Baltici zwischen Dänemark und Schweden zwischen 1563 und 1721 dargestellt hat, stellt Joachim *Krüger* die Konflikte im Ostseeraum um 1700 vor, die schließlich zum Krieg führten. Ein zweiter großer Abschnitt mit 14 Aufsätzen beschäftigt sich mit dem Absolutismus im Ostseeraum. Nachdem zunächst Michael *North* zu Absolutismus und Barock im Ostseeraum Stellung bezogen hat, erklärt Lars Olof *Larsson* Kunst und königliche Repräsentation in Dänemark und Schweden um 1700. Oliver *Auge* schildert die Stellung Schleswig-Holstein-Gottorfs im Spannungsfeld zwischen Dänemark, Schweden und Rußland. Jan *Drees* verfolgt den Weg Königin Hedvig Eleonoras von Schleswig nach Stockholm, Melanie *Greinert* stellt die junge Frau als Herzogin von Schleswig-Holstein-Gottorf vor, Inga Lena *Ångström Grandien* erläutert die Pläne von Nicodemus Tessin d.J. für ein castrum doloris und einen Sarkophag für die Königin, Anja Silke *Wiesinger* den Wiederaufbau des Südflügels des Schlosses Gottorf. Uta *Kuhl* äußert sich zu den schönen Künsten als Mittel der Politik, Konrad *Küster* zur Beerdigungsmusik in Gottorf um die Wende zum 18. Jahrhundert. Außerdem stellen Knud J.V. *Jespersen* Friedrich IV. von Dänemark, Sverker *Oredsson* Karl XII. von Schweden und Jan *Kusber* Peter I. von Rußland vor. Gerd *Steinwascher* zeichnet die Verbindung zwischen Rußland und Holstein-Gottorf im 18. Jahrhundert nach, Thomas *Stamm-Kuhlmann* beschäftigt sich mit der preußischen Neutralität und dem Erwerb von Stettin.
In einem dritten Abschnitt geht es um Schifffahrt und Seekriegsführung in der Ostsee. Dabei äußert sich Martin *Krieger* zunächst zum europäischen Seehandel im 17. und 18. Jh. und richtet den Blick teilweise weit über Europa hinaus. Lars Ericson *Wolke* stellt die schwedi-

sche Flotte um 1700 vor, Jakob *Seerup* die materielle Kultur der dänischen Kriegsschiffe des 18. Jh.s. Dan H. *Andersen* stellt Peter Wessel Tordenskiold sehr lebendig als Helden der Seekriegsführung im Nordischen Krieg und als mäßig beherrschten Dienstherrn vor, der deshalb sein Amt verlor. Thomas *Eisentraut* wendet sich zunächst dem Leben der Mannschaft zu, fragt nach ihrem Herkommen und geht dann vor allem auf den Alltag an Bord ein, bevor er in einem weiteren Aufsatz das einzigartige Tagebuch von Nils Trosner vorstellt, auf dessen Edition man gespannt sein darf.
In einem 4. Abschnitt geht es um das Kulturerbe unter Wasser. Thijs J. *Maarleveld* schildert zunächst in einem programmatischen Aufsatz vor allem den Beitrag der UNESCO, dieses Kulturerbe zu schützen und zu erhalten. Jens *Auer* und Martin *Segschneider* stellen dann noch einmal das Wrack der Princessan Hedvig Sofia und die Fundsituation vor. Joachim *Krüger* und Kai *Schaake* wenden daraufhin ihren Blick nach Rügen und weisen auf mehrere interessante Wrackfunde aus der Zeit des Nordischen Krieges in der Nähe der Insel hin. Jens *Auer* verfolgt dann den Weg der kleinen dänischen Fregatte MYNDEN von Travemünde zu ihrem Untergangsort am Kap Arkona im November 1718. Pekka Toivanen stellt Wrackfunde der russischen Galeeren im Botnischen Meerbusen vor und schildert ihren Einsatz und ihre Erfolge gegen die schwedische Flotte. Thomas *Bergstrand* und Staffan von *Arbin* beschäftigen sich mit Relikten des Krieges in Marstrand, nördlich von Göteborg, und verfolgen die einzelnen Schlachten des Göteborg-Geschwaders im Skagerrak. Frode *Kvalø* untersucht Fahrten und Verlust der Fregatte LOSSEN, Mikkel H. *Thomsen* die Schlacht von Ebeltoft Vig im Jahre 1659 in der Nähe von Aarhus, die er in den Kontext der Karl Gustav Kriege (1657–1660) einordnet.
In einem letzten Abschnitt geht es schließlich um das Gedenken an den Großen Nordischen Krieg rund um die Ostsee. Dazu äußern sich Johanna *Wassholm* für Finnland, Michael *Bregnsbo* für Dänemark, Tilman *Plath* für Rußland, Inger *Schuberth* für Altranstädt (Sachsen), Haik Thomas *Porada* für Stralsund und Griebenow (Pommern), Karl-Heinz *Steinbruch* für Mecklenburg und Arnd *Reitemeier* für Bremen-Verden. Ein eigener Artikel für Schweden fehlt, Bezüge existieren aber in den anderen Beiträgen.
Für Pommern vor allem relevant sind die Aufsätze von *Stamm-Kuhlmann* zum Erwerb Stettins durch Preußen, von *Krüger* zu Schiffswracks um Rügen und von *Porada* zur Erinnerung an den Krieg in Stralsund und Griebenow. Anders als im Titel suggeriert, geht letzterer auch auf Nehringen, Turow, Quitzin und Franzburg ein, seine Karte zur Schwedenzeit in Pommern ist die einzige mit deutscher Beschriftung in dem Band.
Beide Bände sind aufwändig und mit viel Liebe zum Detail gestaltet worden, das Lektorat war gründlich, die Qualität der Abbildungen ist hervorragend, die Literaturliste lädt zum Weiterlesen ein, ein zuverlässiger Namensindex beschließt die Bände – kurz und gut, ein würdiger Beitrag aus Gottorf zur Erinnerung an den Großen Nordischen Krieg, mit einem außergewöhnlichen, geschickt gewählten Aufhänger.

Nils Jörn, Wismar

Quellen zur Verfassungsgeschichte der Universität Greifswald, hg. v. Dirk *Alvermann* und Karl-Heinz *Spieß*, bearb. v. Sabine-Maria *Weitzel* und Marco *Pohlmann-Linke*, Redaktion: Michael *Czolkoß*, Band 3: Von der Freiheitszeit bis zum Übergang an Preußen, (Beiträge zur Geschichte der Universität Greifswald, Bd. 10.3). Stuttgart – Franz Steiner Verlag 2014, XCIII + 716 S., ISBN 978-3-515-10420-3.

Ein gewichtiger, inhaltlich wie optisch gelungener Band beschließt die äußerst verdienstvolle Quellensammlung zur Verfassungsgeschichte der pommerschen Landesuniversität zwischen 1456 und 1815. Stolz können die Hg. der Reihe hervorheben, dass hier erstmals eine kritische Edition aller greifbaren Quellen zur Verfassung der Universität vorgelegt werden konnte, in der zahlreiche Dokumente zum ersten Mal (151), alle anderen erstmals kritisch (85) ediert wurden. Hervorzuheben ist, dass in der jeweils sehr ausführlichen Einleitung der einzelnen Bände diese Quellen zudem wissenschaftlich ausgewertet werden, mithin eine moderne Institutionengeschichte vorgelegt wird, deren Ergebnisse man direkt anhand der edierten Quellen überprüfen und diskutieren kann. Diese Idee ist sehr gelungen umgesetzt worden, man kann den Hg. und Bearbeitern nur neidlos zu diesem Werk gratulieren, das für die pommersche Landesgeschichte Maßstäbe setzt und in der internationalen Universitätsgeschichtsschreibung keinen Vergleich scheuen muss. Die vorgelegten Texte stammen aus deutschen, schwedischen und polnischen Archiven und Bibliotheken, sie sind in Latein, Deutsch, Schwedisch und Französisch verfasst. Natürlich trägt vor allem das Universitätsarchiv zu dieser Edition bei, es wurden aber auch Quellen aus der Greifswalder Universitätsbibliothek, dem Stadt- und Landesarchiv Greifswald, dem Stadtarchiv Stralsund, dem Geheimen Staatsarchiv Berlin, dem Stettiner Staatsarchiv und dem Reichsarchiv Stockholm herangezogen.

Der hier behandelte Abschnitt umfasst die zweite Hälfte der Schwedenzeit Pommerns, die von einer kurzen französischen Besatzungszeit unterbrochen wurde. Das Ende der schwedischen Großmachtzeit wirkte sich massiv auf die pommersche Landesuniversität aus, wie Dirk Alvermann in seiner kenntnisreichen, quellengesättigten Einleitung hervorhebt. Der Einzugsbereich der Universität hatte sich durch den Verlust wichtiger vorpommerscher Gebiete an Preußen weiter verkleinert. Da im 18. Jahrhundert für nahezu alle Territorien des Alten Reiches der Grundsatz galt, dass Landeskinder bevorzugt an der Landesuniversität zu studieren hatten, wenn sie ihre Karriere befördern wollten, konnten es sich zahlreiche Vorpommern, die preußisch geworden waren, nicht mehr leisten, ihre Kinder nach Greifswald zu senden. Zudem waren durch die Friedensschlüsse der Jahre 1719–1721 auch Bremen, Verden, die baltischen Provinzen und Teile Finnlands dem schwedischen Einfluss verloren gegangen. Nach dem Großen Nordischen Krieg wurden die von Karl XII. eingezogenen ständischen Rechte restauriert, so die ständische Kuratel über die akademische Güterverwaltung. Alvermann kennzeichnet zudem sehr eindrucksvoll den Streit zwischen Pietisten und Orthodoxen an der Greifswalder hohen Schule, der zu einem Schisma im Rektorat mit Rektor und Gegenrektor sowie den entsprechenden Parteiungen führte sowie das Problem der Familienuniversität, das im behandelten Zeitraum weiter zunahm. Alvermann schildert zudem sehr plastisch den Streit zwischen Deutschen und Schweden an der Universität und stellt klar, dass die Greifswalder Universität sich intellektuell eher an den mitteldeutschen Universitäten orientierte, an denen die meisten Professoren studiert hatten, als an den schwedischen. Von der Gründung gelehrter Gesellschaften über die Herausgabe gelehrter Zeitschriften, das Wirken der Freimaurer bis zum erneuten Boom der Studentenzahlen in den 1750er Jahren durch Schweden, die nach Greifswald kamen und zunächst angeblich, dann tatsächlich das wissenschaftliche Niveau der Qualifikationen gefährdeten, durchschreitet Alvermann kundig die Jahrzehnte der Universitätsgeschichte. Er stellt dar, wie seit den 1750er Jahren die Universität durch das neue Kollegiengebäude mit Bibliothek, Theatrum Anatonicum und einem Saal für Experimentalphysik, neuen Einrichtungen wie dem Botanischen Garten, dem astronomischen Observatorium und der ersten Naturaliensammlung attraktiver wurde. Die wesentliche Erweiterung der Bibliothek zwischen 1750 und 1780 unter Johann Carl Dähnert auf 100.000 Werke in 20.000 Bänden verbesserte die Voraussetzungen für Forschung und Lehre immens. Doch der Siebenjährige Krieg zerstörte alle Hoffnungen und stürzte die Universität durch die erzwungene Zahlung von Kontributionen in eine erneute Krise – die Lücke zwischen Einnahmen und Ausgaben war viel zu groß geworden. Die Reformansätze der 1750er Jahre wurden erst mit dem Staatsstreich Gustavs III. wieder aufgenommen, die seinerzeit begonnene Visitation der Universität wurde nun mit weitreichenden Ergebnissen zu Ende geführt. U.a. kam es zur Teilung der Philosophischen Fakultät in eine physisch-mathematische und eine philosophisch-historische Klasse, zur Berufung neuer Professoren und zum akademischen Unterricht durch zahlreiche schwedische Privatdozenten in dieser Fakultät.

Interessant ist auch der bereits bei Sonnenschmidt erstmals edierte, hier wissenschaftlich kommentierte Befehl Napoleons zur Einziehung der Universitätsgüter für die kaiserlichen Domänen und die Aufstellung eines Etats für die Universität vom 17.12.1809. Bemühungen für die Aufstellung dieses Etats dauerten bis März 1810 an, obwohl der Frieden zwischen Frankreich und Schweden bereits am 06.01.1810 in Paris geschlossen worden war. In diesem musste die schwedische Seite die von Napoleon gemachten Schenkungen aus den pommerschen Domänen anerkennen. Bald stellte sich aber heraus, dass der französische Kaiser auch Eldena, Hinrichshagen, Subzow und Dietrichshagen aus dem Dotationsgut der Universität an drei französische Grafen verschenkt hatte, wodurch die Einkünfte der Universität wesentlich geschmälert wurden. Ausführlich dargestellt sind auch die folgenden Jahre der Unsicherheit. Vorpommern war zwar wieder schwedisch, wegen der Absetzung des Königs weilte der Generalgouverneur, der gleichzeitig Kanzler der Universität war, aber in Stockholm. Die Universität geriet unterdes in Verfall, Lehrstühle konnten nicht wiederbesetzt werden, die Lehre wurde von Adjunkten durchgeführt, das Angebot wurde unattraktiv. In dieser Situation ergriff das Regierungskollegium die Initiative und übernahm in Abwesenheit des Kanzlers die Verwaltung seines Amtes. Auch für die wirtschaftliche Grundlage der Universität mußte eine Lösung gefunden werden, nachdem zahlreiche Güter durch die Franzosen verschenkt worden waren. Kanzler von Essen legte im Jahre 1813 ein umfangreiches Projekt zur Reform der Akademischen Administration vor, das die Professoren von der Beteiligung an wirtschaftlichen Entscheidungen ausnahm und die Verantwortung den extra dafür bestallten Beamten wie Syndikus, Sekretär und Rentmeister übertrug. Diese Reform blieb für fünf Jahrzehnte in Kraft, es wäre interessant zu erfahren, ob die Professionalisierung der Verwaltung den erwünschten Effekt erzielen konnte.

Zentral unter den abgedruckten und kommentierten Stücken sind vor allem die Visitationsabschiede von 1730, 1775, 1795 bzw. die Entwürfe für diese von 1742 und 1757, die Statuten der Universität (1774) und der einzelnen Fakultäten (Theologie 1774, Jura 1733, 1756 und 1774, Medizin 1733 und 1772, Philosophie 1734, 1756 und 1774), die Instruktionen für Syndikus (1727, 1749, 1776) und Bibliothekar bzw. Vizebibliothekar (1749, 1761). Immer wieder wird versucht, Duelle zu verbieten bzw. wenigstens einzudämmen (1755) und die studentische Disziplin insgesamt zu verbessern (1738 und 1746). In diesem Band lassen sich auch ein Teil der von Gustav IV. Adolf durchgeführten Reformen nachweisen: die Einrichtung eines Klinischen Instituts (1798), einer Entbindungsanstalt (1802) und eines Universitätsstipendiums (1805). Seit 1803 hatten alle Studenten, die öffentlich oder privat unterrichten wollten, Examina in Pädagogik und Didaktik nachzuweisen, eine Reform, die erhebliche Auswirkungen auf das Schulwesen in Vorpommern gehabt haben dürfte. Zudem wurde immer wieder versucht, dem Promotionsunwesen Einhalt zu gebieten. So befahl König Adolf Friedrich 1768, dass gebürtige Schweden den Grad eines Doktors nur nach den in Schweden geltenden Examensordnungen erwerben dürften, auf jeden Fall anwesend sein müssten. Bereits 1774 musste für Mediziner daran erinnert werden, 1796 gebot Gustav IV. Adolf, dass in der Philosophischen Fakultät nicht mehr als zehn Schweden pro Jahr promoviert werden dürften.

Die vorgelegten Texte sind umfangreich und sehr sorgfältig kommentiert worden, vor allem die Schätze des Universitätsarchivs sind dafür gehoben und hervorragend aufbereitet worden – die jahrelange intensive Beschäftigung des Universiätarchivars mit »seinen« Quellen hat sich einmal mehr ausgezahlt. An vielen Stellen bekommt man schon beim Rezensieren Lust tiefer in diesen Materialreichtum einzutauchen. Man kann sich nur wünschen, dass mit diesen drei Bänden intensiv gearbeitet wird, dass die Universitätsgeschichtsschreibung mit ihnen ebenso beflügelt wird wie mit den von denselben Hg. vorgelegten Bänden zum Universitätsjubiläum. Man kann zudem nur hoffen, dass die selbstverständlich vorausgesetzte Sprachkenntnis die Hürden für diese Beschäftigung nicht zu hoch angesetzt hat. Andererseits ist sie vielleicht Verpflichtung und Ansporn für die Lehre am Historischen Institut und andernorts, die Neugier der Studierenden zu wecken und ihnen spannenden Stoff für Übersetzungen anzubieten. Jedenfalls liegen wesentliche Quellen der Universitätsgeschichte nun allgemein zugänglich vor, handelnde Personen, betroffene Orte und Sachen werden durch Indices vorbildlich erschlossen. Die zahlreichen Anmerkungen in den Kommentaren bieten zudem schnellen Zugang zu weiteren Archivalien, um etwa die

Beschäftigung einzelner Personen mit bestimmten Themen zu erforschen oder die Diskussion bestimmter Fragen über diesen Zeitraum zu verfolgen. Kurz und gut, der Band ist vorbildlich, zahlreiche andere Universitäten werden die pommersche Geschichtsschreibung um diese erstrangige Quellensammlung beneiden.

Nils Jörn, Wismar

Klara *Deecke*, »Staatswirtschaft vom Himmel herabgeholt«. Konzeptionen liberaler Wirtschaftspolitik in Universität und Verwaltung 1785–1845. Ausprägungen und Brechungen am Beispiel Ostpreußens und Vorpommerns (Studien zu Policey, Kriminalitätsgeschichte und Konfliktregulierung). Frankfurt a. Main – Vittorio Klostermann 2015, 683 S.
ISBN 978-3-465-04223-5

Bei der hier zu besprechenden Publikation handelt es sich laut Vorwort der Autorin um die überarbeitete Fassung ihrer im Wintersemester 2010/11 von der Philosophischen Fakultät der Ernst-Moritz-Arndt-Universität Greifswald angenommenen Dissertation. Diese entstand im Rahmen des DFG-Graduiertenkollegs Kontaktzone Mare Balticum. Fremdheit und Integration im Ostseeraum und erhielt im November 2012 den Preis der Wolf-Erich-Kellner-Gedächtnisstiftung, die wiederum der FDP-nahen Friedrich-Naumann-Stiftung angehört.
Die Arbeit verfolgt das Ziel, die Durchsetzung der v. a. von Adam Smith 1776 formulierten liberalen wirtschaftspolitischen Konzepte in Universität und Verwaltung zwischen 1785 und 1845 zu untersuchen. Als Untersuchungsgebiete wurden Ostpreußen und Schwedisch-Pommern (ab 1720) bzw. der Regierungsbezirk Stralsund (ab 1815/18) gewählt. Beide Gebiete waren als Ostseeanrainer wirtschaftlich ähnlich strukturiert (Dominanz der Landwirtschaft, Seehandel, wenig entwickelte gewerbliche Wirtschaft), besaßen eine, wenn auch unterschiedlich autonome, regionale Verwaltung und eine Universität, die für die Ausbildung der regionalen Beamtenschaft in der Verwaltung zuständig war. Die zeitliche Eingrenzung wird anhand der gängigen Periodisierung in der deutschen Wirtschaftspolitik begründet, nach der sich liberale wirtschaftspolitische Vorstellungen in Deutschland erst am Ende des 18. Jahrhunderts etablierten und die Revolution von 1848 eine nächste Zäsur setzte. Um das Eindringen, die Verbreitung und die praktische Umsetzung von wirtschaftsliberalen Vorstellungen in den Untersuchungsgebieten fassen und analysieren zu können, untersucht *Deecke* sowohl die Universitäten als auch die regionalen Verwaltungen. Dabei unterläuft ihr allerdings ein verwaltungsgeschichtlicher Fehler für Schwedisch-Pommern bis 1806. Die für die Verwaltung der Domänen und Forsten und andere ökonomische Aufgaben zuständige Behörde war auch in Schwedisch-Pommern mitnichten die Regierung, sondern die Kammer, so wie im damals bereits preußischen Ostpreußen die Kriegs- und Domänenkammer. Ein genauerer Blick in die von *Deecke* auch verwendete »Schwedischpommersche Staatskunde« von Thomas Heinrich Gadebusch, Bd. 2, S. 348 hätte genügt, denn dort heißt es: »Die Verwaltung der Königl. Aemter (d. h. der Domänen, D.S.) und des gesammten Kammer- und Finanzwesens ist der Königl. Kammer anvertrauet, … .« Die Trennung von der Regierung bestand auch räumlich, denn während letztere im Meyerfeldtschen Palais in der Badenstraße in Stralsund ihren Sitz hatte, war die Kammer im Kampischen Hof in der Mühlenstraße in Stralsund untergebracht. Der Verfasserin kann aber hier kein alleiniger Vorwurf gemacht werden, denn auch in der bisherigen verwaltungsgeschichtlichen Literatur ist die Zuständigkeit und Bedeutung der Kammer nicht adäquat berücksichtigt. Dies ergibt sich v. a. daraus, dass sie in den verfassungsrechtlichen Grundsatzdokumenten Schwedisch-Pommerns, etwa der Regierungsform von 1663, gar nicht erwähnt wird. Sie hat sich nämlich aus der schwedischen Quartierverwaltung des Dreißigjährigen Krieges heraus entwickelt und unterstand direkt der zentralen schwedischen Kammer in Stockholm. Die Kammer ist ein schöner verwaltungstechnischer Beleg für die Zwitterstellung Schwedisch-Pommerns als »Reichsterritorium und schwedische Provinz« (Helmut Backhaus). Weitgehend relativiert für den Zweck dieser Arbeit wird der Fehler dadurch, dass v. a. die Generalgouverneure als Personen in den Blick genommen

werden, und diese waren sowohl Chef der Regierung als auch der Kammer.

In insgesamt sechs Hauptteilen arbeitet *Deekke* ihre Untersuchung ab. Während der erste Hauptteil unter dem Titel »Einleitung« Forschungsstand, Fragestellung, relevante Quellen und Aufbau der Arbeit abhandelt, beschäftigt sich der zweite Hauptteil mit »Liberale[n] wirtschaftspolitische[n] Konzeptionen im universitären Kontext«. Zunächst werden allgemeine Entwicklungen an den deutschen Universitäten dargestellt, dann folgen die gesonderten Untersuchungen zu den Universitäten Königsberg und Greifswald. Beginnend mit Thomas Heinrich Gadebusch, in Greifswald von 1775 bis 1797 als Professor für Staatsrecht tätig, analysiert die Verfasserin die Lehr- und Forschungstätigkeit, insbesondere deren Publikationen, nach wirtschaftsliberalen Vorstellungen. Ab 1781 gab es in Greifswald eine Professur für Naturgeschichte und Ökonomie, deren Inhaber sich aber kaum mit wirtschaftspolitischen Fragen beschäftigten. Dies übernahm vielmehr der organisatorisch an der Juristischen Fakultät angebundene Gadebusch. Noch vor dessen Weggang nach Stockholm wurde an der Philosophischen Fakultät eine Professur für Kameralwissenschaft eingerichtet, deren erster Inhaber bis zu seinem Tod 1798 Johann Georg Stumpf wurde, dem Friedrich Gottlieb Canzler folgte. Als er 1811 starb, wurde die Professur zunächst nicht wieder besetzt. Dieser Zustand setzte sich bis in die 1830er Jahre fort. Mit der Berufung von Friedrich Gottlob Schulze Ende 1833 sollte sich das ändern. Schulze übernahm nicht nur die Professur für Kameralwissenschaft, sondern auch die Direktion der neu zu gründenden »Staats- und Landwirthschaftlichen Akademie zu Eldena«. Die Verbindung dieser neuen Lehranstalt, die auch ein Mustergut, das akademische Gut Eldena, umfasste, mit der Universität stellte ein Novum in Preußen dar. Die folgenden Jahre unter Schulze können auch als Blütezeit einer wirtschaftswissenschaftlichen Lehre und Forschung in Greifswald angesehen werden. Seine Arbeiten setzten Eduard Baumstark als Inhaber der Universitätsprofessur und Heinrich Wilhelm Pabst als Direktor in Eldena fort.

Insgesamt konstatiert *Deecke* über den gesamten Untersuchungszeitraum eine sehr praktisch orientierte Lehrtätigkeit der Greifswalder Professoren, die die Ausbildung von Landwirten und Gewerbetreibenden zum primären Ziel hatte.

Im dritten Hauptteil werden nach demselben Schema »Liberale wirtschaftspolitische Konzeptionen im Kontext der Verwaltung« untersucht. Wie schon bei der Analyse der Universitäten erfolgt hier zunächst eine allgemeine Charakteristik des Landes, d. h. Schwedisch-Pommerns bzw. des Regierungsbezirkes Stralsund, seiner Wirtschaft und seiner Verwaltung im Untersuchungszeitraum. Dann werden die Amtszeiten der schwedischen Generalgouverneure, beginnend mit Friedrich Wilhelm Fürst von Hessenstein, amtierte 1776 bis 1791, und der preußischen Regierungspräsidenten auf das Vorhandensein bzw. die Umsetzung von wirtschaftsliberalen Vorstellungen untersucht. In der schwedischen Zeit sind abgesehen von vereinzelten Überlegungen keine liberalen wirtschaftspolitischen Konzeptionen festzustellen. Selbst die Reformvorstellungen des Kammerrates Reichenbach blieben den herkömmlichen kameralistischen Vorstellungen verhaftet. Trotz der weitestgehenden personellen Kontinuität beim Übergang der Verwaltung von Schweden auf Preußen 1815/18 bedeutete die Einsetzung der preußischen Bezirksregierung unter ihrem ersten Präsidenten Heinrich Christian Friedrich von Pachelbel-Gehag 1818 doch eine einschneidende Zäsur hinsichtlich der wirtschaftspolitischen Vorstellungen. Insbesondere Regierungsdirektor Johann Friedrich Heuer, einer der wenigen von außen neu in die Regierung Gekommenen und Vertrauter des pommerschen Oberpräsidenten Sack, war ein Anhänger der preußischen Reformgesetzgebung, die im Regierungsbezirk Stralsund bekanntlich nur rudimentär umgesetzt wurde. Seine Vorstellungen setzte der ab 1833 allerdings nur für ein Jahr amtierende Regierungspräsident Adolf Heinrich Graf von Arnim-Boitzenburg fort. Von Arnims Amtszeit zeigt schon ein Dilemma des Regierungsbezirkes Stralsund auf. Er war für Verwaltungsbeamte kein attraktiver Standort, sondern diente den Fähigeren zumeist nur als Zwischenstation oder Sprungbrett in ihrer Laufbahn. Auch das förderte die Entwicklung liberaler wirtschaftspolitischer Konzeptionen nicht unbedingt.

Als Fazit bleibt festzuhalten, dass die Autorin eine umfangreiche Studie zu wirtschaftspolitischen Vorstellungen in Vorpommern in der Zeit des Umbruchs vom Feudalismus zum Kapitalismus vorgelegt. Liberale Ideen in der Nachfolge von Adam Smith, die den bis dato vorherrschenden Kameralismus ablösten, gehörten dazu. In welchem Maße dies an der Universität Greifswald und der Stralsunder Regierung im untersuchten Zeitraum gelang und welche spezifischen Modifikationen dabei auftraten, hat die Verfasserin ausführlich dargelegt.

Dirk Schleinert, Stralsund

Arvid *Hansmann*, Transformationen im Stettiner Kirchenbau. Studien zum Verhältnis von Form, Liturgie und Konfession in einer werdenden Großstadt des späten 19. und frühen 20. Jahrhunderts. Kiel – Verlag Ludwig 2015, 450 S., zahlr. s/w u. farb. Abb. ISBN 978-3-86935-265-7

Der Titel der 2014 im Fachbereich Geschichts- und Kulturwissenschaften der Universität Mainz eingereichten, nunmehr publizierten Dissertationsschrift von Arvid *Hansmann* lässt das weite Spektrum der Forschungsarbeit bereits auf den ersten Blick erkennen: Im Kontext der Entwicklung Stettins von einem Garnisonsstandort zu einer prosperierenden industriellen Metropole wird der städtische Kirchenbau an ausgewählten Beispielen in Bezug auf konfessionsspezifische liturgische Anforderungen sowie deren praktische Umsetzung in Außenbau, Innenraum und Ausstattung untersucht. Da Stettin zugleich als Fallbeispiel einer werdenden Großstadt im Deutschen Reich dient, werden diese Aspekte in überregionale Zusammenhänge gestellt, indem allgemein gültige Normkonventionen und Bauregulative für die verschiedenen Glaubensbekenntnisse auf ihre Inhalte, Verbindlichkeit und Umsetzung in Teilen des Deutschen Reiches sowie speziell in Stettin hin erforscht und andererseits stilistische Bezüge zu den zeitgenössischen profanen wie sakralen Bauten über den geografischen Rahmen Preußens hinaus hergestellt werden. Aus der zeitlichen Verortung des Themas ergibt sich, dass in diesem Zusammenhang auch die Rezeption einheimischer historischer Bauformen, besonders der Backsteingotik, behandelt wird.

Als Ziele formuliert der Autor in seiner Einleitung (Kap. 1) dementsprechend die Untersuchung erstens jener Prozesse, die auf den Bau neuer Kirchen in der Stadt gewirkt haben, zweitens der Aspekte, die die Wahl der Standorte im urbanen Gefüge beeinflusst haben und drittens der Art und Weise, wie zeitgenössische überregionale, überwiegend konfessionsspezifische Diskurse in stilistischer Hinsicht sowie in Raum- und Liturgiebelangen praktisch umgesetzt (oder seltener aber auch negiert) werden. Die Auswahl der für diese Tendenzen charakteristischen, ausführlicher besprochenen Kirchenbauten richtete sich vor allem nach den vertretenen Glaubensbekenntnissen – Stettin war Lebenszentrum verschiedenster konfessioneller Gruppierungen –, zum anderen nach der Verfügbarkeit von Quellenmaterial. Sie fiel somit auf die evangelische Friedenskirche im Vorort Grabow (1888–1890), die evangelische Bugenhagenkirche (1906–1909), die altlutherische Christuskirche (1909/10), die evangelische Garnisonkirche (1913–1919), die katholische Kirche St. Johannes (1888–1890) und das katholische St. Carolusstift mit der Kirche »Heilige Familie« in Grünhof (1910/11–1919). Diese Bauten sind bis auf die Christuskirche heute noch alle erhalten. Für die pommernspezifischen kunsthistorischen Inhalte seiner Untersuchung, besonders des 19. und frühen 20. Jahrhunderts, konnte sich Arvid *Hansmann* nur auf eine geringe Zahl von Publikationen stützen. Diese sind, sieht man von wenigen jüngeren Arbeiten ab, jedoch überwiegend überblicksartig angelegt und/oder behandeln nur ausgewählte Aspekte, oftmals in engerer Verbindung mit der Kirchengeschichte. Für andere der angesprochenen Themenfelder der Arbeit stellte sich die Forschungslage differenzierter dar. Während eine mit der Dissertation von Arvid *Hansmann* thematisch vergleichbare Studie über eine Großstadt im Deutschen Kaiserreich überhaupt noch nicht vorliegt und er damit also einen »Präzedenzfall« schafft, waren beispielsweise Normative für den evangelischen Kirchenbau oder die stilistischen Wandlungen im 19. Jahrhundert bereits recht gut erforscht.

Die Quellenlage zum Thema ist nach Verlusten im Zuge des Zweiten Weltkrieges zumeist ebenso unbefriedigend. Als besonders ertragreich lässt sich der Bestand des Archivum Państwowe in Stettin herausstellen, der auch die Akten zu dem besonders ausführlich dargelegten Bauvorhaben der Bugenhagenkirche verwahrt.

Nach der Beschreibung von Forschungs- und Quellenlage sowie des Erhaltungszustandes der ausgewählten Kirchen widmet sich Arvid *Hansmann* in Kapitel 2 den Voraussetzungen für die Entstehung der Großstadt Stettin, deren auffallende Verspätung sich vor allem aus dem bis 1873 aufrechterhaltenen Status als Garnisons- und Festungsstadt und den damit verbundenen baulichen Beschränkungen durch den Erhalt der Fortifikationsanlagen ergeben hat. Vor diesem Hintergrund werden die Änderungen im Zuge des expandierenden Ausbaus der Stadt bis etwa an den Beginn der Amtszeit des Stadtbaurats Wilhelm Meyer-Schwartau 1891 erläutert. Das daran – auch chronologisch – anschließende Kapitel (Kap. 3) führt mit einer Darstellung der Kirchengeschichte und der Gemeindestrukturen in die Voraussetzungen für den Stettiner Kirchenbau der Kaiserzeit ein und thematisiert mit dem Bau der Friedenskirche den »Beginn des repräsentativen Neubaus« sowie der Untersuchung zur Bugenhagenkirche »Repräsentation im Wandel«. Für beide Kirchen werden die Planungs- und Bauphasen, die stilistische Ausprägung, architekturhistorische und zeitgenössische stilistische Beziehungen und die Umsetzung liturgischer Anforderungen beleuchtet. Darüber hinaus nimmt der Verfasser in Bezug zur Friedenskirche (Unterkap. 3.2) eingehender die Wahl der dogmatischen Neogotik (Exkurs I) sowie die Tradition der Gestaltung protestantischer Kirchenräume (Abschnitt 3.2.3) in den Blick. In Weiterführung des Abschnittes 3.2.3 geht er auch auf die Reformbestrebungen seit dem Ende des 19. Jahrhunderts, insbesondere als Wesenheit konfessioneller Besonderheiten (Exkurs II), ein. Während der Exkurs I die Etablierung der Neugotik ausführlicher beschreibt und diesem abschließend kurz den Bau der Friedenskirche zuordnet, stellt der Abschnitt 3.2.3 eine Überschau der Diskussion um die Gestalt eines mustergültigen protestantischen Kirchenraums sowie der Entwicklung von Musterplänen, Normkonventionen und Regulativen dar, deren Verbindlichkeiten für die Friedenskirche geprüft werden. Exkurs II setzt diese Überschau chronologisch fort; er bildet mit dem Exkurs I und dem Abschnitt 3.2.3 schließlich auch eine theoretische Basis für die Besprechung der folgenden Objektbeispiele. Zur Bugenhagenkirche (Unterkap. 3.3) wird speziell der lange Planungsprozess veranschaulicht, der exemplarisch »Wandel und Variabilität in Form, Stil und Liturgie als Spiegel von Vorgaben und Entwürfen« deutlich werden lässt.

In Kapitel 4 bis 6 befasst sich Arvid *Hansmann* konfessionsspezifisch mit den weiteren ausgewählten Beispielen: der Christuskirche als altlutherischem Gemeindebau (Kap. 4), der Garnisonkirche als (evangelischem) »Bau staatlicher Repräsentanz« (Kap. 5) und der Propstei- und Garnisonkirche St. Johannes bzw. des Carolusstifts in Grünhof als katholische Bauten (Kap. 6). Den Übergang von der stilistisch noch der dogmatischen Neogotik verpflichteten Christuskirche zur Garnisonkirche, deren Gestaltungsmodi bereits deutlich Reformbestrebungen zeigen, bildet ein weiterer Exkurs (Exkurs III) zur Etablierung der Reformarchitektur im Deutschen Reich. Hier bindet der Autor – folgerichtig – das vorbildhafte profane Bauschaffen mit ein. In allen drei Kapiteln (Kap. 4–6) liegen analog zu Kapitel 3 wiederum die Schwerpunkte auf der Planung und Ausführung der Bauten, den Fragen der Urbanisierung, form-, liturgie- und konfessionsspezifischen Aspekten und stilistischen Vergleichen. Wie jedoch bereits in Kapitel 3 wird das Fragespektrum immer um mindestens einen zeitgenössisch vieldiskutierten Aspekt erweitert, wie dem Kirchenbau innerhalb geschlossener Bebauung (Christuskirche), dem »gruppierten Bau« (Christuskirche) oder der Materialästhetik (Garnisonkirche).

In seinem Resümee konstatiert Arvid *Hansmann*, dass Stettin ein durchaus repräsentatives Beispiel für rasante Prozesse in der Urbanisierung – der Expansion ab 1873 – bietet, die im Zusammenspiel mit der noch weitgehend auf das Hochmittelalter zurückgehenden parochialen Struktur und Verlusten großer Kirchen (St. Marien 1789, St. Nikolai 1811) bzw. Baufälligkeit von Gotteshäusern den Kirchenbau im ausgehenden 19. und beginnenden 20. Jahrhundert stark beeinflusst haben. Die Initiativen für die Baumaßnahmen sind jedoch teilweise ohne Bezug auf eine Gemeindegründung erfolgt. Die Kirchenbauten selbst stehen ganz im Zeichen der überregionalen Entwicklungen, sowohl in ihrer weitgehenden Akzeptanz von Normkonventionen, konfessionellen Spezifika in der Liturgie, Raumfragen als auch der stilgeschichtlichen Entwicklung. Die Zusammenfassung gibt eine detaillierte Überschau über die in der Untersuchung erzielten Ergebnisse, die hier nicht im Einzelnen mitgeteilt werden können. Deren Vielschichtigkeit spiegelt aber auch, was bereits beim Lesen der Texte auffällt: Aufgrund der Menge der beleuchteten Aspekte und vor allem auch ihrer Verortung in der Arbeit ist eine Stringenz im Aufbau nicht immer klar genug erkennbar.

Inhaltlich erfüllt die Arbeit qualitative Kriterien weitgehend in hohem Maße. Insbesondere die Kapitel zu den Bauten und ihrer stilistischen Einordnung bieten einen großen Erkenntnisgewinn. Trotzdem stellt sich die Frage, warum nur so wenige Vergleiche zu zeitgenössischen und historischen Kirchenbauten in Pommern gezogen wurden. Es wäre zum Beispiel von Interesse, welche Bauten für die quergestellten Dächer des südlichen Seitenschiffs der Bugenhagenkirche – deren Wahl durch eine Schriftquelle mit einer »bequemere[n] Lichtzuführung« (S. 147, Anm. 560) erklärt wird – vorbildhaft waren. Mit der Marienkirche in Köslin gibt es dafür wenigstens ein mittelalterliches pommersches Beispiel – neben vielen weiteren in den zum Vergleich herangezogenen Territorien. Die Pommern-Forschung hätte darüber hinaus, zumal bei der überschaubaren Anzahl, von einem Katalog profitiert, in dem auch die übrigen Neubauten des Untersuchungszeitraums in Stettin erfasst sind. Der Exkurs I zur Etablierung der Neugotik und der Abschnitt 3.2.3 zur Tradition der Gestaltung protestantischer Kirchenräume bieten inhaltlich nicht viel nennenswert Neues. Sie dienen dem Verständnis der offengelegten Prozesse, sind aber in vielen vorausgehenden Publikationen, die auch zitiert werden, bereits umfangreich diskutiert worden.

Es mag es am Geschmack des Lesers liegen, ob er bevorzugt, nur das Wichtigste im Text vorzufinden und erläuternde bzw. ergänzende Hinweise lieber in den Anmerkungen nachschlägt. Für meinen Geschmack jedenfalls ist dieser Anmerkungsapparat viel zu umfassend und aufgrund seiner Inhalte streitbar, weil viele wichtige Informationen dem Haupttext vorenthalten und in die Fußnoten verbannt werden. Das Fehlen eines Registers – durch den jede Arbeit erst vielschichtig nutzbar wird – macht diesen Umstand umso problematischer. Ein weiterer, besonders ärgerlicher Mangel ist die teilweise schlechte Qualität der zudem viel zu klein reproduzierten Abbildungen, die es oft nicht zulassen, die im Text beschriebenen Details zu erkennen. Auch vermitteln die fragmentarischen Bildunterschriften nur kryptisch ein Bild davon, welches Objekt in welchem Zusammenhang dargestellt ist und wer der Urheber ist. Damit stellen sie, zumal die Abbildungen vom Text separiert gesetzt sind, keine ausreichende Zuordnung zum Text her bzw. lassen sich auch davon losgelöst nur schwer nutzen. Für die zu jedem Kirchenbau ausführlich beschriebenen Standortdiskussionen in der Planungsphase wäre, da auch auf der Platzwahl im urbanen Gefüge ein Schwerpunkt der Arbeit lag, zudem eine Ergänzung durch mehr Kartenmaterial hilfreich gewesen.

Der sehr gefällige sprachliche Duktus unterstützt das hohe inhaltliche Niveau der Arbeit. Allerdings sind die Texte für eine Drucklegung in einem so renommierten Verlag mit auffallend vielen Fehlern durchsetzt, so bei Begrifflichkeiten (Katheterkanzelaltar, S. 90, Nartex, S. 177, Obergarden, S. 221), der Genitivbildung von Herrschernamen (S. 57, 62, 171, 245) oder anderen Endungen (abgeschlossen, S. 105, mehre, S. 171). Vor allem sind es aber falsche oder ungünstige Trennungen und Kommasetzungen, von denen letztere, streng genommen, mitunter zur Sinnentstellung von Sätzen führen (S. 169, 205, 244, 274). Der guten Lesbarkeit der Texte steht abschnittsweise auch eine Vielzahl von Klammern im Wege, die vor allem aufgrund der angegebenen polnischen Bezeichnungen für Orte und Straßen entstehen: Sie sind für eine Vergleichbarkeit mit der heutigen Situation unverzichtbar und deshalb eine achtbare Hinzufügung des Autors, erschweren aber das Verständnis der ohnehin oft sehr langen Standortbeschreibungen. Dieser Umstand hätte durch eine übliche Namenskonkordanz im Anhang gelöst werden können.

Von diesen überwiegend formalen Monita abgesehen füllt die verdienstvolle Arbeit eine auffallend große Lücke in der Erforschung des Historismus und der Kunstgeschichte Pommerns und auf den Inhalt kommt es schließlich an!

Jana Olschewski, Katzow

Wojciech *Skóra*, Kaszubi i Słupski Proces Jana Bauera w 1932 roku – Z dziejow polskiego ruchu narodowego na Pomorzu Zachodnim (Die Kaschuben und der Prozess gegen Jan Bauer in Stolp im Jahr 1932 – Ein Beitrag zur Geschichte der polnischen Nationalbewegung in Hinterpommern), Słupsk-Poznań – Wydawnictwo Rys, 2016, 367 S. mit Abb. und einem umfangreichen Dokumentenanhang. ISBN 978–83–63664–62–6

Prof. Dr. Wojciech Skóra (Jg.1964) ist an der Pommerschen Akademie in Słupsk (Stolp) als Historiker tätig. Er beschäftigt sich mit der Geschichte des 20. Jahrhunderts, in den letzten Jahren vor allem mit der Geschichte Pommerns und der polnischen Geheimdienstgeschichte. In vorliegendem Buch behandelt er einen seinerzeit in Pommern und Polen aufsehenerregenden Prozess, in welchem ein deutscher Lehrer polnischer Nationalität namens Jan Bauer wegen vorgeblichen Meineids zu einem Jahr Gefängnis verurteilt wurde und anschließend notgedrungen Hinterpommern verließ, um an anderen Orten in Deutschland als Lehrer der polnischen Sprache im polnischen Sinne zu wirken. Der vom 9. bis 11. Februar 1932 in Stolp verhandelte Prozess war nach Meinung von *Skóra* ein rein politischer »Schauprozess« und die Verurteilung Bauers wegen angeblichen Meineids deshalb nur vorgeschoben. In Wirklichkeit ging es darum, einen in deutschen Augen sehr gefährlichen polnischen Propagandisten unschädlich zu machen, indem man dessen weitere Tätigkeit in polnischen, für die örtlichen Kaschuben gedachten, Schulen in Pommern unterband. Genannter Jan Bauer war 1932 Leiter des polnisch-katholischen Schulvereins in Bütow. Er kam 1904 in einer Bauernfamilie im ostpreußischen Kreis Allenstein zur Welt. 1921–1926 absolvierte er eine Lehrerausbildung in der nunmehr polnischen, früher westpreußischen Stadt Lubawa (Löbau), wo er der polnischen Pfadfinderorganisation angehörte und im polnischen Sinne indoktriniert wurde. Auch nach seiner Haft blieb Jan Bauer seiner polnischen Überzeugung treu, wurde im August 1939 als »polnischer Aktivist« von der Gestapo verhaftet und kam am 18. Januar 1940 im KZ Sachsenhausen zu Tode. 1946 verlieh ihm die Republik Polen als polnischem Märtyrer postum das Grunwaldkreuz. *Skóras* Buch ist insbesondere deshalb für die pommersche Geschichte wertvoll, weil er in seinen beiden Eingangskapiteln zunächst die wirtschaftliche, soziale und politische Lage der Kaschuben in den Kreisen Bütow und Lauenburg ausführlich untersucht und beschreibt. Im nachfolgenden dritten Kapitel geht er unter Nutzung polnischer diplomatischer und konsularischer Berichte auf das Verhältnis der Republik Polen zu den im angrenzenden deutschen Ausland lebenden Kaschuben ein, die man als Slawen für sich zu reklamieren suchte. Die damalige angespannte Lage an der deutsch-polnischen Grenze, gekennzeichnet durch häufige Grenzzwischenfälle und beiderseitige rege Spionageaktivitäten, spielte hierbei eine wichtige Rolle. Das vierte Kapitel behandelt abschließend den eigentlichen Prozess gegen Jan Bauer. Aus dem in Stolp, dem jetzigen Wirkungsort des Verfassers, verhandelten Prozesses geht eindeutig hervor, dass bereits im Jahr 1932 an eine friedliche, beiderseitig annehmbare Regelung der bestehenden deutsch-polnischen Widersprüche auf Grund des auf beiden Seiten vorherrschenden Nationalismus nicht mehr zu denken war. Für seine Darstellung verwendete *Skóra* eine Vielzahl von Akten aus polnischen und deutschen Archiven, darunter die erhaltenen Gerichtsakten zum Fall Bauer.

Jürgen W. Schmidt, Berlin

Henrik *Eberle*, »Ein wertvolles Instrument«. Die Universität Greifswald im Nationalsozialismus, Köln Weimar Wien – Böhlau Verlag 2015, 898 S, Abb. ISBN 978–3–412–22397–7

Man kann der Universität Greifswald wahrlich nicht nachsagen, dass sie sich nicht intensiv mit ihrer Geschichte in der NS-Zeit auseinandersetzen würde. Nachdem kürzlich erst Dirk *Alvermann* mit »… die letzten Schranken fallen lassen«. Studien zur Universität Greifswald im Nationalsozialismus eine Fülle solider Aufsätze verschiedener Autoren zu dem Thema veröffentlicht hatte, legt Henrik Eberle nun hierzu eine umfassende Gesamtdarstellung vor. Der Titel ist ein Zitat aus einer Eintragung des pommerschen Gauleiters Schwede-Coburg im

Gästebuch des Rektorats, in der er die deutsche Hochschule als ein »wertvolles Instrument nationalsozialistischer Erziehung« bezeichnet. Energisch tritt Henrik Eberle allen apologetischen Tendenzen entgegen, die die abgelegene kleine Universität zu Unrecht in einer unpolitischen Nische platzierten, und macht schon in seiner Einleitung klar: »Die NSDAP hatte die Hochschule fest im Griff« (S. 11). Der Schwerpunkt des Buches liegt auf den Professoren und ihren Forschungen, die mit einer gelegentlich schon peinigenden Gründlichkeit so detailliert untersucht werden, dass auf diesem Feld wirklich kaum noch Fragen offen bleiben. Dagegen wird das Leben der Studenten relativ kurz auf kaum 30 Seiten abgehandelt, was allerdings auch der Quellenlage geschuldet ist. Bis auf das Ameos-Klinikum in Ueckermünde, das eine Nutzung der Krankenakten verweigerte, waren die Akten überall zugänglich. Was es im Universitäts-, im Bundes- und anderen Archiven zum Thema gab, hat der ebenso fleißige wie sorgfältige Autor benutzt. – Und wie das Buch belegt, gab es gerade zu den Professoren reichlich Material. Personalakten, Berufungsakten, Unterlagen zur Forschungsförderung, wissenschaftliche Aufsätze und Publikationen, alle diese Quellen geben erschöpfend Auskunft über das professorale Tun.

Leider gelingt es dem Autor nur selten, die zentralen Aussagen eines Dokuments kurz zusammenzufassen. Immer wieder (z. B. S. 29–32, S. 56–57) werden Quellen im Volltext widergegeben, andere (S. 34ff.) viel zu ausführlich paraphrasiert. Nahezu völlig redundant ist das am Schluss befindliche 230 Seiten umfassende biographische Professorenlexikon. Da der Lebensweg der wichtigen Protagonisten bereits im Text ausführlich erläutert wird und das Buch über ein sehr verlässliches Personenregister verfügt, erscheint dieser Teil als durchaus verzichtbar. So findet sich die Biographie von Edmund Forster auf S. 83ff. im Text und fast wortgleich im Anhang (S. 676f.). Typisch für Eberles Stil sind zahlreiche kurze, meist aus wenigen Worten bestehende Zitate, und nicht immer gelingt es ihm, seine Neigung zu unwissenschaftlichen Bemerkungen wie »1915 erhielt er den Heimatschuss« (S. 51) oder »die schmuddelige Angelegenheit zog sich bis zum 23. Januar 1945 hin« (S. 168) zu zügeln. Bei der Recherche zeigt sich Eberle in der Regel kenntnisreich und gründlich. Der gelegentlich zu findende Verweis auf Wikipedia (S. 103 oder S. 188, Fn 604) sollte in wissenschaftlichen Werken jedoch nicht zur Regel werden. Die Todesursachen von Julius Lippmann (S. 103) und Josef Juncker (S. 109) jedenfalls hätten sich durch eine Anfrage bei den jeweiligen Standesamtsarchiven ohne weiteres klären lassen. Die Abkürzung »kw« steht nicht für »keine Wiederbesetzung« (S. 121), sondern für »künftig wegfallend«.

Großes Augenmerk widmet der Autor der nationalsozialistischen Personalpolitik nach der Machtübernahme der NSDAP im Januar 1933. Neid, Gerüchte, üble Nachrede und kleinliche Eifersüchteleien, die es an der Universität sicherlich immer gegeben hatte und vermutlich auch heute noch gibt, konnten nun für den Betreffenden verheerende Folgen haben. Dass ein Professor mit seiner Frau »nackt in der Ostsee gebadet hatte« (S. 77) oder ein anderer »schweinische Zoten« (S. 169) im Kolleg erzähle, findet sich ebenso in den Akten wie politisch abweichendes Verhalten. Manch eine erfolgversprechende Karriere kam so nach 1933 durch eine einfache Denunziation zu einem jähen Ende, und es sollte bis 1938 dauern, bis sich die Lage beruhigt hatte, und der fachlichen Kompetenz wieder mehr Bedeutung beigemessen wurde. Auch wenn Einzelne immer wieder einen gewissen fachlich motivierten Eigensinn demonstrierten, so stellte sich die große Mehrheit der Greifswalder Professoren doch bedingungslos in den Dienst der NS-Herrschaft. Die Geisteswissenschaftler folgten den Vorgaben der NS-Ideologie und die Naturwissenschaftler forschten für die Rüstungsindustrie, wozu auch intensive Studien zur Anwendung des Kampfstoffes Lost gehörten. Auch die in Greifswald besonders große medizinische Fakultät war durch die Sterilisierung angeblich »Erbkranker«, die Bio-Waffen-Entwicklung auf der Insel Riems oder als »beratende Ärzte« im Kriegseinsatz in vielfacher Weise engagiert. Das letzte Kapitel behandelt dann die Zeit nach 1945. Die Hinrichtung des Rektors Ernst Lohmeyer durch die Sowjets im August 1946 war hier eine extreme Ausnahme. Im Regelfall verlief die Entnazifizierung recht glimpflich. Die politisch weniger Belasteten, die Wendigen und die fachlich Unverzichtbaren wie der Internist Gerhardt Katsch

konnten ihre Tätigkeit in Greifswald weiter ausüben, während die anderen in den Westen gingen und ihre akademische Laufbahn dort weitgehend ungestört fortsetzten.
Henrik Eberle legt mit diesem umfangreichen Buch zweifellos ein Standardwerk zur Geschichte der Universität Greifswald im Nationalsozialismus vor, an dem künftige Historiker nicht vorbeikommen werden.

Bernd Kasten, Schwerin

Historischer Arbeitskreis Stettin (Hg.), Vertreibung der deutschen Bevölkerung 1945 – 1947. Vertreibungslager in Stettin. 3. Auflage Lübeck 2015 (Stettiner Heft Nr. 19) 117 S. mit vielen Abb. und Lageskizzen, 22 Euro. ohne ISBN, (zu Beziehen über: Haus Stettin, Hüxterdamm 18 A, 23552 Lübeck)

Die Erstfassung dieser nunmehr in 3. Auflage erschienenen, großformatigen Broschüre kam im Jahr 2012 heraus. Der Herausgeber stellte sich dabei das Ziel, die menschliche Dimension, die gesamte Tragik der Prozesse von Flucht und Vertreibung der Deutschen im Raum Stettin sichtbar werden zu lassen. Diese menschliche Dimension fehlt nach Ansicht des »Historischen Arbeitskreis Stettin« sowohl in den neueren polnischen wie in den neueren deutschen historischen Arbeiten, welche sich mit den Ereignissen im Raum Stettin von 1945–1947 befassen. Ausdrücklich sind hiermit die Magisterarbeit von Marlena *Tracz*, »Punkt Etapowy Nr.3 w Szczecinie« (Universität Stettin 2011) und die Dissertation von Jan *Musekamp*, »Zwischen Stettin und Sczeczin. Metamorphosen einer Stadt von 1945 bis 2005« (Wiesbaden 2010)[33], entstanden an der Viadrina in Frankfurt/O., gemeint. Das Buch umfasst fünf Sachaufsätze, einen Zeitzeugenbericht, einige Dokumente sowie ein kurzes Nachwort.
Über das politische Schicksal Stettins im Frühjahr und Sommer 1945 berichtet Horst *Rubbert*. Demzufolge ahnte selbst einige Zeit nach der Besetzung Stettins durch die Sowjetarmee in der Stadt niemand, dass Stettin nur wenige Wochen später infolge politischer Machtspiele Stalins in polnische Hand übergehen sollte. In der Stadt wurde folglich eine funktionierende kommunistische Stadtverwaltung aufgebaut, die Losung »Stettin ersteht zu neuem Leben« ausgegeben und einzelne städtische Funktionäre machten sich sogar über das umlaufende Gerücht lustig, die Stadt solle »polnisch« werden. Als aber am 5. Juli 1945 der noch im Mai bei einem gleichartigen Versuch von den Russen verjagte Pole Piotr Zaremba nun offiziell die Stadtverwaltung übernahm, kam es sukzessive zur vollständigen Vertreibung der insgesamt 88.500 zu Ende September 1945 noch in Stettin lebenden Deutschen und die Stadt entwickelte sich zu einem rege frequentierten Durchgangspunkt für die aus West- und Ostpreußen sowie aus Pommern eintreffenden, von dort vertriebenen Deutschen. Dazu errichtete man polnischerseits mehrere so genannte »Vertreibungslager« in Stettin und den Vororten der Stadt, wo diese Vertriebenen tage- bzw. wochenlang unter schlimmen Verhältnissen kampierten. Als »Drehscheibe« der Vertreibung und als ein mit Massengräbern bedeckter »Schicksalsort« erwies sich der Bahnknotenpunkt »Stettin-Scheune«, wo zeitweilig auch das »Vertreibungslager Scheune« bestand. Hier lauerten bewaffnete, sehr brutale Banden polnischer Krimineller, um den vertriebenen Deutschen ungestört die letzte Habe bzw. die letzten Wertsachen zu rauben. Was der Rezensent darüber in seinem Buch »Als die Heimat zur Fremde wurde. Flucht und Vertreibung der Deutschen aus Westpreußen« (Berlin 2011) auf Grundlage von Augenzeugenberichten festgehalten hat, wird durch den einschlägigen Aufsatz von Willi *Neuhoff* ganz nachdrücklich bestätigt. Zum Chaos trug zusätzlich bei, dass sowjetische Stadtkommandanten in Norddeutschland (*Neuhoff* führt hier auf S. 33 einen Befehl des Stadtkommandanten von Stralsund vom 23. Mai 1945 an) ausdrücklich die Geflüchteten und Vertriebenen in ihre alten Heimatorte zurückschickten, worauf diese zum zweiten Male das Vertreibungsschicksal durchlitten. Neuhoff dokumentiert durch Fotos den heutigen Zustand der Massengräber von in Stettin-Scheune zu Tode gekommenen Flüchtlingen, bei welchen jedweder Hinweis auf ein

33 Rezension von Detlev Brunner in: Baltische Studien NF 98 (2012), S. 196f.

Massengrab fehlt. Peter *Wesselowski*, Horst *Jeschke* und Detlef *Kircher* beschreiben in ihren drei Aufsätzen die Geschichte der Stettiner Vertreibungslager »Ackermannshöhe« an der Krekkower Straße, »Frauendorf« an der Gadewoltzstraße und »Bredow« in der alten Vulcanstraße 24–25. Im Lager »Ackermannshöhe« existierte sogar eine britische Militärmission, welche sich allerdings von den jammervollen sanitären und Verpflegungszuständen im Lager völlig unberührt zeigte und sich einzig darum kümmerte, dass die Flüchtlingstransporte in die britische Besatzungszone organisiert und nicht völlig »wild« abliefen. Alle drei Autoren illustrieren ihre Aufsätze mit exakten Lageplänen der Lager, mit Fotos, Dokumentenkopien sowie mit Aussagen von Zeitzeugen, bei denen es sich in der Regel um ehemalige Lagerinsassen handelt. Ein von Willi *Neuhoff* bearbeiteter Bericht eines Anonymus gibt abschließend Auskunft über die Ankunft der Vertriebenen im »Westen« am Beispiel des Lagers Lübeck-Pöppendorf. Die Verfasser aller Beiträge sind vermutlich keine Historiker, deswegen präsentiert sich mancher Beitrag etwas ungelenk. Aber sie alle haben die mühevolle Arbeit auf sich genommen und präzise und ehrlich diejenigen Zustände im Raum Stettin dokumentiert, welche man in Büchern von relativ empathielosen Historikern wie dem bereits genannten Jan *Musekamp* leider vergeblich sucht.

Jürgen W. Schmidt, Berlin

JAHRESBERICHTE

Jahresbericht des Vorsitzenden der Gesellschaft für pommersche Geschichte, Altertumskunde und Kunst e. V. für die Zeit vom 27. September 2015 bis zum 24. September 2016

Es ist von einem ruhigen Geschäftsjahr zu berichten, das der Leitung unseres Geschichtsvereins gleichwohl eine Reihe großer Sorgen bereitet hat und uns nachdenklich zurück lässt. Persönlich schaue ich mit Blick auf unser gegenwärtiges und künftiges Vereinsleben eher gedämpft als hoffnungsvoll in die Zukunft. – Unsere Jahrestagung im Ostseebad Binz im »IFA Rügen Hotel und Ferienpark« an der Strandpromenade vom 24. bis 27. September 2015 fand unter günstigen Bedingungen statt. Hervorzuheben ist das wundervolle Wetter, echtes »Kaiserwetter«, das unser Treffen und insbesondere die freitägliche Exkursion regelrecht vergoldete. Als nicht ganz so günstig stellte sich heraus, dass unsere gemeinsamen Mahlzeiten in demselben Raum stattfinden mussten wie die Vorträge, was einige Unzuträglichkeiten mit sich brachte, die aber eher marginal waren. Auf jeden Fall sah ich während unserer gesamten Tagung nur zufriedene Gesichter! Thema war »Rügen – Eckpunkte seiner Geschichte«, womit wir an zwei frühere Tagungen (Lauterbach / Putbus 2008 und Stralsund 2009) anknüpften, deren Vorträge in dem inhaltsschweren Sammelband »Insel im pommrischen Meer. Beiträge zur Geschichte Rügens«, hrsg. im Auftrag unserer Gesellschaft von unseren engagierten Mitgliedern Dr. *Irmfried Garbe* / Dersekow und *Dr. Nils Jörn* / Wismar, Greifswald (sardellus Verlagsgesellschaft) 2011 abgedruckt wurden und kurzweilig nachzulesen sind. – Den Eröffnungsvortrag in Binz hielt am 24. September 2015 der Archäologe und Frühhistoriker Dr. *Fred Ruchhöft* / Greifswald und präsentierte dabei anschaulich und klar »Die neuen Ausgrabungen am Kap Arkona«. Das, was dabei gleichsam als »Trockenschwimmen« geboten wurde, konnten wir am folgenden Freitag vormittags bei unserer Exkursion in den Norden der Insel an den Ausgrabungsplätzen sehen und fast schon miterleben. Vortrag und Exkursionsteil bildeten auf harmonische Weise eine Einheit, was die Teilnehmer sehr zu schätzen wussten. Nach einem erholsamen Mittagessen in einem gepflegten Restaurant in Juliusruh fuhren wir auf die Halbinsel Wittow nach Altenkirchen. Das dortige spätromanische Gotteshaus (heutige Gestalt als dreischiffige Pfeilerbasilika aus dem Ende des 14. Jahrhunderts), das die älteste Dorfkirche auf Rügen ist, wurde uns in der Kirche von seinem Pfarrer *Christian Ohm* eindrucksvoll vorgestellt Anschließend sprach spannend und kurzweilig wie immer unser Vorstandsmitglied *Dr. Dirk Alvermann* / Vorbein bzw. Greifswald über den Theologen, Historiker und Dichter Professor Ludwig Gotthard (auch: *Theobul*) Kosegarten (1758–1818), der von 1792 bis 1808 Pfarrer in Altenkirchen gewesen war und im nahen Vitt seine berühmten Uferpredigten hielt (vgl. jetzt: Gott in der Natur. Aus den Uferpredigten Gottfried Ludwig Kosegartens, kommentiert u. eingeleitet v. Katharina *Coblenz-Arfken*, Bremen 2012). Anschließend konnten wir den gepflegten großen Kirchengarten mit Kosegartens Grab und das der Kirche benachbarte Kosegartenhaus mit seiner beeindruckenden Ausstellung über seinen Namenspatron ansehen, bei der *Dr. Alvermann* entscheidend mitgearbeitet hat. Reich belehrt und begeistert vom bilderbuchhaften Frühherbstwetter kehrten wir abends nach Binz zurück. – Am folgenden Morgen und frühen Nachmittag genossen wir den Vortragsblock, wurden aber zunächst vom Beigeordneten beim Landrat des Kreises Vorpommern-Rügen Herrn *Manfred Gerth* freundlich und freundschaftlich begrüßt. Er sparte nicht mit anerkennenden Worten. Im Laufe des Tages richtete noch Herr Professor *Ivan Seibel* aus Venâncio Airos in Brasilien ein herzliches Grußwort an uns. In seiner Heimat ist er Sprecher einer Gruppe von Menschen pommerscher Abstammung, die diese Tradition sehr pflegt. Dazu gibt Herr Professor *Seibel* eine E-Mail-Zeitschrift heraus, »Folha Pomerana Express«, die seit vier Jahren erscheint, jetzt, am 17. September 2016, in ihrer 157. Nummer! Hauptsprache des Periodikums ist Portugiesisch, aber es erscheinen auch Beiträge in Deutsch, ja sogar auf Platt! Herr Professor *Seibel* und seine verehrte Frau Gemahlin wurden bei uns herzlich aufgenommen, und wir hoffen auf ein Wiedersehen! – In dem ersten Vortrag gab unser Mitglied, der Historiker *Dr. habil. Fritz Petrick*/Rugenhof, einen guten Überblick »Das Fürstentum Rügen – ein Landkreis in Pommern. Zur Vorgeschichte 1321–1806«. Der Historiker und Archivar D*r. Joachim Kundler*/Berlin, Mitglied unseres Vereins und wissenschaftlicher Mitarbeiter an der Theologischen Fakultät der Humboldt-Universität zu Berlin, sprach quellennah und faktenreich über den Erwerb Neuvorpommerns durch Preußen. Ihn ergänzte am frühen Nachmittag mit lebendigen und frischen Ausführungen unser schwedischer Kollege *Ulf Pauli* mit Ausführungen über »Der Übergang Neuvorpommerns an Preußen vom schwedischen Horizont betrachtet«. Die Sektion am Vormittag aber schloss unser Mitglied *Dr. Joachim Krüger*/Wusterhusen mit anschaulichen Ausführungen zum Thema »Das Jahr 1715 – eine Zäsur in der pommerschen Geschichte«. Der Vortrag von Herrn Petrick ist in diesem Heft der »Baltischen Studien« nachzulesen.

Die Mitgliederversammlung am Nachmittag des 26. September 2015 verlief normal und zeigte u. a., dass unser Verein nach wie vor arm ist – was sich wohl auch nie ändern wird – zum Glück aber in geordneten und soliden finanziellen Verhältnissen lebt, wofür unserer Schatzmeisterin Frau Dipl.-Math. *Karin Bratz*/Greifswald herzlich zu danken ist! Es wurde dem Vorschlag des Vorstandes entsprechend mitgeteilt, dass im Jahr 2017 unsere Jahrestagung vom 21. bis 24. September in der traditionsreichen Hansestadt Stralsund stattfinden wird und dort in den Reigen der Veranstaltungen zum Reformationsjubiläum eingereiht wird; Thema: »Folgen und Wirkungen der Reformation in Stralsund und Pommern«. Mitorganisator wird mit mir unser Vorstandsmitglied und Sprecher der Schriftleitung der »Baltischen Studien« *Dr. Dirk Schleinert*/Stralsund sein, der Leiter des Stadtarchivs Stralsund. Im Vorfeld der Tagung ist er schon erfolgreich tätig, wofür ich ihm herzlich danke, auch im Namen aller Mitglieder. Abends genossen wir ein »Sagenumwobenes Abendessen« mit Frau Jutta Lockau/Berlin, die uns dabei mit viel Geschick und schauspielerischem Talent und Vergnügen kurzweilig in die reiche und bunte Sagenwelt Rügens entführte. Vielen herzlichen Dank!

Unsere Jahrestagungen werden von den Mitgliedern als Selbstverständlichkeiten hingenommen, und viele denken wohl kaum darüber nach, welche Arbeit sich dahinter verbirgt. Wenn diese dann endlich abgeschlossen sind und sich statt der erwarteten rund 100 Teilnehmer nur etwa die Hälfte anmeldet – in Binz waren genau 50 Mitglieder bei der Mitgliederversammlung anwesend, und insgesamt zählten wir nur rund 70 Teilnehmer! – ist das enttäuschend. Haben die Organisatoren die viele Arbeit nur für gut 10 Prozent unserer Mitglieder auf sich genommen? Haben fast nur 90 Prozent von uns kein Interesse an den jährlichen Zusammenkünften? Müssen wir da nicht überlegen, ob Jahrestagungen im gewohnten und letztlich ja erfolgreichen Maße wirklich geboten sind? Reichen nicht, wie vor Jahrzehnten, Treffen nur an einem Sonnabend? Wozu plagen sich Vorsitzender, Vorstand und Organisatoren? – Fragen über Fragen. … Mit diesen hat sich der Vorstand beschäftigt und wird entsprechende Vorschläge unterbreiten, nach denen die Jahrestagungen verschlankt und verbilligt werden können und müssen. Viele von uns aus dem »alten Westdeutschland«, die viele Jahre und Jahrzehnte regelmäßig zu unseren Tagen fuhren, erklären, dass sie sich auf Grund ihres Alters und ihrer Gesundheit nicht mehr zu einer längeren Reise in der Lage sehen. Hier, aus den sog. »alten Bundesländern«, wird auch kein Nachwuchs kommen. Und unsere vorpommerschen Mitglieder benötigen nicht die großen Jahrestreffen, die sie auch Zeit kosten. Kurz: Wir müssen umdenken und – lenken! Mit diesen und anderen Problemen wird sich auch der Vorsitzende beschäftigen müssen, den wir auf unserer Mitgliederversammlung in Stralsund am 23. September 2017 werden wählen müssen, da ich mich nicht mehr einer Wiederwahl stellen werde.

Im Berichtszeitraum starben unsere geschätzten Mitglieder:

Joachim Felgenhauer, Verchen
Dr. Wolfgang Fiedler, Richtenberg
Dr. Christine Fritze, Greifswald
Dorothea Herrmann, Meschede
Editha v. Platen, Hamburg
Dr. Dirk Dagobert Reichow, Hamburg
Günter Schönrock, Greifswald
Prof. Dr. Dr. h. c. mult. Rudolf v. Thadden, Göttingen
Dr. Klaus Winands, Hamburg

Sie haben mit ihren Gaben alle Beiträge zum Leben unserer Gesellschaft geleistet, und wir gedenken ihrer dankbar. Alle genannten verstorbenen Mitglieder fehlen uns. Lassen Sie mich drei Persönlichkeiten besonders erwähnen. Die Damen – und sie waren wirklich welche! – *Dorothea Herrmann* und *Editha v. Plathen* wurden beide 100 Jahre alt und durften, wie das Alte Testament schreibt, »lebenssatt« ihre Augen schließen. Der einflussreiche Göttinger Historiker *Prof. Dr. Dr. h. c. mult. Rudolf v. Thadden* wurde 1967 an die dortige Universität auf einen Lehrstuhl für Neuere Geschichte berufen, dem er bis zu seiner Emeritierung treu blieb. Eines seiner Arbeitsgebiete war die Geschichte Preußens. Hier sei nur seine – nicht unumstrittene – Darstellung »Fragen an Preußen. Zur Geschichte eines aufgehobenen Staates«, München 1981 genannt. Noch stärker aber widmete er sich der französischen Geschichte und der deutsch-französischen Aussöhnung. Er war u. a. von 1999 bis 2003 Koordinator für die deutsch-französische Zusammenarbeit im Auswärtigen Amt. Die Erfahrungen auf dem Gebiet der deutsch-französischen Zusammenarbeit befähigten *Rudolf v. Thadden*, sich auch für die Versöhnung Deutschlands mit Polen und eine entsprechende Zusammenarbeit in Kultur und Wissenschaft tatkräftig einzusetzen. Hier hat er sich insbesondere um den Aufbau der Europa-Universität Viadrina in Frankfurt an der Oder eingesetzt. Bei aller Weltgewandtheit vergaß *Rudolf v. Thadden* nie seine pommersche Heimat und seine dortigen Wurzeln. Das beweist ebenso eindringlich wie anrührend sein großartiges und nachdenkliches Buch »Trieglaff. Eine pommersche Lebenswelt zwischen Kirche und Politik 1807–1948«, Göttingen 2010, polnische Übersetzung 2015. – Als die Historische Kommission für Pommern mit einer Tagung in der Ernst-Moritz-Arndt-Universität Greifswald 2011 ihr 100jähriges Bestehen feierte – unser Geschichtsverein war Mitveranstalter – hielt *Rudolf v. Thadden* am Abend des 13. Mai den öffentlichen Eröffnungs- und Festvortrag »Pommern. Die Verpreußung einer Provinz«. Mit seinen Veröffentlichungen wird seine Stimme nicht verklingen, und wir werden dem angesehenen Gelehrten und treuen Pommern ein ehrendes Andenken bewahren.

Am 30. April 2016 konnte unser hoch verehrtes Ehrenmitglied Herr Dipl.-Archivar *Joachim Wächter* / Greifswald seinen 90. Geburtstag feiern. Im Namen von uns allen habe ich ihm gratuliert und wünsche ihm an dieser Stelle noch einmal Gottes Segen für noch weitere gute Jahre. Um unseren Geschichtsverein hat er sich hoch verdient gemacht. Dazu lese man bitte den Glückwunsch unserer Gesellschaft in »Baltische Studien« Neue Folge 101 (2015, S.7–14, mit Schriftenverzeichnis!) nach. Wir alle sind ihm für seine großen Leistungen zum Wohle unseres Geschichtsvereins und seiner Ziele dankbar! – Der Vorsitzende der Historischen Kommission für Pommern e.V., Herr Professor *Dr. sc. phil. Horst Wernicke* / Greifswald, wurde am 31. August 65 Jahre alt. Aus diesem Anlass fand zu seinen Ehren an eben jenem Tag im Pommersche Landesmuseum in Greifswald ein Festakt statt. Festredner war unser Mitglied *Dr. Haik Thomas Porada* / Leipzig. Es erschien auch eine umfangreiche, würdige Festschrift: »ene vruntlike tohopesate«. Beiträge zur Geschichte Pommerns, des Ostseeraumes und der Hanse, hrsg. v. *Sonja Birli, Nils Jörn, Christian Peplow, Haik Thomas Porada* und *Dirk Schleinert*, (Schriftenreihe der David-Mevius-Gesellschaft, 12), Hamburg 2016. Diese Festgabe wird zum Erwerb und zur Lektüre empfohlen. Selbstverständlich hat sich unsere Gesellschaft in den Reigen der Gratulanten eingereiht! Wir wünschen dem Jubilar von Herzen alles Gute und noch viele erfüllte Jahre voller Schaffenskraft! – Unter der Leitung des Geburtstagskindes fand in Stralsund lange vor seinem Ehrentag am 23. / 24. Oktober 2015 die Tagung »'Vom Löwen zum Adler'. Der Übergang Schwedisch-Pommerns an Preußen 1815« statt, die von der von ihm geleiteten Historischen

Kommission in Zusammenarbeit mit uns und dem Stadtarchiv Stralsund stattfand. Die Festrede bei dem glänzenden Festakt am Abend des 23. Oktober, an dem vor 200 Jahren der Übertritt an Preußen vollzogen wurde, hielt im Löwenschen Saal des altehrwürdigen Rathauses zu Stralsund im Beisein vieler Gäste aus Schweden humorvoll und gelehrt der angesehene schwedische Rechtshistoriker Professor *Dr. Dr. h. c. mult. Kjell Åke Modéer* / Lund. Dem Festakt folgten ein würdiger Empfang und dann auf dem Rathausplatz ein Großer Zapfenstreich der Schwedischen Marine. Es war alles in allem eine angemessene und würdige Feier! Im Rahmen der Vorträge des folgenden Tages hatte ich, der ich am Vorabend zu den Ehrengäste gehört hatte, die Ehre, über »Der Berliner Historiker Friedrich Rühs und die Integration Schwedisch-Vorpommerns in den preußischen Staatsverband« sprechen zu dürfen. Alle Vorträge der Tagung werden in der Schriftenreihe der Historischen Kommission für Pommern gedruckt.

Jetzt muss ich mich schwereren und ernsten Dingen zuwenden. – Die Zahl unserer Mitglieder im Berichtszeitraum hat erneut und wiederum schmerzhaft abgenommen. Wir zählten am Stichtag 14. September 2016 nur noch 506 Mitglieder, 17 weniger als ein Jahr zuvor. Von den 506 Mitgliedern sind 37 korporative, und von den 469 persönlichen Mitgliedern gehören 286 zur Abteilung Vorpommern. Auch hier ist ein Minus von sieben Personen zu verzeichnen. Gleichwohl wird in dieser Abteilung unter der Leitung unseres Vorstandsmitgliedes *Dr. phil. Robert Oldach* / Demmin und Greifswald, Assistent am Lehrstuhl für Nordische Geschichte der Ernst-Moritz-Arndt-Universität, vorbildliche Arbeit geleistet. Zu danken ist auch für die gute Arbeit in den Abteilungen Bonn, Berlin und München. In Berlin verdienen Frau *Dr. Gabriele Poggendorf* und Herr *Dipl. Ing. Rolf-Ludwig Schneider* noch mehr Unterstützung. Ihre Veranstaltungen könnten deutlich besser besucht werden, wozu hiermit alle Mitglieder und Freunde im Raume Berlin nachdrücklich aufgerufen werden!

Die Arbeit unserer Gesellschaft wird, ich muß es wiederholen, in ganz starkem Maße von »alten« Mitgliedern getragen, die schon längst im Ruhestand leben. Ihnen können wir für ihre Arbeit nicht dankbar genug sein. Diese Befindlichkeit unseres Vereins hat auch darin ihren Grund, dass im Landesteil Vorpommern die Stellen für junge Vertreter der Geschichtswissenschaft und verwandter, einschlägiger Fächer immer weniger werden. Der Schweriner Landesregierung, die immer mehr auf Mecklenburg fixiert zu sein scheint, ist immer wieder für Überraschungen gut, selten für positive. Sie betrieb aus nicht erkennbaren Gründen mit Erfolg am 27. Mai 2015 die Gründung des »Heimatverbandes Mecklenburg-Vorpommern«, der ein »Dachverband für alle Vereine, Gruppierungen und Einzelpersonen auf dem Gebiet der Heimatpflege, des Brauchtums und der Folklore« (so unser Mitglied Professor *Dr. Hans-Dieter Wallschläger* / Berlin in: Sedina Archiv, Mitteilungsblatt des Pommerschen Greif e.V., Jg. 61, 2015, S. 310) sein will, wohl aber mehr eine Wiederbelebung des alten »Kulturbundes« der DDR ist! Dem Dachverband steht viel Geld zur Verfügung, das anderswo bitter benötigt, aber stets verweigert wird. Seit dem 12. September 2015, an dem es in Güstrow eine erste Mitgliederversammlung gab, habe ich nichts mehr davon gehört, auch nicht auf meine Interventionen beim Schweriner Kulturministerium. Unsere

Gesellschaft war zu keinem der Treffen eingeladen worden. Inoffiziell werden wir von Herrn Professor *Wallschläger* als Beobachter vertreten, der mich stets unterrichtet. Für die Mitgliedschaft im »Kulturbund« – pardon: »Heimatverband« – müssten wir pro Jahr übrigens für jedes Mitglied 1,00 € zahlen, und diese gut 500,00 € sind in unserem Haushaltsplan nicht vorgesehen und auch nicht unterzubringen.

Es wird nunmehr wieder erfreulicher. – Band 101 (2015) Neuer Folge unserer Zeitschrift »Baltische Studien. Pommersche Jahrbücher für Landesgeschichte« erschien in einem Umfang 257 Seiten am 17. März 2016. Einmal mehr sei dankbar festgehalten, dass unser Jahrbuch seit Jahrzehnten den hohen Stand an inhaltlichem Reichtum und Qualität weiterhin beeindruckend halten kann. Die Zusammenarbeit zwischen der Schriftleitung, die unsere Zeitschrift unabhängig gestaltet – Weisungen des Vorstandes gibt es nicht –, und dem Verlag Steve Ludwig in Kiel ist nach wie vor gut. Herzlich danken wir der Schriftleitung mit Herrn *Dr. Rudolf Benl*/Erfurt als Sprecher, Frau *Dr. Anett Müller M.A.*/Leipzig sowie den Herren *Dr. Bengt Büttner*/Marburg an der Lahn, *Dr. Dirk Schleinert* und Dipl.-Archivar *Joachim Wächter* für diesen schönen Band! Gleichwohl mussten inzwischen in der Schriftleitung Veränderungen vorgenommen werden. Wenige Wochen nach unserer Mitgliederversammlung in Binz sah sich Herr *Dr. Benl* gezwungen, sein Ehrenamt niederzulegen. Diesen Rücktritt habe ich angenommen. In der für ihn charakteristischen Pflichterfüllung hat er aber mit der ihm ebenfalls eigenen Genauigkeit die Fertigstellung des jüngsten Bandes begleitet und zu einem glücklichen Ende gebracht. Auf der Vorstandssitzung dann in Greifswald am 23. April 2016 wurde nach langen Vorgesprächen Herr *Dr. Dirk Schleinert* zu Herrn *Dr. Benls* Nachfolger gewählt, Schon in den Monaten zuvor hatte Herr *Dr. Schleinert* diese Arbeit in dankenswerter Weise kommissarisch ausgeübt. Als Mitglieder der Schriftleitung wurden Frau *Dr. Anett Müller M.A* und Herr *Dr. Bengt Büttner* bestätigt, neu berufen wurde die Archäologin *Claudia Hoffmann M.A.*/Stralsund. Ganz herzlich danke ich den Kolleginnen und Kollegen, die neu oder wieder Verantwortung übernommen haben. Im Anschluss an die sie berufen bzw. bestätigt habende Vorstandssitzung trat die neue Schriftleitung am Nachmittag des 23. April 2016 sogleich zu ihrer ersten Sitzung zusammen, ein erfreuliches und schönes Signal. Aus der Schriftleitung schied auf eigenen Wunsch auf Grund seines hohen Alters auch unser Ehrenmitglied Herr *Joachim Wächter* aus, dem für die auch hier geleistete Arbeit ganz herzlich gedankt wurde! Ganz besonders aber danken Vorsitzender, Vorstand und alle Mitglieder Herrn *Dr. Rudolf Benl,* einem geborenen Franken, für seine verdienst- und entsagungsvolle jahrzehntelange Arbeit für unsere »Baltischen Studien«, unseren Geschichtsverein und die Geschichte des gesamten Pommernlandes. Der Historiker und Archivar, er leitete bis zum Eintritt in den Ruhestand 2013 das Stadtarchiv Erfurt, trat 1989 auf Bitten des damaligen Schriftleiters *Dr. Claus Conrad*/Göttingen nach Rücksprache mit mir als weiterem Mitglied der Schriftleitung in dieselbe ein und erschien in »Baltische Studien« N. F. 76 erstmals im Impressum. Mitglied der Schriftleitung blieb er bis Bd. 97 (2011) N.F. Als *Dr. Dirk Alvermann* die Leitung der Schriftleitung abgab, die er nach dem Tod von *Dr. Conrad* 2000 übernommen hatte, beerbte ihn auf meine Bitte hin mehr dem Pflichtgefühl denn seiner Neigung folgend im Frühjahr 2011 *Dr. Benl.* Er zeichnete für die qualitätvollen Bände N.F. 98 bis 101 (2012–2015). 22 Jahre lang war Herr *Dr. Benl* Mitglied bzw. Leiter der Schriftleitung unseres angesehenen Jahrbuchs »Baltische Studien«. Er hat sich um unseren Verein und sein Periodikum hoch verdient gemacht, und dafür danken ihm Vorsitzender, Vorstand und die gesamte »Gesellschaft für pommersche Geschichte, Altertumskunde und Kunst e. V.«. Möge er uns als Beiträger noch viele Jahre erhalten bleiben! – Die »Monatsblätter« unserer Gesellschaft erschienen in 56 Jahrgängen von 1887 bis 1942, zusätzlich ein Registerband der Jahrgänge bis 1906. Seit 2015 erscheint in Zusammenarbeit mit unserer Gesellschaft in Verantwortung unseres Schwestervereins »Pommerscher Greif e. V., Verein für pommersche Familien- und Ortsgeschichte« eine broschierte Nachdruck-Ausgabe, die jeweils mehrere Jahrgänge in einem Band von etwa 600 Seiten zusammenfassen wird. Es werden pro Jahr zwei bis drei Bände, also bis zu neun Jahrgänge, herauskommen. 2015 sind die Jahrgänge 1887 bis 1895 in drei Bänden auf dem Markt, seit 2016 ebenfalls in drei Bänden die Jahrgänge 1896 bis 1904; zusätzlich wird es ein neu erarbeitetes Register für alle 56 Jahrgänge in der Form eines Heftes des »Sedina-Archivs« zum (lächerlich geringen) Preis von 5,00 € geben. Die Bände des Reprints kosten für die, die an der Subskription teilgenommen haben nur 18,00 € pro Band (Selbstkostenpreis! zuzüglich Porto), was ebenfalls unglaublich günstig ist. Für dieses gemeinsame Unternehmen danke ich noch einmal in Herrn *Wiedemann* und dem Vorsitzenden des »Greif«, unserem Mitglied Herrn Professor *Dr. Dieter Wallschläger.*

Die Frühjahrssitzung des Vorstandes fand am 23. April 2016 in Greifswald, also wieder am Sitz unseres Geschichtsvereins statt, und zwar im Hotel »Kronprinz«. Die Sitzung war u. a. der Vorbereitung unserer diesjährigen Tagung sowie denen der folgenden Jahre gewidmet. Dabei wurde beschlossen, die Jahrestagung 2018 vom 4. oder 5. bis 7. Oktober im Ostseebad Bansin auf Usedom im »Hotel Villen im Park« stattfinden zu lassen, das ein günstiges Angebot vorlegen konnte. Herr *Dr. Wengler* / Bad Honnef, unser 1. Stellv. Vorsitzender, wird sich um die Organisation kümmern bzw. hat es schon getan, verlässlich wie immer! – 2017 muss wieder, wie bekannt, ein neuer Vorstand gewählt werden, der sich von dem amtierenden Leitungsgremium nicht unwesentlich unterscheiden wird. Auch das war Gegenstand der Beratungen, wenn auch nur mit begrenztem Erfolg. Schließlich sprach sich der Vorstand »nachdrücklich für die Erhaltung des Landesarchivstandorts in Greifswald aus«.

Wie bekannt, fördert das Land Mecklenburg-Vorpommern unsere Gesellschaft im Grunde nicht. Über die Historische Kommission für Pommern, mit der wir nach wie vor vorbildlich zusammenarbeiten, erhalten wir einen Druckkostenzuschuss, der freilich keineswegs gesichert ist, für den wir aber dankbar sind. Das gilt zuletzt ihrem Vorsitzenden, unserem Mitglied Herrn Professor *Dr. Horst Wernicke*, und seinen Vorstandskollegen. Unsere Zusammenarbeit ist seit 2015 durch einen Kooperationsvertrag in eine feste Form gegossen. Auch die gute Zusammenarbeit mit anderen Vereinigungen verdient wieder Erwähnung, wie u. a. die mit dem »Förderverein St. Petri Wolgast e. V.«, dem »Förderverein Kreisheimatmuseum Demmin e.V.«, dem »Pommerschen Greif e. V. Verein für pommersche Familien- und Ortsgeschichte« (Vorsitz, wie schon erwähnt, unser Mitglied Professor Dr. *Wallschläger*), der »Arbeitsgemeinschaft für pommersche Kirchengeschichte e. V.«, und der »Landesgeschichtlichen Vereinigung für die Mark Brandenburg e. V.« in Berlin, der »Ernst-Moritz-Arndt-Gesellschaft e. V.«, Groß Schoritz, mit ihrem Vorsitzenden, unserem Mitglied Herrn *Dr. Sven Wichert* / Lancken-Granitz, und mit der »David-Mevius-Gesellschaft e. V.« unter dem Vorsitz unseres Mitgliedes Herrn *Dr. Nils Jörn*.

Meine Vortrags- und Reisetätigkeiten hielten sich im Berichtsjahr in noch engeren Grenzen als in den vorangehenden Monaten, denn ich muss im Hinblick auf meine Gesundheit mit meinen Kräften haushälterisch umgehen. Ende Juli und Anfang August 2016 musste ich eine schwere Funktionsstörung meiner Nieren überwinden, was aber dank sachkundiger Ärzte gelang. Es ist jedoch Zurückhaltung und Schonung geboten. Dass ich bisher alle Krisen gut überstanden habe, verdanke ich nächst unserem Schöpfer und allmächtigen Gott meiner geliebten Frau, die mich unermüdlich und liebevoll unterstützt, ferner unseren Kindern und der Freude an unseren drei Enkeltöchtern. – Die Vereinsarbeit lief, ich wiederhole mich, wie gewohnt ruhig weiter, wofür Herrn *Dr. Wengler* und Frau *Bratz* noch einmal aufrichtig gedankt sei!

Trotz aller meiner bekannten Abneigung gegen die moderne Informationstechnik ist es wichtig, ja existenznotwendig, dass unsere »Gesellschaft« nun schon seit Jahren im Internet präsent ist, nunmehr endlich in einem vorzeigbaren Format – vgl. www.pommerngeschichte.de. Am 4. September 2015 schon wurde unsere neue Webseite freigeschaltet und leistet seither wertvolle Dienste. Sie hat pro Tag über 100 Benutzer, und zu den Sonntagen hin neigend wird fast die Zahl von 200 erreicht. Das ist eine positive Entwicklung, die auch mich hoffnungsvoll stimmt. Unser Vorstandsmitglied *Dr. Dirk Alvermann* und unser Mitglied *Dr. Gunthardt Stübs*, beide Greifswald, haben hier Großartiges geleistet, und Herr *Dr. Alvermann* tut es auch nach wie vor, trotz der großen Belastungen, denen er in seinem Beruf ausgesetzt ist.

Es muss an dieser Stelle leider immer wieder darauf hingewiesen werden, dass nach dem entsprechenden Beschluß des Vorstandes vom 22. September 2011 der Jahresbeitrag für persönliche Mitglieder ab dem 1. Januar 2012 40,00 € beträgt, der sich aber um 5,00 € auf 35,00 € reduziert, wenn man den Beitrag einziehen bzw. abbuchen lässt, was der Schatzmeisterin die Arbeit erleichtert. Alle Mitglieder sollten der Schatzmeisterin deshalb eine Einzugsermächtigung erteilen. Formulare für den Bankeinzug sind bei der Schatzmeisterin / Geschäftsführerin und beim Vorsitzenden erhältlich. Zu Unrecht eingezogene Beträge können innerhalb einer Frist von vier Wochen zurückgerufen werden, so dass mit dieser Art der Beitragszahlung kein Risiko verbunden ist. Nachdrücklich muß darauf hingewiesen werden, dass die Beiträge zu Beginn eines jeden Kalenderjahres fällig sind. Herzlich bitte ich alle Mitglieder, der Schatzmeisterin mitzuteilen, wenn sich das Konto ändert. Wenn sie nach einem neuen Konto forschen muß, kostet das wieder Geld. Frau Dipl.-Math. *Karin Bratz* führt seit dem 27. April 2013 de facto, seit September 2013 mit großem Erfolg die Kassengeschäfte. – Auch den beiden Kassenprüfern, Herrn *Eckehard Lockau* und Herrn *Dr. Hans-Jürgen Zastrow*, beide Berlin, gilt mein Dank für viele sachkundige und -dienliche Ratschläge und ihre wertvolle Tätigkeit und Mitgestaltung. Das Engagement unseres unermüdlichen 1. Stellvertretenden Vorsitzenden Herrn *Dr. Theodor Wengler* auf vielen Gebieten unseres Vereinslebens verdient einmal mehr anerkennend und dankbar hervorgehoben zu werden.

Am 16. Oktober 1993 wurde ich zum ersten Mal zum Vorsitzenden gewählt. Das Amt habe ich also seit 23 Jahren inne, was ich selbst kaum glauben mag. Nur der große Hugo Lemcke, der von 1874 bis 1923 mit überaus großem Erfolg amtierte, und sein Vorgänger, der Stettiner Stadtälteste Johann Wilhelm Kutscher, der von 1840 bis 1874 unsere Gesellschaft leitete, hatten eine längere Amtszeit. Es ist also für mich ganz gewiss langsam aber sicher genug. Die Vereinsarbeit wird für mich immer mühsamer. Und ich merke, dass ich im Sommer 2015 eine schwere Krankheit zu überstehen hatte. Konzentrations- und Spannkraft sind geschwunden, alles geht langsamer. Die erschrecklich schnell schwindende Mitgliederzahl muss eingedämmt werden, neue Mitglieder sind zu gewinnen. Aber wie? Das kann nur mit viel frischer Tatkraft geschehen, die mir als Pensionär und nach einer recht langen Amtszeit einfach fehlt; eine gewisse Betriebsblindheit wird zudem immer mehr behindernd. Es muss eine unverbrauchte Kraft an meine Stelle treten, wenn denn unser Geschichtsverein als lebendige Gemeinschaft, die wir sein müssen, überleben will. Dem notwendigen Wechsel stehe ich nicht im Wege – im Gegenteil. Ergreifen Sie, die Mitglieder, die Initiative!

Aufrichtig danke ich auch und nicht zuletzt unserer aktiven, umsichtigen und unendlich zuverlässigen Schatzmeisterin und Geschäftsführerin, Frau Dipl.-Math. *Karin Bratz* in Greifswald, für die gute und reibungslose Zusammenarbeit und so manchem Mitglied für Zuspruch und Freundschaft. Möge das mit Gottes Hilfe so bleiben!

Bleibt noch einmal zu wiederholen, dass die nächste Jahrestagung und Mitgliederversammlung der »Gesellschaft für pommersche Geschichte, Altertumskunde und Kunst e. V.« vom 21. bis 24. September 2017 in Stralsund stattfinden werden. Mit allen Mitgliedern freue ich mich darauf und hoffe auf einen deutlich regeren Zuspruch als bei den letzten Jahrestreffen!

Berlin / Ueckermünde, am 20. und 23. September 2015 *Dr. Ludwig Biewer*
– Vorsitzender –

Jahresbericht der Abteilung Berlin 2015 / 2016

Im Berichtszeitraum 2015 / 2016 wurden in der Berliner Abteilung folgende Vorträge gehalten:

22. Oktober 2015, Dirk Schumann M. A., Berlin: Der Baumeister Hinrich Brunsberg aus Stettin – spätgotische Backsteinarchitektur zwischen Innovation und Tradition.

24. November 2015, Dr. Theodor Wengler, Bad Honnef: Das Wirken des Provinzialverbandes Pommern 1875–1933.

26. Januar 2016, Prof. Felix Biermann, Göttingen: Die Missionsreisen des Bischofs Otto von Bamberg in Pommern – eine archäologische Spurensuche.

10. Februar 2016, Claudia Hoffmann M. A., Stralsund: Der Goldschmuck von Hiddensee. Seine neue Präsentation im Stralsund Museum.

17. März 2016, Dr. Gabriele Poggendorf, Berlin: Herzog Bogislaw X. von Pommern, die Türken und der Ruhm. Gestern, heute, übermorgen.

27. April 2016, Jan Musekamp, Frankfurt / Oder: Metamorphosen Stettin-Szczecin 1945.

20. Oktober 2016 Dr. Ralf-Gunnar Werlich, Historisches Institut der Universität Greifswald: Karl IV., die Vierte: Elisabeth von Pommern, Kaiserin aus dem Greifenhaus .

16. November 2016 Dr. Ludwig Biewer, Berlin: Der Berliner Historiker Friedrich Rühs aus Greifswald und die Integration Schwedisch-Pommerns in den preußischen Staatsverband.

Alle Vorträge fanden in den Räumen der Theologischen Fakultät der Humboldt-Universität in Berlin-Mitte statt und waren mit zehn bis zu dreißig Teilnehmern für die Berliner Verhältnisse gut besucht. An die Veranstaltungen schloss sich ein geselliger Umtrunk an, bei dem sich die Gelegenheit zu weiteren Gesprächen bot.

Dr. Gabriele Poggendorf

Jahresbericht der Abteilung Bonn 2015 / 2016

Die Abteilung Bonn begann das Vortragsjahr 2015 / 2016 mit einem Vortrag unseres Mitglieds Oskar Matthias Frhr. v. Lepel über »Nassenheide – ein vorpommersches Rittergut; ein Beitrag zur pommerschen und preußischen Geschichte« am 20. Oktober 2015.

Am 1. Dezember 2015 sprach unser Vorsitzender Dr. Ludwig Biewer über » Der Berliner Historiker Christian Friedrich Rühs aus Greifswald und der Anfall Schwedisch – Vorpommerns an Preußen 1815«.

Unser Mitglied Karl-Christian Boenke sprach am 18. Februar 2016 über »Bedeutende Persönlichkeiten aus Pommern«.

Über » Vertrieben und vergessen – eine Ausstellung der Pommerschen Landsmannschaft« referierte unser Mitglied Dr. Harald Lutter am 15. März 2016.

Das Halbjahr 2016 wurde am 16. Juni mit einem Referat unseres Mitglieds Prof. Dr. Hermann Manzke, Kiel, über » Prof. Dr. Hermann Bräuning, bekannter Tuberkuloseforscher und Direktor des Tuberkulosekrankenhauses Hohenkrug bei Stettin« abgeschlossen.

Auch dieses Jahr nahmen zahlreiche Mitglieder im Juni an den Veranstaltungen der Carl-Loewe-Tage in Unkel teil.

An alle Veranstaltungen, die mit etwa 25 – 35 Teilnehmern besucht waren, schloß sich traditionsgemäß ein Umtrunk an, der die Gelegenheit für weitere Gespräche bot.

Dr. Theodor Wengler

Jahresbericht der Abteilung München

Im Berichtszeitraum wurden vor der Münchner Abteilung im » Haus des Deutschen Ostens« drei Vorträge unserer Gesellschaft gehalten.

Am 7. Dezember 2015 hielt der Historiker Herr Dr. Joachim Kundler von der Humboldt-Universität Berlin einen Vortrag zum Thema: »Vom schwedischen Leu zum preußischen Aar – Die Erwerbung Schwedisch-Pommerns durch Preußen im Jahre 1815«.

Am 10.Februar 2016 referierte Herr Dr. phil. Robert Oldach Ernst-Moritz-Arndt-Universität Greifswald zum Thema: »Der Siebenjährige Krieg in Vorpommern 1757–1762«.

Am 8. April 2016 sprach Dr. Theodor Wengler (Bad Honnef) über: » Bedeutende pommersche Herzöge«.

Hans-Rudolf Rohrbacher

Jahresbericht der Abteilung Vorpommern

Im Berichtszeitraum stand die Abteilung Vorpommern unter der Leitung von Herrn Robert Oldach. Die Planung der Veranstaltungen erfolgte durch einen Leitungskreis, bestehend aus Frau Barbara Peters und den Herren Joachim Wächter, Gunnar Möller, Henning Rischer, Fritz Lewandowski, Uwe Kiel und Bernd Jordan sowie unter Gegenwart von Frau Karin Bratz.

Wie im Vorjahr ließen wir auch das Jahr 2015 ausklingen. Am 14. Dezember trafen sich Mitglieder und Freunde der Gesellschaft im Café Marimar in Greifswald.

Am 10. Februar 2016 hielt der Leiter der Abteilung Vorpommern auf Einladung der Abteilung München (Herr Rohrbacher) einen Vortrag zum Thema »Der Siebenjährige Krieg in Vorpommern«. Bedankt werden soll sich ausdrücklich für die nette Aufnahme und die angenehmen Stunden des Beisammenseins. Zum gleichen Themengebiet referierte der Leiter der Abteilung Vorpommern auch in Stralsund und Wolgast.

Das 34. Demminer Kolloquium fand Ende Juni zum Thema »Wege übers Land. Zur Geschichte von Verkehrswegen in Vorpommern« statt. Unter bewährter Leitung von Herrn Dr. Rischer und bei reger Beteiligung wurde das Kolloquium in den Räumlichkeiten des Demminer Rathauses ein voller Erfolg. Die Planungen für das Kolloquium im neuen Jahr 2017 laufen erfolgreich.

Zum Zeitpunkt der Jahreshauptversammlung, die in diesem Jahr vom 22.-25. August 2016 in Ueckermünde/Bellin stattfand, zählte die Abteilung Vorpommern 284 Mitglieder. Seit dem 30. September 2015 hat die Abteilung Vorpommern 14 Mitglieder verloren und wir konnten zwei neue Mitglieder aufnehmen. Verstorben sind Frau Dr. Christine Fritze aus Greifswald, Herr Dr. Wolfgang Fiedler aus Richtenberg und Herr Joachim Felgenhauer aus Verchen. Wir halten ihr Andenken in Ehren.

Im Berichtszeitraum seit November 2015 wurden folgende Vorträge gehalten:

30. Oktober, im Rahmen einer Festveranstaltung des Vereins zur Erhaltung der Preußensäule e. V. in Groß Stresow, Herr Dr. Joachim Krüger: 300 Jahre Landung des Preußenkönigs Friedrich Wilhelm I., verbündet mit dem dänischen König Friedrich IV., am 15. November 1715.

11. November, in Verbindung mit der Pommerschen Landsmannschaft, Kreisgruppe Pasewalk, Herr Wolfgang Dahle: Stettin-Rundgang in alten und neuen digitalen Bildern.

17. November, in Verbindung mit dem Pommerschen Landesmuseum Greifswald, Herr Dr. Volker Höffer: Ostseeflüchtlinge im Visier der Stasi.

19. November, in Verbindung mit dem Museum im Steintor Anklam, Herr Dr. Wilfried Hornburg: Der Anklamer Marktplatz im Wandel der Zeit.

24. November, in Verbindung mit der Volkshochschule Stralsund, Herr Dr. Dirk Schleinert: Ein schwedischer General mit pommerschen Wurzeln. Conrad Christoph von Blixen und seine Beziehungen zu Stralsund.

12. Januar, in Verbindung mit der Volkshochschule Stralsund, Herr Dr. Robert Oldach: Der Siebenjährige Krieg in Vorpommern.

12. Januar in Loitz, Herr Horst Triphhan und Herr Manfred Ohlrich: Loitz – eine historische Wanderung durch die Stadt.

19. Januar, in Verbindung mit dem Pommerschen Landesmuseum Greifswald, Herr Prof. Dr. Gunnar Müller-Waldeck: Das blaue Band durch Schweden – anlässlich des 250. Geburtstages von »Kanal Platen« Baltzar Bogislaus aus Dornhof/Rügen.

4. Februar, in Verbindung mit dem Stadtarchiv Greifswald und dem Förderverein Schwedisches Kulturerbe in Pommern e. V. im Bürgerschaftssaal in Greifswald, Herr Dr. Felix Schönrock: Greifswalder Bürgerhäuser in der Schwedenzeit 1648 bis 1815. Wandel und Kontinuität.

19. Februar, u. a. in Verbindung mit der IG Heimatgeschichte im Sitzungssaal des Rathauses Lassan, Herr Dr. Joachim Süss (Buchpräsentation): »Nebelkinder« – Kriegsenkel treten aus dem Traumaschatten der Geschichte.

24. Februar, in Verbindung mit dem Pommerschen Landesmuseum Greifswald, Herr Michael Lissok: Pommern im Leben und Werk von Karl Friedrich Schinkel (1781–1841): Zum 175. Todestag des großen Architekten und bildenden Künstlers.

15. März, in Verbindung mit der Volkshochschule Stralsund, Herr Dr. Hans-Joachim Hacker: Stralsunds Schwedenzeit.

16. März, in Verbindung mit dem Pommerschen Landesmuseum Greifswald, Herr Dr. Jens-Peter Schmidt: 237 Kilometer Landesgeschichte – Die Ausgrabungen auf der NEL-Erdgastrasse von Lubmin bis Boizenburg.

17. März, 19:00 Uhr, in Verbindung mit dem Historischen Verein Anklam und Umgebung, Herr Rudi Buchweitz: Hohe und höchste Herrschaften per Eisenbahn in Anklam – geheime Staatsfahrten bei der deutschen Eisenbahn.

17. März, 19:30 Uhr, in Verbindung mit dem Förderverein St. Petri / Wolgast, Herr Dr. Robert Oldach: Der Siebenjährige Krieg in Vorpommern 1757–1762.

5. April, in Verbindung mit der Volkshochschule Stralsund, Herr Dr. Volker Höffer: Ostseeflüchtlinge im Stasi-Visier.

12. April, in Verbindung mit der Pommerschen Landsmannschaft, Pasewalk, Herr PD Dr. Felix Biermann: Bischof Otto von Bamberg – Eine Spurensuche in Pommern.

12. April, in Verbindung mit der Volkshochschule Stralsund, Frau Dr. Katrin Staude: Giganten der Steinzeit und andere vorgeschichtliche Bodendenkmäler.

19. April, in Verbindung mit der Volkshochschule Stralsund, Herr Dr. Fred Ruchhöft: Migration in der Vorgeschichte: Zwischen Antike und Frühmittelalter. Die Germanen verändern Europa.

21. April, in Verbindung mit dem Förderverein St. Petri / Wolgast, Herr Christoph Lehnert: Norddeutsche Backsteingotik.

27. Mai, in Verbindung mit »LüttesSchlott« / Göslow, Frau Dr. Birgit Dahlenburg: Wilhelm Titel (1784–1862) – Zeitgenosse Caspar David Friedrichs und akademischer Zeichenmeister der Universität Greifswald.

31. Mai, in Verbindung mit der Volkshochschule Stralsund, Herr Dr. Gerhard Grasmann: Carl Friedrich Freiherr v. Langen – Olympiasieger im Reiten und SA-Reiter. Versuch einer kritischen Bewertung.

7. Juni, in Verbindung mit der Volkshochschule Stralsund, Herr Dr. Jürgen Hamel: Die Große Pommernkarte Eilhard Lubins (1618) – Ein Meisterwerk der Kartographie.

9. Juni, in Verbindung mit dem Förderverein St. Petri e. V. / Wolgast, Herr Dr. Ulrich Thiel: Das Epitaph für Herzog Philipp I. in der Petrikirche und seine Geschichte.

25. Juni, 34. Demminer Kolloquium zur Geschichte Vorpommerns, mit Vorträgen von und über:

Dr. Dirk Schleinert: Verkehrswege als Gegenstand der Wirtschafts-, Rechts- und Kommunikationsgeschichte am Beispiel Pommerns.

Mike Hartmann: Straßen und Wege im Peeneraum vom Mittelalter bis zur Neuzeit.

Günter Behnke: Die Nutzung der Verkehrswege durch die Post.

Wolfgang Fuhrmann: Demminer Kleinbahnen. Geschichte-Bau-Betrieb.

13. September, in Verbindung mit der Volkshochschule Stralsund, Frau Dr. Katrin Staude: Wracks und Unterwasserarchäologie rund um Rügen.

27. September, in Verbindung mit der Volkshochschule Stralsund, Herr Dr. Andreas Neumerkel: Fotografischer Streifzug durch Stralsund.

2. Oktober, in Verbindung mit der Ernst-Moritz-Arndt-Gesellschaft Groß Schoritz, Herr Dr. Sven Wichert: Eine Nation in Uniform.

22. Oktober, in Verbindung mit der Ernst-Moritz-Arndt-Gesellschaft Groß Schoritz, Pfarrer i. R. Herr Friedrich Bartels: Magnus Böttger – als Bote des Evangeliums unterwegs in Rügen und Vorpommern.

3. November, in Verbindung mit dem Museum im Steintor / Anklam, Herr Prof. Dr. Jürgen Hofmann: Oskar Ziethen – Stationen eines preußischen Kommunalbeamten.

10. November, in Verbindung mit dem Museum im Steintor / Anklam, Herr Dr. Ralf-Gunnar Werlich: Karl IV., die Vierte: Elisabeth von Pommern, Kaiserin aus dem Greifenhaus,

10. November, in Verbindung mit dem Evangelischen Pfarramt Penkun, Frau Dr. Gabriele Poggendorf: Herzog Bogislaw X. von Pommern, die Türken und der Ruhm. Gestern, heute, übermorgen,

12. November, 15:00 Uhr, in Verbindung mit der Ernst-Moritz-Arndt-Gesellschaft Groß Schoritz, Herr Dr. Fred Ruchhöft: Die Grabungen am Kap Arkona.

18. November, öffentlicher Abendvortrag im Rahmen der Jahrestagung der Historischen Kommission für Pommern im Pommerschen Landemuseum Greifswald, Frau Dr. Karin Löffler: Müllers Alltagskosmos – Die außergewöhnlichen Aufzeichnungen des Stralsunder Pfarrers Johann Christian Müller (1720–1772) und ihre Edition.

29. November, in Verbindung mit der Volkshochschule Stralsund, Christoph Freiherr v. Houwald: Repurgator ecclesiae Sundensis . Christian Ketelhodt und die Reformation in Stralsund.

3. Dezember, 15:00 Uhr, in Verbindung mit der Ernst-Moritz-Arndt-Gesellschaft Groß Schoritz, Frau Katharina Venz-Weiße: Eine Reise durch das Magazin des Arndt-Museums Garz.

Robert Oldach

Geschäftsbericht des Vorstands der Historischen Kommission für Pommern an die Mitgliederversammlung am Sonnabend, dem 19.11. 2016, für den Zeitraum April 2015 bis Oktober 2016

Der Vorstand tagte in regelmäßigen Abständen siebenmal. Mehrere Male musste der Vorstand kurzfristig aus gegebenem Anlass tagen. Der Grund war stets die sich in die Länge ziehende Ausreichung der Fördermittel bzw. die mehrfach (mitunter nicht nachvollziehbare) veränderte Antragsform für die Landesfördermittel. Der Vorstand hat in diesem Zusammenhang das ehrenamtliche Engagement des Geschäftsführers, Herrn Christian Peplow, M. A., hervorzuheben. Leider steht Herr Peplow, durch die Aufnahme einer Tätigkeit an der Universität Kiel, mit dem Beginn des Wintersemesters nicht mehr als Geschäftsführer zur Verfügung.

Der Vorsitzende nahm an den ordentlichen Mitgliederversammlungen des Herder-Instituts e.V. in Marburg am 13.11.2015 und 4.11.2016 teil. An der informellen Sitzung der Vertreter der Historischen Kommissionen im Osten Deutschlands, des Herder-Forschungsrates und des Herder-Instituts e.V. am 12.11.2015 konnte der Vorsitzende die Interessen der Historischen Kommission für Pommern vertreten. Dienstliche Gründe verhinderten eine solche am 3.11.2016.

Der Vorsitzende der Historischen Kommission für Pommern nahm am 28.11.2015 an der Mitgliederversammlung des Gesamtvereins Deutscher Geschichts- und Altertumsvereine in Tübingen teil und verband dies mit dem Besuch der Tagung »Zwischen Region, Nation und Europa. Deutsche Landesgeschichte in europäischer Perspektive«, die veranstaltet vom Institut für Geschichtliche Landeskunde und Historische Hilfswissenschaften der Universität Tübingen und dem Gesamtverein Deutscher Geschichts- und Altertumsvereine vom 26.-28.11.2015 stattfand. Dies war zugleich der 42. Tag der Landesgeschichte. Auf der Mitgliederversammlung wurde unser Mitglied Dr. Schoebel als Beisitzer in den Vorstand des Gesamtvereins wiedergewählt.

Ende März 2016 meldete sich Herr Dr. Rose, ehemals Steinbecker-Verlag, beim Vorsitzenden mit der Mitteilung, dass die noch vorhandenen Bestände der in seinem Verlag erschienenen Bände des Schwedischen Landesmatrikel bis zum 31.3.2016 abzuholen seien, da diese ansonsten makuliert werden. In der Kürze der Zeit war der Vorstand trotz aller Bemühungen nicht in der Lage eine Abnahmelösung zu organisieren.

Fast zeitgleich wurde aus dem Landesarchiv Greifswald mitgeteilt, dass die dort lagernden Bestände der Bände der Schwedischen Landesmatrikel wegen Platzbedarfs nicht mehr gehalten werden könnten. Im Gespräch mit unserem Mitglied und Direktor der Universitätsbibliothek Greifswald, Herrn Dr. Wolff, wurde eine Einlagerung der rund 1.200 Bände in die Universitätsbibliothek vereinbart, wobei beide Parteien davon ausgehen, dass durch Verkauf und / oder kostenlose Abgabe sich dieser Bestand in überschaubarer Zeit verringern ließe.

Herr Dr. Jörn, Stellvertretender Vorsitzender, übernahm ins Archiv der Hansestadt Wismar eine bestimmte Anzahl an Bänden, um über Internet einen Verkauf realisieren zu können. Den Transport von 120 Bänden übernahm der Vorsitzende selbst. Die Überführung des Bestandes aus dem Landesarchiv erfolgte im Juni 2016 mit der Hilfe der Fahrbereitschaft der Universitätsbibliothek durch Herrn Peplow und mit der Unterstützung weiterer Hilfskräfte. Allen Beteiligten habe ich herzlich für diese Kraftanstrengung zu danken. Der Versuch, über den Shop im Pommerschen Landesmuseum einen Verkauf in Gang zu setzen, ist abschlägig beschieden worden. Die Mitglieder sind aufgefordert, eventuelle Möglichkeiten des Vertriebs vorzuschlagen.

In einem Memorandum über die Lage der landesgeschichtlichen Forschung in Mecklenburg-Vorpommern, das der Vorsitzende anlässlich des Jahresempfangs des Ministerpräsidenten jenem übereichte, wurde das Problem der Landesförderung für die beiden Historischen Kommissionen für Pommern und für Mecklenburg im Zusammenhang mit dem Wegfall der beiden landesgeschichtlichen Professuren in Rostock und Greifswald thematisiert. Ein Gespräch im Ministerium auf der Ebene der Abteilung Kultur verlief wie erwartet, da alles auf die bestehende Förderung, die nun wieder im Landeshaushalt festgeschrieben worden ist, hinauslief. Das eigentliche Anliegen, nämlich die wachsende Verantwortung der Historischen Kommissionen für die landesgeschichtliche Forschung, ist nicht anerkannt worden. An diesem Gespräch nahmen außer dem Vorsitzenden Herr Dr. Jörn und Herr Dr. Mahnke – Historische Kommission für Mecklenburg, Schwerin – teil.

Eine Anfrage des Vorsitzenden der Historischen Kommission für Mecklenburg, Prof. Dr. Ernst Münch, ob die vom Minister Brodkorb ausgelobten Zusatzmittel für das Programm »Meine Heimat – Mein modernes Mecklenburg-Vorpommern« auch für Anträge zur Förderung der landesgeschichtlichen Forschung genutzt werden könnten, wurde abschlägig beschieden.

Die in mehreren Gesprächen von Mitgliedern der Historischen Kommissionen für Pommern und Mecklenburg diskutierte und vom Land »gewünschte« Geschichte des Landes Mecklenburg-Vorpommern wurde in einem Schreiben von Herrn Prof. Münch an den Vorsitzenden erneut thematisiert und ist auf der Mitgliederversammlung zu diskutieren.

Die von unserem Mitglied Prof. Dr. Felix Biermann gemeinsam mit Dr. Fred Ruchöft im Juni 2015 organisierte Tagung der Historischen Kommission zum Thema »Bischof Otto von Bamberg in Pommern – historische und archäologische Forschungen zum Glaubenswandel des 12. Jahrhunderts«, an der sich auch die Arbeitsgemeinschaft für pommersche Kirchengeschichte beteiligte, konnte neueste Ergebnisse der archäologischen, historischen und kunsthistorischen Forschung präsentieren.

Erfolgreich war auch die von der Historischen Kommission für Pommern in Zusammenarbeit mit der Gesellschaft für pommersche Geschichte Altertumskunde und Kunst und dem Stadtarchiv der Hansestadt Stralsund veranstalte Konferenz »Vom Löwen zum Adler. Der Übergang Schwedisch-Pommerns an Preußen 1815« am 23. und 24.10.2015 in Stralsund. Auf einem von der Hansestadt Stralsund getragenen Festakt hielt Prof. Dr. Kjell Åke Modéer, Lund, den Festvortrag »Willkommen und Abschied. Schwedisch-Pommern als Spielball europäischer Politik«. Elf weitere Referenten trugen mit ihren Vorträgen dazu bei, die europäische Perspektive noch deutlicher werden zu lassen, zugleich wurden die Probleme der Eingliederung Schwedisch-Pommerns in das Königreich Preußen umrissen. Unseren Mitgliedern Dr. Dirk Schleinert und Dr. Nils Jörn ist für die inhaltliche und organisatorische Vorbereitung und rundum gelungene Organisation zu danken. An letzterer war auch Herr Christian Peplow beteiligt.

Im Berichtszeitraum sind folgende Bände mit der Unterstützung der Historischen Kommission erschienen:

Beate Bugenhagen, Die Musikgeschichte Stralsunds im 16. und 17. Jahrhundert, Köln-Weimar-Wien – Böhlau Verlag 2015 (Forschungen zur pommerschen Geschichte, Bd. 49).

Biographisches Lexikon für Pommern, B. 2, hrsg. von Dirk Alvermann und Nils Jörn, Köln-Weimar-Wien – Böhlau Verlag 2015 (Forschungen zur pommerschen Geschichte, Bd. 48,2).

Jörg Zapnik (Bearb.) Repertorium der Policeyordnungen der pommerschen Städte bis zur Reichsgründung 1871, Köln-Weimar-Wien – Böhlau Verlag 2016 (Quellen zur pommerschen Geschichte, Bd. 16).

Die schwedische Landesaufnahme von Pommern 1692–1709. Ergebnisse eines Editionsprojektes im Kontext der Forschung hrsg. von M. Busch, St. Kroll, J.E. Olesen, M. Schoebel und R. Zölitz, Kiel – Verlag Ludwig 2015 (Die Schwedische Landesaufnahme von Vorpommern 1692–1709, Sonderband 3).

Klasztor Premonstratensów w Białobokach. Archeologia i Historia. Der Prämonstratenserstift in Belbuck. Archäologie und Geschichte, red. Marian Rębkowski, Felix Biermann, Szczecin 2015.

Die schwedische Landesaufnahme von Vorpommern 1692–1709. Texte, hrsg. von der Historischen Kommission für Pommern in Verbindung mit dem Landesarchiv Greifswald, dem Pommerschen Landesmuseum Greifswald und der Gesellschaft für pommersche Geschichte, Altertumskunde und Kunst, Ortsbeschreibungen, Bd. 2: Insel Rügen; Teil 4: Wittow, bearb. v. Heiko Wartenberg. Kiel – Verlag Ludwig 2016

Baltische Studien. Pommersche Jahrbücher für Landesgeschichte, hrsg von der Gesellschaft für pommersche Geschichte, Altertumskunde und Kunst, N.F. Band 101, Kiel – Verlag Ludwig 2016.

Die mit der Jahresmitgliederversammlung 2016 verbundene Tagung » Zwischen Quellensammlung und Edition: Konzeptionen, Erfahrungen und Perspektiven für die Herausgabe landesgeschichtlicher Quellen in Pommern« wurde von unseren Mitgliedern Dr. Stefan Kroll und Dr. Dirk Alvermann fachlich vorbereitet und vom Vorstand, dem Geschäftsführer Herrn Peplow und Dr. Alvermann organisiert.

Unser Mitglied Dr. Haik Thomas Porada hat auf der Festveranstaltung zum 65. Geburtstag des Vorsitzenden der Historischen Kommission für Pommern am 31.8.2016 (Ostseezeitung, Lokalausgabe Greifswald vom 3.9.2016 und 19.9.2016) auf die ungenügende Wahrnehmung des Landesteils Vorpommern und seiner Traditionen und deren Förderung einschließlich der pommerschen Geschichte durch die Landesregierung aufmerksam gemacht. Der Vorstand hat für das Jahr 2017 ein Gespräch mit dem Staatssekretär für Vorpommern ins Auge gefaßt.

Der Fördermittelbescheid des Landes ist unter dem 11.10.2016 datiert, per e-mail von Frau A. Blohm aus Schwerin vorab unter dem 26.10.2016 verschickt und postalisch am 7.11. mit allen Anlagen in Greifswald angekommen. Der Mittelabruf der 14.000 € wird in den nächsten Tagen erfolgen, wenn die nötigen Unterlagen zusammengebracht worden sind. Die Fördermittel vom Herder-Institut Marburg für die Jahr 2015 und 2016 sind ordnungsgemäß abgerufen. Eine Übertragung der in 2015 nicht verbrauchten Mittel wurde vom Herder-Institut genehmigt. Die Gelder sind zeitnah in 2016 für die obengenannten Publikationen verausgabt worden. Die Tagungsbände der HerzogInnen-Tagung im Jahr 2014 und der Otto von Bamberg-Tagung im Jahr 2015 sind soweit gediehen, dass deren Finanzierung noch in 2016 erfolgen kann. Das Projekt »Zum Wirken des Bildhauers Elias Kessler« von Dr. Felix Schönrock und Detlef Witt konnte realisiert und abgerechnet werden.

Prof. Dr. Horst Wernicke

Jahresbericht der Arbeitsgemeinschaft für pommersche Kirchengeschichte 2016

Im Mittelpunkt der Arbeitsvorhaben der Arbeitsgemeinschaft für pommersche Kirchengeschichte standen im Jahr 2016 vier Veranstaltungen.

Am 12. März 2016 fand in Stralsund der 3. Studientag der Arbeitsgemeinschaft statt. Er stand unter dem Thema »Gesellschaft, Kirche und Frömmigkeit in Pommern am Vorabend der Reformation«. Einleitend referierte Professor Werner Buchholz (Greifswald) anhand interessanter konkreter Beispiele über »Politische, soziale und kirchliche Gegebenheiten in Pommern zwischen 1470 und 1520«. Bereits in seinem Vortrag zeichneten sich zwei Fragestellungen ab, die sich wie ein roter Faden durch die folgenden Beiträge und die Diskussionen zogen: Wie weit hat die vorreformatorische Zeit bereits den Boden für die Reformation bereitet, die dann eher als ein Hinüberwachsen und weniger als ein vollständiger Traditionsabbruch zu verstehen ist – und wie ist die Frömmigkeitshaltung der Bürger in ihrem Doppelcharakter zwischen Alltagsgestaltung und Glaubensleben zu verstehen? An diese Überlegungen knüpfte Dr. Jürgen Geiß-Wunderlich (Mediävist der Handschriftenabteilung der Staatsbibliothek Berlin) in seinem Vortrag »Historische Bestände in pommerschen Bibliotheken als Spiegel vorreformatorischer Frömmigkeit« an. Durch seine sehr intensive Kenntnis der Bestände vor allem in der Kirchenbibliothek St. Marien in Barth und der des Geistlichen Ministeriums Greifswald – um deren Sicherung und Erschließung Dr. Geiß-Wunderlich sich sehr verdient gemacht hat, konnte er ein vielschichtiges und differenziertes Bild vom Selbstverständnis von Klerikern und weltlichen Gelehrten jener Zeit vermitteln, von ihrer Kirchenkritik und einer lebendigen Frömmigkeit z. B. in Zeugnissen spätmittelalterlicher Frauenmystik. Gerd Meyerhoff, Baubeauftragter der Nordkirche für Pommern, stellte danach »Vorreformatorische Kunst in Stralsunder Kirchen« vor, die anschließend am Beispiel wichtiger Ausstattungsgegenstände unter Führung von Dr. Sabine-Maria Weitzel (Autorin einer vielbeachteten kunsthistorischen Monographie über die Stralsunder Nikolaikirche) vor Ort in der Nikolaikirche besichtigt wurden. Sie hob immer wieder hervor, wie stark in der vorreformatorischen Zeit die Kirche ein Ort war, in dem gottesdienstliches Leben eng mit dem Alltagsleben der hansestädtischen Bürgergesellschaft verbunden war. Gerade diese Nähe hat dazu beigetragen, dass bereits vor der Reformation eine Veränderung in der Praxis der Messfeiern einsetzte, die immer weniger als »opus operatum« vom Priester vollzogen wurden, dafür aber mehr als Gottesdienst einer dazu versammelten Gemeinde. In der abschließenden Diskussion wurde registriert, dass die Quellenlage vor allem eine Erforschung städtischer und klösterlicher Milieus erlaubt, wobei die Frage nach dem Selbst- und Weltverständnis der ländlichen Bevölkerung offen bleibt. Hier ist die Quellenlage sehr viel geringer.

In Zusammenarbeit mit der ev.-lutherischen Kirchengemeinde Koszalin / Köslin lud die Arbeitsgemeinschaft am 16.4.2016 zu einer Gedenkveranstaltung für Elisabeth Cruciger, die erste protestantische Liederdichterin, ein. Die Veranstaltung fand in Swidwin / Schivelbein statt, in der Nähe ihres hinterpommerschen Geburtsortes Meseritz. Als junges Mädchen war sie in das Prämonstratenserinnenkloster in Treptow a. d. Rega eingetreten, wo sie Johannes Bugenhagen kennenlernte und ihm nach Wittenberg folgte. Dr. Wilhelm Hüffmeier aus Potsdam, der frühere Präsident der EKU-Kirchenkanzlei, hielt einen Vortrag über » Martin Luther, die Musik und das Kirchenlied«. Dr. Malgorzata Grzywacz (Germanistin aus Poznan / Posen und Mitglied der Arbeitsgemeinschaft) referierte über Leben und Werk der »Crucigerin« und trug eine beeindruckende Interpretation des einzigen von ihr noch bekannten Liedes »Herr Christ, der einig Gotts Sohn« vor. (EG67).

Am 29.6.2016 fand eine Vortragsveranstaltung mit Pastor i.R. Friedrich Bartels über »Predigerseminare in Pommern – ein fast vergessenes Kapitel unserer Geschichte« an einem historischen Ort statt: im Pfarrhaus Neuenkirchen bei Greifswald. Beim Hören der Stichworte Predigerseminar und Stettin denken wohl die meisten historisch Interessierten allenfalls an das von Dietrich Bonhoeffer geleitete Seminar der Bekennenden Kirche in Finkenwalde. Dass es in Pommern noch zwei andere Predigerseminare gegeben hat, ist in Vergessenheit geraten. Friedrich Bartels, langjähriger Vorsteher der Züssower Diakonie, ist im Zusammenhang mit seinen Forschungen zur pommerschen Diakoniegeschichte und besonders zu den Kückenmühler Anstalten in Stettin auf einen größeren Aktenbestand im Evangelischen Zentralarchiv Berlin gestoßen, der über ein Predigerseminar in Kückenmühle informiert.

Bartels berichtete zunächst, dass es schon in den sechziger und siebziger Jahren des 19. Jahrhunderts ein Predigerseminar in Pommern gab. Auf Initiative des Generalsuperintendenten Jaspis hatte der Evangelische Oberkirchenrat in Berlin, die Leitungsbehörde der preußischen Landeskirche, zu der die Provinz Pommern gehörte, ein Seminar in Züllchow einrichten wollen, das dann 1867 in Frauendorf, nördlich von Stettin, am Oderufer gelegen, errichtet wurde. Der Betrieb bereitete jedoch von Anfang an wirtschaftliche Schwierigkeiten. Auch der Versuch, im Haus vor allem Nachwuchs für die Militärgeistlichkeit auszubilden, scheiterte. Nach wenigen Jahren wurde das Seminar daher geschlossen. Später, am Ende des 19. Jahrhunderts, wurde dann endlich für die Ausbildung der Geistlichen ein einjähriges Vikariat und ein ebenso langes Studium an einem Predigerseminar verbindlich eingeführt. Der Evangelische Oberkirchenrat errichtete nun eine Reihe von solchen Seminaren, allerdings zunächst nicht in der pommerschen Kirchenprovinz. Erst nach dem 1. Weltkrieg, als in den nun polnisch gewordenen Gebieten Westpreußens ein dortiges Seminar übergangsweise an das Johannesstift in Spandau verlegt worden war, kam es 1923 zum Umzug dieses Hauses von Spandau nach Stettin-Kückenmühle auf dem Gelände der Anstalten. Erster Direktor war Martin Albertz, der aus der reformierten Tradition kommend, Schwierigkeiten sowohl mit einem konfessionellem Luthertum als auch mit der vorherrschenden konservativen, deutsch-nationalen Grundhaltung hatte. Sein Direktorat endete bereits 1931. Nachfolger wurde Otto Haendler, der zuvor Pfarrer in Stralsund war und sich bereits einen Ruf als praktischer Theologe erworben hatte. Das neue deutsch-christliche Kirchenregiment in Preußen legte ihm jedoch bald einen Stellenwechsel nahe. Von 1935 – 1949 war er Pfarrer in Neuenkirchen – daher der historische Ort für den Vortragsabend. Er war auch Privatdozent, wurde 1949 ordentlicher Professor in Greifswald, ehe er 1954 nach Berlin berufen wurde. Sein Nachfolger am Predigerseminar in Kückenmühle war der Theologe Hans Nordmann, der den Deutschen Christen näher stand. Er leitete das Seminar bis zur Schließung nach Ausbruch des 2. Weltkrieges und wirkte danach in verschiedenen Funktionen in Berlin. Über die Curricula und Ausbildungsinhalte des Seminars in Kückenmühle gibt es leider keine Funde in den Akten. Nicht belegen lässt sich bisher auch, ob es Kontakte zwischen den Seminaristen aus Kückenmühle und denen aus Finkenwalde gab. Nach dem Krieg haben dann allerdings Absolventen beider Häuser gemeinsam ihren Dienst in den durch den Kirchenkampf zerrütteten ehemals preußischen Landeskirchen aufgenommen, auch in Pommern und dies – wenn man sich einige Namen, die Friedrich Bartels auflisten konnte, in Erinnerung ruft – durchaus zum Segen der Kirche.

In dem Kirchengeschichtsjahrbuch »Herbergen der Christenheit« aus Leipzig, das vom jetzigen Ortspfarrer aus Neuenkirchen, Pastor Dr. Volker Gummelt mit herausgegeben wird, ist eine Veröffentlichung der Studie von Friedrich Bartels über die Predigerseminare in Pommern noch in diesem Jahr vorgesehen.

Vom 15. bis 20.9.2016 fand die diesjährige Studienfahrt der Arbeitsgemeinschaft statt. Sie führte nach St. Petersburg und sollte Spuren und Zeugnisse protestantischer Tradition in der Stadt an der Newa und in Russland erschließen. Neben Besichtigungen und Begegnungen stand eine wissenschaftliche Konferenz zum Thema »Die Auswirkungen der Reformation auf Russland« im Mittelpunkt der Studienfahrt. Sie fand am 17.9.2016 im Deutsch-russischen Begegnungszentrum in der evangelisch-lutherischen Petrikirche am Newskiy-Prospekt statt und war von Prof. Dr. Andrei Prokopiev; (St. Petersburg) Prof. Dr. Werner Buchholz (Greifswald) und dem Verfasser dieses Berichtes vorbereitet worden. Ausschließlich Wissenschaftlerinnen und Wissenschaftler der Staatlichen Universität St. Petersburg, des Staatlichen Konservatoriums, der Geistlichen Akademie und des Theologischen Seminars Novosaratovka hielten nach einer Einführung in die Petersburger Forschungslandschaft zur frühen Neuzeit durch Professor Prokopiev die Fachvorträge und legten damit ein beeindruckendes Zeugnis dafür ab, mit welcher Intensität reformationsgeschichtliche Forschung im weitesten Sinn im gegenwärtigen Russland betrieben wird.

Die Themen und ihre Referenten waren:
Prof. Dr. Vjatscheslaw Schaposchnik (Staatl. Univ. St. Petersburg)
Protestanten in Russland zur Regierungszeit Iwan IV.

Prof. Dr. Andrei Prokopiev (Staatl. Univ.)
Die deutsche Geschichtsschreibung über das Reformationszeitalter und ihr Einfluß auf die russische Historiographie – Elemente protestantischer Liturgie in der Begräbniszeremonie Peter I.

Prof. Dr. Larissa Polubojarinova (Staatl. Univ.)
Spuren des Protestantismus in der russischen Literatur

Prof. Dr. Aelita Gusewa (Staatl. Konservatorium)
Der Einfluß deutscher evangelischer Kirchenmusik auf die russische Musik

Prof. Dr. Mikhail Shkarovskiy (Geistliche Akademie)
Aus der Geschichte einer russischen lutherischen Kirche in Nordwestrussland

Rektor Dr. Anton Tichomirov (Theologisches Seminar Novosaratowka)
Der Neuaufbau der Evangelisch-lutherischen Kirche in Russland und anderen Staaten (ELKRAS) nach 1990 – Hoffnungen, Visionen und Wirklichkeit

Die Vorträge werden auf der Homepage der Arbeitsgemeinschaft (www.pommersche-kirchengeschichte-ag.de) dokumentiert.

Einen thematischen Schwerpunkt für die Vorstandsarbeit stellte im Berichtszeitraum das Reformationsgedenken 2017 dar. Prof. Dr. Thomas K. Kuhn, stellv. Vorsitzender der Arbeitsgemeinschaft, leitet die Vorbereitungsgruppe der Universitäts- und Hansestadt Greifswald und konnte im Oktober ein beeindruckendes Veranstaltungsprogramm für das Jubiläumsjahr der Öffentlichkeit vorlegen. Aus Anlass des Jubiläums bereitet die Arbeitsgemeinschaft die Herausgabe der Stralsunder Kirchen- und Schulordnung von 1525 vor, deren Publikation im Thomas Helms Verlag Schwerin von der Hansestadt Stralsund unterstützt und gefördert wird und für deren wissenschaftliche Edition Dr. Norbert Buske die Verantwortung übernommen hat. Vorbereitet wird außerdem – ebenfalls durch den Thomas Helms Verlag – eine Übersetzung der Bugenhagen-Ausstellung der Arbeitsgemeinschaft in die portugiesische Sprache für Präsentationen in Brasilien.

Für die Öffentlichkeitsarbeit und die Kommunikation mit den ca. 145 Mitgliedern des Vereins ist weiterhin Sup. i. R. Rainer Neumann verantwortlich. Er vertritt die Arbeitsgemeinschaft auch in der Vorbereitungsgruppe für einen gemeinsamen Internet-Auftritt der drei Kirchengeschichtsvereine der Nordkirche, mit dem in Kürze gerechnet werden kann. Neumann ist auch Herausgeber des monatlich erscheinenden e-Mail-Rundbriefes der Arbeitsgemeinschaft; hier ist im September 2016 die 100. Ausgabe erschienen. Der Rundbrief mit Hinweisen zu Veranstaltungen und Veröffentlichungen kann unter: post@pommersche-kirchengeschichte-ag.de bestellt werden

Christoph Ehricht, Vorsitzender

ANSCHRIFTEN DER MITARBEITER

Dr. Rudolf Benl, Gustav-Freitag-Straße 10 b, 99096 Erfurt

Dr. Ludwig Biewer, Schottmüllerstraße 128, 14167 Berlin

Dr. Christoph Ehricht, Evangelisch-Lutherische Kirche in Norddeutschland, Landeskirchenamt, 24103 Kiel

PD Dr. Torsten Fried, Staatliches Museum Schwerin, Münzkabinett, Alter Garten 3, 19055 Schwerin

Dr. Jürgen Geiß-Wunderlich, Staatsbibliothek zu Berlin – Preußischer Kulturbesitz, Handschriftenabteilung (IIIA), Potsdamer Str. 33, 10785 Berlin

Katja Jensch, Venloer Str. 12, 49084 Osnabrück

Dr. Nils Jörn, Archiv der Hansestadt Wismar, Altwismarstraße 10–17, 23966 Wismar

Dr. Wolf Karge, Buschstr. 6, 19053 Schwerin

Dr. Bernd Kasten, Stadtarchiv Schwerin, Johannes-Stelling-Straße 2, 19053 Schwerin

Dr. Michael Kunzel, Klaustaler Straße 4, 13187 Berlin

Dr. Michael Lissok, Burgstraße 21, 17489 Greifswald

Diplom-Prähistoriker Gunnar Möller, Hansestadt Stralsund, Bauamt – Abt. Planung und Denkmalpflege, Badenstraße 17, 18439 Stralsund

Dr. Robert Oldach, Ernst-Moritz-Arndt-Universität Greifswald, Historisches Institut, Bahnhofstraße 51, 17487 Greifswald

Dr. Jana Olschewski, Am Weidengrund 2, 17509 Katzow

Dr. Fritz Petrick, 18573 Rugenhof 4

Jürgen Philippen, Sanddornweg 46, 42781 Haan

Dr. Gabriele Poggendorf, Alte Allee 8, 14055 Berlin

Dr. Haik Thomas Porada, M. A., Emmausstraße 4, 04318 Leipzig

Prof. Marian Rębkowski, Institut für Geschichte und Internationale Beziehungen, Universität Szczecin / Stettin, Abteilung für Archäologie, Krakowska Straße 71–79, PL 71–017 Szczecin / Stettin

Hans-Rudolf Rohrbacher, Sophienstraße 4, 85737 Ismaning

Dr. Dirk Schleinert, Heuweg 35, 18437 Stralsund

Dr. Jürgen W. Schmidt, Franz-Stenzer-Straße 69, 12679 Berlin

Dr. Monika Schneikart, Ernst-Moritz-Arndt Universität Greifswald, Institut für Deutsche Philologie, Rubenowstraße 3, 17487 Greifswald

Dr. Rafał Simiński, Institut für Geschichte und Internationale Beziehungen, Universität Szczecin / Stettin, Abteilung für Mittelalterliche Geschichte, Krakowska Straße 71–79, PL 71–017 Szczecin / Stettin

Dr. Michal Szulc, Universität Potsdam, Historisches Institut, Neuere Geschichte II (deutsch-jüdische Geschichte), Am Neuen Palais 10, 14469 Potsdam

PD Dr. Matthias Vollmer, Ernst-Moritz-Arndt-Universität Greifswald, Pommersches Wörterbuch, Domstr. 14, 17487 Greifswald

Eckhard Wendt, Dr.-Peters-Str. 15, 53424 Remagen

Dr. Theodor Wengler, Im Gier 31, 53604 Bad Honnef
Prof. Dr. Horst Wernicke, Am langen Hörn 8, 17498 Wackerow
Dr. Sven Wichert, Gobbin 5, 18586 Lancken-Granitz
Michael Wilfert, Neuenhausstraße 29, 40699 Erkrath
Reinhardt Würkert, Ernst-Moritz-Arndt-Universität Greifswald, Theologische Fakultät, Am Rubenowplatz 2 / 3, 17487 Greifswald

BILDNACHWEIS

Zum Aufsatz von Marian Rębkowski und Rafał Simiński, Die Anfänge der Stadt Köslin (Koszalin):
Abb. 1: nach H. Janocha
Abb. 2: Bearbeitung M. Rębkowski
Abb. 3: Bearbeitung G. Kiarszys
Abb. 4: Bearbeitung Andrzej Janowski

Zum Aufsatz von Gunnar Möller, Eine interessante „Schatzkiste" aus dem Jahr 1318 in Stralsund:
Abb. 1: Repro Landesamt für Kultur und Denkmalpflege Mecklenburg-Vorpommern. Landesarchiv Greifswald

Zum Aufsatz von Fritz Petrick, Das Fürstentum Rügen:
Abb. 1: Entwurf und Zeichnung Fritz Petrick
Abb. 2 u. 3: Sammlung Fritz Petrick
Abb. 4: Friedrich Hermann Sonnenschmidt, Sammlung der für Neu-Vorpommern und Rügen in den Jahren 1802 bis Schluß 1807 ergangenen Gesetze ..., Bd. I, Stralsund 1844, Nr. 63, S. 288–290

Zum Aufsatz von Michael Kunzel, Ein Geschäftsbuch des Stralsunder Zinngießers:
Abb. 1 – 3: Privatbesitz

Zum Aufsatz von Reinhard Würkert, Die Currende-Schreiben Johann Joachim Spaldings:
Abb. 1 – 3: Repro Kirchenkreisarchiv Greifswald

Zum Aufsatz von Michael Lissok, Hackert oder nicht Hackert?:
Abb. 1, 2, 4 u. 6 Foto: Landesamt für Kultur und Denkmalpflege M-V / Landesdenkmalpflege / Achim Bötefür (2014)
Abb. 3: aus: Weltbild Wörlitz. Entwurf einer Kulturlandschaft, hr. von Frank Andreas Bechtoldt, Thomas Weiss, Ostfildern 1996
Abb. 5: Kupferstich-Kabinett, Staatliche Kunstsammlungen Dresden, Foto: A 131952 Herbert Boswank
Abb. 7: Kupferstich-Kabinett, Staatliche Kunstsammlungen Dresden, Foto: A 1995-5100 Andreas Diesend

Zum Aufsatz von Michael Wilfert, Eckhard Wendt und Jürgen Philippen, Der entomologische Verein zu Stettin:
Abb. 1, 6, 7 u. 8: Entomologische Zeitung des Stettiner Entomologischen Vereins
Abb. 2 u. 3: Bild: Senckenberg Deutsches Entomologisches Institut Müncheberg. Historisches Archiv, Porträtsammlung Nr. 863 u. 869
Abb. 4: Foto: Hans Hark, Hamburg; Sammlung Haus Stettin in Lübeck
Abb. 5: aus: Zoologisches Jahrbuch, Abt. Anatomie, Bd. 89 (1972)
Abb. 9: aus: Großer Brockhaus, 14. Auflage (1894-1896), Bd. 10
Abb. 10: Bild: © ZNFK 2015
Abb. 11: Bild: Sigfrid Ingrisch, DORSA

Baltische Studien

Herausgegeben von der Gesellschaft für pommersche Geschichte, Altertumskunde und Kunst e. V., Sitz Greifswald

Die Gesellschaft für pommersche Geschichte, Altertumskunde und Kunst besteht seit 1824, ihr wissenschaftliches Organ erscheint seit 1832. Nach einer fünfzehnjährigen Pause ist 1955 der erste Jahresband nach dem Zweiten Weltkrieg erschienen.

Band 89 (2003): Felix BIERMANN, »Sie sollen die christlichen Toten nicht unter den Heiden in Wäldern oder auf Feldern bestatten…« • Die Entwicklung der Grabsitten vom 7./8. bis zum 12./13. Jahrhundert in Pommern • Stephanie IRRGANG, Der Stralsunder Ratsherr und Bürgermeister Dr. Sabel Siegfried. Eine Karriere im Hanseraum während des 15. Jahrhunderts • Gebhard BIERBRAUER, Geschichte der Kloster- und Garnisonkirche in Kolberg • Silke KOSSMANN, Die Datierung der Marienkirche in Grimmen • Horst HARTMANN, Christian Saalbach – Ein bedeutender Greifswalder Professor und Kasualpoet um 1700 • Ulrich NEITZEL, Über die Auflehnung der Bauern des Rügenwalder Amtes gegen die Obrigkeit um das Jahr 1796 • Nils JÖRN, Die Verlegung des Wismarer Tribunals nach Pommern zu Beginn des 19. Jahrhunderts • Angela PFENNIG, Von der Stralsunder Stadtbefestigung zur Wallpromenade • Walter ERHART, »Dein ältester Freund«. Einundzwanzig unbekannte Briefe an Ernst Moritz Arndt • Sylvia BRÄSEL, Ein Mittler zwischen Ost und West: Karl Friedrich August Gützlaff – der erste Deutsche in Korea • Torsten HINZ, Blutige Wahl-Nachlese. Eine Fallstudie zum 12. November 1933 in Stargard i. Pom.

Band 90 (2004): Karl-Otto KONOW, Demminer Denare aus der Zeit von 1200 bis 1325. Anmerkungen zu Hermann Dannenbergs Münzgeschichte Pommerns im Mittelalter • Christine KRATZKE, Garz und Rugendal auf Rügen im Mittelalter • Wolfgang HOFMANN, Die Sarkophage der Herzöge von Pommern-Wolgast in der Gruft der Pfarrkirche St. Petri zu Wolgast. Beschreibung der Sarkophage unter vorwiegend handwerklichen und technischen Aspekten • Norbert BUSKE, Dokumentation erhalten gebliebener Denkmale und Zeugnisse der pommerschen Herzöge. Aus der Arbeit der Historischen Kommission für Pommern • Gottfried LOECK, Das Kartenbild von Pommern zur Hansezeit • Friedhelm HINZE †, Niederdeutsche Vorlagen für Simon Krofeys Übersetzungen der Gesangbuchlieder ins Slovinzisch-Kaschubische oder Pomoranische • Martin MEIER, Dänische Kirchenpolitik in Vorpommern nördlich der Peene 1715–1721 • Dirk SCHLEINERT, Die Entwicklung der Besitzverteilung und der Bewirtschaftungsformen im Kirchspiel Görmin zwischen 1343 und 1837. Ein Beitrag zu den strukturellen Grundlagen der ländlichen Gesellschaft in Vorpommern • Michael WILFERT, Gustav Flügel (1812–1900): Ein zu Unrecht vergessener Stettiner Musiker • Peter LINDEMANN, Kinderlandverschickung in Pommern

Band 91 (2005): Ludwig BIEWER, Roderich Schmidt zum 80. Geburtstag • Dietmar LUCHT, Teilung und Zusammenhalt in der pommerschen Geschichte • Sven WICHERT, Beobachtungen zu Karentia auf Rügen im Mittelalter • Sabine-Maria WEITZEL, Die romanischen Wandmalereien im Chor und Querschiff der St. Marienkirche in Bergen auf Rügen – Original und Erfindung • Jürgen GEISS, Netzwerke spätmittelalterlicher Rechtsgelehrter im Ostseeraum. Beobachtungen zur Büchersammlung des Greifswalder Juristen Johannes Meilof • Ivo ASMUS, Gustav II. Adolf »kompt in Pommern an« – bei Peenemünde oder doch zuerst auf Göhren auf Rügen? • Steffen ARNDT, So gelobe und schwöre ich, daß ich Seiner königlichen Majestät Schaden wenden und nehmen will, nach meinem höchsten Verstande ... Der Königlich preußische Landrat im 18. und im 19. Jahrhundert am Beispiel des Kreises Pyritz in Pommern • Manfred FAUST, Geschichte der Fährleute und der Fährinsel bei Hiddensee • Günter MANGELSDORF, 20 Jahre Ur- und Frühgeschichte an der Ernst-Moritz-Arndt-Universität in Greifswald – eine Bilanz

Band 92 (2006): Roderich SCHMIDT, Joachim Wächter zum 80. Geburtstag • Sven WICHERT, Rugendal und Garz. Eine Skizze zu zwei mittelalterlichen Kleinstädten auf Rügen • Lewis M. HOLMES, Die jüngsten Ergebnisse der Kosegartenforschung • Cem SENGÜL, Eine Episode aus der Geschichte der Nicolaiten oder Ein Stralsunder Gerichtssekretär als Kunstrichter der Nation • Ludwig BIEWER, Die Universität Greifswald im 19. Jahrhundert im Kreise preußischer und deutscher Universitäten • Thomas STAMM-KUHLMANN, Ernst Moritz Arndt über Demokratie und Volkssouveränität • Thorsten HINZ, Die Partei macht Staat • Friedrich WINTER, Bischof Karl von Scheven (1882–1954)

Band 93 (2007): Oliver AUGE, Selbstverständnis und Erinnerungskultur der Herzöge von Pommern um 1500 • Norbert BUSKE, Bischof Otto von Bamberg – ein Heiliger wird zum Leitbild der pommerschen Geschichte • Monika SCHNEIKART, Die Schicksale des Reisetagebuchs des Herzogs Philipp Julius von Pommern-Wolgast aus dem Jahr 1605 • Franziska SIEDLER, Die Rekonstruktion des »Krumminer Marienaltars« • Jens AMELUNG, Kanzelaltäre in Vorpommern – Die gestalterische Entwicklung vom Ende des 17. Jahrhunderts bis in das 19. Jahrhundert • Friedrich MÜLLER, Stralsund, ein norddeutsches Glockengießerzentrum • Gottfried LOECK, Gedruckte Gesamtansichten von Stolp im Wandel der Zeit – Ein Bildbeitrag zur Stadtgeschichte • Martin BEHRENDT, Zur Diasporaarbeit der Herrnhuter Brüdergemeinde in Pommern • Alexander MUSCHIK, Die Ideen der Französischen Revolution in Schwedisch-Vorpommern • Dirk SCHLEINERT, Karl Schilderer als Übersetzer des schwedischen Gesetzbuches 1806/07 • Harald BADER, Zu Stettiner Tageszeitungen zwischen Revolution und Reaktion (1847–1850)

Band 94 (2008): Joachim KRÜGER, Günter Mangelsdorf (1947–2008) • Karl-Otto KONOW, Anklam, Arnswalde oder Pyritz • Fred RUCHHÖFT, Wie wir zur neuen Karenz-Theorie gekommen sind • Hans-Georg THÜMMEL, Die Frühgeschichte der Greifswalder Universitätsbibliothek • Ulrich NEITZEL, Wie war das eigentlich mit dem Raubritter Winterfeld? • Dirk SCHLEINERT, Die zweite Hochzeit Herzog Georgs I. von Pommern mit Margarete von Brandenburg im Januar 1530 in Berlin • Heiner Lück, Die Universität Wittenberg und Pommern • Rudolf Vandré, Zur sozialen Stellung der Müller in Pommern • Stefan Sienell, Das Kolberger Stadteigentumsdorf Bork und seine Einwohnerschaft • Fritz Petrick und Karl Heinz Mau, Kantor Johann Friedrich Dammas (1772–1850) und das Musikleben in der Stadt Bergen auf Rügen im 19. Jahrhundert • Wiebke Otte, Europagedanke und Nationalismus bei Ernst Moritz Arndt im Vergleich mit August Wilhelm Schlegel

Band 95 (2009): Joachim Wächter, Dr. Ludwig Biewer zum 60. Geburtstag • Joachim Krüger, Die dänischen Könige als Lehnsherren der Herzöge von Pommern-Wolgast 1325–1438 anhand der urkundlichen Überlieferung • Joachim Wächter, Zur Geschichte der Kirchenverwaltung und -struktur Rügens • Steffen Orgas, Vergleichende Studie zur regionalen Bedeutung der Peene-Hansestädte Anklam und Demmin • Gabriele Poggendorf, Die Sterne am Rathaus von Stralsund • Stefan Kroll, Die Beschreibung der Städte im Rahmen der schwedischen Landesaufnahme von Vorpommern 1706–1709 • Horst Hartmann, Vergessene pommersche Autoren – Wiederentdeckungen • Gottfried Loeck, Vom Vergnügen, in alten Subskribentenverzeichnissen zu stöbern • Sylvia Bräsel, Johann Bolljahn (1862–1928): Begründer des Deutschunterrichts in Korea • Guido Johannes Joerg, Hermann Bendix (1859–1935) – Bausteine zu einer Biographie

Band 96 (2010): Markus Leukhardt, Die Wittenprägung der Herzöge von Pommern-Stettin im 14. und 15. Jahrhundert – Bestandsaufnahme und Versuch einer Neuordnung • Andreas Röpcke, Ludolf von Bülow und der Archidiakonat Tribsees • Maciej Ptaszyński, Friedrich Runge und sein Verzeichnis der ordinierten Geistlichen • Andreas Erb, »dem Gymnasio mehr schädlich, als nützlich gewesen«? – Die »Redner- und Dichtergesellschaft zu Stettin« (1751–1753) • Klaus-Dieter v. Fircks, Die Sammlung von Volkserzählgut auf Rügen durch Rudolf Baier (1818–1907) • Henning Rischer und Dirk Schleinert, 25 Jahre Demminer Kolloquien zur Geschichte Vorpommerns

Band 97 (2011): Ludwig Biewer, In memoriam Roderich Schmidt • Oliver Auge, Zur Geschichte der Herzöge von Pommern-Stettin (1295–1464) • Jürgen Petersohn, Die römische Kurie und die Anfänge von Reformation und Säkularisation in Pommern. Zwei unbekannte Breven Papst Clemens' VII. vom Jahre 1524 • Reinhardt Würkert, Ordnungen und Problemlagen von Schulen in westpommerschen Kleinstädten im 16. Jahrhundert • Gunnar Möller, Ein gulden Lowe und vergüldete Fonteine – Die Gesandtschaft des Stralsunder Rats und ihre Ehrengeschenke zur Krönung der schwedischen Königin Christina im Jahr 1650 • Dirk Schleinert, Stettin in der schwedischen Landesaufnahme • Robert Oldach, Die Beteiligung des schwedisch-pommerschen Kreiskontingents am Reichskrieg gegen Frankreich 1735–1736. Aufstellung, Feldzug und Auswirkung • Margrit Glaser, Von Blumenhagen nach Jena. Carl Ludwig Fernows (Um)-Wege aus der Uckermark an die Salana • Rudolf Morsey, Fritz Gerlich (1883–1934) – Publizist aus Stettin. Ein früher Gegner Hitlers und des Nationalsozialismus

Band 98 (2012): Markus LEUKHARDT, Die Witten- und Schillingprägung der Herzöge von Pommern-Wolgast und Pommern-Barth • Monika SCHNEIKART, Das »regiment« der Herzoginwitwe Sophia Hedwig von Pommern-Wolgast (1561–1631). Landesmutter oder »Weiber-Herrschaft«? • Gottfried LOECK, Epitomen – Pommern en miniature • René ALEX, Die Schulen Greifswalds um 1800 • Jürgen W. SCHMIDT, Die Landräte des Kreises Schivelbein (1865–1932) • Hans FENSKE, Friedrich von Holstein (1837–1909) – Das verdienstvolle Leben eines Pommern • Wolfgang NIXDORF, Die Pommersche Evangelische Kirche und der Staat – Aus der Sicht von Kirchenleitung und Konsistorium. – Beispiele aus vier DDR-Jahrzehnten

Band 99 (2013): Ludwig BIEWER, Theodor Wengler zum 80. Geburtstag • Gerd SOBIETZKY, Die frühen Denare Pommerns • Fritz WOCHNIK, Die Ausstattung der Anklamer Nikolaikirche – Ihre Entstehung, ihr Wandel, ihre Nutzung • Hans Georg THÜMMEL, Personen in der Geschichte Greifswalds im 15. und 16. Jahrhundert • Matthias MÜLLER, Zwischen Theorie und Praxis. Das Stralsunder Theater in der zweiten Hälfte des 18. Jahrhunderts • Jürgen W. SCHMIDT, Politische Haft in der pommerschen Festungshaftanstalt Gollnow zu Zeiten der Weimarer Republik: Imagination und Wirklichkeit • Dirk SCHLEINERT, Das Staatsarchiv Stettin von 1930 bis 1945

Band 100 (2014): Rudolf BENL, Ursprünge und Anfänge der Stadt Kolberg • Ralf-Gunnar WERLICH, Die Anfänge des pommerschen Greifenwappens im zeitgenössischen politischen und heraldischen Kontext – Zum 800jährigem Jubiläum der ältesten bildlichen Darstellung • Steffen ORGAS, Das Koppentor – Ein siebenter Stadtzugang für Anklam und der Pulverturm • Jürgen HAMEL, Bibliographie der Drucke der Fürstlichen Druckerei Barth 1582–1604 • Thomas EISENTRAUT und Joachim KRÜGER, Die Seeschlacht vor Wittow von 1712 nach einem unbeachteten Augenzeugenbericht • Michael CZOLKOSS, »Leider muß ich klagen und fast verzagen« – Briefe Friedrich Wilhelm Bartholds an Friedrich Wilken (1832–1835) und einen unbekannten Freund (1853)

Band 101 (2015): Ludwig BIEWER und Henning RISCHER, Dipl.-Archivar Joachim Wächter zum 90. Geburtstag am 30. April 2016 – Felix BIERMANN, Marek DWORACZYK und Marian RĘBKOWSKI, Archäologische Forschungen am Prämonstratenserstift Belbuck bei Treptow an der Rega – Steffen ORGAS, Abriß über die Geschichte der Ziegelproduktion und des Bauens mit Backstein in Anklam – Benjamin MÜSEGADES, *Auch zum pesten underweissen* – Herzog Philipp I. von Pommern und sein Erzieher Sigismund Stier am Heidelberger Hof (1526–1531) – Frank HOFFMANN, Der Tapetensaal Ossenreyerstraße 1 in Stralsund – ein Werk von Jakob Philipp Hackert. Historische Entwicklung und die Befundsituation bei Freilegung des Fußbodens 1977 – Jürgen W. SCHMIDT, Die städtischen Schützengilden im pommerschen Regierungsbezirk Köslin im 19. und im beginnenden 20. Jahrhundert – Dirk SCHLEINERT, Zeitgenössische Berichte zu den Anfängen des Landesarchivs Greifswald. Eine kommentierte Quellenedition